Das Buch

In den drei Jahrhunderten vor der großen persischen Invasion 480 v. Chr. wandelte sich Griechenland von einer einfachen Bauerngesellschaft zu einer hochentwickelten Kultur, die die Küsten des Mittelmeeres von Spanien bis Syrien, von der Krim bis Ägypten beherrschte.
Oswyn Murray stellt diese erstaunliche Entwicklung in den Zusammenhang der Geschichte der Mittelmeerkulturen. Er zeigt, wie der Kontakt mit dem Orient als Katalysator des Wandels in der griechischen Kunst und Religion wirkte, er beschreibt die Expansion der Griechen durch Handel und Kolonisation und geht den Beziehungen zwischen Militärtechnologie und politischem Fortschritt beim Sturz der aristokratischen Regierungsformen nach.
Der Autor untersucht die Zeugnisse aus Archäologie, Lyrik, Kunst und aus der mündlichen Tradition, wie sie Herodot aufgezeichnet hat, und bietet so eine neue, faszinierende Darstellung des Wandels, von dem die abendländische Kultur ihren Ausgang nimmt.

Der Autor und Herausgeber der Reihe

Dr. Oswyn Murray, 1937 in Surrey/England geboren, wurde nach Forschungsaufträgen in Oxford und am Warburg Institute der Universität London 1968 Fellow and Tutor in Ancient History am Balliol College in Oxford, dessen Senior Tutor er seit 1981 ist; er ist außerdem Dozent an der Universität Oxford. Er schrieb zahlreiche Artikel in wissenschaftlichen Zeitschriften zur antiken Geschichte, insbesondere zur Kulturgeschichte. Zur Zeit arbeitet er über das hellenistische Königtum und die Geschichte des griechischen Symposions. Er ist auch Rezensionsherausgeber des *Journal of Roman Studies* und ständiger Theater- und Literaturkritiker des *Times Literary Supplement*.

dtv-Geschichte der Antike
Herausgegeben von Oswyn Murray

Das frühe Griechenland
von Oswyn Murray

Das klassische Griechenland und die Demokratie
von John K. Davies

Die hellenistische Welt
von Frank W. Walbank

Das frühe Rom und die Etrusker
von Robert M. Ogilvie

Die römische Republik
von Michael Crawford

Das Römische Reich
von Colin Wells

Oswyn Murray:
Das frühe Griechenland

Deutscher
Taschenbuch
Verlag

Autorisierte Übersetzung aus dem Englischen
von Kai Brodersen.

Das Buch erschien 1980 unter dem Titel *Early Greece* bei William Collins Sons & Co. Ltd. in der Reihe Fontana History of the Ancient World.

November 1982
4. Auflage Februar 1991: 19. bis 22. Tausend
Deutscher Taschenbuch Verlag GmbH & Co. KG,
München
© 1980 Oswyn Murray
© 1982 Deutscher Taschenbuch Verlag (für die deutsche Übersetzung)
Umschlaggestaltung: Celestino Piatti
Vorlage: Ausschnitt aus dem Schulterfries der Chigi-Kanne, um 650 v. Chr. (Fotoarchiv Hirmer)
Gesamtherstellung: C. H. Beck'sche Buchdruckerei,
Nördlingen
Printed in Germany · ISBN 3-423-04400-4

Vorwort des Herausgebers

Eine neue Geschichte der Antike braucht keine Rechtfertigung. Die moderne Forschung und neue Entdeckungen und Funde haben unser Bild der Antike in wichtigen Punkten verändert; es ist daher an der Zeit, die Ergebnisse dem Publikum zugänglich zu machen. Diese Reihe will aber nicht nur eine Darstellung des aktuellen Forschungsstands geben. Beim Studium der fernen Vergangenheit liegen die Hauptschwierigkeiten darin, daß es nur relativ wenig Zeugnisse gibt und diese zudem nicht leicht zu interpretieren sind. Dies aber macht es andererseits möglich und wünschenswert, die wichtigsten Zeugnisse dem Leser vorzulegen und zu diskutieren; so hat er selbst die Möglichkeit, die zur Rekonstruktion der Vergangenheit angewandten Methoden kennenzulernen und auch selbst die Ergebnisse zu beurteilen.

Diese Reihe hat sich deshalb das Ziel gesetzt, eine Darstellung der jeweils behandelten Periode zusammen mit möglichst vielen Zeugnissen zu bieten, die diese Darstellung ja erst ermöglichen. So sind ausgewählte Dokumente in die Erzählung einbezogen, werden dort erörtert und bilden oft sogar ihren Ausgangspunkt. Wo Interpretationen umstritten sind, werden die verschiedenen Meinungen dem Leser vorgelegt. Darüber hinaus enthält jeder Band eine Übersicht der unterschiedlichen Quellen jeder Epoche sowie Vorschläge zur vertiefenden Lektüre. Die Reihe wird, so hoffen wir, dem Leser die Möglichkeit geben, eigenen Vorlieben und Interessen folgend weiterzustudieren, nachdem er einen Eindruck von den Grenzen gewonnen hat, die dem Historiker bei seiner Arbeit gezogen sind.

Die Reihe ist zuerst auf Englisch bei Fontana erschienen; die deutsche Ausgabe ist jedoch keine bloße Übersetzung, sondern eine revidierte Fassung. Wir haben unsere Texte überarbeitet und auf den neuesten Stand gebracht; insbesondere war es möglich, mehr und bessere Karten einzufügen und die Literaturhinweise für den deutschen Leser zu erweitern. Für die Organisation all dieser Verbesserungen danken wir besonders Kai Brodersen vom Institut für Alte Geschichte der Universität München.

Alte Geschichte ist eine europäische Disziplin, in der die Forschungstraditionen in jedem Land das jeweilige Bild der Antike prägen. Die »englische Sicht« in dieser Reihe wird dem deutschen Leser an manchen Stellen ungewöhnliche Aspekte auftun, wird aber auch in den Bereichen, in denen die deutsche Tradition besonders stark ist, ihr nicht ganz gerecht werden können. Doch vielleicht werden gerade diese Unterschiede zur Frische und Spannung unserer Reihe beitragen und das Interesse des deutschen Lesers steigern. Wir hoffen, daß sie auch in Deutschland so beliebt und so nützlich wird, wie es das englische Original in der englischsprachigen Welt ist.

Inhalt

Vorwort 11

1. Mythos, Geschichte und Archäologie 13
   Die mykenische Zeit 14 Das Dunkle Zeitalter 17 Mythen 18 Dialekte 20 Archäologie 22
2. Die Quellen 24
   Epos 24 Lyrik 27 Prosa 29 Herodot 31 Historiographie 37 Inschriften 40 Ausgrabungen 41 Keramik 42 Der Beitrag der Archäologie 44
3. Die Aristokratie in der geometrischen Zeit 45
   Homer und Hesiod 45 Königtum 48 Familie 49 Landwirtschaft 54 Das Haus 57 Gelage 59 Gastfreundschaft und Gaben 61 *hetairoi* 63 Kontinuität 68
4. Das Volk in der geometrischen Zeit 70
   Handwerk 70 Politik 71 Recht 74 *polis* 78 Religion 82 Kontinuität 84
5. Gesellschaft und Handel von Euboia 86
   Fernhandel 86 Phoiniker 87 Al Mina 91 Pithekussai 93 Lefkandi und Eretria 96 Der Lelantinische Krieg 98
6. Die orientalisierende Zeit 103
   Beziehungen zum Nahen Osten 103 Kunst und Künstler 104 Keramik 105 Religion im Ritual 109 Religion im Mythos 111 Hesiods Mythen 114 Übernahme der Schrift 117 Verbreitung der Schrift 122 Folgen der Schriftlichkeit 126
7. Kolonisation 130
   Geographische Ausdehnung 130 Krieger 134 Händler 136 Bauern 140 Die Gründung einer Kolonie 142 Die ersten Jahre einer Kolonie 146 Die Gründung von Kyrene 149 Kyrene als Modellfall 153 Kyrenes weitere Geschichte 155 Kontinuität 157
8. Die Kriegführung und die neue Ethik 159
   Die Hopliten 159 Bewaffnung 162 *phalanx* 166 Kriegslyrik 168 Die neue Ethik 170
9. Tyrannis 175
   Die Tyrannen 175 Allgemeine wirtschaftliche Ursachen? 178 Unterstützung durch das Volk 180 Lokale

Ursachen 184 Soziale und wirtschaftliche Probleme. Beispiel Korinth 185 Ethnische Probleme. Beispiel Sikyon 194 Aristokratischer Machtkampf. Beispiel Lesbos 196

10. Der Hoplitenstaat Sparta 202
Der Mythos Spartas 202 Verfassungsgeschichte 204 Militärgeschichte 207 Die *rhetra* 210 Eine Hoplitenverfassung 214 Die Annexion Messeniens 216 Das spartanische System 219 Eine archaische Gesellschaft? 223 Lykourgos 227

11. Soziale Gerechtigkeit in Athen 228
Rechtsprechung und Gesetze 228 Gesetzgeber 229 Solons Gesetze 230 Frühgeschichte Athens 233 *eunomia* 235 *seisachtheia* 238 Solons politische Reformen 244 Solons Erfolg 251

12. Die Aristokratie in der archaischen Zeit 253
Die historische Periode 253 *agōn* 254 Pindar 257 *symposion* 260 Das *symposion* in Kunst und Literatur 261 Sexualität 267 Neid 272

13. Die Wirtschaft in der archaischen Zeit 274
Aristokraten und Handwerker 274 Händler 276 Das *emporion* Naukratis 280 Söldner 285 Ägypten 290 Münzgeld 292 Sklaven 296 Tempel und öffentliche Bauten 299 Das Orakel von Delphi 301

14. Die Perser in Ionien 305
Das griechische Ionien 305 Die »ionische Aufklärung« 306 Persische Geschichte 311 Persische Religion 314 Minderheiten im Perserreich 316 Ionier im Perserreich 318 Der ionische Aufstand 320 Ionisches Denken im Westen 322

15. Die Verteidigung Griechenlands: Sparta und Athen .. 324
Sparta 324 Dorier oder Achaier? 324 Kleomenes 327 Athen 332 Kleisthenes' Reformen 333 *isonomia* 339 Marathon und die Folgen 341 *ostrakismos* 344 Athens Flotte 348

16. Der große Perserkrieg 350
Die Quellen in Herodots Darstellung 350 Die Einigung der Griechen 354 Die Strategie der Griechen 357 Das »Themistokles-Dekret« 359 Der griechische Sieg und seine Folgen 363

Anhang

Karte des archaischen Griechenland 368/69
Zeittafel 370
Quellenübersicht. 375
Literaturhinweise 379
Abbildungsnachweise 392
Quellenregister 393
Personen- und Sachregister 402

Vorwort

Dieses Buch wäre ein anderes geworden, hätte ich es zur Zeit seiner Planung vor zehn Jahren geschrieben. Daß sich einiges geändert hat, liegt nicht so sehr an mir, sondern an der Arbeit der Archäologen, auf deren Veröffentlichungen ich mich stütze. Hinsichtlich der Frühgeschichte Griechenlands kann kein Historiker an der Arbeit der Ausgräber vorbeigehen. Wenn mein Ansatz neu ist, dann deshalb, weil ich drei Aspekte zu betonen versuche. Erstens: die Rolle von Konzepten in der Geschichte – der Mensch lebt in seiner Vorstellungskraft, und seine Geschichte ist die Geschichte seiner Ideen. Zweitens: die Einheit der Mittelmeerwelt und die Bedeutung der Verkehrsverbindungen für die Förderung dieser Einheit. Drittens: die Bedeutung der gesellschaftlichen Gewohnheiten für das Verständnis aller Aspekte der Geschichte; zum Glück ist es nicht mehr nötig, ein Buch zu verteidigen, das den Trinksitten der Griechen ebensoviel Platz einräumt wie der politischen Geschichte. Seit Tolstoi wissen wir, daß sich eine Welle auf Grund von Kräften bricht, die weit draußen im Ozean der Zeit wirken.

Ich danke allen, die verschiedene Kapitel des Manuskripts gelesen und mit mir besprochen haben: Antony Andrewes, Paul Cartledge, John K. Davies, meiner Frau Penny Murray, Martin Ostwald, Mervyn Popham, Christiane Sourvinou-Inwood und besonders – für seine Ermutigung zur Unorthodoxie – Russell Meiggs. Für die vielen Verbesserungen der deutschen Ausgabe, von der Vervollständigung der Stellenangaben über die Auswahl der Abbildungen und Karten, die Literaturhinweise und das Register bis zu inhaltlichen Fragen, danke ich Kai Brodersen, dessen nie versagende Hilfsbereitschaft, Geduld und Wissen ihn zu mehr gemacht haben als bloß zu meinem Übersetzer.

Gewidmet sei die deutsche Ausgabe dem Andenken an zwei deutsche Freunde, Sofie und Richard Walzer.

Oswyn Murray
Balliol College, Oxford

1. Mythos, Geschichte und Archäologie

Noch vor gut hundert Jahren unterschieden Historiker bei der Geschichte Griechenlands zwei Abschnitte, den der »mythischen« und den der »historischen« Zeit – eine Unterscheidung, die schon die Griechen selbst getroffen hatten, wenn auch in etwas anderer Form. Freilich sah man keine ganz scharfe Grenze zwischen den beiden Abschnitten; so hielten viele Historiker die griechischen Heldensagen, besonders aber die Epen Homers, für eine verformte Spiegelung einer wahren Vergangenheit, eine Spiegelung also, von der man an sich auf die eigentlichen Ereignisse schließen können müsse, auch wenn damals noch keine Rekonstruktion der Ereignisse allgemein akzeptiert worden war. Um mehr Sicherheit bei der Darstellung der Geschichte zu erlangen, brauchte man nun solide Fakten als Basis, von der aus die zeitliche Einordnung und überhaupt die historische Wahrheit der in den Heldensagen überlieferten Ereignisse richtig eingeschätzt werden könnte.

Eine solche Basis wurde dann von der Archäologie geschaffen. Heinrich Schliemann, ein deutscher Kaufmann, der mit vierzehn Jahren die Schule verlassen und sich selbst Altgriechisch beigebracht hatte, um Homer lesen zu können, grub von 1870 bis 1890 Troja an der Westküste Kleinasiens und Mykene sowie weitere Stätten auf dem griechischen Festland aus, um die Wahrheit des von Homer geschilderten Kampfes um Troja nachzuweisen. Er entdeckte dabei eine große bronzezeitliche Palastkultur, die im sog. »Palast des Agamemnon« in Mykene ihr Zentrum hatte. In der Folgezeit haben Archäologen weitere Paläste in Zentral- und Südgriechenland ausgegraben und einen mykenischen Einfluß auf den griechischen Inseln und sogar in Kleinasien nachgewiesen. Das Heroenzeitalter der Sagen spiegelte also eine untergegangene Kultur wider, die von etwa 1600 v. Chr. bis zur Zerstörung ihrer wichtigsten Paläste um 1200 v. Chr. bestanden hatte.

Die Ausgrabung von Knossos auf Kreta, die der englische Gelehrte Arthur Evans seit 1900 durchgeführt hatte, brachte dann eine noch frühere, nicht-griechische Palastkultur zutage, deren Blüte in die Zeit von etwa 2200 bis 1450 v. Chr. fiel; man nannte sie die »minoische« Kultur nach Minos, dem mythischen König Kretas, frühesten Gesetzgeber in Hellas und Richter der Unterwelt. Der Einfluß der minoischen Kultur erklärte nun das spätere Aufkommen einer Palastkultur (eben der mykenischen) auf dem sonst vergleichsweise rückständigen griechischen Festland; etwa 1450 v. Chr. scheinen diese Mykener dann sogar Knossos selbst unterworfen zu haben.

Somit waren die frühesten Hochkulturen in Griechenland und damit ein historischer Kern des sagenhaften Heldenzeitalters entdeckt. Die minoische Kultur war, wie gesagt, sicherlich nicht griechisch, die Zuordnung der mykenischen blieb hingegen unklar. Da gelang 1952 einem jungen englischen Architekten, Michael Ventris, die Entzifferung der Schrift auf den Tontäfelchen, die man in den mykenischen Zerstörungshorizonten* von Pylos und Knossos gefunden hatte, der Silbenschrift »Linear B«, die sich aus der noch früheren (und bis heute nicht entzifferten) Schrift »Linear A« entwickelt hatte. Ventris zeigte nun, daß die Sprache, die mit Linear B aufgezeichnet worden war, Griechisch war, und zwar ein Griechisch, das den bis dahin bekannten frühesten Sprachformen sehr nahe stand. Somit war erstmals klar, daß die Geschichte der mykenischen Kultur nicht nur geographisch, sondern eben auch ethnisch der griechischen Geschichte zugehört.

Die mykenische Zeit

Und doch ist diese mykenische von der klassischen griechischen Kultur getrennt, einmal durch die Art und Weise, in der man sie rekonstruieren kann, zum anderen überhaupt durch ihre historische Wirklichkeit.

Zum ersten Punkt: Die schriftlichen Aufzeichnungen der mykenischen Kultur bestehen nur aus Listen von Ausrüstungsgegenständen und Vorräten, die im Palast aufbewahrt wurden, und beziehen sich lediglich auf das Jahr der Zerstörung des

---

* Der Begriff »Zerstörungshorizont« ist für die historische Interpretation archäologischer Befunde besonders wichtig: Die Zerstörung einer Stätte läßt sich an Hand der materiellen Zeugnisse meist gut erkennen und bedeutet gewöhnlich einen kulturellen Wendepunkt. Sie ist aber auch oft durch andere, insbesondere durch literarische Quellen bezeugt, so daß es gerade die Zerstörung ist, die uns am ehesten eine genaue Parallelisierung von Archäologie und Geschichte ermöglicht.

jeweiligen Palastes (die Tontäfelchen sind uns nämlich nur dadurch erhalten, daß sie vom Feuer, das den Palast zerstörte, gebrannt und somit fest geworden sind). Außerdem macht es die Beschränktheit der Schrift unwahrscheinlich, daß sie für einen anderen Zweck als den genannten eingesetzt werden konnte. Die mykenische Kultur war also nicht eigentlich eine Schriftkultur. Deshalb muß die mykenische Welt fast völlig auf Grund ihrer materiellen Überreste mit Hilfe der Archäologie rekonstruiert werden.

Auch die griechischen Mythen können nämlich trotz ihres von der Archäologie bestätigten historischen Kernes kaum zur Ergänzung der archäologisch gewonnenen Erkenntnisse herangezogen werden, da sie weniger etwas über die Zeit aussagen, die sie schildern, als vielmehr über die Zeit, in der sie entstanden sind bzw. überliefert wurden: Eine wichtige Gemeinsamkeit der Interpretationen von Mythen durch Psychologie, vergleichende Mythologie und Anthropologie (Völkerkunde), also durch Forscher wie Sigmund Freud, Bronislaw Malinowski und Claude Lévi-Strauss, ist die (sicherlich richtige) Annahme, daß Mythos eben nicht Geschichte ist, sondern vielmehr ein Mittel, menschliche Erfahrung zu ordnen. Demnach sind die sozialen und psychologischen Einstellungen, die im griechischen Götter- und Heldenmythos dargestellt werden, diejenigen der Generationen nach Homer und Hesiod, die sich diese Mythen geformt und umgebildet haben. Die Hypothese, man könne die mykenische Gesellschaft mit Hilfe der Mythen oder der Heldendichtung rekonstruieren, hat sich zumal dadurch als unhaltbar erwiesen, daß die gesellschaftlichen Institutionen, die durch archäologische Zeugnisse und die Linear-B-Täfelchen belegt sind, überhaupt nicht mit den in den Mythen geschilderten übereinstimmen.

Eine Rekonstruktion der mykenischen Welt muß daher weitgehend auf der Archäologie beruhen, also auf die materielle Kultur beschränkt bleiben. Somit gehört ihre Erforschung nach der üblichen Unterscheidung eher zur Vorgeschichte als zur eigentlichen Geschichte. Im Gegensatz zur mykenischen ist die griechische Welt vom achten vorchristlichen Jahrhundert an völlig »geschichtlich« (d. h., die archäologisch gewonnenen Erkenntnisse lassen sich mit den Aussagen über Gefühle und Gedanken der Menschen aus jener Zeit kombinieren, so daß sich ein relativ detailliertes Bild nicht nur davon ergibt, *was* die Menschen taten, sondern auch, *warum* sie manches taten, und welcher Druck oder welche Beschränkung sie dazu brachten, anderes *nicht* zu tun). Der eigentliche Unterschied zur mykenischen Welt ist dabei die *Schriftlichkeit* der griechischen Kultur; man sollte also vielleicht die krasse Unterscheidung von »Vorgeschichte« und »Geschichte« aufgeben zugunsten einer Unterscheidung unserer Kenntnis von »schriftlosen« und »schriftlichen« Gesellschaften.

Doch nicht nur die Möglichkeit für unsere Erkenntnis unterscheidet die mykenische Welt von der späteren griechischen, sondern, wie gesagt, auch ihre historische Wirklichkeit. Sie ist nämlich ein Beispiel für ein auch sonst in der Geschichte auftretendes Phänomen: Ein Kriegervolk kommt unter den Einfluß einer weiter fortgeschrittenen Kultur. (Parallelen finden sich unter anderem bei den Barbarenkönigreichen in der frühbyzantinischen Welt, also z. B. den Ostgoten in Norditalien oder den Wandalen in Nordafrika, und – später im Mittelalter – bei den Normannen.) Mykene wurde also von Knossos, die mykenische von der minoischen Kultur beeinflußt, die wiederum am Rande einer Welt lag, in der die zentralisierte Palastwirtschaft und der orientalische Despotismus in Mesopotamien und Ägypten schon seit 2000 Jahren in Blüte gestanden hatten. Die mykenische Kultur war dieser Welt viel enger verbunden als der späteren Entwicklung in Griechenland.

In der Zeit von 1250 bis 1150 v. Chr. kam es zu einer Welle von Zerstörungen im ganzen östlichen Mittelmeerraum: Das Hethiterreich in Kleinasien brach um 1200 v. Chr. zusammen; dies wiederum führte zu Bevölkerungsbewegungen, die in Syrien und Palästina schwere Unruhen zur Folge hatten, und die sich in der ägyptischen Geschichtsaufzeichnung niederschlugen als »Versuch einer Eroberung Ägyptens durch die Seevölker« (zu denen auch Gruppen von Achaiern oder Mykenern auf der Flucht gehört haben mögen). Für den letzten größeren gemeinsamen Erfolg der Mykener hält die heutige Forschung die Zerstörung von Troja durch diese Völker – ein Ereignis, für das man in den Zerstörungshorizonten Troja VII a (zwischen 1250 und 1200 v. Chr.) Zeugnisse gefunden hat, und das allgemein als die historische Grundlage des Homerischen Trojakrieges gilt. Aus fast genau derselben Zeit gibt es aber auch deutliche Anzeichen für Vorbereitungen zur Abwehr eines drohenden Angriffs auf die Peloponnes selbst; trotzdem fielen um 1200 v. Chr. Mykene, Pylos und weitere Zentren der mykenischen Kultur den Flammen zum Opfer; fünfzig Jahre später wurden die Reste erneut angegriffen. Die militärische und politische Organisation der Palastwirtschaft verschwand dabei völlig; mit ihr gingen auch die Fertigkeiten in Kunst und Schrift zugrunde. Die meisten Orte wurden verlassen oder nur noch teilweise besiedelt, einige übergab man sogar ganz den Toten als »Totenstädte«. Gleichzeitig kam es zu einer Auswanderungsbewegung in die Randgebiete der mykenischen Welt (z. B. Zypern) und zur weitgehenden Entvölkerung des früheren Kernlandes. Für Archäologen zeigt sich dabei in einer gewissen Kontinuität des minderwertigen submykenischen (nachmykenischen) Keramikstiles die Ebene, auf die die materielle Kultur damals abgesunken war.

Das Dunkle Zeitalter

Die Folge des Zusammenbruchs der mykenischen Kultur war das sog. »Dunkle Zeitalter« *(dark age)*, das etwa 300 Jahre dauerte. Die Diskontinuität zur Vergangenheit war dabei fast vollkommen; die Griechen wußten später von kaum einem der wichtigeren Aspekte jener Welt, die sie sich in ihrer Heldendichtung darstellten: So kannten sie weder die gesellschaftliche Gliederung noch die materielle Kultur noch das Schriftsystem der mykenischen Zeit. Sogar das Dunkle Zeitalter selbst kam außer Sichtweite: Im ersten Buch seines Geschichtswerkes stellt Thukydides einen schrittweisen, kontinuierlichen Fortschritt von der Welt der Homerischen Helden bis auf seine eigene Zeit fest; Listen zur Vergangenheit wie z. B. Genealogien reichen meist nur bis etwa 900 v. Chr. zurück. Eine dunkle Ahnung von der Lücke zwischen ihrer Welt und der der Helden brachte die Griechen dann sogar dazu, erfundene Namen in diese Listen einzufügen und eine Generation mit vierzig (statt richtiger mit dreißig) Jahren zu berechnen.

Die griechische Welt seit dem achten vorchristlichen Jahrhundert ist also nicht das Produkt der mykenischen Zeit, sondern das des Dunklen Zeitalters – dunkel deshalb, weil es (wie praktisch jede primitive Gesellschaft) wenig an »materieller Kultur« hervorgebracht hat, also auch wenig hinterlassen hat, was Archäologen finden und interpretieren könnten. Und doch ist es wichtig, etwas über das Dunkle Zeitalter zu wissen, wenn man die Gesellschaft verstehen will, die aus ihm hervorgegangen ist. Drei Arten von Zeugnissen stehen zur Verfügung, wenn man die Geschichte des *dark age* in Umrissen rekonstruieren will: Mythen, Dialekte und archäologische Funde.

Mythen

Zunächst kann der Historiker also auch hierfür wieder die Mythen auswerten, freilich mit der gebotenen Vorsicht: einmal, weil Volksgut verändert und so den Interessen späterer Generationen angepaßt wird, zum anderen, weil auch die Quellen, aus denen wir heute die Mythen rekonstruieren können, aus sehr viel späterer Zeit stammen, also ihrerseits die Mythen in einer umgearbeiteten und veränderten Form bieten, die literarischen oder quasi-historischen Interessen dient. (Es besteht die Gefahr, eine Gesamtdarstellung der Mythen zu konstruieren, die weit vollständiger und systematischer ist, als sie im frühen Griechenland je bestand.) Es gibt aber jedenfalls zwei historisch bedeutsame Mythen oder Sagen: der erste erklärt die Herkunft der Dorier, der zweite handelt von den Ioniern.

In historischer Zeit unterschieden sich die Dorier von den anderen Griechen besonders durch ihren Dialekt, aber auch durch bestimmte, nur ihnen gemeinsame gesellschaftliche Traditionen. So war jeder dorische Staat in drei Stämme *(phylai)* mit jeweils denselben Namen eingeteilt; eine Anzahl primitiver Institutionen findet man gleichermaßen sogar in weit voneinander entfernten dorischen Staatswesen (z. B. in Sparta und auf Kreta). Die Dorier waren der Homerischen Darstellung der griechischen Heldenzeit unbekannt, und doch besaßen sie später den Großteil des einstigen Zentrums der mykenischen Macht, nämlich weite Teile der Peloponnes, wo sie sich an manchen Orten (z. B. Argos und Sparta) die nichtdorische Vorbevölkerung als Sklaven unterworfen hatten.

Die Mythen erklären nun, die Dorier seien erst in jüngster Zeit eingetroffen: Die Söhne des Halbgottes Herakles seien aus Mykene vertrieben worden und dann zusammen mit den Doriern zurückgekehrt, um ihr Erbe zurückzufordern. Der Mythos von der »Rückkehr der Herakliden« (Herakles-Söhne) begründet, mit welchem Recht ein Volk, das in der Welt der Heldensagen offenbar unbekannt war, das Land der mykenischen Griechen übernommen und einen Teil der Bevölkerung versklavt hatte. Wieviel historische Wahrheit hierin vorliegt, läßt sich nur durch den Vergleich mit Belegen anderer Art entscheiden.

Die zweite Gruppe von Sagen, denen wohl eine historische Bedeutung zukommt, handelt von der Expansion der Griechen über die Ägäis hinaus an die kleinasiatische Küste, wo sie eine andere kulturelle und sprachliche Einheit bildeten, die der ionischen Griechen. Die Geschichten darüber sind kompliziert, sie beinhalten die Gründung von verschiedenen Städten, doch nennen sie als Zentrum für die Abfahrt der Stadtgründer zumeist Athen: Flüchtlingsgruppen kamen durch Athen, unterwegs auf der Suche nach einer neuen Heimat.

Thukydides beschreibt die schwierige Heimkehr der Sieger von Troja in ein Land, das nicht mehr für Helden geeignet war, und die Wanderungen, die darauf folgten:

Sogar nach dem Trojanischen Krieg gab es in Hellas noch viele Wanderungen und Neugründungen, so daß es nicht in Ruhe wachsen konnte. Die sehr verspätete Rückkehr der Hellenen aus Ilion (Troja) verursachte viele Unruhen, und es kam in den Städten zu häufigen Umstürzen. Die dabei Verbannten gründeten anderswo Städte. ... Im achtzigsten Jahr (nach der Zerstörung Trojas) nahmen die Dorier zusammen mit den Herakliden die Peloponnes in Besitz. Nur mühsam und langsam kam Hellas zur sicheren Ruhe, und als die Umstürze aufhörten, konnte es Tochterstädte *(apoikiai)* anlegen: Die Athener gründeten ihre Städte bei den Ioniern und auf vielen Inseln, die Peloponnesier meistens in Italien und auf Sizilien und auch an manchen Orten im restlichen Griechenland. All diese Gründungen sind später als der Trojanische Krieg.

(Thukydides 1, 12)

Diese Darstellung hat offenbare Schwächen. Thukydides weiß nichts von dem Ausmaß des kulturellen Zusammenbruchs im Dunklen Zeitalter, da er kaum eine Vorstellung von der Macht und dem Wohlstand des mykenischen Griechenland hat. Er verwendet für politische Unruhen Begriffe, die er seiner eigenen Zeit entnimmt; er setzt die ionische Wanderung mit der späteren und besser organisierten Kolonisationsbewegung (s. Kap. 7) der Griechen in Unteritalien und auf Sizilien gleich. Der Grund für die Beschränktheit seines Blickes liegt auf der Hand: Thukydides versucht – wie ein heutiger Historiker – eine geschichtliche Darstellung aus den Mythen und der Heldendichtung dadurch zu gewinnen, daß er die Methoden der historischen Erklärung aus seiner eigenen Zeit anwendet; und tatsächlich gewinnt er aus den Sagen und dem Volksgut, das ihm vorliegt, durchaus weitgehend dasselbe Gesamtbild wie wir heute.

Dialekte

Außer den Mythen der Wanderungszeit steht uns eine zweite Art von Quellen zur Verfügung (die die Aussagen der Mythen sogar z. T. bestätigt): die Verbreitung der Dialekte im historischen Griechenland. Das Griechische selbst gehört zur indoeuropäischen Sprachfamilie; es scheint kurz vor 2000 v. Chr. nach Griechenland gekommen zu sein. Dann nämlich belegen archäologische Funde die Ankunft einer neuen Kultur auf griechischem Boden, und wir können annehmen, daß es sich dabei um die der späteren mykenischen Griechen handelte. Die frühere, nicht indoeuropäische Sprache blieb dabei zumindest in den Namen mancher Orte erhalten (z. B. denen, die wie Korinthos und Parnassos auf *-nthos* oder *-assos* enden), Orte übrigens, die meist als kulturelle Zentren des dritten vorchristlichen Jahrtausends bekannt sind. Inwieweit die frühere Sprache die der eindringenden Griechen beeinflußt und gewandelt hat, ist unbekannt; jedenfalls war zur Zeit der mykenischen Linear-B-Täfelchen die Sprache erkennbar Griechisch.

In der klassischen Zeit war das Griechische in verschiedene Dialektgruppen unterteilt, die mehr oder weniger eng verwandt waren. (s. Abb. 1)

Dorischer Dialekt (Nr. 1–5 auf Abb. 1) wurde auf der südlichen und östlichen Peloponnes gesprochen, d. h. im einstmals mykenischen Kernland, in Lakonien (und wohl auch Messenien) und in der Argolis. Von dort hatte sich das Dorische über die südliche Gruppe der ägäischen Inseln nach Kreta, Rhodos und der Südwestküste Kleinasiens ausgebreitet. Ionischen Dialekt (Nr. 9–10) sprach man dagegen in Attika, auf Euboia, zentralen Kykladeninseln und an der zentralen kleinasiatischen Küste. Weiter im Norden Westkleinasiens und auf den dort vorgelagerten Inseln wurde Lesbisch (Aiolisch, Nr. 11) gesprochen, ein Dialekt, der mit dem von Boiotien (Nr. 12) und Thessalien (Nr. 13) verwandt war. Die beiden letztgenannten Gruppen sind aber auch mit den dem Dorischen nahestehenden Dialekten von Aitolien, Achaia und Elis (Nr. 6–8) verbunden. Schließlich hielt sich in zwei entlegenen, von der Umwelt praktisch abgeschlossenen Enklaven, nämlich in Arkadien und auf der fernen Insel Kypros (Zypern), eine archaische Form des Griechischen, die man als den arkadokyprischen Dialekt (Nr. 14–15) bezeichnet.

Diese Verteilung läßt sich offenbar zumindest teilweise mit

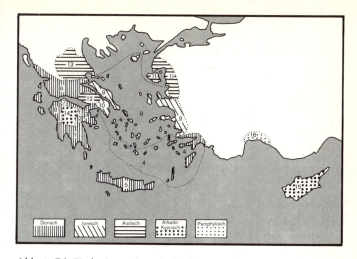

Abb. 1: Die Verbreitung der griechischen Dialekte
Dorisch: 1. Lakono-Messenisch; 2. Westargolisch; 3. Saronisch; 4. Inseldorisch; 5. Kretisch
Dem Dorischen nahestehend: 6. Nordwestgriechisch; 7. Achaisch; 8. Elisch
Ionisch: 9. Ionisch; 10. Attisch
Aiolisch: 11. Lesbisch
Dem Aiolischen nahestehend: 12. Boiotisch; 13. Thessalisch
Arkado-Kyprisch: 14. Arkadisch; 15. Kyprisch
Pamphylisch: 16. Pamphylisch

den Mythen von den großen Wanderungen im Dunklen Zeitalter in Beziehung setzen. Der arkadokyprische Dialekt steht dem mykenischen Griechisch am nächsten, das Ionische kann man als eine Fortentwicklung von einer gemeinsamen Grundlage aus betrachten. Die Verteilung des Ionischen spiegelt dabei deutlich dieselben Ereignisse wider wie die Sagen von der ionischen Wanderung; und angesichts der Kontinuität, die in Zypern von der mykenischen bis zur klassischen Zeit besteht, ist es sinnvoll, das Arkadokyprische als Beleg für das Überleben von mykenisch-griechischen Enklaven in entlegenen und unzugänglichen Gebieten zu werten. Man hat ferner auch angenommen, daß die Beziehungen zwischen Dorisch und Nordwestgriechisch und die geographische Verbreitung dieser Dialekte eine gewisse Bestätigung für die Sagen von einer nachmykenischen Invasion aus dem Nordwesten auf die Peloponnes sind – eine Hypothese, die immer noch vernünftig erscheint. Freilich ist es auch gut vorstellbar, daß ein Teil der Dialektverteilung bereits auf frühere Zeiten zurückgeht, nämlich auf das erste Eindringen der Griechen; und es ist klar, daß viele Unterschiede zwischen den Dialekten das Ergebnis von unterschiedlichen Entwicklungen sind, die sich erst nach der endgültigen Ansiedlung der verschiedenen Gruppen ergeben haben.

Archäologie

Die dritte Art von Zeugnissen für das Dunkle Zeitalter (neben den Aussagen der Mythen und der Verteilung der Dialekte) bringt die Archäologie bei, Zeugnisse, die meist mit weniger Sicherheit zu interpretieren sind. So ist genaugenommen nicht einmal sicher, ob Troja VII a oder aber die mykenischen Paläste zuerst fielen, und es gibt auch keine archäologischen Belege dafür, wer die Kulturen jeweils zerstört hat. Die submykenische (nachmykenische) Zeit ist durch extreme Armut und Entbehrung gekennzeichnet, ja ihr Hauptmerkmal ist das Fehlen von materiellen Resten, was auf weitgehende Entvölkerung schließen läßt; es gibt auch keine Anzeichen dafür, daß neue Bevölkerungsgruppen hinzugekommen wären. Der einzige größere Wandel, den man archäologisch feststellen kann, findet sich im Bestattungsbrauch: Die Gemeinschafts- und die großen Kammergräber der mykenischen Zeit werden zugunsten der noch älteren Praxis der Individualbestattung in kastenförmig angeordneten Steinplatten aufgegeben, die Verbrennung der Toten verdrängt allmählich die Erdbestattung. Etwa ein Jahrhundert nach dem endgültigen Zusammenbruch der mykenischen Kultur gibt es dann die ersten Anzeichen für ein Wiedererwachen: Der erneute Kontakt zwischen Athen und Zypern (also der Gegend in der griechischen Welt, die die deutlichste archäologische Kontinuität zur mykenischen Vergangenheit an den Tag legt) brachte aus Südkleinasien einen wichtigen technischen Fortschritt, nämlich die Eisenherstellung durch Verhütten von Erz. Von etwa 1050 v. Chr. an wurde Bronze als Metall für den Alltagsgebrauch vom Eisen verdrängt. Etwa zur selben Zeit taucht in Athen ein neuer Keramikstil auf, der im Vergleich zum vorhergehenden von erheblich höherer Qualität ist: der protogeometrische Stil (etwa 1050 bis 900 v. Chr.), bei dem einfache, sich wiederholende geometrische Muster und breite helle bzw. dunkle Bänder als Ornament dienen. Und in dieselbe Zeit, von 1050 bis 950 v. Chr., datieren auch Ausgrabungsbefunde die ionische Wanderung, die von Athen aus über die Ägäis zur kleinasiatischen Küste führte.

Archäologische Zeugnisse bestätigen also die ionische Wanderung und die Bedeutung Athens dabei; die vorherige Zeit aber liegt weitgehend im dunkeln. Der Wandel der Bestattungspraxis könnte zwar auf das Vordringen eines neuen Volkes (der Dorier?) hinweisen, läßt sich aber auch als bloße Rückkehr zu noch früheren Bräuchen erklären (zumal ja die recht aufwendigen Formen der mykenischen Bestattung ohnehin kaum bestehen bleiben konnten). Überhaupt sind Änderungen des Bestattungsritus nicht immer ein Anzeichen für einen Wechsel der Bevölkerung in einem Gebiet: So ging das Römische Reich in den ersten drei nachchristlichen Jahrhunderten von der Feuer- zur Erdbestattung über, wofür bis heute keine einleuchtende Begründung gefunden worden ist. Deshalb nun haben manche Archäologen es vorgezogen, eine dorische Einwanderung überhaupt ganz abzustreiten und ein Nebeneinander jener Bevölkerungsgruppen für das griechische Festland seit dem Beginn der mykenischen Zeit anzunehmen; die Paläste sind nach dieser Auffassung nicht durch eindringende Neusiedler zerstört worden, sondern entweder durch vorbeiziehende Plünderer (wie später die keltische und die angelsächsische Kultur durch die Wikinger) oder aber bei lokalen Erhebungen der unterworfenen Bevölkerung. Jedoch ist – trotz mancher Anzeichen für eine kulturelle Kontinuität – das Hauptmerkmal der Zeit nach dem Fall der Paläste die Diskontinuität: Alte Siedlungen werden zugunsten von neuen Orten aufgegeben, manche sogar zu Begräbnisstätten umfunktioniert – eines der deutlichsten Anzeichen für eine neue Bevölkerung. Und wenn man den Mythen eine gewisse Bedeutung zuschreiben will, so erscheint es möglich, daß die mysteriösen Dorier, wenn sie schon nicht für die Zerstörung der mykenischen Kultur verantwortlich sind (das läßt sich nicht zwingend beweisen), doch immerhin sicher von dem Machtvakuum nach der Zerstörung der Paläste profitiert haben. Auch in anderen Zeiten gibt es dasselbe Phänomen: Ein kulturloses Volk hinterläßt keine Spuren seines Kommens außer Verwüstung und Veröden – und somit eine Welt, die neu geschaffen werden muß.

2. Die Quellen

Epos

In schriftlosen Gesellschaften beruht das Wissen über die Vergangenheit und die Information in der Gegenwart allein auf dem Gedächtnis des Menschen. Gedächtnishilfen – die Verwendung von immer wiederkehrenden Erzählungsmodellen, von Märchenmotiven und von sich wiederholender Phraseologie – dienen aber auch einem ästhetischen Zweck, also dazu, Gefallen bei den Zuhörern hervorzurufen. Daher sind die rhythmischen Modelle des poetischen Versmaßes eine so häufige Erscheinung bei primitiven Völkern. Wer nun eine besondere Gewandtheit im Komponieren metrischer Dichtung erreicht, wird eine besondere Stellung als Wortführer der Gemeinschaft erlangen, und zwar auf Grund seiner doppelten Funktion als Bewahrer der Vergangenheit und als Interpret der Gegenwart. So sind auch die frühesten literarischen Zeugnisse, die uns für die Geschichte Griechenlands erhalten sind, Dichtung, nicht Prosa. Als im achten vorchristlichen Jahrhundert der Gebrauch der Schrift aufkam, änderte sich die Position des Dichters nur langsam: Es dauerte Generationen, bis er seinen ererbten Status verlor; Prosa entwickelte sich nicht vor der Mitte des sechsten Jahrhunderts.

Der *aoidos*, der Sänger des Epos, hatte die mündliche Dichtung als Beruf; er schöpfte beim Komponieren und Rezitieren der Dichtung aus einem Vorrat an traditionellem Material. Sein Thema waren die Taten der Helden in einer fernen Vergangenheit, dem Ende der mykenischen Zeit. Anscheinend gab es keinen Versuch, noch weiter zurückzugreifen oder aber Dichtungen über zeitlich näherliegende Ereignisse zu komponieren. Das mündliche Epos gedieh ausschließlich oder doch vorwiegend in Ionien; sein Charakter läßt sich am besten an Hand seiner sprachlichen Eigenheiten darstellen. Der Dialekt des Epos ist künstlich: Eine ionische Grundlage ist von Entlehnungen aus dem Aiolischen und anderen ostgriechischen Dialekten überlagert, wodurch sich eine Sprache ergibt, deren Formen für das fließende hexametrische Versmaß besonders geeignet sind. Der *aoidos* verließ sich zweifellos auf sein Gedächtnis, wenn er – mit Variationen – bereits bestehende Dichtungen wiederholte;

er mußte aber auch fähig sein, während seines Vortrags selbst zu komponieren. Außer der Wiederholung von immer wiederkehrenden Szenen (wie z. B. Festmahl, Wortstreit, Gefecht oder Sonnenaufgang) eignete sich der Dichter einen ganzen Schatz von Formeln an, also von metrischen Einheiten, die an bestimmten Positionen in den Hexametervers passen. Die Arbeiten von Milman Parry (s. Literaturhinweise) zum Vergleich der Homerischen Dichtung mit der Praxis der noch lebendigen Tradition des serbokroatischen mündlichen Epos lassen uns heute die Prinzipien der mündlichen Komposition der Homerischen Dichtung viel besser verstehen. Neben komplexeren Formeln sind dort z. B. vielen Namen und manchen Substantiven verschiedene Adjektive zugeordnet, die aber weniger die Bedeutung des Hauptwortes variieren oder erweitern sollen als vielmehr lediglich dazu dienen, das Hauptwort in seiner jeweiligen Stellung im Vers (zum »metrischen Ausgleich«) zu begleiten. Dabei hat ein Name oder Substantiv selten mehr als nur ein solches Beiwort *(epitheton)* für jeden speziellen metrischen Wert.

Der *aoidos* war mithin erheblich von der Tradition eingeschränkt, in der er arbeitete. Er besang eine sagenhafte Vergangenheit, von der er wenig wußte, und dies in einer Sprache, die das Überleben deskriptiver Elemente auch dann noch begünstigte, als diese in der wirklichen Welt schon lange nicht mehr existierten. Der Dichter hatte also nur einen begrenzten Bereich für Innovationen. Andererseits war er ein schöpferischer Künstler, der beim Vortrag komponierte, und der in einer Welt mit eigenen Institutionen, eigenen Sitten und Gebräuchen, eigenen Werten lebte. Davon muß er bei seinem Versuch, eine längst verlorene heroische Welt wiederzuerschaffen, ausführlich Gebrauch gemacht haben. Tatsächlich haben nun Untersuchungen der mündlichen Dichtung anderer Kulturen nachgewiesen, daß es eine der Hauptfunktionen der traditionellen Elemente in der Dichtung ist, den Rahmen für die Kreativität zu erweitern. Die Aufgabe der formelhaften Sprache ist es dabei, die schöpferische Komposition, nicht die bloße Wiederholung, zu erleichtern. Wir können daher mit guten Gründen annehmen, daß ein großer individueller Künstler am Ende einer Tradition des mündlichen Epos steht, der auf den Errungenschaften seiner Vorgänger aufbaut, aber ihre Kunst umwandelt: Die *Ilias* und die *Odyssee,* die Homer zugeschrieben werden, sind Meisterwerke der Literatur, die alles Vergleichbare aus der griechischen und aus anderen Kulturen weit überragen.

Es mag dabei freilich ungewiß sein, ob Homer ein einziger Mann gewesen ist, ob zwei Dichter unter dem Namen überliefert sind oder ob *homēros* ein Oberbegriff für berufsmäßige *aoidoi* war; ebenso mag es umstritten sein, zu welchem Zeitpunkt in der Tradition des mündlichen Epos das Auftreten eines großen Dichters am wahrscheinlichsten ist. Der zweite epische Dichter Griechenlands ist demgegenüber jedenfalls als Person besser zu erfassen: Hesiod wirkte um 700 v. Chr., also wohl als Zeitgenosse Homers oder doch nur eine Generation von ihm entfernt. Als erster Dichter nennt Hesiod seinen Namen. Zu Beginn seiner *Theogonie* schildert er, wie zu ihm, als er gerade seine Schafe auf dem Helikon hütete, die Musen kamen, wie sie ihm den Lorbeerstab des *aoidos* gaben und eine göttliche Stimme einhauchten. Ein Ausdruck von Hesiods Bewußtsein, ein autonomes künstlerisches Individuum außerhalb der Tradition mündlicher Dichtung zu sein, ist es auch, daß sein anderes Hauptwerk, *Erga kai hēmerai* (Werke und Tage), als eine Ansprache gestaltet ist, die er an seinen Bruder Perseus bei einer wirklichen Gelegenheit richtet, nämlich bei einer Auseinandersetzung um die Teilung des vom Vater geerbten Landes. Hesiod gehört damit nicht im selben Sinne wie Homer in die Tradition des mündlichen Epos, seine Berufung zum Dichter gleicht eher der eines zeitgenössischen Propheten im Alten Testament. Hesiods Vater, im Seehandel erfolglos, war aus Kyme im aiolischen Teil Kleinasiens ausgewandert, um sich als Bauer am Rand von Askra in Boiotien niederzulassen; von beiden Gebieten kennen wir keine eigenständige epische Tradition.

Sicherlich sieht sich Hesiod selbst als einen Homerischen *aoidos*, er schreibt, daß ihn die einzige Seereise seines Lebens (tatsächlich nur eine kurze Überfahrt) nach Chalkis auf Euboia führte, wo er an einem Wettbewerb bei den Leichenspielen für Amphidamas teilnahm (dort gewann er einen Dreifuß, den er den Musen an dem Ort weihte, wo er seine ursprüngliche Vision gehabt hatte; s. S. 255). Bei jenen Spielen fand ein typischer Wettbewerb zwischen *aoidoi* statt. Und doch ist Hesiods Technik nicht die eines mündlich arbeitenden Dichters, der in einer festen Tradition steht. Seinen Dialekt, sein Versmaß und sein Vokabular hat Hesiod vom Epos gelernt, doch verwendet er all dies mit einer solchen Freiheit und Unbeholfenheit, daß man annehmen muß, er habe das »Handwerk« der mündlichen Komposition nur halb beherrscht. Grund dafür ist einmal, daß Hesiod kein Vorrat an Formeln zur Verfügung stand, der seinem Stoff gerecht geworden wäre, zum anderen, daß er – zumindest in den *Erga* – seinen Stoff zu einem großen Teil aus den einfacheren Sprechrhythmen von Volksweisheiten und Sprichwörtern in hexametrische Verse umarbeiten mußte. Seine Originalität erklärt also die Steifheit, die geringere Qualität und die Komposition »Zeile für Zeile«, die seine Werke so sehr vom leichten Fluß des Homerischen Epos unterscheiden. Es ist zumal gut möglich, daß Hesiod nicht mündlich komponierte, sondern sich dazu der Schrift bediente und erst dann seine Dichtungen für den Vortrag auswendig lernte. Schließlich hebt der deutliche Einfluß des Orients (s. Kap. 6) Hesiods Werke von dern Tradition Homers ab.

Lyrik

Inschriften auf Gefäßen belegen, daß man im ausgehenden achten Jahrhundert v. Chr. das Alphabet als ein natürliches Mittel zur Aufzeichnung recht trivialer Gelegenheitsdichtung verwendete. Es ist also eine durchaus plausible Annahme, daß auch die Dichter von Epen damals ihre Werke schriftlich aufzeichneten, ja sogar jene neuerworbene Fertigkeit als Hilfe bei der Komposition verwendeten. Dichtung war auch im siebten und sechsten Jahrhundert weiterhin ein wichtiges Mittel der öffentlichen Äußerung, wurde aber in verschiedener Hinsicht vom Aufkommen der Schrift beeinflußt; schließlich war es nun möglich, das Werk einzelner Dichter wortgetreu aufzuzeichnen. Schon bei Homer sind ja weitere Formen von Dichtung belegt, die neben dem Epos bestanden, nämlich Fest-, Hochzeits-, Sieges- und Klagelieder; offenbar gab es aber keine »Zunft« von berufsmäßigen *aoidoi*, die deren Überleben sicherstellte. Mit dem Aufkommen der Schrift traten nun verschiedene Formen von Dichtung hervor, die jeweils eine eigene Identität entwickelten (und von nun an jede eine eigene kontinuierliche Entwicklung durchmachten). Die Schrift ermöglichte es außerdem, komplexere Rhythmen aufzuzeichnen, und konnte sogar fast die Funktion von musikalischer Notation übernehmen. Seit Hesiod war die Vorstellung vom Dichter als Individuum gang und gäbe – man wußte eben, daß Dichtungen die Werke eines bestimmten Autors waren. Das wiederum wird im Inhalt und im Stil der Dichtungen zu einem verstärkten Ausdruck persönlicher Gefühle geführt haben. Bis auf wenige Ausnahmen hat die lyrische Dichtung das Ende der Antike nicht überlebt; die uns vorliegenden Fragmente sind als Zitate bei überlieferten klassischen Autoren erhalten oder aber auf Papyri aus dem griechisch-römischen Ägypten gefunden worden – was übrigens unsere Kenntnis der lyrischen Dichtung in den letzten fünfzig Jahren enorm erweitert hat.

Der früheste lyrische Dichter, Archilochos (etwa 680 bis 640 v. Chr.), ist ein gutes Beispiel für viele der genannten Entwicklungen. Er war ein illegitimer Sohn eines Aristokraten von Paros und folgte seinem Vater zu einer Koloniegründung nach Thasos; den größten Teil seines Lebens verbrachte er als Soldat, er fiel in einer Schlacht. Seine Dichtung – in Homerischer Sprache, aber nicht ausschließlich im epischen Hexameter, sondern auch in volkstümlichen Versmaßen geschrieben – befaßt sich mit seinen persönlichen Verhältnissen, mit Kriegführung, dem Leben in einer Grenzgemeinde, mit Trinken, Liebe und Sexualität, mit der Schmähung seiner Gegner. Der neueste Fund eines seiner Werke (P. Colon. 7511 = 196a W) wurde 1974 veröffentlicht. Dieses wiedergewonnene, bisher längste bekannte Gedicht des Archilochos handelt davon, wie er die kleine Schwester seiner Freundin verführt.

Repräsentanten der eigentlichen Lyrik, d. h. des Sologesangs zur Lyra, sind für uns Alkaios (geboren um 620) und Sappho (geboren um 610). Beide stammen von Lesbos, beide aus einer aristokratischen Familie. Alkaios war in die politischen Auseinandersetzungen auf der Insel verwickelt (s. Kap. 9); für ihn typische Themen sind daher seine politische Haltung, sein Exil, seine Reisen und die Beschreibung des Soldatenlebens. Sappho bietet einen ungewöhnlichen Einblick in eine Gesellschaft von Frauen. (s. S. 197).

Wichtiger noch für die soziale Funktion der Dichtung sind jedoch die »didaktischen« Dichter. Kallinos von Ephesos im frühen siebten Jahrhundert und Mimnermos von Kolophon um 600 sprachen in ihren Dichtungen ihren Mitbürgern Mut zu beim Kampf gegen die aus Südrußland vordringenden kimmerischen Nomaden und gegen die sich ausbreitende Macht Lydiens (s. Kap. 8). Tyrtaios tat am Ende des siebten Jahrhunderts das gleiche für die Spartaner bei ihrem Kampf gegen die messenischen Nachbarn; sein Lobpreis galt dabei den Werten der Gemeinschaft in den neuen Großarmeen aus schwerbewaffneten Truppenteilen, galt dem politischen Ideal der *eunomia* (guten Ordnung; s. Kap. 10). Sein dichterischer Einfluß auf Solon von Athen war groß. Solon wurde 594 v. Chr. zum obersten Beamten Athens berufen; er sollte die ernsten wirtschaftlichen und sozialen Probleme der Stadt lösen (s. Kap. 11). In seinen frühen Gedichtfragmenten greift er die Ungerechtigkeiten in der athenischen Gesellschaft in einer Weise an, die den Einsatz von Dichtung als politischer Waffe demonstriert; später verteidigt er seine Reformen in derselben Weise gegen Extremisten auf beiden Seiten. Die Dichtung, die dem Theognis von Megara (um 540) zugewiesen wird, beschreibt die Unzufriedenheit eines Aristokraten mit dem Zustrom von neuem Reichtum und dem Zusammenbruch der traditionellen Werte; sie schildert ferner die in der Oberschicht praktizierte Homosexualität. Xenophanes hingegen mußte als junger Mann seine Heimatstadt Kolophon in Kleinasien verlassen, die die Perser 545 v. Chr. erobert hatten, und verbrachte sein Leben von da an in den westlichen Kolonien. Philosophische und naturwissenschaftliche Probleme sind sein Thema, darüber hinaus greift er die zeitgenössische Überbetonung von sportlicher und militärischer Tüchtigkeit an.

Chorlyrik wurde üblicherweise bei religiösen Festen oder anderen bedeutenden Anlässen aufgeführt, und zwar von einstudierten Männer- und Mädchenchören, die – oft im Wechselgesang – von Instrumenten begleitet sangen und tanzten. Alkman, ein jüngerer Zeitgenosse des Tyrtaios, bietet in seinen Hymnen einen interessanten Kontrast zur Vorstellung von Sparta als reiner Militärgesellschaft. Simonides von Keos (etwa 556 bis 468) war ein Hofdichter des athenischen Tyrannen Hipparchos; in seinen späteren Werken gedenkt er der Toten und der Sieger in den Perserkriegen. Schließlich ist Pindar zu nennen, der größte chorlyrische Dichter; er schrieb im fünften Jahrhundert v. Chr. im Auftrag von griechischen Aristokraten und Herrschern, die an den internationalen Wettspielen teilnahmen.

Prosa

Die lyrische Dichtung veranschaulicht umfassend und abwechslungsreich die Welt des frühen Griechenland. Obwohl ihr Zweck offensichtlich nie darin gesehen wurde, Vergangenes aufzuzeichnen (es gab ja keine Tradition eines historischen

Epos oder einer beschreibenden Panegyrik), spielte der Dichter dennoch eine zentrale Rolle; die verschiedenen Formen von Dichtung befriedigten dabei so ausreichend das Bedürfnis nach öffentlicher Äußerung, daß darin wohl der Grund für das so späte Auftreten von Prosaliteratur liegt. Natürlich sprachen die Menschen in Prosa, aber sie dichteten in Versen. Prosaliteratur entsteht erst auf Grund des neuen Bedürfnisses nach präziser und kritischer Analyse, sie ist damit ein Produkt der ionischen Aufklärung (s. Kap. 14). Das Bemühen, eine kritische naturwissenschaftliche Theorie der Materie zu formulieren, das in Milet mit Thales begonnen hatte, führte zum ersten uns bekannten griechischen Prosawerk: Anaximandros' Buch *Über die Natur*, das etwa 550 v. Chr. entstand. Anaximandros versuchte darin, sowohl die der physischen Welt zugrunde liegende Struktur als auch ihre Entwicklung bis zur Schöpfung des Menschen zu erklären – und setzte somit Wissenschaft an die Stelle des Mythos. Er war außerdem der erste griechische Geograph und Astronom; sein Werk umfaßte u. a. die frühesten Erd- und Himmelskarten, begleitet von einer *Beschreibung der Erde* und einer Erörterung *Über die Sterne und ihre Bewegungen*.

Anaximandros' naturwissenschaftliche Interessen wurden von Philosophen weitergeführt, seine Beschäftigung mit der Kulturgeographie setzte ein anderer Milesier fort, der dabei die Analyse menschlicher Gesellschaften ins Leben rief: Hekataios, ein prominenter Staatsmann der Zeit um 500 v. Chr., verfaßte eine Weltkarte und eine *Beschreibung der Erde*, von der viele kurze Fragmente bei späteren Autoren erhalten sind. Ihm war nicht an einer naturwissenschaftlichen Theorie, sondern an einer genauen geographischen Beschreibung gelegen. Eigene Reisen hatten ihn zumindest nach Asien und nach Ägypten geführt; die detaillierten Informationen, die in seinen Fragmenten vorliegen, lassen auf eine ethnographische Beschreibung der Mittelmeerwelt auf Grund von eigenen Beobachtungen und Berichten anderer Reisender schließen. Ein weiteres Werk des Hekataios erörterte die Heroenmythen und die Genealogien der Familien, die für sich eine Abstammung von Göttern und Heroen in Anspruch nahmen (wie dies auch Hekataios selbst für sich als Vertreter der sechzehnten Generation seiner Familie tat). Das Werk war anscheinend keine bloße Nacherzählung der Heroenmythen, sondern vielmehr ein kritischer Versuch, diese zu rationalisieren und sie, wenn auch noch nicht als Geschichtsquelle, so doch immerhin als Portrait einer relativ normalen

Menschenwelt aufzufassen. Der kritische Ansatz von Hekataios' Arbeit wird in ihrem ersten Satz betont:

Hekataios der Milesier spricht so: diese Dinge schreibe ich wie sie mir wahr zu sein scheinen; denn die Geschichten *(logoi)* der Griechen sind zahlreich und lächerlich meiner Meinung nach. (FGrHist 1 F 1a)

Hekataios erkannte die Bedeutung des Reisens und der eigenen Beobachtung für das Verständnis der Menschen in der Welt; es mag darüber hinaus auf seinen – freilich kuriosen und fehlgeleiteten – Versuch der Entfernung der Götter aus dem Mythos zurückgehen, daß man die Götter aus der Geschichte verbannte.

Herodot

Andere frühe Prosaautoren sind für uns historisch schwerer zu fassen. Es gab Kompilatoren mythologischer Bücher, die ohne den kritischen Ansatz des Hekataios arbeiteten. Und was die eigentliche Geschichtsschreibung betrifft, so war es schon in der Antike umstritten, ob es vor Herodot wirkliche Historiker gegeben habe. Die Zeugnisse dafür sind wenig glaubwürdig, und selbst wenn die Werke der vier historisch kaum greifbaren Ionier, die als mögliche Vorgänger diskutiert werden, tatsächlich überhaupt vor Herodot entstanden sein sollten, so hatten sie jedenfalls keinen Einfluß auf ihn, denn ihre Kompilation lokaler Geschichten unterschied sich grundlegend von Herodots umfassendem Ansatz.

Dies ist die Darlegung der Erkundung des Herodotos aus Halikarnassos, auf daß weder, was von Menschen geschehen ist, mit der Zeit verblasse, noch große und des Staunens werte Taten, vorgewiesen von Hellenen (Griechen) wie von Barbaren, ihres Ruhmes verlustig gehen – manches andere und so auch, warum sie miteinander in Krieg gerieten.
(Herodot 1,1)

Das griechische Wort *historiē*, das hier mit »Erkundung« übersetzt ist, ist in die europäischen Sprachen als »Historie«, Geschichte eingegangen. Herodot verwendet es auch an anderen Stellen in seinem Werk, um seine Untersuchungen zu beschreiben; die griechische Wurzel des Wortes bedeutet »wissen«, und zwar zumeist im Sinne von »wissen auf Grund eigener Beobachtung«, etwa als Zeuge vor Gericht.

Herodots Werk besteht aus einer Reihe von Beschreibungen der verschiedenen Völker in der Mittelmeerwelt und im Orient; ausgerichtet sind diese Schilderungen auf das Zentralthema der Kriege zwischen den Griechen und den Persern. In diese Grundstruktur sind Exkurse (Herodot nennt sie *logoi*) zur Geographie, Ethnographie und Geschichte eingefügt, die über die damals bekannte Welt hinaus bis zu ihren mysteriösen Rändern und dem sie rings begrenzenden Ozean reichen. Der moderne Begriff »Historiker« umfaßt kaum all diese Bereiche von Herodots Werk; seine Zeitgenossen sprachen von ihm deshalb auch mit den weiter gefaßten Begriffen »*logos*-Macher« oder »*logos*-Schreiber«. So denkt Thukydides (1, 21) an Herodot, wenn er seine Leser auffordert, seiner eigenen Darstellung mehr Vertrauen zu schenken als dem, was »die Dichter in hymnischer Überhöhung ausgeschmückt« oder was »die *logos*-Schreiber zusammengestellt haben, wobei sie eher um das Vergnügen der Zuhörer bemüht waren als um die Wahrheit«. Und stolz stellt er fest:

Zum Zuhören wird vielleicht diese undichterische Darstellung weniger erfreulich sein; doch wer das Vergangene deutlich erkennen will und damit auch das Zukünftige, das angesichts der Natur des Menschen wieder einmal gleich oder ähnlich sein wird, der mag sie für nützlich halten – und das soll mir genug sein. Als ein Besitz für immer ist dieses Werk verfaßt, nicht als ein Prunkstück fürs einmalige Zuhören.

(Thukydides 1, 22)

Besonders mit der zuletzt zitierten, aber auch schon mit der vorherigen Kritik stimmt Thukydides mit späteren Zeugnissen überein, in denen Herodot als ein »professioneller Vortragsreisender« dargestellt wird, der seine Geschichten, seine *logoi*, öffentlich als »Prunkstück fürs einmalige Zuhören« zum besten gibt. Die endgültige Sammlung dieser »Geschichten« im Rahmen der uns vorliegenden komponierten Erzählung wurde, das ist so gut wie sicher, 425 v. Chr. veröffentlicht; in diesem Jahr nämlich parodiert der Komödiendichter Aristophanes Herodots Darstellung der Ursachen für den Perserkrieg (Acharner, 509–39). Daß Herodot wie andere zeitgenössische Literaten als Forschungs- und Vortragsreisender begonnen hatte, ist tatsächlich gut möglich – er hätte dann jene Vorträge später unter dem Thema »Perserkriege« zusammengestellt –, doch könnte er auch sein Thema von Anfang an geplant haben.

Zwei literarische Einflüsse auf Herodot sind offensichtlich. Dem Hekataios verdankt er viel, er hatte dessen Werk sicher gelesen und setzt sich mit ihm bei seiner Darstellung Ägyptens (2, 143) und auch allgemein als Kartograph (4, 31) auseinander. Es liegt nahe, daß Hekataios' Werk die in den früheren Büchern Herodots dargestellten Geschehnisse ebenfalls und z. T. gründlicher behandelt hatte. Daneben gilt Herodot den späteren griechischen Literaturkritikern als »Homerischster« Schriftsteller (Longinos 13, 3) – zu Recht, denn dem ganzen Konzept des Werkes (Krieg zwischen Griechen und Barbaren) liegt Homer zugrunde; die Absicht, »große und des Staunens werte Taten« nicht »ihres Ruhmes verlustig gehen« zu lassen (1, 1; s. o.), ist eine der wichtigsten Funktionen auch der Homerischen Epen. Auch die komplexe Kompositionstechnik sowohl des Gesamtwerkes als auch der Exkurse bei Herodot ähnelt der bei Homer ebenso wie einige der phantastischeren Teile des Werkes.

Nur sehr wenige Informationen lagen Herodot schriftlich vor; so kommen manche Details über die Provinzen und die Tributeinnahmen des Perserreichs und über die Organisation der persischen Invasionsstreitmacht wohl letztlich aus offiziellen persischen Dokumenten; auch zitiert Herodot beiläufig manchmal Dichtung und Prosa. Doch im allgemeinen waren Herodot die umfangreichen literarischen und dokumentarischen Quellen des Alten Orient durch seine Unkenntnis fremder Sprachen verschlossen. Er selbst betont vielmehr, daß sein Werk hauptsächlich auf zwei Arten von Zeugnissen beruht – darauf, was er sah, und darauf, was er hörte; er möchte also mündliche Traditionen über die Vergangenheit aufzeichnen. Dazu sucht er in jedem Ort die »Kundigen« auf, meist Priester und Beamte, deren Darstellungen er mit nur einem Minimum an Kommentar wiedergibt. Nur in seltenen Fällen nennt er voneinander abweichende Traditionen, die ihm dann gewöhnlich durch Zufall an verschiedenen Orten zu Ohren gekommen waren; wenn er dies tut, erklärt er jedoch kaum jemals, welcher Version er persönlich den Vorzug gibt.

Daß eine solche Methode Herodot praktisch von der Qualität seiner Gewährsleute – und seien sie auch oberflächlich, schlecht informiert oder voreingenommen – abhängig machte, liegt auf der Hand. Und so wurde er auch seit Thukydides als »unwissenschaftlicher« Geschichtsschreiber kritisiert. Erst heutige Vertreter der sog. *oral history* (mündliche Geschichtsüberlieferung) betonen wieder, daß man jede Tradition eigens aufzeichnen solle. Die Kontamination zweier oder mehrerer Überlieferungen bringt nämlich eine Darstellung hervor, die als künstliche Erfindung des modernen Wissenschaftlers (also gerade nicht als eine echte mündliche Tradition) nicht mehr überprüft und interpretiert werden kann.

Jede mündliche Tradition besteht aus einer Kette von Zeugnissen, im allgemeinen reicht ihr detailliertes Wissen über die Vergangenheit dabei etwa 200 Jahre zurück. Bemerkenswerterweise sind Herodots Informationen qualitativ und quantitativ besser für die Zeit nach der Mitte des siebten Jahrhunderts v. Chr., d. h. für die zwei Jahrhunderte vor seinem Werk. Der historische Wert einer mündlichen Tradition hängt dabei nicht so sehr von der Anzahl der Glieder in der Zeugniskette ab wie von der Absicht, in der sie aufgezeichnet wird, vom Milieu, in dem sie überliefert wurde und von den kulturellen Einflüssen, die ihre literarische Struktur verändert haben können. Die Vergangenheit ist nicht so sehr an und für sich überlieferungswürdig, sondern vielmehr durch die Bedeutung, die sie in der Gegenwart für eine spezielle Gruppe hat; jede dieser Gruppen prägt und (ver)formt dabei auf eine für sie charakteristische Weise die mündlichen Traditionen.

Für das griechische Festland bekam Herodot seine Informationen von den großen aristokratischen Familien in den Städten. Aristokratische Tradition ist aber natürlich besonders anfällig für politisch motivierte Verformungen. So spielte die aristokratische Darstellung der Geschichte Spartas die Rolle der Reformen in der Zeit des Tyrtaios ebenso herunter wie die Bedeutung eines der wichtigsten Könige, Kleomenes (s. Kap. 15); die korinthische Aristokratie verzerrte die Geschichte ihrer eigenen Tyrannis; die athenische Aristokratenfamilie der Alkmeoniden legte auf ihre antipersische Haltung größten Wert und beanspruchte auch die Abschaffung der Tyrannis für sich, indem sie die Rolle der anderen Familien und zumal die Unterstützung durch das Volk dabei grob herabsetzte; königsnahe Quellen in Makedonien erhoben den Anspruch, man sei während des Perserkriegs doch heimlich auf der Seite der Griechen gestanden. Es gibt noch viele solche Beispiele.

Davon grundverschieden ist eine andere Gruppe von Traditionen bei Herodot – in ihr spielt das Heiligtum von Delphi eine zentrale Rolle. Die delphische Tradition ist gewöhnlich nicht politisch, sondern volkstümlich und moralisierend. Oft sind dabei die Geschichten mit speziellen Monumenten oder Opfergaben im Heiligtum verknüpft (übrigens ein wichtiges Kriterium für uns, eine Überlieferung dem delphischen Kreis zuzuordnen); sie kreisen meist um besondere Wohltäter Delphis wie z. B. Kroisos, den König von Lydien. Daß dabei ganz offenbar Märchenmotive einfließen, könnte auf professionelle »Geschichtenerzähler« hinweisen. Doch die deutlichste Tendenz der delphischen Tradition ist der Versuch, der Vergangenheit eine moralische Dimension zu geben. Die Ereignisse werden in einem Rahmen dargeboten, der den Helden von seinem anfänglichen Glück über seine Selbstüberschätzung bis hin zum göttergewollten Umschwung des Schicksals begleitet. Die hier zugrunde liegende Ethik ist sicher nicht die der Aristokratie, sie gehört vielmehr zu den Priestern eines Heiligtums, das auch sonst der kooperativen Ethik so eng verbunden war: Über den Tempeltoren stand »Erkenne dich selbst« und »Nichts im Übermaß«.

Die Traditionen der Griechen im Osten stehen der aristokratischen Überlieferung im griechischen Mutterland viel ferner als den delphischen Geschichten, denn hier wie dort gibt es wenig Belege für eine Deformation der Überlieferung im Interesse einer speziellen politischen Gruppe, wohl aber – und das sogar bei der Darstellung recht junger Vergangenheit – deutliche Anzeichen für wiederholte Erzählmuster, für Märchenmotive und für moralisierende Bearbeitung. So ist die Geschichte von der Tyrannis des Polykrates von Samos erst in der zweiten Hälfte des sechsten Jahrhunderts v. Chr. zu einem Märchen geworden, und auch die Darstellung des ionischen Aufstandes (ganz zu Beginn des fünften Jahrhunderts; s. Kap. 14) enthält volkstümliche Elemente. Dies ist auf den ersten Blick überraschend, da Herodot den Ereignissen im griechischen Osten näher stand als denen in Griechenland selbst, hatte er doch seine Jugend auf Samos verbracht, nur eine Generation nach dem Tod des Polykrates; auch muß er viele der am ionischen Aufstand direkt Beteiligten persönlich gekannt haben. Und doch ist seine Darstellung der ostgriechischen Geschichte tatsächlich weniger zuverlässig als es die Abschnitte über das griechische Festland sind.

Die genannte Eigenart der ostgriechischen Tradition zeigt sich bemerkenswerterweise auch im Gesamtaufbau von Herodots Werk, das auch als Ganzes »moralisierende Geschichte« ist: Der Stolz Persiens, der sich in der Arroganz des Xerxes zeigt, wird von den Griechen gebrochen. Wieder strafen die Götter den, dessen Glück das menschliche Maß übersteigt, und der Rahmen, in dem dies geschieht, soll den Zuhörern die

Schritte zeigen, mit denen die Götter ihr Ziel erreichen: allzu stolze Taten, übergangene Warnungen, falsche Traumdeutungen und irreführende Träume. Mit diesem Rahmen nun hat Herodot sein Material umgeben; einem Rahmen, der so im Einklang mit der ostgriechischen Tradition steht, daß ein interessanter Schluß möglich ist: Der Überlieferung von Vergangenem liegt in Ionien eine im übrigen griechischen Kulturkreis nur für Delphi bekannte Tradition von Geschichtenerzählung zugrunde, für die auch Herodot selbst ein Repräsentant ist. So wie die Homerischen Epen einen Höchststand der Aktivität von berufsmäßigen Sängern *(aoidoi)* darstellen, so hat der *logos*-Schreiber Herodot die Ergebnisse einer mündlichen Prosatradition »zusammengestellt« (um Thukydides' Wort zu gebrauchen); einer Überlieferung also, die vielleicht von professionellen oder doch zumindest »halbberuflichen« *logos*-Erzählern in Delphi und in den ionischen Städten weitergegeben worden war. Er selbst ist dann der letzte und größte *logos*-Erzähler, der die Geschichte mit all der Fertigkeit eines traditionellen Künstlers zu einem großen Prosa-Epos zusammenwebt, dessen gesamte Form die seiner Einzelteile spiegelt. Daß diese Gesamtform traditionell, also nicht Herodots eigene Erfindung ist, zeigt sich daran, daß sie bei der festländisch-griechischen Tradition nicht vorliegt; hätte aber Herodot absichtlich und bewußt ein solches neues »Konzept« verfolgt, so hätte er sicher auch das festlandsgriechische Material entsprechend bearbeitet. So aber fehlen moralisierende Märchenmotive bei festlandsgriechischen Helden wie Kleomenes, Themistokles und anderen fast völlig. Herodots athenische Zeitgenossen verstanden denn auch die ionische Tradition, in der er arbeitete, nicht recht; sie fanden seine Methoden und seine ganze Einstellung besonders altmodisch: Aristophanes brachte in seiner Komödie *Acharner* (509–39) eine ebenso brillante wie unfaire Parodie auf Herodots Vorstellungen von den Gründen der Perserkriege, und Thukydides' ganze Methodologie gründet sich auf eine Ablehnung der Techniken seines Vorgängers – wobei er allerdings die Natur von Herodots Leistung verkennt, denn schließlich schrieb er, Thukydides, doch eine völlig andere Art von Geschichte: Zeitgeschichte.

Im Bereich seiner Beobachtungen stand Herodot vor demselben Problem wie moderne Völkerkundler und Anthropologen: Man kann fremde Kulturen mit Hilfe eines bestimmten Modells beschreiben – sei es ein typologisches oder ein »historisches«

Modell, oder sei es eine Theorie über die fundamentalen Strukturen aller menschlichen Gesellschaften –, man kann aber eine solche Kultur auch (selbst ohne sich das bewußt zu machen) im Verhältnis zur eigenen schildern. Das letztere versucht Herodot, dessen Schilderungen oft durch die Suche nach Vergleichen und Gegensätzen unausgewogen wirken. Besonderen Wert legt er dabei auf den Vergleich von Griechen und Barbaren; er hat auch durchaus einen Blick für wundersame und merkwürdige Bräuche, und hier wird vielleicht am deutlichsten, wie wichtig ihm die Unterhaltung seiner Hörer ist. Sätze wie der: »Die allermeisten Sitten und Gebräuche der Ägypter sind denen der anderen Menschen genau entgegengesetzt« (2, 35, 2) zeigen zwar, zu welch unausgewogener Sicht Herodots Methode führen kann, doch wiegt dieser Fehler immer noch weniger schwer als der viel üblere Versuch, alle noch so unterschiedlichen menschlichen Gesellschaften in ein einziges Schema zu pressen. Herodot bleibt schließlich nicht nur der erste »mündliche Historiker«, sondern auch ein Vorbild für eine Art von Geschichtsschreibung, deren Bedeutung heute größer ist denn je.

Historiographie

Thukydides verfaßte seine Geschichte des Peloponnesischen Krieges in Athen und im Exil während und kurz nach dem Krieg (432–404 v. Chr.). Das Werk enthält auch einige Exkurse über die frühere Geschichte, die er meist in der Absicht geschrieben hat, die Fehler der Vorgänger und Zeitgenossen zu korrigieren oder zumindest bloßzustellen; in ihnen zeigt Thukydides zwar wenig Einfühlungsvermögen in die Probleme, die sich bei der Untersuchung der Vergangenheit stellen, schreibt aber doch umsichtig und stützt sich auf eine strenge Argumentation oder auf historische Dokumente. Besonders in den ersten 21 Kapiteln des ersten Buches versucht er aufzuzeigen, welche und wie wenige historische Verallgemeinerungen mit einer gewissen Sicherheit aus der Vergangenheit gewonnen werden können; Thukydides ist hierbei ein »Minimalist« und weist somit auch implizit Herodots detailreichere Geschichtsschreibung zurück.

Thukydides bemerkt viele Schwächen in der Geschichtsschreibung seiner Vorgänger, die sich auf mündliche Traditionen stützten, doch bietet er keine ernsthafte Alternative. Es waren seine Zeitgenossen, die einen Schritt weiter gingen, als sie nämlich von der Allgemein- zur Lokalgeschichte überwechselten. Sie beschreibt ein späterer griechischer Literaturkritiker so:

All diese Männer gingen mit einer ähnlichen Einstellung an die Auswahl ihrer Themen, und auch in ihrer Befähigung unterschieden sie sich kaum voneinander. Die einen schrieben Geschichten von Hellenen, die anderen von Barbaren, wobei sie diese Geschichten nicht miteinander verbanden, sondern sie nach Völkern und Städten aufteilten und getrennt voneinander behandelten. Dabei hatten sie alle dasselbe Ziel: Alles, was bei den Einheimischen in den Völkern und Städten an Erinnerungen überliefert war, gleich, ob es im sakralen oder im weltlichen Bereich schriftlich niedergelegt war, all das wollten sie zur gemeinsamen Kenntnis aller bringen, und zwar so, wie sie es übernommen hatten, ohne Hinzufügungen oder Abstriche.

(Dionysios von Halikarnassos, Über Thukydides 5)

Was auch immer das Ziel dieser Schriftsteller war – aus dem zitierten Text spricht eine doch recht wohlmeinende Sicht ihrer tatsächlichen Leistung. Immerhin hatte die Entdeckung der lokalen Archive eine neue Dimension in die Geschichtsschreibung über die Vergangenheit zumindest in einem Punkt eingebracht: Die dort aufbewahrten Dokumente waren in erster Linie an der Chronologie interessiert, es waren Listen von Priestern, von Siegern bei den großen Wettspielen und von Jahresbeamten.

Etwa am Ende des fünften Jahrhunderts v. Chr. verfaßte der Sophist und antiquarisch (d. h. an der Vergangenheit nur als solcher) interessierte Vortragsreisende Hippias von Elis die Liste der Sieger in den olympischen Spielen, deren Daten bis 776 v. Chr. zurückreichen – in dem Vier-Jahres-Zyklus, der für die späteren Historiker verbindlich wurde. Ein anderer Schriftsteller, Hellanikos von Lesbos, veröffentlichte im späten fünften Jahrhundert eine ganze Serie von Lokalgeschichten, deren Charakter wir aus zwei Beispielen kennen: Die Geschichte der »Priesterinnen der Hera in Argos« *(Hiereiai)* benutzt die Dokumente des berühmten Heratempels offenbar für ein allgemeines chronologisches Raster der frühgriechischen Geschichte; vermutlich waren in den Listen des Heiligtums nicht nur die Namen der Priesterinnen, sondern auch die Dauer ihrer Amtszeit und vielleicht sogar wichtigere geschichtliche Ereignisse während der Amtszeit verzeichnet. Hellanikos' anderes wichtiges Werk war eine Lokalgeschichte von Attika *(Atthis)*, die sich höchstwahrscheinlich an den Jahreslisten der Magistrate seit 683/82 v. Chr. orientierte. Einige Fragmente einer Steininschrift mit dieser Liste hat man übrigens auf der Agora von Athen gefunden (Meiggs-Lewis 6; s. S. 332); die erste *öffentliche* Aufzeichnung der Liste läßt sich so in die Zeit um 425 v. Chr. datieren. Dafür, daß diese öffentliche Liste danach noch weitergeführt worden ist, gibt es keine Belege. Somit liegt die Vermutung nahe, daß es Hellanikos war, der um 425 bei seinen Erkundungen die Liste (im Archiv?) entdeckt und sie dem Volk von Athen als wichtiges historisches Dokument ins Bewußtsein gebracht hat, so daß das Volk sie dann durch ihre Veröffentlichung als Inschrift auf Stein allgemein zugänglich machte.

Keines der lokalhistorischen Werke ist uns ganz erhalten, doch gestatten Zitate in der späteren griechischen Literatur zumindest für Athen eine Charakterisierung: Die Lokalgeschichten sind demnach durch ein antiquarisches Interesse an Mythen und an »Ursprüngen« sowie durch die Betonung der Chronologie gekennzeichnet. Ihre Autoren stammen oft aus Priesterfamilien (z. B. Kleidemos), sind Politiker (z. B. Androtion) oder vereinen beides in sich (z. B. Philochoros). Der Einfluß, den die frühen Lokalhistoriker ausübten, zeigt sich am deutlichsten in Aristoteles' *Athenaiōn politeia* (Verfassung der Athener), einem Werk, das man erst 1890 fast vollständig auf einem ägyptischen Papyrus fand und das die einzige erhaltene von 158 Verfassungsbeschreibungen ist, die Aristoteles und seine Schüler in der zweiten Hälfte des vierten Jahrhunderts v. Chr. im Rahmen einer Materialsammlung für eine Untersuchung der Politik verfaßt hatten. Die erhaltenen Partien der *Athenaiōn politeia*, etwa 80 Druckseiten lang, bestehen aus zwei Teilen, von denen der erste die Geschichte der Verfassung Athens bis 404 v. Chr. darstellt, der zweite die zur Zeit der Abfassung des Werkes vorhandenen Institutionen und ihr Handeln beschreibt. Der historische Teil enthält dabei viel Material zur Geschichte von Politik und Institutionen, das aber oft durch spätere politische Vorurteile entstellt ist; ja manche politische Analysen sind so grobschlächtig und manche Dokumente so eklatante Fälschungen, daß viele moderne Wissenschaftler das Werk nicht Aristoteles selbst zugetraut, sondern es eher einem wenig begabten Schüler des Meisters zugeschrieben haben.

Außer den bisher genannten, den Ereignissen mehr oder weniger zeitgenössischen Autoren lassen sich auch den späteren Schriftstellern Informationen entnehmen, allerdings nur, wenn sie auf einer vertrauenswürdigen Quelle beruhen. Am wichtigsten sind hier der unter Augustus schreibende Geograph Strabon, ebenso Pausanias, der Verfasser eines antiquarischen Griechenlandführers aus dem zweiten nachchristlichen Jahrhundert, sowie der Essayist und Biograph Plutarch (um 50–um 120 n. Chr.), dessen Lebensbeschreibungen des *Lykourgos*, *Solon* und *Themistokles* einen späten und phantasievoll ausgeschmückten Stand der Überlieferung wiedergeben. Diodoros' *Historische Bibliothek*, die er in Rom vor etwa 30 v. Chr. verfaßte, benützt für die Darstellung der frühgriechischen Geschichte eine Kurzfassung von Ausschnitten aus der Universalgeschichte des Ephoros, eines Schriftstellers aus dem vierten Jahrhundert v. Chr., der seinerseits für diese Zeit auf Herodot fußt.

Inschriften

Die frühesten Inschriften geben – sofern sie überhaupt mehr als nur ein paar Worte umfassen – Verse wieder, doch wurde die Schrift sehr bald und häufig für Aufzeichnungen fast aller Art verwendet. Für die Zeit seit ihrem ersten Auftreten bis zum Ende der Perserkriege sind heute gut 5000 – meist sehr kurze – Inschriften bekannt; erhalten sind dabei nur solche, die auf dauerhaftem Material wie Bronze, Blei und insbesondere Keramik und Stein aufgezeichnet sind; daß es daneben viele Dokumente auf Holz, Pergament, Wachstäfelchen und Papyrus gegeben haben muß, sollten wir freilich nicht vergessen. Im Verlauf dieses Buches werden wir einige wichtige Inschriften behandeln, die meistens entweder als Erinnerungsmale geschrieben sind oder einem religiösen oder politischen Zusammenhang entstammen (Grabsteine, Weihungen in Heiligtümern oder Gesetze und Verträge). Das älteste inschriftlich erhaltene Gesetz (s. Abb. 2)

Abb. 2: Steinblock in der Wand des Apollon-Delphinios-Tempels in Dreros auf Kreta mit der ältesten griechischen Gesetzesinschrift. Ende des siebten Jahrhunderts v. Chr. (Meiggs-Lewis 2)

stammt vom Ende des siebten vorchristlichen Jahrhunderts; die Praxis, Gesetze auf Stein oder Holz aufzuzeichnen und sie öffentlich zugänglich zu machen, hatte sich bis zur Zeit der Perserkriege allgemein durchgesetzt.

Ausgrabungen

Die Mittelmeerwelt ist seit gut hundert Jahren ein wahrer Jagdgrund für europäische Archäologen gewesen. Dabei waren die unergiebigsten Orte gerade die, die heute noch besiedelt sind: Theben, Chalkis, das griechische Massalia (Marseilles) und das frühe Syrakus sind daher praktisch unbekannt. Auch die athenische Agora ist nur teilweise ausgegraben, da man ihren Umfang bei der Enteignung der früheren Grundstücksbesitzer durch die Regierung unterschätzt hatte – erfolgreicher war da schon die komplette Verpflanzung des Dorfes Delphi an einen für die Bauern attraktiveren und »archäologisch sterilen« Ort auf Kosten der französischen Regierung (Frankreich hatte sich das Recht zur Ausgrabung von Delphi durch die Aufhebung des Zolles auf griechische Rosinen erworben!). Viele Stätten in Kleinasien sind archäologisch besonders deshalb enttäuschend, weil sie in hellenistischer und in römischer Zeit weitgehend überbaut worden waren; auch Delos und Kyrene sind Beispiele für dieses Problem. Archäologisch besonders interessant sind dagegen die Orte, die nach ihrer gewaltsamen Zerstörung oder auch aus anderen Gründen kaum noch bewohnt oder gar verlassen waren, wie z. B. Smyrna, das Heiligtum bei Perachora am korinthischen Isthmus und Poseidonia (Paestum) in Unteritalien. Die Zerstörung und der Wiederaufbau einer Stadt können aber auch zur Bewahrung des älteren Materials beitragen; so ist uns die spätarchaische Kunst Athens gerade durch die persische Zerstörung und den perikleischen Wiederaufbau der Akropolis erhalten, bei dem die Skulpturen des älteren (von den Peisistratiden erbauten und kurz nach der Fertigstellung der Skulpturen von den Persern zerstörten) Tempels als Bauschutt im neuen Fundament Verwendung fanden. Ausgrabungen sind an den meisten »naheliegenden« Stätten durchgeführt worden, an den Zentren der archaischen Kultur wie Sparta, Aigina, Olympia, Athen, Samos, in der Argolis und den sizilischen Kolonien; doch haben auch und gerade »entlegene« Orte wie Al Mina in

Nordsyrien oder Naukratis in Ägypten besonders wertvolle
Erkenntnisse gebracht (s. Kap. 6 und 13). Randgebiete wie die
skythischen Königsgräber oder das keltische Gallien liefern oft
wichtige Zeugnisse durch ihre diversen Bestattungsbräuche; besonders
die Gräberfelder und auch andere Stätten in Etrurien
haben so viel an griechischer Keramik bewahrt, daß man die
griechischen Vasen im 18. Jahrhundert für etruskisch hielt; der
bedeutende englische Keramiker Josiah Wedgwood
(1730–1795) nannte seine Keramikmanufaktur deshalb »Etruria«.
Noch heute können nur wenige griechische Museen einem
Vergleich mit den Beständen der großen Etruskermuseen Italiens
standhalten.

Keramik

Will man die verschiedenen Ausgrabungsstätten zueinander
oder auch die archäologischen Zeugnisse zu Quellen anderer
Art in Beziehung setzen, muß man zuerst um einen adäquaten
chronologischen Rahmen bemüht sein. Diesen gewinnt man für
das archaische Griechenland mit Hilfe der Keramik. Im Gegensatz
zu anderen Kunsterzeugnissen hat selbst verzierte Keramik
damals wie heute einen relativ geringen Wert; zerbricht sie,
werden die nutzlosen Scherben weggeworfen – Scherben, die
aber aus dauerhaftem Material bestehen und daher erhalten
bleiben. Im frühen Griechenland war bemalte Keramik eine der
bedeutenderen Kunstformen, ihr Stil war von Stadt zu Stadt
unterschiedlich und änderte sich fortwährend, so daß es vergleichsweise
einfach ist, für jeden regionalen Stil eine relative
Chronologie zu erarbeiten. Die Erzeugnisse vieler Gegenden
fanden nur geringe Verbreitung, lakonische Keramik ist z. B.
praktisch auf Sparta und seine Kolonie Taras (Tarent) beschränkt.
Die verschiedenen ostgriechischen Stile sind dagegen
oft nur schwer voneinander zu unterscheiden, so daß ihre Herkunft
und ihre Chronologie noch immer unsicher sind. Lokale
Stile sind historisch freilich nur insoweit interessant, als sie auf
die Anwesenheit von Griechen aus einer bestimmten Gegend an
einem bestimmten Ort schließen lassen. Zwei Städte jedoch
schufen sich nacheinander einen größeren Markt für ihre Keramik,
so daß weitergehende Schlüsse möglich sind: Diese im
ganzen Mittelmeerraum verbreiteten Stile ermöglichen nicht

nur eine relative Chronologie der jeweiligen Fundstätten, sondern – durch die Kombination mit historischen Fixpunkten – sogar absolute Datierungen. So steht etwa das Gründungsdatum für viele sizilische Kolonien durch Thukydides' Angaben fest, woraus die Zeit des Beginns des protokorinthischen Stiles erschlossen werden kann. Die Zerstörung Athens 480 v. Chr. ist ein solcher Fixpunkt am Ende der archaischen Zeit, und zwischen den beiden gibt es noch weitere feste Daten.

Die Keramik Korinths erreichte als erste eine weitere Verbreitung, wozu die Lage der Stadt am Ausgangspunkt der Handelsrouten sicherlich beitrug. Kontakte mit dem Orient und der Import von Textilien und Metallarbeiten brachten der griechischen Kunst verschiedene dekorative Motive, insbesondere ein Interesse an der realistischen Abbildung von Fauna und Flora. Dieser sog. »orientalisierende Stil« tritt in der korinthischen Keramik erstmals um 725 v. Chr. auf, als der spätgeometrische Stil vom frühen protokorinthischen abgelöst wird. Binnen einer Generation war die schwarzfigurige Maltechnik erfunden (mittlerer protokorinthischer Stil, etwa 700 bis 650), bei der die Figuren in schwarzer Silhouette aufgemalt und Details erst nach dem Brennen in die schwarzen Flächen eingraviert werden.

Korinthische Keramik war für etwa hundert Jahre die einzige weit exportierte Ware, wurde aber dann im sechsten Jahrhundert v. Chr. von der athenischen abgelöst. Der attische schwarzfigurige Stil setzte noch unter korinthischem Einfluß ein (etwa 610 bis 550), gewann aber bald die Oberhand und erreichte in seiner Reifeperiode (etwa 570 bis 525) die künstlerische Vollendung, für die er bis heute berühmt ist. Noch vor 530 war in Athen eine neue Maltechnik, die rotfigurige, erfunden worden, bei der der Hintergrund geschwärzt wird und die Details der Figuren mit einem Pinsel eingezeichnet werden. Übrigens zeigen die einzelnen schwarz- bzw. rotfigurig arbeitenden Meister so individuelle Züge, daß man dieselben Methoden, mit denen man Maler der Renaissance und späterer Zeiten erkennen kann, auch hier anwenden kann – eine Arbeit, die der große englische Gelehrte John Beazley durchgeführt hat. Er konnte auf diese Weise mehr oder weniger sicher das Werk von über tausend Vasenmalern identifizieren, es Schulen zuweisen und chronologisch einordnen. Ganz abgesehen von der genauen Kenntnis der bemalten Keramik als Kunstform hat dies zu einer chronologischen Genauigkeit geführt, die in keinem anderen Bereich der Archäologie erreicht worden ist.

Der Beitrag der Archäologie

Allgemein ist der Beitrag der Archäologie für jede Untersuchung der frühen griechischen Geschichte erheblich größer als für die meisten anderen Abschnitte der Geschichte. Die Archäologie hat viele Aspekte des Ursprungs und Wachstums der griechischen Kultur erklärt, ihre Verkettungen und ihre lokalen Varianten, die äußeren Einflüsse auf sie und die Wege, auf denen diese Einflüsse die griechische Kultur erreichten. Sie hat Licht auf den frühgriechischen Handel und die Kolonisationsbewegung geworfen, auf die wichtigen Fortschritte im Kriegswesen – und damit auf die Grundlage der geographischen Expansion der Griechen – und auf die Ausweitung der politischen Macht auf einen sich ständig erweiternden Kreis. Freilich hat die Archäologie spätestens dann ihre Grenzen, wenn es um die nichtmateriellen Aspekte des Lebens wie Religion, Politik, Kultur und Ideen geht; und doch ist es wichtiger, auf die Gebiete hinzuweisen, in denen der Beitrag der Archäologie noch mehr berücksichtigt werden sollte. Archäologen selbst haben dazu tendiert, den Wandel mehr zu betonen als die Kontinuität und sich mit bestimmten Teilbereichen der Kultur besonders zu beschäftigen, auch wenn deren Wichtigkeit im Vergleich zu anderen Gebieten nicht unmittelbar einleuchtet: Wir wissen zum Beispiel weit mehr über Stadtzentren als über Städte als ganze, und immer noch mehr darüber als über das Land, mehr über Waffen als über landwirtschaftliches Gerät. Obwohl die Archäologie der griechischen Welt lange schon als ein Modell für die anderer Regionen und Zeiten gilt, bleibt viel zu tun; auf diese Weise lassen sich mit Sicherheit wichtige Erkenntnisse gerade für die Gegenden der griechischen Welt gewinnen, für die relativ wenig literarisches und epigraphisches Quellenmaterial vorliegt. Das Licht, das die archäologische Forschung in den letzten Jahren auf das Dunkle Zeitalter geworfen hat, gibt ein hervorragendes Beispiel für ihre möglichen Erfolge.

3. Die Aristokratie in der geometrischen Zeit

Homer und Hesiod

Mit Homer und Hesiod stehen uns für die Zeit vom Ende des achten Jahrhunderts v. Chr. an literarische Quellen zur Verfügung, mit denen sich die Ergebnisse der Archäologie ergänzen lassen. Hesiod schildert dabei eine wirkliche Welt, nämlich die seiner Zeit, während Homer – das gilt so für die ganze mündliche Epentradition – als historische Quelle nur schwierig zu verwenden ist: Ganz offenbar ist die Gesellschaft, die er beschreibt, »künstlich«, erfunden. Jede heroische Dichtung tendiert außerdem dazu, den gesellschaftlichen Status und das soziale Verhalten ihrer Figuren zu übertreiben, so daß nur Mitglieder der höchsten sozialen Schichten und nur besonders reiche und außerordentlich fähige Charaktere auftreten – im unausgesprochenen Kontrast zur Ungleichheit und zum Elend in der wirklichen Welt. Weiterhin lassen sich in den Homerischen Epen kleinere Elemente aus fast jeder Zeit aufzeigen, so daß das Auftreten oder Fehlen mancher isolierter Phänomene nicht als Kriterium für oder gegen eine bestimmte Datierung verwendet werden kann. Insbesondere fehlen im allgemeinen ganze Erfahrungsbereiche, die die mündliche Epentradition als unwichtig oder bekanntermaßen aus der nachheroischen Zeit stammend ausschließt (so fehlt z. B. jeder Hinweis auf das Eindringen der Dorier und auf die ionische Wanderung). Und doch gibt das Fehlen von Phänomenen allgemein wenig für die historische Argumentation her.

Meiner Meinung nach läßt die Beschreibung der Gesellschaft bei Homer durchaus historische Aussagen zu, freilich nicht über die Zeit, die Homer beschreibt, wohl aber über die, in der er schreibt und deren Institutionen er auf das Heroenzeitalter zurückprojiziert. Das jedenfalls legen archäologische Befunde nahe. Zwar sind in den Epen einige mykenische (also »heroenzeitliche«) Reste vorhanden, doch zeigen gerade die mykenischen Linear-B-Täfelchen eine Gesellschaft, die grundverschieden von der Homerischen ist; ebenso sind die wenigen archäologischen Befunde aus dem Dunklen Zeitalter unvereinbar mit der materiellen Kultur in den Homerischen Epen. Erst für das ausgehende Dunkle Zeitalter ist eine Kombination der archäologischen und der literarischen (epischen) Aussagen eher möglich. Hierfür werden in der Forschung u. a. folgende Beispiele genannt: In den Epen werden die Phoiniker (Phönizier) als Händler hervorgehoben, was tatsächlich für die Zeit etwa zwischen 900 und 700 v. Chr. zutrifft; die Homerischen Helden stellen ihren Reichtum dadurch zur Schau, daß sie Bronzekessel und Dreifüße horten und verschenken – auch dies weist in dieselbe Zeit; die Architektur der Homerischen Häuser hat ihre engsten archäologischen Parallelen in eben derselben Periode; daß Tote bei Homer verbrannt werden, belegt den vollzogenen Übergang von der mykenischen Erdbestattung (Inhumation) zur Einäscherung, wie sie im späten Dunklen Zeitalter üblich war. Im letztgenannten Bereich könnte sogar die Dichtung selbst die tatsächliche Praxis beeinflußt haben. Die frühesten und überraschendsten Beispiele dafür hat man in Salamis auf Zypern gefunden, wo die dort bestatteten »Fürsten« sowohl in einem engen Kontakt mit dem griechischen Euboia standen als auch – sie waren Vasallen von Assyrien – große Reichtümer besaßen und diese seit der zweiten Hälfte des achten Jahrhunderts v. Chr. in komplizierten »Homerischen« Grabriten zur Schau stellen ließen. Auf dem griechischen Festland deuten Opfergaben aus der gleichen Zeit, die man in mykenischen Gräbern fand, auf ein neu erwachtes Interesse an der »heroischen« Vergangenheit, das sich in der Entwicklung eines Heroenkultes niederschlug – ein Interesse, das wohl von den Epen geweckt worden war.

Freilich legen einige sogar zentrale Aspekte der Homerischen Gesellschaft eine grundlegende Vermischung der Zeiten an den Tag: So stellt der Streitwagen, der als Kriegswaffe seit dem Ende der mykenischen Zeit verschwunden war, immer noch einen wichtigen Ausrüstungsgegenstand des aristokratischen Kriegers dar; doch verstand die epische Tradition den militärischen Zweck und Gebrauch des Wagens nicht mehr und stellte ihn als bloßes Transportvehikel dar, mit dem der Held auf dem Schlachtfeld von Ort zu Ort gefahren wird, dort angekommen aber zu Fuß kämpft; ja gelegentlich bekommt der Wagen die Eigenschaften eines Pferdes zugeschrieben und springt über Gräben. Anscheinend kombiniert die epische Tradition hier eine mykenische Kriegswaffe mit der Taktik der aristokratischen »berittenen Infanterie« des ausgehenden Dunklen Zeitalters. Außerdem kämpft der Held mit Waffen aus ganz verschiedenen Zeiten: Er kann sogar eine Schlacht mit einem Paar Wurfspeere beginnen und mit einer einzigen Stoßlanze beenden. Die Waffen sind dabei fast ausschließlich aus Bronze hergestellt, bäuerliches und handwerkliches Gerät dagegen aus Eisen – eine Kombination, die die wirkliche Welt nicht kannte, denn tatsächlich findet der Übergang von Bronze zu Eisen sogar zuerst auf dem militärischen Gebiet statt. All diese Beispiele beweisen freilich nicht die völlige »Künstlichkeit« der Homerischen Gesellschaft – die jeweiligen Elemente sind ja wirklichen Gesellschaften entnommen, erst ihre Kombination ist »künstlich«. Datiert man die Elemente, kann man sie zwei zeitlichen Abschnitten zuordnen: die einen einer recht undeutlichen Erinnerung an die mykenische Praxis, die anderen einer klaren Wiedergabe der Welt des ausgehenden Dunklen Zeitalters.

Allgemeinere Überlegungen unterstützen einen solchen Schluß: Der Prozeß einer kontinuierlichen »Wiederschöpfung«, der jede mündliche Tradition kennzeichnet, führt dazu, daß die jeweils zeitgenössischen Phänomene am genauesten erfaßt werden können, daß jedoch durch die festen sprachlichen Rhythmen und die überkommenen Beschreibungen auch die Darstellung des Vergangenen erhalten bleibt. Und da der mündliche Dichter bewußt die Vergangenheit schildern will, bemüht er sich, das augenfällig Zeitgenössische zu unterdrücken, dafür aber das, was er an Elementen der Vergangenheit kennt, zu bewahren und zu tradieren. Inwieweit das Bild der Vergangenheit, das sich so ergibt, der vergangenen Wirklichkeit entspricht, kann man mit Hilfe vergleichenden Materials aus anderen Kulturen überprüfen; dann nämlich läßt sich zeigen, wie vereinbar auch die so verschiedenen von Homer beschriebenen Institutionen sind, und inwiefern überhaupt die Homerische Gesellschaft anderen bekannten primitiven Gesellschaften entspricht. Ferner gibt es eine deutliche Entwicklungslinie von den Institutionen bei Homer zu denen des späteren Griechenland.

Die Unterschiede zwischen der Gesellschaft bei Homer und der bei Hesiod sind also nicht einfach chronologisch zu erklären, sondern eher so: Homers Gesellschaftsbild ist idealisiert und reicht viele Generationen – die seiner Vorgänger – zurück in die Vergangenheit, Hesiod schildert die Zustände seiner Gegenwart. Die ionischen Städte, die einen Homer hervorbrachten, sind in vieler Hinsicht höher entwickelt, besser abgesichert und eher konservativ als die von sozialen Spannungen erschütterten Bauerngemeinden im Boiotien Hesiods. Homer beschreibt seine Gesellschaft von oben, aus aristokratischer Sicht, während Hesiod aus der Sicht der hart arbeitenden Bauern schreibt, die keinen Wandel ins Auge fassen, aber die kleinen Ungerechtigkeiten des sozialen Systems genau registrieren. Aus diesem Grund nun habe ich im folgenden zwischen Homer und Hesiod als Quelle für das ausgehende Dunkle Zeitalter nicht unterschieden, sondern beide zur Schaffung eines vielfältigen Bildes der Gesellschaft jener Zeit herangezogen; dabei ist angesichts der verschiedenen Eigenarten der beiden Typen von Epos deutlich, daß Aussagen, die aus Hesiod genommen sind, mehr historische Wahrscheinlichkeit beanspruchen können als die aus dem Homerischen Epos.

Königtum

Im Zentrum des Homerischen Epos stehen die Aktivitäten der Hochgestellten, deren Umwelt auch am deutlichsten geschildert wird. Der normale Titel des Homerischen Helden ist dabei *basileus* – ein Wort, das im späteren Griechisch »König« bedeutet. Die Linear-B-Täfelchen bezeichnen den König noch mit einem anderen (auch bei Homer in manchen Passagen erhaltenen) Wort, nämlich mit *wanax*, während jedes Mitglied der Gruppe von Männern, die in der lokalen Hierarchie offenbar unter dem *wanax* steht, mit einer Frühform von *basileus* bezeichnet wird. Vermutlich waren es diese Männer, die nach dem Ende der Palastwirtschaft als Führer ihrer Gemeinden übriggeblieben waren; tatsächlich verwenden Homer und Hesiod das Wort *basileus* auch häufig für eine Art »Adel«, eine Klasse von Aristokraten, von denen einer eine freilich kaum definierte und vielleicht auch unsichere Stellung über allen anderen hat. Agamemnon ist vor Troja der höchste *basileus* in einer Gruppe von gleichrangigen *basilēes*, die im Haus des Alkinoos bewirtet werden, und über die der Gastgeber sagt: »Zwölf angesehene *basilēes* walten in dem Volke als Führer, der dreizehnte aber bin ich selber.« (Odyssee 8, 390–91) Auch die *basilēes*, an die sich Hesiod um sein Recht wendet, sind eine Gruppe von Adligen. Wahrscheinlich war die Monarchie zu Beginn des Dunklen Zeitalters in Griechenland kein weit verbreitetes Phänomen mehr, so daß sich auch hier Homers Ambivalenz aus der Kombination von mykenischen Anklängen mit der späteren gesellschaftlichen Wirklichkeit erklären läßt.

Die *basilēes* des frühen Griechenland sind ein Erbadel; sie sind weitgehend voneinander unabhängig und von der übrigen Gemeinschaft durch ihren Lebensstil ebenso getrennt wie durch ihren Reichtum, ihre Vorrechte oder ihre Macht. Jeder *basileus* steht an der Spitze einer Gruppe, die man nach zwei Kriterien beschreiben kann: nach ihrer Abstammung als *genos* (Familie) oder nach der »wirtschaftlichen Entsprechung« der Familie, dem *oikos* (Haus, Gut, Haushalt).

Familie

Die Homerische Familie ist nicht eine besonders erweiterte Gruppe *(extended family)*, sie besteht im Grunde nur aus dem Hausherrn, seiner Frau, seinen erwachsenen Söhnen mit ihren jeweiligen Frauen und Kindern sowie einigen nahen Verwandten. Beim Tod des Familienvorstandes werden die Güter gleichermaßen auf alle Söhne durch das Los verteilt, die dann eigene Haushalte gründen. Söhne des Hausherren von Sklavinnen haben dabei zwar auch einen Status, doch einen niedrigeren und somit einen geringeren Anspruch als die von der Ehefrau geborenen; so behauptet Odysseus einmal in einer Lügengeschichte, er sei ein solcher Bastard aus Kreta, den sein Vater zwar mit den anderen Söhnen gleich behandelt habe, der aber bei der Erbteilung nach des Vaters Tod nur ein Haus und wenig mehr erhalten habe (Odyssee 14, 199–210). Das übliche griechische Wort für das Landgut eines Mannes ist *klēros*; der Besitz, den ein Mann nicht lassen wird und um den er kämpfen würde, sind seine Familie, sein *oikos* und sein *klēros* (Ilias 15, 498; Odyssee 14, 64). Es sind einzelne Probleme bei der Auslosung des väterlichen Erbguts, um die sich Hesiod und sein Bruder streiten (Erga 37), und Hesiod mahnt ihn zu harter Arbeit, »auf daß anderer *klēros* du erwirbst, nicht deinen ein anderer« (Erga 341). Über die unmittelbare Verwandtschaft hinaus scheint das *genos* wenig Bedeutung zu haben; Genealogien haben nur eine geringe Bedeutung und gehen kaum je über die dritte Generation zurück. Bezeichnungen für entferntere Verwandtschaftsgrade gibt es kaum, nur für bestimmte angeheiratete Verwandte und für manche Mitglieder der Familie mütterlicherseits gibt es spezielle Termini. Ein Mann kann Hilfe von seinem Schwiegervater oder -sohn wie von seinen Freunden erwarten (Odyssee 8, 581–86; Erga 345). Im allgemeinen aber zählt nur der enge Familienkreis: Blutgeld für einen getöteten Mann gebührt (nach Ilias 9, 632–33) dessen Bruder oder Vater, nicht einer weiteren Gruppe; als Odysseus die Freier tötet, ruft der Vater eines Getöteten zur Blutfehde auf, »denn das ist eine Schande auch für die Späteren zu erfahren, wenn wir es die Mörder unserer Söhne und Brüder nicht büßen lassen« (Odyssee 24, 433–35). Bemerkenswerterweise ist es auch nur Totschlag innerhalb der Familie, dessen Sühnung eine weitere Gruppe von Verwandten und Helfern angeht (Ilias 2, 661–70; Odyssee 15, 272–78). Aus all dem folgt, daß es etwas irreführend wäre, *genos* mit »Clan«, Sippe zu übersetzen; man spricht besser einfach von »Familie«.

Die patriarchalische Natur der Familie zeigt sich nicht nur bei den Regeln der Erbteilung. Auch die Stiftung einer Ehe geht auf das Oberhaupt des *genos* zurück, oft auf Grund politischer Freundschaften. Die Braut kommt aus derselben sozialen Klasse wie der Bräutigam, ist aber nicht immer verwandt mit ihm oder aus derselben Gegend. So sagt Achilleus, der Sohn des Peleus: »Wenn mich die Götter bewahren und ich nach Hause gelange, wird mir Peleus dann gewiß eine Frau aussuchen, er selber. Viele Achaierinnen sind da in Hellas und Phthia, Töchter von Vornehmsten, welche Städte beschirmen ...« (Ilias 9, 394–96) Zur Vermittlung der Ehe gehören offenbar Brautgeschenke (für die es ein eigenes Wort, *hedna*, gibt), die die Familie des Bräutigams der der Braut überreicht; umgekehrt gibt es eine Mitgift für die Braut von ihren Verwandten. Man hat in der Forschung gemeint, diese beiden Praktiken seien miteinander unvereinbar und daher ein Beleg für verschiedene historische Schichten in den Homerischen Epen, doch findet sich eine solche Kombination auch in anderen Kulturen. Die Mitgift soll zur Einrichtung des künftigen Haushaltes beitragen, die Brautgeschenke hingegen dienen weder dem Kauf der Braut noch einem Gabentausch, in dem die Braut eingeschlossen ist; vielmehr soll durch sie die Familie der Braut von dem Reichtum und dem Status der Bräutigamsfamilie beeindruckt werden. Das zeigt sich vor allem beim Werben um eine besonders erstrebenswerte Braut; Penelope beklagt sich bei ihren Freiern: »Doch eins ist mir als schwere Kränkung über das Herz und den Mut gekommen: war dies doch vormals nicht die Art der Freier! Die eine edle Frau und Tochter eines reichen Mannes heimführen wollten und miteinander streiten, die bringen selber als Schuldigkeit Rinder herbei und fette Schafe zum Schmaus für der Jungfrau Anverwandte und geben glänzende Geschenke. Doch pflegen sie nicht anderes Gut ohne Entgelt aufzuzehren.« (Odyssee 18, 274–80) Die Geschenke solcher Freier sind dabei nicht vom Sieg im Wettbewerb um die Hand der Braut abhängig; wer unterliegt, verliert auch seine Geschenke. Es ist also kein Tausch vereinbart, sondern ein Wettbewerb im Geben.

Die Braut gehört dann zum *genos* des Bräutigams. Als Telemachos in Menelaos' Palast kommt, wird gerade eine Doppelhochzeit gefeiert: Menelaos' (unehelicher) Sohn führt eine Braut heim, während seine Tochter, die er schon vor langer Zeit dem (unehelichen) Sohn des Achilleus versprochen hatte, ihr Vaterhaus verläßt (Odyssee 4, 1–19). Daß die Braut dann der Familie ihres Schwiegervaters angehört, zeigt sich auch daran, daß im Griechischen das auch in anderen indoeuropäischen Sprachen belegte Wort *e(i)natēr* (Schwägerin) erhalten ist; es bezeichnet die Beziehung zwischen den Ehefrauen von Brüdern, die normalerweise im selben Haushalt lebten. Das Schlimmste, was einer Familie passieren kann, ist der vorzeitige Tod des Vorstands, dessen Söhne noch zu jung sind, ihre eigenen Rechte durchzusetzen. Eben dies befürchtet Andromache für ihren kleinen Sohn in Troja, als Hektor tot ist (Ilias 22, 484–501), und das ist der Kampf, der Telemachos in Ithaka erwartet, als es die immer längere Abwesenheit des Vaters immer wahrscheinlicher macht, daß er, Odysseus, tot ist.

Weiter unten in der sozialen Skala war die Ehe eine eher praxisbezogene Angelegenheit, eng mit dem Erbrecht verknüpft. Hesiod betrachtet die Frauen als einen Fluch von Zeus, »die, ein großes Leid, unter den sterblichen Männern wohnen; nicht bei der verhaßten Armut sind sie passende Begleiter, wohl aber bei Überfluß.« Sie sind unnütz wie Drohnen im Bienenstock, doch notwendig, damit nicht das ganze Erbgut entfernten Verwandten in die Hände fällt – das wäre noch schlimmer (Theogonie 590–612). Ein Mann heiratet mit dreißig eine Jungfrau im fünften Jahr nach dem Beginn ihrer Pubertät (Erga 695–99) – relativ alt: später wurden Mädchen mit vierzehn bis sechzehn Jahren verheiratet – und wird möglichst nur einen einzigen Sohn haben wollen; lebt er allerdings lange, bieten mehrere Söhne größere Sicherheit (Erga 376–80). Trotz der Strenge bestimmter Inzesttabus im Mythos war Endogamie, Heirat innerhalb eines relativ kleinen Verwandtschaftskreises, in Griechenland die Regel; dies diente vor allem dem Erhalt vorhandener Besitzverhältnisse. So konnte nach einem Gesetz im klassischen Athen eine Alleinerbin (Erbtochter) vom nächsten männlichen Verwandten ihres Vaters als Frau beansprucht werden, angefangen mit ihrem Onkel; trat ein solcher Erbfall ein, so rief ein Herold öffentlich dazu auf, einen eventuellen Anspruch dieser Art zu erheben.

Viele Unterschiede zwischen der Aristokratie und dem übrigen Volk blieben lange bestehen. In der ganzen archaischen Zeit waren Heiraten außerhalb der Gemeinde nur in der Aristokratie üblich, was erheblich zur Vergrößerung ihrer Macht und auch zur Entwicklung der diplomatischen Beziehungen zwischen den einzelnen Städten beitrug. Als in Athen in der Mitte des fünften vorchristlichen Jahrhunderts ein Gesetz erlassen wurde, daß künftig athenische Bürger nur noch die sein könnten, die auf beiden Seiten von Athenern abstammen, war das ein demokratischer, anti-aristokratischer Zug; selbst in der Familie des Antragstellers Perikles wären so – wie bei den anderen Aristokratenfamilien – viele frühere Mitglieder vom Bürgerrecht ausgeschlossen gewesen.

Ein ähnlicher Gegensatz bestand auch zwischen Aristokraten und Bauern; er könnte die Entwicklung der Stellung der Frau im frühen Griechenland erklären. Hesiod gibt die allgemeine Einstellung der damaligen (und späteren) Zeit wieder, doch Homer legt – wenn auch die Gestalten von Penelope und Nausikaa idealisiert sein mögen – die Vermutung nahe, daß einst die Frauen der Aristokratie einen hohen sozialen Status und weitgehende Freiheit hatten: Sie konnten sich frei, ohne Aufpasser oder Wachen, bewegen, auf derselben Ebene mit ihren Männern diskutieren und dürften sogar bei den Festessen in der großen Halle zugegen gewesen sein. Sie trugen die Verantwortung für einen Großteil der wirtschaftlichen Aktivitäten des Hauses, für das Weben, das Getreidemahlen und für die Überwachung der Sklavinnen und der Vorratsräume. Im späteren Griechenland hingegen waren die ehrbaren Frauen auf ihren Teil im Haus beschränkt und hatten kaum Anteil am Leben ihres Mannes, daheim wie im öffentlichen Bereich. Dieser Wandel in der Stellung der Frau ist wahrscheinlich mit dem Übergang vom Leben auf dem Gut zu dem in der Stadt verknüpft: Die Urbanisierung der griechischen Kultur brachte in den meisten Gemeinden einen Ausschluß der Frauen von wichtigen Tätigkeitsfeldern wie Sport, Politik, Trinkgelagen und intellektueller Diskussion mit sich; übrigens führten diese typisch männlichen Gruppenaktivitäten zur Verbreitung des für die griechische Aristokratie in fast allen Gegenden so charakteristischen Phänomens der männlichen Homosexualität (auch wenn Platon im Symposion p. 182b Ionien als Ausnahme nennt). Vielleicht mit Ausnahme von Achilleus und Patroklos sowie Zeus und Ganymedes ist die frühgriechische Gesellschaft bei Homer noch ausgesprochen heterosexuell. Auch in der Praxis der Eheschließung zeigt sich ein ähnlicher Wandel: Die Brautgeschenke, die eine so bedeutende Rolle bei Homer spielen, verschwinden, das klassische Griechenland kennt nur noch die Mitgift. So ergibt sich, daß in einer Zeit, in der die Familie und die Heiratsverbindung eine höhere Bedeutung hatten, Frauen sozusagen ein wertvoller sozialer Gewinn waren; im entwickelten Stadtstaat standen sie dann nicht mehr »so hoch im Kurs«.

Um die unmittelbare Familie lag der ganze *oikos*. Der frühgriechische *basileus* wirtschaftete auf einem Gut mit Hilfe von Sklaven und gelegentlich von angeworbenen Lohnarbeitern. Der Status des Lohnarbeiters *(thēs)* ist der schlimmste auf Erden: »Suche mich nicht über den Tod zu trösten«, sagt Achilleus zu Odysseus in der Unterwelt, »wollte ich doch lieber als Ackerknecht *(thēs)* Lohndienste bei einem anderen, einem Mann ohne Landlos leisten, der nicht viel Lebensgut besitzt, als über alle dahingeschwundenen Toten Herr sein« (Odyssee 11, 488–91). Das Leben eines Lohnarbeiters ist kaum von dem eines Bettlers zu unterscheiden, denn in beiden Fällen haben freie Männer ihre Stellung in der Gesellschaft so vollständig wie nur irgend denkbar verloren und sind nun auf die Almosen anderer angewiesen – nur steht der Bettler sogar noch unter dem Schutz des Zeus und ist so vor dem Verhungern geschützt. Es ist daher eine Beleidigung, als einer von Penelopes Freiern dem als Bettler verkleidet unerkannt auftretenden Odysseus eine Lohnarbeit »im äußersten Gebiet des Feldes« bei freiem Brot und freier Kleidung anbietet (Odyssee 18, 357–64). Die negative Einstellung zur Lohnarbeit als einem privaten Unglück und einer Schande vor der Öffentlichkeit war auch später noch so weit verbreitet, daß die Abhängigkeit der griechischen Wirtschaft von der Sklavenarbeit nicht überrascht. Gelegentliche oder gelernte Arbeit waren annehmbare Formen von Beschäftigung, doch würde ein freier Mann sich nie freiwillig der Macht eines anderen dadurch unterstellen, daß er sich regelmäßig bei ihm verdingte. Im Gegensatz dazu hatte der Sklave selbst einen

Wert und eine immerhin anerkannte gesellschaftliche Stellung; er wurde nicht als verantwortlich für sein privates Unglück angesehen. »Doch ich will Herr sein in unserem Hause wie auch über die Sklaven, die für mich erbeutet hat der göttliche Odysseus«, sagt Telemachos (Odyssee 1, 397–98). Auf Beutezügen und im Krieg war es üblich, daß nach der Einnahme einer Stadt alle Männer getötet und die Frauen und Kinder versklavt wurden; Entführungen, Piraterie und vor allem der Sklavenhandel bildeten weitere Bezugsquellen. So erzählt der treue Sauhirt Eumaios, daß weder seine Heimatstadt erobert noch er von der Weide entführt worden sei; er, der Sohn eines Adligen, sei von phoinikischen Händlern mit Hilfe einer phoinikischen Amme (die ihrerseits von taphischen Piraten gefangen und verkauft worden war) aus dem Haus seines Vaters geraubt und dann an den Vater des Odysseus verkauft worden; mit dessen jüngster Tochter sei er gemeinsam aufgewachsen (Odyssee 15, 352–484). Während es also relativ viele Frauen als Sklavinnen im Hause gab, waren männliche Sklaven seltener, sie wurden dann von Kindesbeinen an aufgezogen und in hohen Ehren gehalten: Man setzte sie z. B. als Gutsverwalter ein und gestattete es ihnen, eine eigene Familie zu gründen.

Landwirtschaft

Die Hauptquelle für jeden Wohlstand war im antiken Griechenland der Ackerbau, der sich (wie heute noch), wenn überhaupt, nur sehr langsam wandelte. Gerste war wegen ihrer Anspruchslosigkeit immer das Hauptgetreide in Griechenland, Weizen nur von untergeordneter Bedeutung. Die weite Verbreitung von Leinen für Textilien und für Seile deutet auf den Anbau von Flachs hin. Auf dem Schild des Achilleus sind Pflügen, Mähen und Weinlese dargestellt (Ilias 18, 541–72). Hesiods Beschreibung des bäuerlichen Jahres spricht weitgehend von denselben Tätigkeiten (Erga 383–617): Zu pflügen und zu säen muß man beginnen, wenn die Pleiaden hinter dem Horizont verschwinden und die Kraniche vorüberziehen, zu Beginn der Regenzeit (im Oktober). Das war die härteste Arbeit im Jahr, denn die Bauern verwendeten einen leichten Holzpflug, der nur an der Schar mit Eisen verstärkt war und die Bodenoberfläche lediglich aufriß, ohne sie umzuwenden; dazu mußte ihn der

Pflüger mit eigener Kraft in die Erde drücken, wenn das Zugtier, ein Ochse, anzog. Hesiod empfiehlt, man solle zwei Pflüge haben (falls einer bricht) und einen vierzigjährigen Mann anstellen. Auf dem Schild des Achilleus wird das Brachfeld dreimal gepflügt, und jeder Mann erhält am Ende der Furche einen Trunk (Ilias 18, 541–49); Odysseus betrachtet einen Sonnenuntergang »wie wenn ein Mann nach dem Nachtmahl begehrt, dem den ganzen Tag zwei weinfarbene Rinder den festen Pflug über das Brachland zogen; und willkommen ging ihm das Licht der Sonne unter, daß er zum Nachtmahl davongehe, und geschwächt sind ihm die Knie, während er dahingeht« (Odyssee 13, 31–34).

Im Herbst und im Winter schlägt man das Holz für die bäuerlichen Geräte (und vermeidet Beisammensein mit den Schwätzern in der warmen Schmiedewerkstatt), mit dem Aufstieg des Arktouros (im Februar bis März) beginnt die Feldarbeit wieder: Man muß die Weinstöcke beschneiden, bevor die Schwalbe zurück ist. Kriecht die Schnecke an den Pflanzen hinauf (im Mai), muß man mit der Mahd beginnen; Orions Aufstieg (im Juli) kündigt die Zeit des Dreschens und Einlagerns des Getreides an. Nur für den Hochsommer empfiehlt Hesiod eine Ruhepause, im Schatten nahe einer Quelle, mit Wein und Speisen – bis zur Weinlese, wenn Orion und Sirius mitten am Himmel stehen (im September).

Außer den genannten Getreidearten wurden noch verschiedene grüne Gemüsearten und Bohnen angebaut, dazu auch Obstbäume kultiviert. Außerhalb von Alkinoos' Haus gibt es, so schildert es Homer (Odyssee 7, 112–31), einen großen Obstgarten, in dem Birnen, Granatäpfel, Äpfel, Feigen und Oliven gedeihen, dahinter liegen Gemüsebeete und zwei Quellen zur Bewässerung. Eine der eben genannten Früchte hatte dabei noch nicht die Bedeutung erlangt, die sie später zum bedeutendsten agrarischen Gut Griechenlands machte: die Olive. Olivenöl wurde zwar schon beim Waschen (wie Seife) verwendet, aber offenbar noch nicht beim Kochen oder zur Beleuchtung; die Haupthalle eines Hauses war von Feuerbecken und Fackeln erleuchtet, nicht von Öllämpchen; zum Kochen verwendete man Tierfett. Anscheinend gab es noch keine spezielle Ölbaumkultivation – erst eine Änderung der Verbrauchsgewohnheiten und das Aufkommen eines Handels mit Gebrauchsgütern und Vorräten zwischen den verschiedenen Gegenden hat hier zu einem Wandel geführt; jedenfalls setzt die Konzentration des

Anbaus auf Ölbäume in Attika seit dem sechsten Jahrhundert v. Chr. einen überregionalen Markt für Olivenöl und umgekehrt die Möglichkeit voraus, Getreideimporte zu organisieren.

Ein weiteres Charakteristikum der frühgriechischen Landwirtschaft hat schon in der Antike eine Kontroverse ausgelöst: Das klassische Griechenland ernährte sich hauptsächlich von Getreide, Proteine entnahm man Bohnen (die antiken »Vegetarier«, die Pythagoreer, aßen keine Bohnen), Fisch und Milchprodukten von Ziegen und Schafen. Fleisch aß man vorwiegend nur bei Festen, nachdem die Tiere den Göttern geweiht und ihre Innereien als Opfer verbrannt worden waren. Im Gegensatz dazu ernähren sich die Homerischen Helden – das haben schon antike Philologen bemerkt – hauptsächlich von Fleisch; ihren Reichtum messen sie in Stück Vieh: Sklaven, Waffen, Dreifüße, Lösegelder, Frauen waren so und so viel Stück Vieh wert, und auch die Adjektive für Reichtum beziehen sich oft auf den Viehbestand. Eumaios beschreibt den Reichtum seines Herrn so: »Zwölf Herden Großvieh auf dem Festland, ebensoviele Haufen Schafe, ebensoviele Schweineherden, ebensoviele zerstreute Ziegenherden – die weiden fremde wie auch eigene Hirtenmänner«, also Lohnarbeiter und Sklaven (Odyssee 14, 100–02). Einen Gegensatz zur Welt Homers stellt jedoch Hesiod dar: Er hatte zwar seine Vision beim Schafehüten am Helikon und konnte sich auch nichts Besseres als Beilage zu seinem Käse- und Weinmahl in der Sommerhitze vorstellen als zartes Kalbs- und Ziegenfleisch, gibt aber in seinen *Erga* keine Anweisungen für die Viehzucht: Maultiere und Ochsen dienen als Last- und Zugtiere, Schafe und Ziegen liefern ihm Wolle und Milch; doch das sind Nebenprodukte der hauptsächlich agrarisch ausgerichteten Landwirtschaft. Pferde liegen außerhalb seiner Interessen; die wenigen, die es gab, gehörten der Aristokratie und wurden nur im sportlichen Wettkampf und im Krieg eingesetzt.

Hier zeigt sich deutlich ein grundlegender Wandel in der griechischen Landwirtschaft (weg von der Viehzucht), dessen Datierung jedoch problematisch ist. Die Linear-B-Täfelchen zeigen, daß die mykenischen Könige große Herden besaßen, und daher haben einige Forscher den Wechsel ins frühe Dunkle Zeitalter datieren wollen; es scheint jedoch wahrscheinlicher, daß es sich um ein späteres Phänomen handelt, das erst kurz vor Hesiods Zeit stattgefunden hatte. Völker, die auf Wanderschaft sind, tendieren eher zur Viehzucht als zum Ackerbau, und tatsächlich belegen Funde von Tierknochen in den Gräbern der geometrischen Zeit, daß Fleisch bei den Begräbnisfeierlichkeiten durchaus erhältlich war. Auch die Terrakottafigürchen von Nutztieren, die in frühen Heiligtümern geweiht wurden, weisen in diese Richtung. Doch Vieh braucht viel Land; mit dem Anwachsen der Bevölkerungszahl (als Hesiods Vater ins Oberland zog) wurde die Viehzucht schrittweise zugunsten des Ackerbaus aufgegeben, bis schließlich nur noch in den Bergregionen Schafe und Ziegen gehalten wurden. Es werden wohl die Aristokraten gewesen sein, die ihr Land noch am längsten im alten Stil bewirtschaften ließen; es mag auch sein, daß in Kleinasien Weiden im Hinterland angelegt wurden, was in Griechenland und auf den Inseln ja nicht möglich war. Der Übergang jedenfalls zeigt sich gerade zwischen Homer und Hesiod.

Das Haus

Die äußere Gestalt des aristokratischen Hauses bietet den Schlüssel zum Verständnis davon, wie die Produktion von Reichtum und sein Einsatz für den sozialen Status des *basileus* zusammenhängen. Sieht man vom »heroischen« Bauschmuck ab (der in Worten ohnehin viel einfacher zu beschreiben als mit der primitiven Technik der frühen Griechen herzustellen war), so besteht es im wesentlichen aus einem Innenhof, Stallungen, vielleicht einer Vorhalle, in der Gäste übernachten konnten, privaten Kammern zur Lagerung von Reichtümern und Waffen, Frauengemächern sowie der großen Halle, *megaron* genannt, einem länglichen Raum mit Bänken ringsum und einem Herd in der Mitte. Der Herr des Hauses kann seine eigene Kammer haben (wie das bei Odysseus der Fall ist) oder im *megaron* schlafen.

Durch Ausgrabungen sind vor allem städtische Siedlungen mit gewöhnlichen (»bürgerlichen«) Häusern bekannt, doch sogar hier gibt es Wohnungen, die aus einem großen Raum mit Sitzbänken und dem Herd bestehen und damit an aristokratische *megara* erinnern – sei es, daß die großen Hallen aus solchen kleinen entstanden sind, oder sei es, daß umgekehrt die

Bauern in der Stadt die Wohnungen der Aristokraten imitierten. Daß kaum größere und komplexere Häuser gefunden wurden, hat manche Archäologen dazu verleitet, das Homerische Haus über das Dunkle Zeitalter hinaus mit dem mykenischen Palast zu verbinden. Dieser – angesichts der sonstigen Diskontinuität überraschende – Schluß ist allerdings nicht nötig, da wahrscheinlich nur wenige solche Adlige in den Städten wohnten; ihre Häuser müßte man auf dem Lande finden können, das aber in Anatolien und Griechenland archäologisch nur wenig erforscht ist. Im Grunde ist auch die *oikos*-Wirtschaft auf das Gut ausgerichtet, weist also in eine Zeit, in der die Herren der *oikoi* getrennt von der sonstigen Gemeinde lebten. Der Übergang zum Leben in der Stadt war ein Teil der Entwicklung, die wir schon beim Wandel der sozialen Stellung der Frau und bei dem der Landwirtschaft kennengelernt haben. In dieser Hinsicht scheint übrigens Kleinasien im Vergleich zum griechischen Festland eher konservativ gewesen zu sein; schließlich aber trieben die Invasionen der Kimmerer und die Angriffe der Lyder auch die ionischen Griechen in die Küstenstädte; doch selbst dann blieb anscheinend in den befestigten Bauernhöfen mancher Gegenden noch ein wenig vom Lebensstil der alten Zeit erhalten.

Nicht alle *basilees* lebten auf dem Lande; so steht z. B. das Haus des Alkinoos, das im sechsten und siebten Buch der *Odyssee* beschrieben wird, innerhalb der Stadtmauern. Zwei Ausgrabungsbefunde ermöglichen es außerdem, die dichterische Beschreibung mit der archäologischen Realität zu konfrontieren: In Zagora auf Andros scheint ein ganzer Gebäudekomplex aus dem späten achten Jahrhundert v. Chr. als Einheit zusammenzugehören; er liegt an prominenter Stelle in der Mitte der Siedlung, in der Nähe eines freien, unbebauten Platzes und eines späteren Tempels. Der Hauptraum des genannten Hauskomplexes hat einen etwa quadratischen Grundriß mit ca. acht Metern Seitenlänge, in ihm befindet sich ein Herd, an drei Wandseiten stehen Steinbänke. Noch aufschlußreicher ist die Siedlung des achten vorchristlichen Jahrhunderts in Emporion auf Chios (s. Abb. 3): Eine einfache Verteidigungsmauer, die kaum höher als zwei Meter gewesen sein wird, schloß auf der Hügelkuppe ein Gelände von etwa zweieinhalb Hektar ein, auf dem die einzigen festen Gebäude ein Tempel aus dem späteren siebten Jahrhundert v. Chr. und eine *megaron*-Halle sind, diese steht allerdings nicht frei, sondern ist an die Mauer angebaut

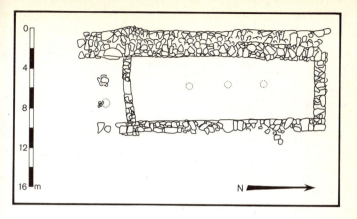

Abb. 3: Die *megaron*-Halle von Emporion auf Chios

und mit ihr gleichzeitig entstanden. Dieses *megaron* mißt achtzehn Meter Länge und hat drei Zentralsäulen, zwei weitere tragen den Eingangsbogen.

Unterhalb der Mauer lag ein Dorf von vielleicht fünfhundert Einwohnern, dessen größere Häuser zum selben *megaron*-Typ mit zentralen Säulen und Herd gehörten; andere hatten Steinbänke an der Wand. Hier also erkennen wir vielleicht die nur grob befestigte Residenz eines lokalen *basileus* und den Zufluchtsort für seine Herden und für die Leute von außerhalb des Mauerrings, die den Besitzer des Haupt-*megaron* als ihren Anführer anerkannt haben werden. Und in solch düsteren und verräucherten Hallen wie denen von Zagora und Emporion müssen die Homerischen Epen ursprünglich vorgetragen worden sein.

Gelage

Die frühgriechische Gesellschaft war nicht feudal, es gab keine Klasse, die einer Aristokratie als Gegengabe für ihr Land verpflichtet war und auch im allgemeinen keine Leibeigenen außer den Sklaven (die aber immer von außerhalb der Gemeinschaft geholt wurden). Die verstreuten Formen von Schuldknechtschaft, die man später in dorischen Gemeinden wie Sparta und Argos, in Koloniestädten wie Syrakus oder auch in Athen findet, sind nicht einzelne Ausläufer eines allgemeinen früheren Phänomens, sondern jeweils spezielle Entwicklungen, die in der Geschichte der einzelnen Gegenden begründet sind. Generell sind für das frühe Griechenland die freien Bauern bestimmend; der Unterschied zwischen der Aristokratie und der übrigen Gemeinde, dem *dēmos,* beruhte dabei lediglich auf Geburt und Lebensform und war unbelastet von komplexeren sozialen Strukturen.

Da es keine fortdauernde Bindung als »Untertan« an die Aristokratie gab (obwohl es sich um einen Erbadel handelte), schuf das Bemühen um den persönlichen hohen Status, die »Ehre« *(timē)* eine Gesellschaft, die auf dem Wettbewerb beruhte. Die *timē* war so bedeutend, weil Tätigkeiten wie Kriegführung, Raubzüge und Piraterie es nötig machten, Helfer auch außerhalb des *genos* zu gewinnen. Aus diesem Grund waren »Verdienstfeste« wie die Bewirtung männlicher Ranggenossen *(hetairoi)* so wichtig für jeden Mann, der Einfluß gewinnen wollte. Gerade dafür, durch Gelage sozialen Rang zu erreichen und zu behalten, dienten die *megaron*-Hallen; auf die Gelage wurde auch ein Großteil des erwirtschafteten Überschusses verwendet. *Hetairoi* ließen sich offenbar durch solche persönliche Großzügigkeit, durch die Reputation des Herrn und durch Bindungen auf Grund von *xenia,* Gastfreundschaft, eher gewinnen als durch Heiratsverbindungen oder Blutsverwandtschaft.

Im *megaron* tafeln Männer aus derselben Schicht wie der Gastgeber: Alkinoos bewirtet die *basilēes* der Phaiaken, Agamemnon die Anführer seines Kontingents vor Troja; sogar die Freier in Odysseus' Haus sind aristokratische *hetairoi,* die freilich die Gastfreundschaft überstrapazieren. Die Einladungen beruhen auf Gegenseitigkeit: Der Schatten von Odysseus' Mutter berichtet dem Helden in der Unterwelt, sein Sohn Telemachos schmause »die gebührenden Schmäuse, wie zu halten einem rechtsprechenden Manne zukommt, denn alle rufen ihn dazu« (Odyssee 11, 185–87); Telemachos selbst fordert die Freier auf: »Geht mir heraus aus den Hallen, besorgt euch andere Mähler, verzehrt eure eigenen Güter, wechselnd von Haus zu Haus« (Odyssee 2, 139–40). Die Architektur und ihre Funktion beim Gelage sind miteinander verbunden, als Odysseus sein Haus wiedersieht: »Eumaios! Wirklich, das sind die schönen Häuser des Odysseus! Leicht herauszuerkennen sind sie auch unter vielen, wenn man sie sieht! Eines reiht sich an das andere, und ein Hof ist ihm daran gebaut mit Mauer und Gesimsen, und gut verschließbare Türen sind davor, zweiflügelige: kein Mann könnte sie überwinden. Doch gewahre ich, daß viele Männer darin ein Gastmahl halten, denn Fettdampf breitet sich aus, und drinnen ertönt die Leier, die die Götter dem Mahl geschaffen haben zur Gefährtin.« (Odyssee 17, 264–71) Die Betonung der Gelage bei Homer ist nicht bloße literarische Konvention, sie entspricht vielmehr ihrer zentralen Stellung im Leben der Aristokraten. Für Hesiod hingegen hat das Gelage eine ganz andere Bedeutung: jeder bringt seine eigenen Beiträge zu einem gemeinsamen Mahl (Erga 722–23).

Gastfreundschaft und Gaben

Zwei andere Eigenarten der Homerischen Gesellschaft trugen zur Schaffung des Netzes von gegenseitigen Verbindungen bei, das die Macht des Adels stützte: Die Institution der Gastfreundschaft und die Rolle, die die Geschenke, die Gaben dabei spielten. Außerhalb seiner unmittelbaren Nachbarschaft konnte der *basileus* auf seinen Reisen erwarten, daß er von Männern seiner gesellschaftlichen Klasse gastlich aufgenommen würde. Mit ihnen schloß er – falls dies nicht schon einer seiner Vorfahren getan hatte – die Verbindung zwischen Gast und Gastgeber (beide bezeichnete man als *xenos*, »Fremder«), die unter dem besonderen Schutz des *Zeus Xenios* stand. Dieser Beiname benennt den höchsten Gott in seiner auch sonst wichtigen Rolle als Beschützer derer, die außerhalb der Gemeinschaft stehen: Gäste, Schutzflehende und Bettler.

Der Fremde reiste sozusagen mit leeren Händen, erhielt aber von seinen Gastfreunden nicht nur Kost und Logis – überall, wo er hinkam, bekam er auch Gastgeschenke *(xeneia)*, und es besteht kein Zweifel, daß dies der Hauptzweck und -ertrag des friedlichen Reisens war. Menelaos und Helena reisten, um großen Reichtum anzuhäufen, und kehrten aus Ägypten mit reichen Gaben von ihren Gastgebern zurück (Odyssee 4, 81–95); Menelaos schlägt dem Telemachos vor, gemeinsam mit ihm durch Griechenland zu reisen; dort nämlich »wird uns keiner mit leeren Händen hinwegschicken, sondern wird uns wenigstens *ein* Stück geben, daß wir es mitnehmen, einen Dreifuß aus gutem Erz oder ein Becken oder zwei Maultiere oder einen goldenen Becher« (Odyssee 15, 82–85). Solche Geschenke gebührten dem Gast unter allen Umständen als Ehrengabe, selbst wenn er nur eine Nacht blieb: »Dort verbrachten sie die Nacht, und er gab ihnen *xeneia*« (Odyssee 3, 490). Odysseus hatte wie alles auch dies zu seinem eigenen Vorteil gewendet und war sogar bereit, um das ihm Zustehende zu bitten: »Und längst wohl könnte Odysseus hier sein, allein es schien ihm klüger in dem Gemüte, weit über die Erde zu gehen und Güter einzusammeln. Kennt derart Odysseus doch über die Maßen viele Vorteile vor den sterblichen Menschen!« (Odyssee 19, 282–86). »Er führt mit sich viele und edle Kostbarkeiten, die er erbittet rings im Volke. ... Selbst bis ins zehnte Geschlecht noch könnte es den einen um den anderen ernähren.« (Odyssee 19, 272–73. 296)

Auch wenn Homer hier den Wert der Gaben übertreibt, zeigt er, daß es sich immer um Luxusgüter handelte, insbesondere um Metallarbeiten, die aus dem Schatz des Hauses stammten: Kupfer, Gold, Silber, feine Stoffe und Weine, Kessel, Mischkrüge, Dreifüße, verzierte Waffen und Schwerter. Sie können ihrerseits Geschenke gewesen sein, so schenkt z. B. Menelaos dem Telemachos einen silbernen Mischkrug, den er vom König von Sidon erhalten hatte (Odyssee 15, 113–19). Wenn das alles je außer Kontrolle geriet, konnte der Gastgeber seine Auslagen gegebenenfalls durch eine Sammlung in seinem Volk wieder eintreiben, was Alkinoos vorschlägt (Odyssee 13, 13–15). Wie bei den Brautgeschenken liegt auch hier kein direkter Austausch vor: es ist zunächst nur ein Ausdruck für den »Wettbewerb im Großzügigsein«. Als unmittelbare Gegengabe erhält der Gastgeber zunächst aber das Vergnügen, Neuigkeiten und Geschichten vom Gast zu hören; freilich sieht man dann auch die Verbindung zu einem zukünftigen Ausgleich: »Wähle dir nur ein gar schönes Geschenk aus, und dir soll werden, was des Tausches wert ist.« (Odyssee 1, 318) »Mit den Geschenken aber, die du zehntausendfältig dargereicht, hast du eine vergebliche Gunst erwiesen. Ja, wenn du ihn (Odysseus) lebend im Gau von Ithaka angetroffen hättest, dann hätte er es dir mit Geschenken gut vergolten und dich auch mit guten *xeneia* hinweggeschickt, denn das ist der Brauch, wenn einer damit vorangegangen.« (Odyssee 24, 283–86) Das Lösegeld für einen Sohn des Priamos zahlt einer seiner alten Gastfreunde (Ilias 21, 42). Und hier ist auch die großartige Szene im sechsten Buch der

Ilias (119–236) zu nennen, in der Glaukos und Diomedes auf dem Schlachtfeld aufeinandertreffen und sich gegenseitig ihre Abkunft darlegen: »Wirklich! Da bist du mir ein Gastfreund von den Vätern her, ein alter!« (215) – denn ihre Großväter hatten sich vor langer Zeit einmal getroffen und Geschenke ausgetauscht. Die beiden Helden kommen dann überein, nicht gegeneinander zu kämpfen, und bekräftigen ihre ererbte Freundschaft durch den Austausch ihrer Rüstung (wobei allerdings Zeus dem Glaukos den Verstand raubt und ihn seine goldene gegen die minderwertige bronzene des Diomedes tauschen läßt ...) – übrigens die einzige Stelle, an der ein direkter, unmittelbarer Gabentausch erwähnt wird. – Und es war ein Bruch mit den Regeln der Gastfreundschaft, der die Hauptursache für den trojanischen Krieg abgab: Paris hatte dem Menelaos bei einem solchen Besuch die Helena geraubt; so ist Troja von vornherein dem Untergang geweiht.

Obwohl Gaben-Beziehungen dieser Art primitiven Handelstransaktionen ähneln könnten, weil für sofort oder meist für später eine Gegengabe erwartet wird, stellen sie – das hat Marcel Mauss gezeigt – in Wirklichkeit einen Brauch dar, Austausch ganz anderer Art in den Gesellschaften und Gegenden zu regeln, in denen es sie gibt. In der Homerischen Welt bezwecken sie nicht primär einen Gewinn oder auch nur einen langfristigen wirtschaftlichen Nutzen, sondern dienen (wie Brautgaben und Verdienstfeste) dem Erwerb von Ehre und dem Aufbau eines Netzes gegenseitiger Verpflichtungen.

hetairoi

Die Beziehungen, die so entstanden, erhöhten die Stellung des *basileus* in der Gemeinschaft und schufen gleichzeitig eine Gruppe von *hetairoi,* die ihm gegebenenfalls bei den traditionellen Anlässen von Viehraub und Piraterie zur Seite standen. Viehraub wird immer beträchtliche Unruhe hervorgerufen haben, da die private Aktion einer Gruppe leicht zur öffentlichen Reaktion der erzürnten Nachbarn führen konnte. Wie gefährlich so eine Situation sein konnte, zeigt die Geschichte, die Nestor von Pylos erzählt: Nach einem (offenbar als private Familienunternehmung begonnenen) Vergeltungsraubzug gegen die Männer von Elis wurde die Beute öffentlich an all die

Mitglieder der pylischen Aristokratie verteilt, die einen Anspruch gegen die Eleier hatten, so daß schließlich beim Angriff der gesamten eleischen Streitmacht Nestor genug Unterstützung in Pylos fand, um die Feinde in einer ganzen Schlacht abzuwehren (Ilias 11, 670–762). Es überrascht nicht, daß diese Raubzüge zu Lande normalerweise eher unbedeutend und heimlich waren und bei Homer hauptsächlich als Phänomene der Vergangenheit zitiert werden.

Raubzüge zur See waren da etwas anderes; Thukydides schreibt:

Die Hellenen in alter Zeit und auch die Barbaren, die an den Küsten des Festlands und auf den Inseln wohnten, hatten kaum begonnen, mit Schiffen häufiger zueinander hinüber zu fahren, als sie sich auch schon auf den (See-)Raub verlegten, wobei gerade die mächtigsten Männer sie anführten, zu eigenem Gewinn und um Nahrung für die Schwachen; sie überfielen unbefestigte Städte und verstreute Siedlungen und lebten so fast ganz von Raub. Dabei brachte solches Tun keine Schande, sondern eher sogar Ruhm. (Thukydides 1, 5, 1)

Er bemerkt ferner, daß bei Homer die traditionelle Frage an Neuankömmlinge ist: »Fremde, wer seid ihr? Von woher kommt ihr die feuchten Pfade gefahren? Ist es eines Geschäfts wegen? Oder schweift ihr nur so hin wie Seeräuber über die Salzflut, die da umherschweifen und ihr Leben daran setzen, indem sie anderen Böses bringen?« (Odyssee 3, 71–74 und öfter). Solche piratischen Raubzüge fanden auch später statt; man benutzte lange Schiffe mit bis zu fünfzig Rudern auf einer Ebene *(pentēkontoros)* und einem einfachen Segel, um mit dem Wind zu fahren. Gerudert wurden die Schiffe von den Kämpfern selbst, die das Schiff dann in der Nähe einer Siedlung an den Strand ziehen und sich auf die Wirkung eines Überraschungsangriffes verlassen mußten. Auf den Raubzügen, die sich vor allem gegen Fremde, nicht gegen Griechen richteten, suchte man Vieh, Sklavinnen und andere Beute zu gewinnen; gefährlich war hauptsächlich eine Verzögerung, die es den Überfallenen erlaubte, Hilfe herbeizurufen und ihrerseits einen Gegenangriff zu starten. Solche Piraterie galt im allgemeinen als ehrbar; nur der Sauhirt Eumaios als Angehöriger einer niedrigen Klasse hat seine Zweifel: »Die seligen Götter lieben keine frechen Werke, sondern schätzen das Recht und gebührliche Werke von den Menschen. Auch Bösgesonnene und Feindselige, die ein fremdes Land betreten haben, und Zeus gab ihnen Beute und sie füllten ihre Schiffe und fuhren davon, um nach

Hause zu gelangen: auch denen fällt eine gewaltige Furcht vor der göttlichen Heimsuchung auf die Seele« (Odyssee 14, 83–88). Odysseus ist realistischer, er verflucht seinen Magen, »der den Menschen viel Schlimmes schafft, um dessentwillen auch gutgejochte Schiffe ausgerüstet werden, daß sie über das unfruchtbare Meer den Feinden Böses bringen« (Odyssee 17, 287–89). Die Beute wurde unter den Teilnehmern am Raubzug nach ihrem Rang verteilt; der »Beuteanteil« *(geras)* eines Mannes ist auch sein »Ehrenteil«.

Obwohl diese Raubzüge primär (und vielleicht auch ursprünglich) im Interesse der Aristokratie lagen, ist auch klar, wie sie der gesamten Gemeinde dienen konnten. Das zeigt sich in der langen Geschichte, die Odysseus über sein angebliches Leben auf Kreta erzählt: Nach der Darstellung seiner Jugend (s. S. 56) beschreibt er, wie er trotz seiner zweifelhaften Herkunft und seiner Armut eine Frau aus einer landbesitzenden Familie habe heiraten können »wegen seiner Tüchtigkeit«: Neunmal habe er eine Flotte gegen Fremde geführt und sei so reich und geachtet geworden, daß ihn beim Auszug der Krieger nach Troja die öffentliche Meinung geradezu gezwungen habe, das Kommando zu übernehmen (offenbar war also die Expedition eine öffentliche Unternehmung). Nach seiner Rückkehr, so erzählt Odysseus weiter, sei er wieder zum Seeraub übergegangen und habe mit der Beute leicht neun Schiffe anfüllen können. Seine Kameraden hätten sechs Tage lang gefeiert und seien dann nach Ägypten losgesegelt. Dort aber habe die Expedition wegen einer Verzögerung ein böses Ende genommen, nur ihr Leiter, eben Odysseus selbst, habe sich retten können (Odyssee 14, 199–359).

Es gibt weitere Anzeichen dafür, daß Homer den Zug gegen Troja als öffentliche Unternehmung ansah: Eine Bußzahlung an die Gemeinschaft wird denen auferlegt, die die Teilnahme am Zug verweigern (Ilias 13, 669); Gelage werden aus öffentlichen, nicht privaten Mitteln finanziert: »Freunde! Ihr Führer der Argeier und ihr Berater, die da bei den Atreus-Söhnen Agamemnon und Menelaos das vom Volk Erhaltene trinken und Weisung geben ein jeder seinen Männern« (Ilias 17, 248–51; vgl. 4, 343–46). Institutionalisierte Kriegführung war ein Gebiet, für das die Gemeinschaft ein Interesse am Erhalt ihrer Aristokratie mit den zugehörigen Kampfgruppen hatte; ein Krieger konnte vom Volk sogar ein eigenes Stück Land zugewiesen bekommen, einen sogenannten *temenos* (das Wort ist bereits im mykenischen Griechisch belegt, mag da jedoch eine andere Bedeutung gehabt haben): »Glaukos! Warum sind wir beide wohl geehrt am meisten mit Ehrensitz und Fleischstücken und vollen Bechern in Lykien, und alle blicken auf uns wie Götter? Und einen *temenos*, einen großen, bebauen wir an des Xanthos Ufern, einen schönen, mit Baumgarten und Saatfeld, weizentragendem. Darum müssen wir bei den Lykiern jetzt unter den Ersten stehen oder uns der brennenden Schlacht entgegenwerfen. Daß manch einer so spricht von den dicht gepanzerten Lykiern: ›Wahrhaftig, nicht ruhmlos herrschen in Lykien unsere Könige und speisen fette Schafe und Wein, auserlesenen, honigsüßen; nein, auch die Kraft ist tüchtig, daß sie bei den Lykiern unter den Ersten kämpfen.‹« (Ilias 12, 310–21)

Homers Kampfschilderungen sind zum Teil konfus, doch wenn man archäologische Zeugnisse wie z. B. Grabbeigaben heranzieht, scheint die Kriegführung im ausgehenden Dunklen Zeitalter auf dem Kampf des einzelnen Helden zusammen mit seinen Gefährten zu basieren, so daß sich beinahe eine eigene Kriegerklasse ergibt. Nur diese hatte wohl Zugang zum Metall für die Ausrüstung der Krieger, die übrige Gemeinde scheint lediglich leicht bewaffnet gewesen zu sein und kaum mehr getan zu haben, als die Duelle der Adligen zu beobachten. Deren Rüstungen nun waren aus Bronze, sie bestanden jeweils aus einem Brustharnisch, Beinschienen und einem Helm, dazu einem Schild aus Bronzeplatten oder Lederlappen (verschiedene Formen sind belegt), den man an einem Griff in der Mitte festhielt. Für den Angriff hatte man Eisenschwerter und zwei oder mehrere Speere, die als Wurf- und als Stichwaffe eingesetzt werden konnten. Wenn die anachronistischen Streitwagen bei Homer zu Recht als »Pferde« interpretiert worden sind (s. S. 46), dann ist anzunehmen, daß die Krieger zusammen mit einem Begleiter zu Pferde aufs Schlachtfeld ritten, dort aber zu Fuß kämpften, also eine »berittene Infanterie« bildeten; eine eigentliche Kavallerie entwickelte sich erst viel später.

Das mündliche Epos schuf eine heroische Vergangenheit für eine bestimmte Gruppe der Gesellschaft und verherrlichte deren Wertesystem; da aber Homers Dichtung immer mehr zur »Bibel« der Griechen wurde, hatte auch die ihr zugrunde liegende Ethik einen dauernden Einfluß auf die griechischen Wertvorstellungen. Es handelt sich hierbei im wesentlichen um eine »Wettbewerbsethik«, die am besten in Glaukos' Wort zusammengefaßt ist: »Immer Bester zu sein und überlegen zu sein den anderen, und der Väter Geschlecht nicht Schande zu machen« (Ilias 6, 208–09). Das ethische Vokabular umfaßt dementsprechend vor allem Wörter für »Erfolg« und »Fähigkeit«: Ein guter Mann ist gut in oder bei etwas, im Gefecht oder im Rat; das Wort *aretē* bedeutet eher »Bestheit« als »Tugend«. Solche *aretē* schreibt einem die Allgemeinheit zu, die sich an der Größe der Ehre, *timē*, orientiert, die andere dem betreffenden Manne entgegenbringen. Auch *timē* hat ein – sogar materielles – Maß, das *geras* (den Beuteanteil, s. S. 65), das einem Mann gebührt. Diese Ethik ist individualistisch: Eines Mannes *timē* ist sein privates, ureigenstes Anliegen (selbst die Götter kümmern sich wenn überhaupt nur um ihre eigene *timē*); die Hauptausnahme hierzu ist allerdings die Pflicht, einem Freund zu helfen.

Man hat auch von einer Schamkultur im Gegensatz zur späteren Schuldkultur gesprochen (E. R. Dodds): Die Sanktionen für Vergehen gegen die Moral liegen nämlich nicht innerhalb, sondern außerhalb des Menschen, der *aidōs*, Scham, empfindet, wenn er seinen Status vor den Ranggenossen verliert. Als öffentliche Strafe kannte man dementsprechend den Besitzverlust, weil Besitz ein Aspekt der Ehre war. Die Götter haben mit all dem wenig zu tun, sie leben freilich ihrerseits in einem ähnlichen Wertesystem. Allein Zeus sorgt ganz allgemein für den Sieg der Gerechtigkeit unter den Menschen, zumindest aber für die Aufrechterhaltung einiger Grundregeln wie der der Gastfreundschaft. Es ist typisch für eine solche Kultur, daß innere Konflikte kaum erkannt werden und daß Eingeständnisse eines Fehlers oder Mißerfolgs so schwer fallen, da sie eben einen Gesichtsverlust vor der Öffentlichkeit bedeuten. Die Homerischen Helden leugnen zwar nicht eine Verantwortung für ihre Taten, verweisen aber auch oft auf das Wirken einer äußeren göttlichen Macht in ihnen, worin sie keinen Widerspruch sehen. Tatsächlich ist das ganze Vokabular für psychische Vorgänge verdinglicht und veräußerlicht: Geistiges ist mit seinen physischen Symptomen identisch, und Herz, Lunge, Magen und Knie werden als Sitz der Emotionen angesehen.

Kontinuität

Die aristokratische Lebensform hat ihre Wurzeln in einer fernen Vergangenheit, der der nomadischen Kriegergruppen, und ging in Griechenland auch später nie ganz unter. Ihre Kontinuität läßt sich an der Geschichte des griechischen Wortes *phratr(i)a* zeigen, das mit der fast universalen indoeuropäischen Bezeichnung für »Bruder« (lat. *frater*, franz. *frère*, kelt. *brathir*, engl. *brother*) verwandt ist. Im Griechischen jedoch bezeichnet das Wort nicht eine Blutsverwandtschaft, sondern vielmehr eine »Bruderschaft«, eine soziale Gruppe. Homer verwendet es an zwei Stellen: »Ordne die Männer nach Stämmen *(phylai)* und nach *phratrai*, Agamemnon! Daß die *phratra* der *phratra* helfe, die Stämme den Stämmen« (Ilias 2, 362–63; vgl. Ilias 9, 63). Die Stämme waren ursprünglich militärische Abteilungen, die *phratrai* vermutlich ebenso, vielleicht ist *phratra* das alte Wort für die Gruppe der *hetairoi*. Die *phratra* scheint als Untergruppe der Stämme weit verbreitet gewesen zu sein; die Macht eines aristokratischen *genos* beruhte in vielen Städten noch bis zu den Perserkriegen auf der Kontinuität dieser politischen und gesellschaftlichen Gruppierung um das eigentliche *genos* herum. So führen die Bakchiaden *(Bakchiadai)* und Kypseliden in Korinth oder die Philaiden, Alkmenoniden und Peisistratiden in Athen ihr jeweiliges *genos* oft nur wenige Generationen zurück auf einen Familiengründer (z. B. eben Peisistratos; das Suffix *-idai* bedeutet »Söhne des X«), doch stützen sich diese aristokratischen Familien ganz offenbar schon weit länger auf eine viel größere Gruppe. In Athen waren die *phratriai* z. B. bis in Kleisthenes' Zeit eine wichtige politische Macht; jede *phratria* stand dabei unter der Führung von ein oder zwei aristokratischen Familien (s. Kap. 15). Und noch lange nach dem Verlust ihrer politischen Rolle gab es *phratriai* als Kultgruppen und gesellschaftliche Vereine.

Andere, weniger greifbare Einstellungen blieben auch erhalten: Neben dem Wertesystem ist hier vor allem die Bedeutung der Gelagegruppe zu nennen. Das philosophische oder literarische Symposion Platons und anderer war einer ihrer Nachfahren, genauso die rauhen *hetairiai*, die aristokratischen Clubs, die Gerichtsverhandlungen und Wahlen beeinflussen konnten und sogar, wie 411 v. Chr. in Athen, durch Morde auf offener Straße einen politischen Umsturz zu Wege brachten. Auch die auffallende Häufigkeit, mit der die Gerichtsreden im vierten

Jahrhundert v. Chr. Tätlichkeiten betrunkener junger Aristokraten *(hybris)* nennen, zeigt, daß die Freier Homers nie gutes Benehmen gelernt haben ...

Eine dritte Kontinuität stellt die Rolle der Gabe in den sozialen Beziehungen dar. Der christliche Begriff der Barmherzigkeit, des Gebens ohne Erwartung einer Gegengabe (auf Erden), stammt – von der jüdischen Welt vermittelt – aus dem Alten Orient und damit aus einer Welt, die so große Ungleichheiten kannte, daß Geben allein dazu diente, die Kluft zwischen den Klassen noch mehr zu betonen und das Verdienst des Gebenden vor dem Auge des Gottes hervorzuheben. In der eher ausgeglichenen Gesellschaft *(equal society)* der griechischen und römischen Welt gab man jedoch, um eine Gegengabe zu erhalten *(»do, ut des«)* und schaffte somit auch eine soziale Beziehung zwischen dem Gebenden und dem Nehmenden, durch die man sich auf Zeit oder für immer gegenseitig verpflichtet war.

4. Das Volk in der geometrischen Zeit

Handwerk

Jenseits der aristokratischen Welt des *oikos* lag die Gemeinschaft als Ganzes, die bei Homer vorausgesetzt wird, aber nur gelegentlich am Rande der Haupthandlung Erwähnung findet, während sie bei Hesiod im Zentrum steht. Ihre wichtigste gesellschaftliche Unterteilung ist die in Aristokratie und Volk *(dēmos)*, das hauptsächlich aus freien Bauern besteht; doch scheint auch der landlose *thēs* von keinen »bürgerlichen« Rechten ausgeschlossen gewesen zu sein. Dagegen war die Stellung des Handwerkers, *dēmiourgos* (»Werker im Volke«) genannt, nicht so eindeutig; oft war er ein Außenseiter, der von Gemeinde zu Gemeinde reiste. Ihn hieß man dort jeweils, so sagt es jedenfalls Eumaios, als *xenos* willkommen, »einen Seher oder einen Arzt, der Übel heilt, oder einen Zimmermann, der Balken behaut, oder auch einen göttlichen Sänger, der ergötzt mit Singen« (Odyssee 17, 382–85). Sicher gehörten auch metallverarbeitende Handwerker dazu; auch die Herolde, die gewissermaßen im öffentlichen Dienst standen, waren *dēmiourgoi*, freilich von etwas anderer Art. Daß auch Außenseiter zu den Handwerkern gehörten, ist ein Grund für die unklare, ambivalente Stellung des ganzen Standes, ebenso wie die Tatsache, daß sie – ohne selbst Aristokraten zu sein – von der Aristokratie hochgeschätzte Fertigkeiten besaßen, ja geradezu als göttlich inspiriert galten, aber eben doch geringer als andere Sterbliche waren. Diese Ambivalenz zeigt sich im Mythos, in dem die Götter ihre Gaben verleihen und auch wieder nehmen. Blindheit wird häufig genannt: Apollon blendet seine Propheten und nimmt ihnen so die Sicht der Außenwelt, gibt ihnen dafür aber eine tiefere Einsicht. Demodokos war so ein »geschätzter Sänger. Den liebte die Muse über die Maßen und hatte ihm Gutes wie auch Schlimmes gegeben: der Augen hatte sie ihn beraubt, doch ihm süßen Gesang gegeben« (Odyssee 8, 62–64). In diesem Bild hat man Homer selbst gesehen.

Auch die mythischen Vorbilder der Menschen mit handwerklichen Fähigkeiten sind physisch behindert. Der Schmied, für den es einen eigenen Gott gibt, ist gesellschaftlich gesehen so behindert, wie Hephaistos, sein Gott, es körperlich ist:

»... vom Amboßhalter stand auf die schnaufende Ungestalt, hinkend, und unten regten sich die dünnen Schenkel. ... Und mit einem Schwamm wischte er ab das Gesicht und die beiden Arme und den Nacken, den starken, und die behaarte Brust.« (Ilias 18, 410–15) Auf die anderen Götter wirkt er belustigend: »... und unauslöschliches (»homerisches«) Gelächter erhob sich unter den seligen Göttern, als sie sahen, wie Hephaistos durch das Haus hin keuchte.« (Ilias 1, 599–600) Selbst seine Ehe mit Aphrodite ist eine Verbindung der Gegensätze, aus der sich die hübsche Erzählung von Ares und Aphrodite, Krieg und Liebe, ergibt, die beide im Ehebruch von Hephaistos' goldenem Netz gefangen werden (Odyssee 8, 266–367). Im Gegensatz zum Gott der Schmiede war Athene, die Göttin des Webens und der weiblichen Arbeiten, nicht behindert – diese Tätigkeiten waren aber auch kein erlerntes Handwerk, sondern ganz in das Leben im Haus integriert. Bei Hesiod stiehlt Prometheus, der »Vorausdenkende«, das Feuer aus dem Himmel für die Menschen und schafft so die Technik; als Vergeltung schafft Zeus – die Frau (Theogonie 565–603; Erga 47–105). So spiegelt die Einstellung des Mythos zu Handwerk und Technik den ambivalenten Status des Handwerkers in der Frühzeit, und auch später hat die griechische Gesellschaft die Technik nie ganz bewältigt.

Politik

Die grundlegende Form der politischen Ordnung blieb für die ganze Dauer des griechischen Stadtstaates bestehen, sie gab es bereits bei Homer. Was sich änderte, waren die Verteilung der Macht auf die verschiedenen Elemente der Gesellschaft und die Kriterien für die Zugehörigkeit des einzelnen zu diesen Elementen. Im frühen Griechenland war die Versammlung aller erwachsenen männlichen Mitglieder der Gemeinde, die *agora,* dem Rat *(boulē)* der Ältesten untergeordnet, der sich wohl aus den Häuptern der vornehmen Familien, den *basilées,* zusammensetzte. Eine Exekutive muß es gegeben haben; sie ist bei Homer durch Erinnerungen an das mykenische Königtum verdeckt. Jedoch belegen etwas spätere Quellen eine Vielfalt an Formen einer Exekutive, meist einen einzelnen (oder eine Gruppe von) Jahresbeamten, dessen Macht vom Rat der Ältesten eingeschränkt war. Der Rat stand aber nur ehemaligen Beamten offen.

Debatten im Rat oder vor der Volksversammlung gingen jeder Entscheidung voraus, auch wenn es keine formellen Abstimmungen gab. Die beiden traditionellen – und gleich wichtigen – Tätigkeitsbereiche eines *basileus* sind Kriegführung und Debattieren: Odysseus hat »zehntausend gute Dinge getan, mit guten Ratschlägen vorangehend und den Krieg ausrüstend« (Ilias 2, 272–73); Achilleus sagt von sich, er sei »ein solcher, wie keiner unter den erzgewandeten Achaiern im Kampf; im Rat aber sind besser auch andere« (Ilias 18, 105–06); von Hektor und seinem *hetairos* heißt es: »der eine war mit den Reden, der andere mit der Lanze weit überlegen« (Ilias 18, 252). Diese fast sprichwörtlichen Verbindungen zeigen, wie wichtig das gesprochene Wort und die Überredungskunst bei einer Debatte in der Öffentlichkeit schon damals waren.

Eine öffentliche Beschlußfassung wird bei Homer mehrfach geschildert; die ausführlichste (und aufschlußreichste) steht im zweiten Buch der *Ilias* (1–401): Auf Grund eines Traumes befiehlt Agamemnon »den Herolden, den hellstimmigen, zu Versammlung zu berufen die am Haupte langgehaarten Achaier. ... Doch eine Ratsversammlung setzte er zuerst der hochgemuten Alten.« (Ilias 2, 50–52) Vor dem Rat stehend entwickelt er seinen Plan, nämlich die Stimmung der Krieger durch einen – natürlich nicht ernst gemeinten – Rückzugsbefehl zu erforschen; wenn er einen solchen Befehl dann vor der Versammlung verkünden werde, sollten ihm die anderen Ratsmitglieder widersprechen. Nestor befürwortet den Vorschlag; der ganze Rat zieht sodann vor die Versammlung, die von neun Herolden kontrolliert wird. Die Leute setzen sich, Agamemnon ergreift das *skēptron*, seinen Amtsstab (»Szepter«), stellt sich vor die Versammlung und verkündet den Rückzugsplan. Dieser Vorschlag trifft auf große Begeisterung, ja, die Versammlung droht durch den raschen Aufbruch der Teilnehmer zu platzen. Da ergreift Odysseus das *skēptron* als Zeichen der Autorität, hält die Fortlaufenden auf, überredet die vornehmen Anführer und bringt Ordnung in die Reihen. Als die Leute wieder versammelt und ruhig geworden sind, steht doch noch ein Mann aus dem Volk auf, Thersites, den Homer geradezu liebevoll als den archetypischen Agitator beschreibt: »Er war als der häßlichste Mann nach Ilion gekommen: krummbeinig war er und hinkend auf einem Fuß, und die beiden Schultern waren ihm bucklig, gegen die Brust zusammengebogen, und darüber zugespitzt war er am Kopf, und spärlich sproßte darauf die Wolle.« (Ilias 2,

216–19) Thersites beschimpft Agamemnon so lange, bis ihn Odysseus bedroht und mit dem *skēptron* schlägt, was in der Versammlung auch allgemein als das Beste angesehen wird, was Odysseus je getan hat. Ein Herold (nämlich die so verkleidete Göttin Athene) gebietet Ruhe; Odysseus und anschließend Nestor bereden dann das Heer, zu bleiben und zu kämpfen. Agamemnon gibt, wie geplant, nach und entläßt die Achaier für die Schlachtvorbereitung.

Aus dieser und aus vergleichbaren Darstellungen ist der Verlauf der Entscheidungsfindung recht deutlich: Zunächst besprach der Rat der Ältesten die anstehenden Probleme, die er dann der Versammlung des Volkes vorlegte. In beiden Gremien wurde debattiert, bei beiden war also Widerspruch möglich, doch erwartete man richtungweisende Beiträge nur von den Ältesten. Die Rolle der Versammlung bestand also vorwiegend darin, die Entscheidungen des Rates anzuhören und zu billigen. Doch mußte für schwerwiegende Entscheidungen eine Versammlung des Volkes einberufen werden; die Bedeutung und die Macht der öffentlichen Meinung kannte man, schließlich ist es der *dēmos*, der den Adligen ihr *geras* gibt (Odyssee 7, 150), der *dēmos*, der Odysseus (in seiner Kretageschichte, s. S. 56) zur Fahrt gegen Troja zwingt (Odyssee 14, 239) und der *dēmos*, vor dem sich die Freier wenigstens rechtfertigen müssen, wenn es Telemachos schon nicht gelingt, die ganze Versammlung gegen seine Standesgenossen aufzubringen (Odyssee 2, 1–259). Im Heerlager der Achaier vor Troja gab es einen eigenen Versammlungsort, »wo ihnen die Versammlung und die Gerichtsstätte (*themis* – dazu s. gleich u.) war, dort, wo ihnen auch die Altäre der Götter erbaut waren« (Ilias 11, 807–08). Die Rituale und Verfahren, die den ordentlichen Ablauf einer großen Versammlung regelten, waren gut eingespielt und waren den einzigen aus späterer Zeit bekannten Versammlungsritualen bemerkenswert ähnlich, nämlich den hochkomplizierten Verfahren der athenischen Demokratie. So zeigen sich Kontinuität und auch Fortentwicklung im Wachstum der »Regierungsmaschinerie« von der einfachen Kriegerversammlung bei Homer bis hin zum klassischen Stadtstaat.

Recht

Außer im politischen und militärischen Bereich lag eine der wichtigsten Aufgaben der *basilēes* in der Regelung von Streitigkeiten zwischen Einzelpersonen – wichtig auch deshalb, weil dies die Grundlage für die weitere Entwicklung des griechischen Rechts war. Über eine gewisse Anzahl primitiver Tabus und Bräuche hinaus gab es nämlich keinen Begriff des Verbrechens und Vergehens oder gar ein System des Rechts im modernen Sinne, d. h. mit mündlich überlieferten oder schriftlich festgehaltenen Gesetzen menschlicher oder göttlicher Herkunft und mit Strafen, die von der Gemeinschaft auferlegt werden. Das grundlegende Charakteristikum des griechischen Rechts ist sein Ursprung in der (nicht-göttlichen) öffentlichen Schiedsgerichtsbarkeit, in der die Kompensation für unrechtes Handeln festgelegt wurde.

Bei Homer ist der Wortschatz hierzu konkret, er bezieht sich auf einzelne Fälle und spezifische Regeln. Die tatsächlichen Entscheidungen (*dikai* – ein Wort im Plural) sind »gerade« oder aber »schief« (Ilias 16, 387), je nachdem wie weit sie mit den Rechtsbräuchen (*themistes* – ebenfalls Plural) übereinstimmen, d. h. mit den nicht schriftlichen Regeln und Präzedenzfällen, die eine Entscheidung rechtfertigen. Der jeweilige Singular der beiden Wörter *dikai* und *themistes* ist hingegen sehr selten: *dikē* wird bei Homer nur zweimal als Singular in seinem späteren, abstrakten Sinne von »Gerechtigkeit« verwendet (s. gleich u.); *themis* im Singular sogar nur einmal, an der eben (S. 73) zitierten Stelle (Ilias 11, 807), wo seine genaue Bedeutung noch dazu zweifelhaft ist. – Daß nun die einzelnen Entscheidungen und die Rechtsbräuche zur allgemeinen Ordnung der Welt in Beziehung stehen, wird dadurch ausgesagt, daß der Amtsstab (das *skēptron*) und die *themistes* ein Geschenk von Zeus sind: »Nun tragen das *skēptron* die Söhne der Achaier in den Händen, die rechtspflegenden *(dikaspoloi)*, welche die *themistes* wahren von Zeus her« (Ilias 1, 237–39). Zeus hat dem *basileus* das *skēptron* und die *themistes* gegeben, »daß er den Völkern rate« (Ilias 9, 98–99; vgl. Ilias 2, 205–06), und er »verfährt in seinem Grolle hart mit Männern, die mit Gewalt in der *agora* schiefe *themistes* geben und das Recht *(dikē)* austreiben und sich nicht kümmern um der Götter Vergeltung.« (Ilias 16, 386–88; in der Ilias wird *dikē* im abstrakten Sinne nur hier verwendet; der andere Beleg dafür bei Homer ist Odyssee 14, 84.)

Zwei Formen solcher Rechtsfindung sind bekannt. Die eine ist eine einfache Eidesprobe: So läßt sich z. B. Menelaos in einem Streitfall das *skēptron* geben und fordert Antilochos auf, vor der Öffentlichkeit zu beschwören, daß er ihn im Wagenrennen nicht »mit List behindert« hat; Antilochos verweigert diese Herausforderung und bietet sogleich eine Kompensation für sein unrechtes Tun an (Ilias 23, 566–613). Die andere Form ist komplexer, sie ist auf dem Schild des Achilleus im achtzehnten Buch der *Ilias* beschrieben:

Das Volk aber war in der *agora* versammelt. Dort hatte ein Streit
sich erhoben: zwei Männer stritten um das Wergeld (Sühnegeld)
für einen erschlagenen Mann. Der eine gelobte, daß er alles erstattet habe,
und tat es dem Volke dar, der andere leugnete: nichts habe er empfangen.
Und beide begehrten, beim Schiedsmann einen Entscheid zu erlangen,
und das Volk schrie beiden zu, hüben und drüben als Helfer.
Und Herolde hielten das Volk zurück, die Ältesten aber
saßen auf geglätteten Steinen im heiligen Ring.
Und sie hielten die Stäbe *(skēptra)* von den Herolden, den luftdurchrufenden, in den Händen,
mit denen sprangen sie dann auf und taten abwechselnd ihren Spruch.
In ihrer Mitte aber lagen zwei Pfunde Goldes,
um sie dem zu geben, der unter ihnen das Recht am geradesten spräche.
(Ilias 18, 497–508)

Hier ist ein formales Schiedsgericht geschildert, das öffentlich tagt und alle Zeremonien einer ganzen Versammlung durchführt. Die Ältesten handeln als individuelle Vermittler, nicht als Richter; eine Entscheidung kann nicht erzwungen werden, sondern muß von beiden Seiten akzeptiert werden können. Nur der Schiedsrichter, dessen Vorschlag angenommen wird, erhält die Vermittlungsgebühr, die eine oder beide Parteien vor dem Verfahren gestellt haben. Das einzige Druckmittel, überhaupt eine Lösung zu finden, ist die öffentliche Meinung, die freilich zunächst auch noch geteilt ist.

Das System der Schiedsgerichtsbarkeit ist bei der Behandlung von Mord und Totschlag besonderen Belastungen ausgesetzt, da die einzige Alternative zu einer friedlichen, unblutigen Einigung der Parteien die Aufnahme einer Blutfehde ist, die aber der ganzen Gemeinde schadet. Die öffentliche Meinung wird deshalb eine friedliche Einigung bevorzugen, doch kann das von der Familie des Toten geforderte Sühnegeld dem Täter zu hoch sein oder eine solche Kompensation von seiner Familie ganz abgelehnt werden. In beiden Fällen muß der Täter ins Exil gehen. Bei Homer war der Hauptgrund, den seine Figuren für ein (ihr) Leben im Exil angeben, daß sie einen Mann getötet haben – eine Tat, die übrigens nicht vom moralischen Gesichtspunkt aus bewertet wurde (ja sogar als Einführung in die besten Kreise dienen konnte). – Als Aias den Achilleus zur Annahme einer Kompensation überreden will, die ihm Agamemnon anbietet, argumentiert er: »... hat doch auch mancher für den Mord eines Bruders Buße angenommen oder für einen Sohn, den gestorbenen. Und der blieb dort im Volk, nachdem er viel gezahlt hatte, dem (anderen) aber hielt sich zurück das Herz und der mannhafte Mut, wenn er die Buße empfing.« (Ilias 9, 632–36) Man kann also auch eine Kompensation ganz ablehnen oder mehr verlangen, als der andere zahlen kann. Für die Darstellung auf dem Schild des Achilleus ergibt sich daher, daß nicht die Höhe des Blutgeldes umstritten ist, sondern daß der Vertreter (der Familie) des Toten eine solche Buße gänzlich ablehnt und den Täter somit ins Exil zwingen will; es war also der Täter, der den Fall vor das Schiedsgericht gebracht hat, um den anderen durch den Druck der öffentlichen Meinung dazu zu bewegen, das Sühnegeld doch zu akzeptieren. Ein so komplizierter Fall liegt schon am Übergang von der privaten Schiedsgerichtsbarkeit zur gesetzlichen Regelung, die auch öffentliche Sanktionen mit einschließt.

Der *basileus* hat die Pflicht, in Streitfällen zu vermitteln; er hat aber auch einen Gewinn daraus: der Schiedsrichter, dessen Vorschlag akzeptiert wird, erhält ja die Vermittlungsgebühr. Agamemnon versucht Achilleus zu versöhnen, indem er ihm »sieben gut bewohnte Städte« anbietet, in denen Männer wohnen, »reich an Herden, reich an Rindern, die mit Beschenkungen wie einen Gott ihn ehren werden und unter seinem *skēptron* fette *themistes* erfüllen« (Ilias 9, 149–57) – Achilleus würde also erheblichen Gewinn aus den Vermittlungsgebühren als Schiedsrichter ziehen können.

Es war gerade dieses System, das Hesiod so erbitterte. Er warnt seinen Bruder, daß die einzigen Menschen, die aus ihrer beider Streit (um das väterliche Erbe) einen Gewinn ziehen würden, die *basilēes*, die »Gabenschlucker« seien (Erga 38–39). Hesiod bezieht sich dabei nicht auf Bestechungsgelder, denn Geschenke gebühren jedem Schiedsrichter; und davon, daß die Entscheidungen auf diese Weise beeinflußt werden könnten, ist nicht die Rede, auch wenn Hesiod massive Zweifel hat, ob die *dikē* wohl »gerade« sein werde. Im Boiotien Hesiods scheint das System so weit entwickelt gewesen zu sein, daß ihm Rechtskraft zukam.

Daher geht Hesiod Homer gegenüber im politischen Denken einen entscheidenden Schritt weiter; warnend weist er die Herrscher darauf hin, daß es doch so etwas wie Gerechtigkeit gibt:

Dann ist auch *sie* da, die Jungfrau, das Recht *(dikē)*, Zeus' eigene Tochter,
hehr und geachtet den Göttern, die droben den Himmel bewohnen.
Tut ihr ein Mensch nun etwas zuleid und kränkt sie mit Ränken,
setzt sie sogleich bei Zeus-Vater sich hin, dem Sohne des Kronos,
und erzählt von dem Trachten des Schändlichen, daß die Gesamtheit *(dēmos)*
büße das frevele Tun ihrer Herrn *(basilēes)*, die verderblich gesonnen
beugen und drehn die Bescheide des Rechts, verbogen sie fällend.
Davor hütet euch wohl, ihr Herrn, fällt grade die Sprüche,
Gabenschlucker, schlagt ganz aus dem Sinn euch krumme Bescheide *(dikai)*. (Hesiod, Erga 256–64)

Für Hesiod ist *dikē* (Gerechtigkeit), nicht mehr *timē* (Ehre) die oberste Tugend für die Gemeinde und ihre Herren; er spricht als Prophet, der die *basilēes* davor warnt, daß ihre Übeltaten die ganze Gesellschaft zerstören können: »Oft schon trug eine Stadt insgesamt eines Schlechten Verschulden, der hinterging und betrog und schändliche Dinge erdachte; denen sandte vom Himmel herab viel Leiden Kronion (Zeus), Hunger und Seuche zugleich; hinstarben die Leute in Scharen. Und es gebären die Frauen nicht mehr, es schrumpfen die Häuser nach Zeus' Willen und Sinn, des Olympiers; oder er hat auch denen den stattlichen Heerbann vertilgt, eine Mauer genommen oder die Flotte auf See ...« (Erga 240–47) Hesiods Bemühen um soziale Gerechtigkeit hat ihn ein politisches Vokabular entwickeln lassen. Sein Denken drückt sich dabei meist nicht in eigentlichen Abstraktionen aus, sondern in der Umformung des Mythos: Der orientalische Mythos von den Altersstufen des Menschen (s. S. 115f. schließt in der Wiedererzählung in den Erga (106–201) die Flucht der Gerechtigkeit von der Erde ein, die im fünften und schlimmsten Zeitalter, dem eisernen, stattfindet. Die traditionelle Gattung der Tierfabel erhält bei Hesiod im Gleichnis vom Habicht und der Nachtigall (Erga 202–12) eine neue politische Dimension, die vermutlich auf den Dichter selbst zurückgeht. Und die Struktur der politischen Argumentation, die Beziehung zwischen den einzelnen Konzepten, wird in einer spezifisch griechischen Weise ausgedrückt (die auch in der kulturellen Tradition des Abendlandes einen tiefen Eindruck hinterlassen hat): durch Personifikation. Ideen, aus konkreten Institutionen abgeleitet, werden dadurch abstrahiert, daß sie den Status einer Gottheit bekommen; die Beziehungen zwischen solchen Abstraktionen werden als Familienverwandtschaften dieser Gottheiten dargestellt. Was bei Homer nur am Rande vorkommt (meist sind es Personifikationen physischer Zustände wie Furcht, Schlaf und Tod), ist bei Hesiod ein komplexes und bedeutungsvolles System geworden. Die einzelnen *dikai* (Urteile) sind Glieder der einen Gottheit *Dikē*, die verletzt ist, wenn ihre Glieder verdreht werden; sie selbst ist eine Tochter des Zeus. Der wiederum wird somit zum Schutzherrn der menschlichen Gesellschaft:

Als zweite führte Zeus heim die gedeihliche *Themis* (Satzung, Brauch),
  die die *Hōrai* (Normen) gebar,
Eunomiē (gute Ordnung) und *Dikē* (Recht) und die blühende *Eirēnē*
  (Frieden).   (Hesiod, Theogonie 901–02)

Modern ausgedrückt hieße dies, daß das Verhältnis zwischen göttlicher und menschlicher Ordnung die Normen hervorbringt, die gesellschaftliche Ordnung, Gerechtigkeit und Frieden schaffen. Eine ganze Sozialethik ist hier in mythischer Personifikation ausgedrückt, eine Ethik, in der Gerechtigkeit und gesellschaftliche Ordnung die eher selbstbezogenen Tugenden der Homerischen Aristokratie ersetzt haben.

polis

Die für die Griechen charakteristische Form der politischen Organisation ist die *polis*, der Stadtstaat, also die kleine, unabhängige, sich selbst regierende Gemeinde, die zumeist auf eine Stadt und ihre unmittelbare Umgebung beschränkt ist. Aristoteles (Politik 1 p. 1253a) sagt vom Menschen, er sei »von Natur aus ein Lebewesen der *polis*«; das zentrale Thema der griechischen Geschichte ist die Entwicklung des Stadtstaates zur vorherrschenden Regierungsform in der ganzen griechischsprachigen Welt für etwa ein Jahrtausend, in dem die Stadtbewohner ihre ganze oder einen Großteil ihrer Regierung direkt kontrollierten und eine lokale Loyalität an den Tag legten, die in solchem Umfang keine moderne Gesellschaft je wieder erreicht hat. Es liegt sehr nahe, nach dem Ursprung und den Anfängen der *polis* zu fragen. Bei Homer gibt es manche Hinweise auf eine frühere Staatsform, doch was soziale und politische Organisation betrifft, zeigen Homer und Hesiod (trotz der großen Bedeutung von *genos* und *oikos* in den Epen), daß die *polis* in allen wichtigen Aspekten bereits am Ende des Dunklen Zeitalters existierte. Der späteren Ansicht des Aristoteles über die menschliche Natur entspricht im Grunde schon, was Homer über die Kyklopen sagt: Die seien nämlich völlig unzivilisiert, nicht nur weil sie die Regeln der Gastfreundschaft mißachten, nein: »sie haben auch weder ratspflegende Versammlungen *(agorai boulē-phoroi)* noch auch *themistes,* sondern bewohnen die Häupter der hohen Berge in gewölbten Höhlen, und ein jeder setzt die Satzungen *(themistes)* fest für seine Kinder und seine Weiber, und sie kümmern sich nicht umeinander.« (Odyssee 9, 112–15) Obwohl also Homer die Existenz der *polis* kannte, war es erst Hesiod, der ihr die selbstbewußte Sprache verlieh. Er steht am Anfang des griechischen Denkens über Politik (wie auch über Natur und über Theologie).

Die Erscheinung der *polis* im ausgehenden Dunklen Zeitalter beschreibt bei Homer Nausikaa:

... wir betreten die Stadt, um die eine Umwallung ist,
eine hohe, und ein schöner Hafen ist beiderseits der Stadt:
schmal ist der Zugang und beiderseits geschweifte Schiffe sind den Weg entlang
hinaufgezogen, denn alle haben, jeder für sich, dort für die Schiffe ihren Standplatz.
Und dort ist ihnen auch der Markt zu beiden Seiten des schönen Poseidontempels,
mit herbeigeschleppten Steinen eingefaßt, die in die Erde eingegraben sind.   (Odyssee 6, 262–67)

Die ummauerte Stadt ist häufig bei Homer, in Gleichnissen und Beschreibungen nennt er Städte, die belagert werden oder in Brand stehen; sogar das Heerlager der Achaier vor Troja ist mit allen wesentlichen Bestandteilen einer Stadt versehen: mit einer Stadtmauer, einem Versammlungsplatz und mit Altären.

Eine der (sieben) Städte, die Homers Heimat zu sein beanspruchten, war Smyrna in Kleinasien. Die Ausgrabungen dort haben eine ummauerte Stadt auf einer Halbinsel ans Licht gebracht, auf die Nausikaas Beschreibung gut paßt. Die frühesten griechischen Siedlungsspuren in Smyrna stammen von etwa 1000 v. Chr.; in der Mitte des neunten vorchristlichen Jahrhunderts war die Stadt bereits ummauert. Etwa hundert Jahre später wurde die Mauer erneuert, als die Fläche innerhalb der Befestigung schon dicht bebaut war mit vier- bis fünfhundert Häusern, deren Lehmziegelwände auf Steinfundamenten ruhten. Auf etwa zweitausend Menschen schätzt man die Einwohnerzahl der Stadt, noch einmal die Hälfte mehr wird außerhalb der Mauern gewohnt haben. Um 700 v. Chr. wurde diese alte Stadt, wahrscheinlich durch ein Erdbeben, zerstört; beim Wiederaufbau wurden die Mauern ersetzt und die Häuser nach einem regelmäßigen Stadtplan angelegt. John M. Cook, der Smyrna ausgegraben hat, beschreibt diese Neuverteilung des Baulands und die dabei eingesetzte zentrale Planung als »die erste und eindeutige Erscheinung der organisierten hellenischen *polis*«*, doch geht das Leben in der Gemeinschaft und damit eine gewisse politische Organisation sogar bis zur ersten Ummauerung, also in die Zeit vor 850 v. Chr. zurück.

Die zunehmende Bedeutung des städtischen Lebens und der Institutionen der *polis* hängt mit anderen Wandlungen zusammen, die wir bereits kennengelernt haben, nämlich mit dem Übergang von der Viehzucht zum Ackerbau und mit dem Rückgang der gesellschaftlichen Bedeutung des *oikos*. Zugrunde liegen wird all diesen Wandlungen ein bedeutendes Phänomen: das Bevölkerungswachstum. Absolute Zahlen lassen sich dafür nicht beibringen, doch zeigt die Analyse von Gräbern in der gut erforschten Region Attika, daß die Anzahl datierbarer Gräber pro Generation in der Zeit von etwa 1000 bis 800 v. Chr. relativ konstant bleibt, zwischen 800 und 700 v. Chr. aber um das Sechsfache zunimmt (s. Abb. 4).

Es gibt keinen einleuchtenden Grund dafür, daß diese Statistik nicht auch die Geburtenrate mit hinreichender Genauigkeit spiegelt. Geht man von dieser Annahme aus, ergibt sich ein Ansteigen der Geburtenrate, wie es nur selten und nur unter außerordentlichen Bedingungen in der Geschichte der Menschheit überhaupt vorkommt, nämlich von 4 Prozent im Jahr. Das heißt, daß die Bevölkerungszahl Attikas sich von 800 bis 750 v. Chr. etwa vervierfacht und in den folgenden fünfzig Jahren nochmals fast verdoppelt haben muß: Eine halbleere Land-

---

* *Cambridge Ancient History.* Bd. II 2, Kap. 38, Cambridge ³1975, S. 804.

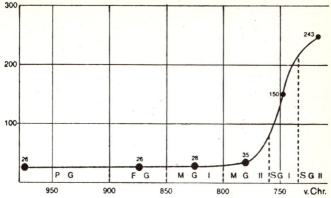

Abb. 4: Datierte Gräber pro Generation in Athen und Attika, etwa 1000 bis 700 v. Chr.
Zuordnung zu Proto-, Früh-, Mittel- bzw. Spätgeometrisch nach Coldstream, Graphik nach Snodgrass (s. Literaturhinweise)

schaft wurde in einem einzigen Jahrhundert wieder bevölkert. Zunächst muß das zu einer geradezu dramatischen Zunahme an Prosperität und auch an Urbanisation geführt haben, bis sich dann allerdings auch die Probleme regelrechter Überbevölkerung abzeichneten.

Andere Bereiche der griechischen Welt weisen ein anderes Bild auf, das freilich auch auf zunehmende Urbanisierung schließen läßt. Daß Stätten wie Zagora auf Andros und Emporion auf Chios (s. S. 58f.) am Ende des achten vorchristlichen Jahrhunderts, also in einer Zeit wachsenden Wohlstands, verlassen wurden, kann man am besten als Teil einer neuen Bewegung verstehen, nämlich als eine freiwillige Abwanderung der Bevölkerung in große Siedlungen. Um die Naoussa-Bucht auf Nordparos lagen in geometrischer Zeit fünf oder sechs kleine Siedlungen, von denen nur eine systematisch ausgegraben worden ist: Koukounaries, das auf dem Gebiet einer älteren, bronzezeitlichen Zitadelle lag und offenbar eine blühende Gemeinde unter einem aristokratischen Anführer war. Diese Siedlung nun wurde ebenso wie die anderen am Ende des achten Jahrhunderts v. Chr. verlassen, ohne daß es zuvor Anzeichen für einen allmählichen Niedergang oder gar eine gewaltsame Zerstörung gegeben hätte. Die Bewohner müssen in die Hauptstadt Paros abgewandert sein, die nämlich allein bestehen blieb und damals weiter aufblühte.

Eine solche allgemeine Abwanderung aus kleinen in größere Siedlungen in vielen Bereichen Griechenlands (nicht aber in Attika) mag die Ursache für eines der Hauptprobleme sein, die sich in der Archäologie des frühen Griechenland ergeben: Je mehr Stätten des achten Jahrhunderts v. Chr. entdeckt werden, desto mehr fällt auf, daß dort aus dem siebten Jahrhundert kaum materielle Reste erhalten sind. Dabei ist bekannt, daß im siebten Jahrhundert kein geringerer Wohlstand herrschte. Ursache für den Mangel an Funden muß also ein Wandel in der Siedlungsform sein, wie er von der Kolonisation (s. Kap. 7) und eben der Konzentration der Bevölkerung in großen Siedlungseinheiten hervorgerufen wurde. Diese großen Siedlungen sind meist nicht archäologisch erforscht, da sie bis zum heutigen Tag urbane Zentren geblieben sind. Kolonisation, Bevölkerungskonzentration und der Rückgang aristokratischer Bestattungen haben eine bemerkenswerte Lücke in der archäologischen Bezeugung des siebten vorchristlichen Jahrhunderts verursacht. Wenn überhaupt, so manifestiert sich hier der physische Ursprung der *polis*.

Religion

Die Religion der Griechen wird nie einheitlich gewesen sein, sie war polytheistisch und lokalistisch. Indoeuropäische Elemente aus der Zeit des mykenischen Griechenland und aus der späterer Invasionen waren mit Resten aus der vorgriechischen (kykladischen) Religion und aus minoischen und anatolischen (kleinasiatischen) Kulten verbunden. So ergab sich ein Komplex von Mythen, Ritualen und Glaubensinhalten über die Götter, der keine einheitlichen Züge zeigte. Was die griechische Religion überhaupt an Einheit hatte, stammt aus relativ später Zeit; so jedenfalls meint es Herodot:

Woher ein jeder der Götter aber seinen Ursprung hat, ob sie alle schon immer waren und wie ihre Gestalten sind, das wußten sie nicht, bis eben und gestern erst sozusagen. Denn Hesiod und Homer haben – wie ich meine – etwa vierhundert Jahre vor mir gelebt und nicht mehr. Und sie sind es, die den Hellenen Entstehung und Stammbaum der Götter geschaffen und den Göttern Beinamen gegeben haben und ihre Ämter und Fertigkeiten gesondert und ihre Gestalten deutlich gemacht haben. Die Dichter aber, von denen man sagt, sie hätten vor diesen gelebt, haben – so meine ich jedenfalls – später gelebt. (Herodot 2, 53)

Bei der Datierung der epischen Dichter liegt Herodot wohl etwa ein Jahrhundert zu früh, seine Berechnung mag freilich auf Generationen von vierzig (statt dreißig) Jahren beruhen. Wichtiger für uns ist jedenfalls die Behauptung, daß die griechische Religion mit Hesiod und Homer beginne. Wenn auch die tatsächlichen rituellen Praktiken nicht in dieses Bild passen, weil sie älter zu sein scheinen, so ist doch klar, daß von der epischen Tradition, besonders aber von der genialen schöpferischen Kraft Hesiods ein dauerhafter Einfluß auf die Entwicklung der griechischen Religion ausging.

So stellt die hohe Bedeutung des Mythos gegenüber dem Ritual einen deutlichen Kontrast zu anderen polytheistischen Religionen dar, ebenso wie die Tatsache, daß viele sonst zu beobachtende bizarre mythische Elemente fehlen. Ja, die durchgehende Tendenz zum Anthropomorphismus und zur Organisation der Götterwelt in politischen und gesellschaftlichen Kategorien stammt, wenn nicht ursprünglich aus dem Epos, so doch von der ständigen Beeinflussung des Mythos durch das Epos. Was also die griechische Religion an Einheitlichkeit besitzt, geht zumeist auf das Bild der olympischen und untergeordneten Götter bei Hesiod und Homer zurück. Neben dieser polytheistischen Religion gab es freilich noch ein großes Gebiet von religiöser Erfahrung der Griechen, das in den Epen und daher auch in der späteren Literatur nicht genannt wird, das aber als Brennpunkt für Emotionen so stark war, daß auch das Schweigen Homers und Hesiods es nicht in Vergessenheit bringen konnte: Fruchtbarkeitskulte, orgiastische Riten, Totenbeschwörung und Heroenverehrung. All solche Aspekte griechischer Religion wurden in der Antike nie systematisch behandelt, blieben aber durchgehend von Bedeutung, da sie ja an einer speziellen Lokalität verwurzelt waren.

Die meisten wichtigen Praktiken der griechischen Religion sind so alt wie das späte Dunkle Zeitalter. Homer erwähnt Tempel, einmal (Ilias 6, 286–311) auch eine Kultstatue darin; Altäre für Tieropfer sind häufig. An manchen Heiligtümern gibt es Berufspriester, die aber außerhalb der normalen gesellschaftlichen Organisation stehen. Es ist eher ein Charakteristikum der frühgriechischen Welt, daß die Adligen selbst die meisten öffentlichen religiösen Riten auf Grund ihrer (oft ererbten) Priesterfunktion durchführen, ohne daß eine berufsmäßige Priesterkaste nötig wäre. Das Opfer war immer auch Gelegenheit für einen Festschmaus, bei dem die Götter – aus Gründen, die Hesiod offenbar bekümmerten (Theogonie 535–64) – die Eingeweide erhielten, die Opfernden aber die eßbaren Teile des Tieres.

Auch Orakelheiligtümer waren schon weithin bekannt; bei ihnen konnte der Fragende auf verschiedene Weise Rat über zukünftige Handlungen und ihre Konsequenzen erhalten. Homer nennt das Orakel im Zeusheiligtum im fernen Dodona (in Epiros) und das im Apollonheiligtum von Delphi. Traumdeutung wurde ebenso praktiziert wie der Loswurf, der den Willen der Götter kundtun sollte. Auch der Seher *(mantis)* war ein geachtetes Mitglied der Gemeinschaft, er weiß, »was ist und was sein wird und was zuvor gewesen« (Ilias 1, 70); jedes ungewöhnliche oder plötzlich auftretende Naturphänomen wie Blitz und Donner gab ihm Stoff zu Deutung, meist jedoch ermöglichte ihm die Beobachtung des Vogelflugs, nach festen Prinzipien die richtige Zeit für Handlungen festzulegen. Hektor kritisiert solches Tun:

Du verlangst, daß man den flügelstreckenden Vögeln gehorcht.
An die kehre ich mich nicht noch kümmert es mich,
ob sie zur Rechten hingehen nach dem Morgen und zur Sonne
oder auch zur Linken nach dem dunstigen Dunkel hin.
Wir aber wollen dem Ratschluß des großen Zeus gehorchen,
der über alle Sterblichen und Unsterblichen gebietet.
Ein Vogel ist der beste: sich wehren um die väterliche Erde!
(Ilias 12, 237–43)

Kontinuität

Die Aussage des heroischen Epos ist nur fragmentarisch und möglicherweise irreführend, doch kann man sie durchaus mit der späteren Entwicklung der griechischen Gesellschaft in Beziehung setzen. Auch mit Vergleichsmaterial aus anderen Kulturen kann man sie historisch stützen: für alle Institutionen der Homerischen Welt – außerhalb der Einrichtungen der *polis* – gibt es viele Parallelen in anderen Gesellschaften. Der Nutzen des Vergleichsmaterials liegt dabei nicht nur darin, daß sich die Voraussetzungen für isolierte Phänomene zeigen und man so Interpretationen gewinnen kann; auch die Beziehungen der Institutionen untereinander lassen sich am besten im Vergleich mit Gesellschaften ähnlicher Strukturen verstehen. So gibt es noch heute im Gebiet des Waigal-Tales in Nuristan (Ost-Afghanistan) eine Gesellschaftsordnung, in der sich die Stellung der Führer eher als Einfluß denn als Autorität beschreiben läßt, und in der eine einfache Technologie die Anforderungen erfüllt, die von der hochentwickelten Wettbewerbsethik gestellt werden. In dieser bäuerlichen Gemeinschaft wird gesellschaftlicher Rang durch Wettbewerb in »Verdienstfesten« wie der Ausrichtung von Gelagen erreicht, werden Brautgeschenke und Mitgift gegeben und Streitfälle durch die Vermittlung der Ältesten geregelt. Eine abgetrennte und niedriger stehende Klasse von Handwerkern verfertigt die Statusobjekte, darunter sogar Dreifüße, Schalen und Becher. Die ursprünglichen Ziele der Krieger, nämlich u. a. bei ihren Raubzügen Moslems zu töten, mußten allerdings aufgegeben werden. So zeigen sich in dieser Gesellschaft bemerkenswerte strukturelle Ähnlichkeiten mit vielen zentralen Aspekten der frühgriechischen Welt, und auch die Wertesysteme sind gut vergleichbar.

Die langsame Entwicklung im Dunklen Zeitalter führte zu einer Welt, die statisch und in ihren aristokratischen Ideen fixiert erscheint. Doch waren die Unterschiede zwischen Adel und Volk in wirtschaftlicher Hinsicht nicht sehr groß; der Gegensatz beruhte eben auf der Geburt und damit auf einer entsprechenden Lebensform. Als die Organe der *polis* mehr Bedeutung erlangten, wurde die Spannung zwischen der Welt der Aristokratie (mit dem Zentralbegriff »Ehre«) und der des Volkes (mit »Gerechtigkeit«) immer deutlicher; diese schon angelegte strukturelle Diskrepanz führte, von neuen Faktoren ausgeweitet, zu einem Jahrhundert des Wandels, der so rasch und so grundlegend wie eben möglich in der Geschichte vonstatten ging.

5. Gesellschaft und Handel von Euboia

Fernhandel

Konservative Philosophen wie Platon und Aristoteles erkannten bereits, daß es ein sehr mächtiges Naturelement gab, das einen Wandel im frühen Griechenland herbeiführen konnte: das Meer – eine ständige Aufforderung, mit anderen Völkern in Verbindung zu treten und Handel zu treiben. Tatsächlich war die Welt, die die Wanderungsbewegungen des Dunklen Zeitalters geschaffen hatten, weniger eine Land- denn eine Meer-Einheit mit der Ägäis als Zentrum. Lokalen Handel in kleinem Rahmen hatte es bereits seit dem elften vorchristlichen Jahrhundert gegeben, und eine gewisse Anzahl orientalischer Artefakte und Handwerkstechniken hatte schon auf manche Weise den Weg nach Griechenland gefunden, sei es schrittweise über Zypern und dann Kreta oder Rhodos, sei es als ein Ergebnis von Seeräuberei.

Handel über kurze Strecken war nie eine Tätigkeit von hohem Prestige; in einem Land, das für seine Seemannskunst berühmt war, mußte sich Odysseus von einem phaiakischen Adligen beschimpfen lassen: »Nein doch! Wahrhaftig, Fremder, du siehst mir nicht nach einem Mann aus, der sich auf die Kämpfe versteht, wie deren viele unter den Menschen in Übung sind, sondern nach einem solchen, der viel hin und her auf einem vielrudrigen Schiff fährt als Anführer von Schiffsleuten, die Händler sind: auf die Ladung bedacht und erpicht auf eine Rückfracht und den Gewinn, den zu erraffenden! Einem Kämpfer aber gleichst du nicht!« (Odyssee 8, 159–64) Und Hesiods Anleitung zur Seefahrt (Erga 618–94) beschäftigt sich vorwiegend damit, wann und warum man sie gänzlich vermeiden sollte. Sein trübes Bild vom Handel rührt von den schlechten Erfahrungen seines Vaters her und zeigt, wie klein die möglichen Gewinne waren und wie groß das Risiko, das der Binnenhandel in der Ägäis mit sich brachte.

Doch war dies nicht die einzige Form von Handel; die meisten Versuche, die Bedeutung des Handels in der Frühzeit einzuschätzen, scheitern daran, daß sie nicht zwischen lokalem und Fernhandel unterscheiden, sondern ein Erklärungsmodell verwenden, das nur dem Handel der weiter entwickelten wirtschaftlichen Bedingungen der spätarchaischen und klassischen Zeit entspricht – einer Zeit, in der der Gebrauchswarenhandel in großem Stil entwickelt war und in der immer häufiger professionelle Kaufleute solchen Handel trieben. Lediglich im Vergleich dazu müssen die Quantitäten des Handels in der Frühzeit klein und damit auch der eigentliche ökonomische Effekt gering gewesen sein; sieht man dies jedoch im Vergleich zu einer noch früheren Zeit, wird deutlich, wie unrichtig es wäre, die Bedeutung des Handels im frühen Griechenland als politischen Faktor und als Katalysator des gesellschaftlichen und sozialen Wandels zu unterschätzen.

Es wird die Aristokratie gewesen sein, die der Entdeckung von Gebieten außerhalb der Ägäisregion Vorschub leistete, indem sie eine Nachfrage nach zwei Arten von Gütern schuf, die der ägäische Binnenhandel nicht befriedigen konnte. Einmal handelte es sich hierbei um Metalle, insbesondere um Roheisen, das für die Herstellung der immer komplizierteren Waffen und Rüstungen notwendig war: Als die Göttin Athene unerkannt Ithaka besuchen will, verkleidet sie sich als Aristokrat und tritt als Herr der »ruderliebenden Taphier« auf, der mit seinem Schiff »schimmerndes Eisen« nach Temesa bringe, um es dort gegen Kupfererz einzutauschen (Odyssee 1, 180–84). – Zum anderen bedurfte die zunehmend wohlhabendere Aristokratie für ihre vom Wettbewerb bestimmte Lebensform immer mehr feine Luxusgegenstände, die oft von griechischen Handwerkern so nicht hergestellt werden konnten, also bereits als »Fertigware« eingeführt werden mußten. In diesen beiden Bereichen nun wog offenbar die Möglichkeit, große Gewinne zu erzielen, die hohen Risiken des Fernhandels auf; und ein Gebiet, das sicher die Nachfrage in beiden Bereichen befriedigen konnte, war der Nahe Osten.

Phoiniker

Die frühesten Kontakte dorthin hatten die Griechen mit den Kanaanitern an der levantinischen Küste, einem Volk, das als Phoiniker (Phönizier) bekannt war. Dieser Name rührt wahrscheinlich von ihrem Monopol für den aus Schnecken gewonnenen Purpur (griechisch *phoinix*) her, die kostbarste Textilfarbe der Antike. Die phoinikischen Küstenstädte kontrollier-

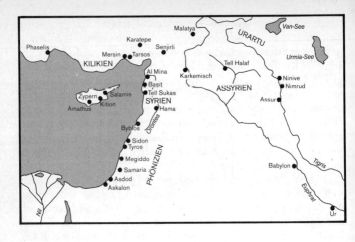

Abb. 5: Der Nahe Osten

ten außerdem die großen Zedernwälder des Libanon (aus denen die Ägypter und auch König Salomon ihren Holzbedarf deckten) und waren als Mittler zwischen Mesopotamien und Ägypten seit langem bedeutend und wohlhabend. Selbst der Zusammenbruch des Hethiterreichs und der ägyptischen Macht zu Beginn des Dunklen Zeitalters hatte sie unberührt gelassen, und sogar die Expansion Assyriens seit dem neunten Jahrhundert v. Chr. hatte sie nicht sonderlich betroffen; die Flotten von Sidon, Tyros und Byblos kontrollierten weiterhin die Seewege im südlichen und östlichen Mittelmeer für ihre jeweiligen Heimatstädte oder, später, als Vasallen für die Perser bis zum Eroberungszug Alexanders des Großen.

Die phoinikische Kultur war urban, die Städte waren meist voneinander unabhängig, sie lagen auf stark befestigten Küsteninseln oder Landzungen. In ihrer Kunst zeigen sich typische Merkmale einer Handelskultur: Eklektizismus von Formen und Motiven aus Mesopotamien und besonders Ägypten, Großproduktion und Konzentration des Kunsthandwerks auf kleine, leicht transportable Objekte aus wertvollem Material wie Edelmetall oder Elfenbein. Nicht erhalten sind die Textilien, für die die Phoiniker ebenfalls berühmt waren. Ihren Wohlstand prangern die Propheten des Alten Testaments an; so schildert Ezechiel (Hesekiel) im sechsten Jahrhundert v. Chr. detailliert den Handel von Tyros:

> Tarschisch (Tartessos in Spanien) kaufte bei dir wegen der Fülle deiner Güter; Silber, Eisen, Zinn und Blei gaben sie für deine Waren. Jawan (Ionien, die Griechen), Tubal (in Kappadokien) und Meschech (in Phrygien) waren deine Händler. Menschen (Sklaven) und Kupfergeräte gaben sie für deine Handelswaren. ... Die Söhne von Rhodos waren deine Händler. Viele Inseln standen als Kaufleute in deinem Dienst; als Abgaben brachten sie dir Elfenbein und Ebenholz. ... Händler von Saba (Aden) und Ragma (Südarabien) trieben Handel mit dir. Für den besten Balsam, für alle Arten von Edelsteinen und Gold gaben sie deine Waren. Haran, Kanne und Eden (in Mesopotamien), die Händler von Saba, Assur (Assyrien), ganz Medien trieben Handel mit dir; sie waren deine Händler. Prunkgewänder und Mäntel aus violettem Purpur, bunte Stoffe und mehrfarbige Tücher, feste gedrehte Seile kauften sie ein für dich. (Ezechiel 27, 12–13.15.22–24)

Die Griechen selbst glaubten, daß es früher phoinikische Siedlungen auf dem griechischen Festland gegeben hätte, auf den Inseln und auch an vielen Orten im Westen, wo später griechische Kolonien lagen. Ihren wohl berühmtesten Ausdruck fand diese Ansicht in der Geschichte von Kadmos (s. S. 118). Doch gibt es keinerlei archäologische Zeugnisse für solche Siedlungen, so daß das Bild, das die Odyssee gibt, plausibler scheint. Dort nämlich sind die Phoiniker Händler und den Griechen bei allem Mißtrauen willkommen. Gelegentliche Handelsbeziehungen lassen sich auch durch orientalische Funde bei Ausgrabungen griechischer Orte nachweisen, die in die Zeit vom zehnten bis zum sechsten Jahrhundert zu datieren sind. Häufigerer und länger währender Kontakt ergab sich aber erst seit dem neunten Jahrhundert v. Chr., als die Phoiniker in Ostzypern Kition gründeten.

Viele Aspekte der Kultur und der Entwicklung sind in jener Zeit in den phoinikischen und den griechischen Städten so ähnlich, daß man nicht immer entscheiden kann, von welcher Seite eine Neuerung ausging. Beide Kulturen beruhten nämlich auf der Form des Stadtstaates, die sich gerade zu jener Zeit rasch ausbreitete; beide kannten dasselbe Siedlungsmuster, ummauerte Küstenstädte, und beide hatten möglicherweise eine ähnliche Regierungsform. Zumindest anfangs war der Kontakt durchaus freundlich, phoinikische Handwerker – die Kultur der Phoiniker war technisch höher entwickelt, sie kannte außerdem die Schrift – werden in griechischen Städten gearbeitet haben, umgekehrt lebten in den nordsyrischen Handelsplätzen Griechen mit den Phoinikern zusammen. (Die kulturellen Auswirkungen dieser Zeit der Zusammenarbeit werden im folgenden Kapitel behandelt.) Auf die Phoiniker wird wohl auch die Öffnung des westlichen Mittelmeeres für den Handel zurückgehen, vielleicht auch die Gründung von Kolonien dort; jedenfalls liegt das traditionelle Gründungsdatum ihrer bedeutendsten Kolonie im Westen, Karthago, zwei bis drei Generationen vor den frühesten entsprechenden Unternehmungen der Griechen, nämlich 814/13 v. Chr. (Die frühesten archäologischen Funde dort stammen allerdings erst vom Ende des achten vorchristlichen Jahrhunderts.) Auch sind die Phoiniker wohl Urheber eines wichtigen technischen Fortschritts im Schiffsbau, nämlich des Übergangs vom Fünfzigruderer *(pentēkontoros)* zur Triere *(triērēs)*, bei der die Ruder in drei Reihen übereinander angeordnet sind, so daß mehr als dreimal so viele Ruderer eingesetzt werden können. Letztlich führte der Kontakt zwischen Phoinikern und Griechen aber zu immer stärkeren Konflikten auf Zypern und zur Rivalität im Westen, was zur schrittweisen Festlegung von ausschließlichen Interessengebieten sowohl im östlichen Mittelmeerraum als auch in Nordafrika, Sizilien und Spanien vom siebten vorchristlichen Jahrhundert an führte.

In eine zweite Phase traten die Beziehungen mit der Eröffnung von ständigen griechischen Handelsniederlassungen im Orient. Schon lange hat man in der modernen Forschung erkannt, daß die großen Wandlungen, die die griechische Kunst und Kultur im späten achten Jahrhundert erlebten, auf den Kontakt mit dem Orient zurückgehen müssen (man spricht daher von der »orientalisierenden Zeit«) und daß über phoinikische Händler und Handwerker hinaus weitere Kräfte an der Vermittlung beteiligt waren. Diese Kräfte hat man allerdings in Ionien gesucht, wohin orientalische Ideen über Land oder durch den Handel direkt aus dem Osten gekommen seien; Griechenlands orientalisierende Kunst stamme also zu einem Teil aus Ionien, dessen orientalisierenden Stil man dementsprechend *vor* den im eigentlichen Griechenland datiert hat. Neuere Forschungen, insbesondere verfeinerte Analysen der lokalen Keramikstile zeigen jedoch, daß der ionische orientalisierende Stil spät und von älteren griechischen Vorbildern abhängig ist; zum erstenmal erscheint dieser Stil auf dem griechischen Festland: In Korinth ist er schon um 725 v. Chr. nachzuweisen.

Neuere Ausgrabungsbefunde haben außerdem gezeigt, auf welchen Wegen eine solche Verbreitung hat stattfinden können.

Al Mina

Die Ausgrabungen, die Leonard Woolley von 1936 bis 1949 durchgeführt hat, sind ein klassisches Beispiel dafür, wie die Archäologie zur Lösung eines speziellen historischen Problems herangezogen werden kann. Woolley nahm an, daß in mykenischer und auch in archaischer Zeit die Verbindung der griechischen zur orientalischen Welt in der Mitte zwischen den Einflußsphären der Hethiter und der Ägypter verlaufen sein müßte, d. h. entlang dem Tal des Orontes-Unterlaufs (s. Abb. 5), etwa an der heutigen Grenze zwischen der Türkei und Syrien; und in einer Reihe gezielter Ausgrabungen gelang es ihm, eine detaillierte Geschichte dieser Handelsbeziehungen darzulegen.

Das Orontestal war bereits den Mykenern bekannt, doch gibt es keine Anzeichen für die Anwesenheit von Griechen während des Dunklen Zeitalters. Erst kurz vor 800 v. Chr. etablierte sich ein rasch an Bedeutung gewinnender Handelsposten an der Mündung des Flusses, bei Al Mina. Die Ausgrabungen dort brachten zwar nicht das eigentliche Stadtzentrum und die Wohnviertel ans Licht (die möglicherweise bei einer Änderung des Flußlaufes weggespült wurden oder aber getrennt – und unentdeckt – an einem höhergelegenen Ort lagen), so daß sich nur wenig über die Organisation der Gemeinde aussagen läßt. Was Woolley jedoch freilegte, waren mehrere verschieden zu datierende Schichten des Handelsviertels eines großen Hafens, das jeweils aus Lagerhäusern, »Büros« und Läden bestand; die jüngeren Lagerhäuser waren aus Lehmziegeln auf Steinfundamenten errichtet und in Blocks von jeweils ähnlicher Größe in einem regelmäßigen Straßennetz angelegt. In manchen Fällen ließ sich ein spezialisierter Handel nachweisen, etwa durch eine Häufung von besonderen Tongefäßen, von geschmiedeten Silbergegenständen oder von Elfenbeinrohlingen. Es besteht kaum ein Zweifel, daß Woolley den Hauptstützpunkt für den griechischen Orienthandel der zwei Jahrhunderte nach 800 v. Chr. gefunden hatte, dessen Bedeutung noch weitere dreihundert Jahre währte.

Die Keramikfunde zeigen, daß Al Mina seit seiner Gründung

von Phoinikern, Kyprioten und Griechen benutzt wurde. Die frühgriechische Keramik läßt sich in zwei Perioden einteilen, deren erste von etwa 800 bis 700 reicht; darauf folgt eine kurze Unterbrechung in der Benutzung der Anlagen, die sich aus der Geschichte Nordsyriens in jener Zeit erklären läßt. (720 v. Chr. hatte Sargon II. von Assyrien das Gebiet erobert, sein Nachfolger und Sohn Sanherib mußte dann Aufstände in Kilikien und Syrien niederwerfen und eroberte 696 das abgefallene Tarsos.) In Gestalt und Dekoration zeigt die griechische Keramik jener ersten Periode Charakteristika, die – das haben Ausgrabungen erst jüngst ergeben – auf ihre Herkunft aus Euboia weisen (s. Abb. 6).

Abb. 6: Geometrische Keramik aus Euboia, für die eine solche Formgebung und die Dekoration mit hängenden Halbkreisen charakteristisch ist.

Al Mina, der Ort, an dem diese Euboier – vielleicht unter der Führung von Griechen aus Zypern – ihre Siedlung angelegt hatten, wies typische Merkmale eines Handelsstützpunktes auf: Er lag am Rande des Gebietes einer höher entwickelten Kultur, wo deren politische Kontrolle nur schwach sein konnte. In diesem Fall ließ sich Zugang zu den Luxusgütern aus Mesopotamien, Phoinikien und (über die Phoiniker) Ägypten gewinnen; auch wurden die Metallvorkommen in Südostanatolien ausgebeutet. Jedenfalls fand sich in derselben frühen Periode griechische Keramik des gerade beschriebenen Typs auch in Tarsos, wo die Griechen aber nicht isoliert, sondern in die Stadt integriert lebten; im Unterschied dazu war Al Mina ein eigenständiges *emporion*, Handelsfort, dessen Einwohnervielfalt sich auch in der politischen und religiösen Organisation des Ortes widergespiegelt haben muß. – Die Griechen holten sich Eisen, fertige Metallgegenstände, Textilien, Kunsthandwerk aus Elfenbein

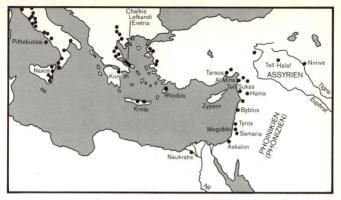

Abb. 7: Fundstätten geometrischer Keramik aus Euboia und anderen griechischen Orten – ein Indiz für frühe Handelsverbindungen nach Osten und Westen.

und anderen halbedlen Materialien; was sie ihrerseits anboten, ist erheblich schwieriger festzustellen. In der griechischen Ägäis gibt es relativ große Silbervorkommen, doch könnte gerade das spätere Interesse der euboiischen Städte an so unterentwickelten Gebieten wie der westlichen Region der Mittelmeerwelt und der Chalkidike in Nordgriechenland darauf hinweisen, daß sie dort Sklaven erbeuteten, um ihren Handel mit dem Orient zu finanzieren; immerhin nennt Ezechiel (27, 13; s. S. 89) Sklaven als typisch griechische Handelsware.

Pithekussai

Vergleichbare Handelsweisen zeigen sich auch im Westen. Dort war die früheste griechische Gründung für einige Zeit auch die am weitesten vom Mutterland entfernte – sie lag im Golf von Neapel. Ursprünglich hatten die beiden Hauptorte von Euboia, Chalkis und Eretria, die Siedlung gemeinsam auf der Insel Pithekussai (Ischia) gegründet, und zwar auf einer steilen, zuvor unbewohnten Landzunge, die zwei gute Häfen, jedoch kaum kultivierbaren Boden in ihrer Nähe aufwies. Erst später zogen die meisten Siedler aufs (italienische) Festland nach Kyme (Cumae), sei es auf Grund innerer politischer Auseinandersetzungen, sei es, daß man später die äußere Bedrohung dort nicht mehr so hoch einschätzte. Ausgrabungen auf Pithekussai, die seit 1952 durchgeführt werden, zeigen, daß die Griechen – die früheste Keramik ist vorwiegend euboiisch oder korinthisch – um 775 v. Chr. eingetroffen sein müssen, und bereits um 750 ist eine beträchtliche Einwohnerzahl nachzuweisen. Die Haupttätigkeit der Siedler scheint Eisenerzverhüttung gewesen zu sein: Man fand bei den Ausgrabungen eine Anzahl von Gebäuden, die zur Metallbearbeitung genutzt worden waren, und einige tönerne Mundstücke von Blasebälgen, außerdem Eisenschlacke. Chemische Analysen machen Elba als Ursprungsland des Erzes wahrscheinlich. Zwar sind bisher noch keine Krieger- oder Aristokratengräber gefunden worden, doch hatten schon die Gräber der frühen Siedler eine sehr reiche Ausstattung; insbesondere fand man in ihnen eine große Zahl orientalischer Objekte: Aus dem achten Jahrhundert v. Chr. stammen allein über hundert ägyptische Skarabäen und fast ebensoviele Siegelsteine aus Nordsyrien und Kilikien, darüber hinaus enthielten sie Keramik aus dem Orient. Es liegt nahe zu vermuten, daß diese Objekte durch den Handel über Al Mina nach Euboia und somit in den Westen gelangt waren.

Die Geschichte der griechischen Siedlung im Golf von Neapel verlief in mancher Hinsicht parallel zu der von Al Mina, doch gibt es auch wichtige Unterschiede. So könnten Chalkis und Eretria auf Pithekussai möglicherweise eher eine offizielle Kolonie als ein Handelsfort gegründet haben; daß sich korinthische Keramik fand, weist auf Korinth als unumgängliche Zwischenstation auf dem Weg in den Westen hin. (Auch später segelten die Griechen lieber von Korinth ab, als daß sie die ganze Peloponnes umrundeten.) Hier wie auch in Al Mina liegt die Siedlung am Rande des Einflußbereichs einer wichtigen Macht, in diesem Falle der Etrusker im Norden, die sowohl die Metallvorkommen in ihrem eigenen Gebiet als auch die Landhandelswege für Zinn und Bernstein aus dem Norden Europas kontrollierten. Im Unterschied zur viel weiter fortgeschrittenen Kultur Phoinikiens und Mesopotamiens traten allerdings die Etrusker gerade erst in die »urbane Phase« ihrer Kultur.

Die Etrusker werden bei Homer nicht erwähnt, sie erscheinen in der griechischen Literatur erstmals bei Hesiod (Theogonie 1016) und in einem der archaischen, später Homer zugeschriebenen Hymnen auf Dionysos, in dem beschrieben wird, wie der Gott entführt wird, als »schnell über das weinfarbene

Meer Männer auf gutverdecktem Schiffe kamen, tyrsenische (= etruskische) Räuber« (Homerischer Hymnos 7, 6–8). Mag auch die Urbanisation der etruskischen Siedlungen seit dem achten Jahrhundert v. Chr. eine eigenständige Entwicklung gewesen sein, so formte doch der Kontakt mit den Griechen die etruskische Kultur in vieler Hinsicht um. Die Phoiniker scheinen vor dem frühen siebten Jahrhundert ohnehin nicht sehr weit nach Norden vorgedrungen zu sein, so daß es die Bekanntschaft mit der griechischen Seefahrt gewesen sein wird, die die in Hügelsiedlungen (in einem an natürlichen Häfen armen Gebiet) lebende etruskische Bevölkerung ans Meer gelockt – und dadurch bald zu den berüchtigsten Piraten der Antike gemacht hat. Den Beginn einer eigentlichen etruskischen Hochkultur kennzeichnet eine »orientalisierende« Phase; Importe aus dem Osten kommen um 750 auf; die Blüte jener Periode fällt in das Jahrhundert nach 700. Die Bedeutung dieser Tatsache hängt mit der umstrittenen Frage nach der Herkunft der Etrusker zusammen; man hat nämlich in der zitierten Periodenfolge eine Stütze für die bereits in der Antike vertretene Meinung gesehen, daß die Etrusker aus Lydien eingewandert seien. Doch sind die gefundenen Objekte selbst nicht lydisch, sondern unterscheiden sich nicht von Funden aus griechischen Orten aus derselben Zeit. Daher ist es recht wahrscheinlich, daß der Handel mit solcherlei Objekten (zumindest anfangs) nicht von Etruskern oder Phoinikern, sondern eben von Griechen durchgeführt wurde. Aus einer Zeit sogar noch vor 750 stammt euboiische Keramik, die man in Veii (Südetrurien) gefunden hat, und eine besondere Art von Gewandnadeln ist sowohl in Etrurien als auch im frühgriechischen Pithekussai belegt. Die Hypothese, daß Griechen die Träger des Handels waren, wird zumal durch die Beobachtung gestützt, daß auf die orientalisierende Phase der etruskischen Kultur eine Zeit folgt, in der griechische Importe und griechische künstlerische Techniken vorherrschen; in dieselbe Richtung weist die Tatsache, daß die griechische Schrift (s. S. 122) und auch die griechische Infanterietaktik (s. Kap. 8) von den Etruskern übernommen wurden.

Wie im Falle der Phoiniker sind auch zwischen Etruskern und Griechen spätere Konflikte belegt: Piraterie, Rivalitäten und sogar Kriege sind auch hier eine Folge des – ursprünglich freundlichen – engen Kontaktes, mit dem der Prozeß der Hellenisierung Italiens begann, und der seinen Gipfel in der römischen Kultur fand.

Lefkandi und Eretria

Der Handelsweg, den man vom Nahen Osten bis nach Etrurien, von Al Mina bis Pithekussai verfolgen kann, war also zunächst eine Folge der Suche nach Metallen und Luxusgütern seitens der Aristokratie Euboias, einer Gemeinschaft, die von den Irrfahrten des Odysseus ebenso geprägt war wie von den Kriegertugenden der Ilias: Von den beiden Hauptorten Euboias (s. Abb. 8) liegt der eine, Chalkis, unter der modernen Stadt gleichen Namens und ist daher nicht ausgegraben; der andere aber, Eretria, wird seit 1964 durch Ausgrabungen schweizerischer und griechischer Archäologen erforscht. Dabei zeigte sich, daß Eretria kurz nach 825 v. Chr. recht plötzlich als sogleich wohlhabende Gemeinde auftaucht, daß in den fünfzig Jahren nach 750 hauptsächlich Tempel errichtet wurden, und daß im siebten vorchristlichen Jahrhundert insbesondere an der Stadtbefestigung gebaut und der Flußlauf unter Kontrolle ge-

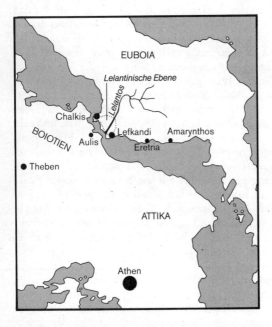

Abb. 8: Euboia in archaischer Zeit

bracht wurde. Das Fehlen jeglicher Spuren aus der Zeit vor 825 läßt sich wahrscheinlich durch eine Siedlung erklären, die britische Archäologen auf halber Strecke zwischen Chalkis und Eretria, am Rande der Lelantinischen Ebene beim modernen Dorf Lefkandi (Leukanti) ausgraben: Man findet hier eine große Ortschaft, die das ganze Dunkle Zeitalter hindurch ununterbrochen besiedelt war und dabei zunehmend reicher geworden zu sein scheint, bis 825 ein plötzlicher Niedergang erfolgte; um 700 war die Siedlung ganz verlassen. Somit ergibt sich eine einleuchtende Erklärung für die Geschichte der Orte an der Lelantinischen Ebene: Zunächst hatten die Eretrier bei Lefkandi gewohnt, gegen Ende des neunten Jahrhunderts siedelten sie – aus welchen Gründen auch immer – fast geschlossen an den Ort des heutigen Eretria um. Wie wichtig die Gemeinde in Lefkandi gewesen sein muß, zeigen die relativ zahlreichen Funde von Goldschmuck und orientalisierenden Importen, die die Gräber dort bargen; eine eigene Metallverarbeitung ist durch eine Bronzegießerei aus dem neunten Jahrhundert nachgewiesen.

Der Haupthügel der Siedlung von Lefkandi ist bisher nur teilweise durch Suchgräben erforscht worden, sporadische Ausgrabungen in den Gräberfeldern der Umgebung haben allerdings schon erwiesen, daß hier der wichtigste Fundort für das Dunkle Zeitalter Griechenlands liegt. 1981 hat eine Notgrabung den frühesten Bau aus nachmykenischer Zeit in ganz Griechenland ans Licht gebracht, eine von einer Säulenstellung umfaßte *megaron*-Halle aus dem ausgehenden zehnten Jahrhundert v. Chr. Die folgenden zwei Jahrhunderte kennen keinen Bau von vergleichbarer Größe (das *megaron* in Lefkandi mißt zehn auf fünfzig Meter) und Qualität. Das Gebäude, das Merkmale des *megaron* mit denen des späteren griechischen Tempels kombiniert, diente offenbar weder für Gelage noch zur Kultausübung, sondern war eine Grabstätte. In der Mitte befinden sich im Fußboden zwei Gruben, die beide aus derselben Zeit stammen wie das Gebäude. In einer der beiden Gruben fand sich die Asche einer verbrannten männlichen Leiche in einer Urne, die mit dem gut erhaltenen, gefalteten Leichentuch des Toten bedeckt war. Die andere Grube enthielt das Skelett einer Frau, geschmückt mit goldenen Brustplatten und Goldschmuck; neben ihr lag ein Messer, mit dem sie vielleicht rituell getötet worden war. In einer Ecke des Gebäudes fand man die Reste eines Scheiterhaufens, auf dem ein Pferdeopfer verbrannt worden war. Die düstere Pracht dieser Bestattung erinnert an die bekannte Beschreibung der Bestattung eines Wikingerfürsten in Südrußland, deren barbarische Rituale der arabische Reisende Ibn Fadlam 922 n. Chr. erlebt und aufgezeichnet hat.

Der Charakter dieses Monuments wird noch mysteriöser durch seine weitere Geschichte. Ein solches Gebäude, überdacht und fertig bearbeitet, müßte eigentlich als letzte und großartigste Gelagestätte des Toten und als Zentrum eines posthumen Kultes gedient haben. Doch sogleich nach der Fertigstellung errichteten die Erbauer zwei Stützmauern aus Lehmziegeln um das *megaron*, zerstörten dessen Dach und überdeckten die ganze Anlage mit einem riesigen Grabhügel. Später wurde am einen Ende des Gebäudes ein organisiertes Gräberfeld eingerichtet, das auf den Grabhügel orientiert ist. Für diese ungewöhnliche Ereignisfolge gibt es viele mögliche Erklärungen; die vorläufige Interpretation der Ausgräber hält fest, daß ein Ende des Gebäudes über einem mykenischen Kammergrab errichtet war und deswegen zusammengestürzt sein kann; die Bewohner der Siedlung hätten daraufhin dies als ein schlimmes Vorzeichen gesehen und die ganze Anlage mit dem Hügel überdeckt. Allerdings wirft diese Entdeckung weit mehr Fragen auf, als sie lösen kann, steht doch das Monument allein in einer Zeit, die man bisher für den völligen Tiefpunkt der materiellen Kultur zwischen der mykenischen und der klassischen Zeit gehalten hat. Zumindest aber beweist sie, daß der Wohlstand und die Macht von Lefkandi bereits am Ende des zehnten Jahrhunderts v. Chr. größer waren als die jeder anderen bekannten Stätte aus dem Dunklen Zeitalter Griechenlands.

Der Lelantinische Krieg

Eine vage Erinnerung an die letzten Jahre dieser Gemeinde hat sich auch in den literarischen Quellen erhalten, die von einem großen Krieg zwischen den Bewohnern von Chalkis und den Eretriern um den Besitz der Lelantinischen Ebene sprechen. In einem kurzen Satz stellt Thukydides diesen Krieg anderen Grenzstreitigkeiten gegenüber: »Besonders in dem früher einmal zwischen den Chalkidern und den Eretriern geführten Krieg teilte sich auch das übrige Hellas in Verbündete der einen und der anderen Seite.« (Thukydides 1, 15, 3) Verstreute Hinweise auf freundschaftliche Beziehungen zwischen Städten (bei Herodot und in Plutarchs Schrift *Erōtikos* in seinen Moralia) ermöglichen den Versuch, eine Liste der »Verbündeten« auf beiden Seiten aufzustellen:

Chalkis	*Eretria*	*Quelle*
Samos	Milet	Herodot 5, 99
Erythrai	Chios	Herodot 1, 18
Thessalien		Plutarch, Moralia p. 760 e–761 b
Korinth	Megara	(erschlossen)
Sparta	Messenien (?)	(erschlossen)

Weitere Städte ließen sich, freilich mit noch geringerer Sicherheit, jeweils hinzufügen, doch reichen bereits die genannten Namen, um Thukydides' Aussage eindrucksvoll zu bestätigen, daß eben der Krieg um die Lelantinische Ebene Griechenland in zwei rivalisierende Lager teilte (und sich insofern von früheren Grenzkriegen unterschied); freilich meint Thukydides nicht, dieser Krieg wäre in seiner Organisation dem Zug gegen Troja oder dem Perserkrieg vergleichbar gewesen, er stellt ihn sogar implizit jenen gegenüber. Tatsächlich belegen auch die anderen Quellen weniger gemeinsame Unternehmungen oder große Allianzen als vielmehr eine Reihe beschränkter Grenzkriege mit ihrem Zentrum in der Lelantinischen Ebene; von den Thessalern heißt es zwar, daß sie Chalkis auf dem Schlachtfeld beistanden, doch ist der Konflikt meist eher indirekt: Traditionell schon verfeindete Nachbarn finden sich auch nun in gegensätzlichen Lagern. Die einstige Zusammenarbeit von Chalkis und Eretria endete abrupt; politische Streitigkeiten mögen auch den Übergang des Großteils der Siedler von Pithekussai aufs Festland nach Kyme verursacht haben (s. S. 93 f.); Korinth vertrieb eretrische Siedler aus Korkyra (Korfu) im Jahr 733 v. Chr.; Chalkider, die gemeinsam mit Leuten aus Megara den Ort Leontinoi in Ostsizilien besiedelt hatten, warfen ihre Mitsiedler aus der Stadt; Korinth und Samos halfen Sparta gegen die Messenier – all diese Episoden scheinen in die letzten dreißig Jahre des achten Jahrhunderts v. Chr. zu gehören. Auf Grund der jeweiligen Konflikte ergaben sich nun Gruppierungen, die im folgenden Jahrhundert bemerkenswert stabil blieben und großen Einfluß auf die politische und wirtschaftliche Geographie der griechischen Expansion ausübten: Den Eretriern und ihren

Freunden wurde der Zugang zum Westen von Chalkis und Korinth verbaut, was schließlich Korinths Handel zugute kam; auch das Orakel von Delphi stand dann in enger Verbindung mit der Kolonisation im Westen und mit den Freunden Korinths. Im Schwarzmeergebiet jedoch und auf den Zuwegen dorthin waren Eretria und Milet samt ihren Verbündeten (insbesondere Megara) stärker.

Doch stehen solche langfristigen Konsequenzen nicht mehr unbedingt in Beziehung zum eigentlichen Anlaß des Konfliktes, der anscheinend ursprünglich ein Streit um Land zwischen zwei benachbarten aristokratischen Gemeinden gewesen war, aber durch zwei Faktoren zu einer Auseinandersetzung größeren Ausmaßes wurde: Erstens standen beide Städte, Eretria und Chalkis, jeweils im Zentrum eines ganzen Handelsnetzes, das von der (oder zumindest für die) Aristokratie geschaffen worden war. Aus diesem Handel ergab sich sicherlich eine Reihe von Gastfreundschaften zwischen einzelnen Aristokraten, wie sie Homer kennt (s. Kap. 3). Nun führte die zunehmende Institutionalisierung in der neuen Welt der *polis* dazu, daß die Aristokraten mehr und mehr als Sprecher ihrer jeweiligen Gemeinden auftreten konnten, und daß damit die privaten Beziehungen allmählich eine politische Dimension gewannen. Der Übergang vom aristokratischen *oikos* zum Stadtstaat, zur *polis*, zeigte sich also auch auf dem Gebiet der »internationalen« Beziehungen (auch wenn Spuren eines älteren Stils der Diplomatie nie ganz verschwanden). Noch im klassischen Griechenland ernannte ein Staat X als seinen Repräsentanten in einem Staat Y einen prominenten Bürger der *polis* Y zum (erblichen) *pro-xenos*, Gastfreund: das alte Konzept aristokratischer Gastfreundschaft lag diesem System zugrunde.

Der Lelantinische Krieg markiert das Ende einer Ära auch in einer zweiten Hinsicht: Es war der letzte Krieg, den Vertreter des alten Kampfstiles auf ihre Weise führten. Ein altes Orakel lautete:

Rings auf der Erde am besten ist Argos, die Stadt der Pelasger,
ferner thessalische Stuten und lakedaimonische Frauen,
dann die Männer, die trinken vom Quell Arethusas, der schönen (in
   Chalkis).   (Anthologia Palatina 14, 73, 1–3)

Strabon führt dazu weiter aus, daß Eretria auch Andros, Teos, Keos und andere Inseln beherrschte; er gibt eine (uns nicht direkt erhaltene) Inschrift wieder, in der ein Aufmarsch von dreitausend Mann zu Fuß, sechshundert zu Pferd und sechzig Streitwagen genannt sind (Strabon 10, 10 p. 448) – eine große Streitmacht für eine solche Stadt, und ein auffallend großer Anteil an Berittenen. *Hippobotai,* Pferdezüchter, nannte man im Altertum die Aristokraten von Chalkis, und auch die antiken Schlachtberichte zeugen von der Bedeutung der »Kavallerie« (das ist vermutlich die aristokratische »berittene Infanterie«; dazu s. S. 66). Tatsächlich war also der Lelantinische Krieg ein *gentleman's war;* dafür spricht auch, daß auf einer weiteren Inschrift, die ebenfalls (nur) Strabon (10, 12 p. 448) zitiert, und die im Tempel der Artemis von Amarynthos stand, festgehalten war, beiderseits keine »Fernwaffen« *(tēle-boloi)* zu verwenden, also das Steinewerfen und Pfeileschießen der unteren Klassen zu vermeiden. An eine solche Art von Kämpfen erinnerte man sich wohl eine Generation später noch, als bereits neue Methoden der Kriegführung üblich waren; Archilochos jedenfalls blickt anscheinend (wenn auch im Futur) zurück, wenn er sagt:

Schauer von Pfeilen und Hagel von Steinen werden nicht prasseln,
wenn auf der Ebenen Flur Ares die Feldschlacht beginnt.
Schwerter nur werden die tränenerregende Arbeit verrichten.
Denn im Nahkampf allein zeichnen die Helden sich aus,
die auf Euboia herrschen, die Meister im Speerstoß.

(Archilochos 3 W = 3 D)

Dies war ein wahrhaft epischer Krieg. Ein Held nach dem anderen fiel; Kleomachos der Thessalier erhielt als Denkmal einen Pfeiler auf dem Versammlungsplatz in Chalkis; die Begräbnisfeierlichkeiten für den chalkidischen Vorkämpfer Amphidamas wurden mit heroischen Wettbewerben begangen, die sich an Vorbildern aus dem Epos orientierten (und bei denen Hesiod seinen Preis gewann: Erga 654–57). Außerdem haben die Ausgrabungen in Eretria viele Opfergaben und Weihungen aus dem siebten vorchristlichen Jahrhundert ans Licht gebracht, die über sechs Kriegerbestattungen aus der Zeit zwischen 720 und 680 lagen; im ältesten, zentralen Grab waren dem Toten vier Eisenschwerter, fünf Lanzenspitzen aus Eisen und eine aus Bronze (ein Erbstück aus mykenischer Zeit, vielleicht von seinem *skēptron*?) sowie ein schöner phoinikischer Skarabäus in Goldfassung beigegeben. Offenbar war hier ein *basileus* aus Eretria bestattet, der – wie Glaukos und Sarpedon in der Ilias – zusammen mit seinen Gefährten zu Lebzeiten besonders geehrt worden war, und der nach seinem Tode als Gott angesehen wurde.

Wie lange der Krieg dauerte, ist so unbekannt wie sein Ausgang. Die Chalkider siegten mit thessalischer Hilfe in einer Schlacht, doch bezeugen die archäologischen Erkenntnisse, daß Eretria keinen größeren Rückschlag erlitt. Lefkandi wurde endgültig aufgegeben, doch das verwundert nicht angesichts der Lage der Siedlung auf halbem Wege zwischen Chalkis und Eretria am Rande der umstrittenen Lelantinischen Ebene, die geographisch zu Chalkis gehört. In Al Mina endet scheinbar jegliches euboiische Interesse; nach der Unterbrechung um 700 v. Chr. (s. S. 92) ist die Keramik des siebten Jahrhunderts vorwiegend korinthisch (vielleicht transportiert von Händlern aus Aigina, wo keine eigene Keramik hergestellt wurde) und ostgriechisch, aus Zentren wie Rhodos, Samos, Chios und (wahrscheinlich) Milet. Es scheint mithin so, als ob – wie immer – keiner der beiden Protagonisten des Krieges gewonnen hätte: vom Krieg erschöpft hat weder Eretria noch Chalkis jemals mehr eine politische Bedeutung erlangt. Der Lohn ihrer Anstrengungen in Übersee und die Führungsstellung in Griechenland gingen auf andere über; das alte Orakel wurde fortgesetzt, damit es einer neuen Generation entspräche:

Trefflicher aber als diese sind jene, die Tiryns bewohnen,
die in Arkadien hausen auf lämmerreichen Gefilden,
und die Argiver, die Stachler zum Krieg, im linnenen Panzer.

(Anthologia Palatina 14, 73, 4–6)

6. Die orientalisierende Zeit

Beziehungen zum Nahen Osten

Der Kontakt mit dem Nahen Osten führte im Jahrhundert von 750 bis 650 v. Chr. viele Veränderungen in der griechischen Welt herbei, rein praktischer, aber auch gesellschaftlicher Art. Zur ersten Gruppe gehört z. B. die Einführung des Haushuhns, das Homer und Hesiod (wie auch das Alte Testament) noch nicht kennen, das aber um 650 v. Chr. erstmals auf protokorinthischer Keramik dargestellt wird. Theognis (v. 864) ist der früheste literarische Beleg für den morgendlichen Hahnenschrei; man verwendete die Bezeichnung »Persischer Vogel« nach dem angenommenen Herkunftsland des Huhns (das ursprünglich aus Indien zu kommen scheint). Für Pindar ist das Huhn bereits ein Symbol der Häuslichkeit (12. Olympische Ode, 20). – Ein Wandel in den gesellschaftlichen Sitten zeigte sich z. B. darin, daß man bei Gelagen nicht mehr – wie noch die Homerischen Helden – saß, sondern auf einer Art Couch lagerte – eine Praxis, die der alttestamentliche Prophet Amos (6,4) als in Nordpalästina üblich erwähnt, und die sich im Laufe des siebten vorchristlichen Jahrhunderts in der ganzen griechischen Welt ausbreitete. Der Übergang vom Festschmaus der Krieger (»Verdienstfest«) bei Homer zum aristokratischen Gelage, dem *symposion*, mit seinen komplizierten Trinkritualen, Spielen, Liedern und Wettbewerben in Dichtung und Rede, mit Tänzerinnen oder männlichen Gefährten, mit verdeckter oder offener Sexualität – dieser Übergang ist eine der bedeutungsvollsten Wandlungen im Leben der griechischen Aristokratie: Ihr Ergebnis war eine verfeinerte, ja gekünstelte Kultur, die um das Vergnügen und die Künste des *symposion* kreiste (s. Kap. 12).

Wie eng der Kontakt zwischen Griechen und Phoinikern war, zeigen auch die vielen semitischen Lehnwörter, besonders auf dem Gebiet der materiellen Kultur, also z. B. Bezeichnungen für verschiedene Gefäßformen, für Kleidung, für Fischfang und für Schiffahrt. Der Weg, auf dem solche Wandlungen die griechische Welt erreichten, und die Auswirkungen, die sie dort hatten, lassen sich am besten auf drei weiteren Gebieten zeigen: Kunst, Religion und Schrift.

Kunst und Künstler

Die psychologischen Wurzeln des Konventionalismus in der Kunst hat Ernst H. Gombrich in seinem Buch *Kunst und Illusion** erforscht: Jede künstlerische Äußerung ist – halb bewußt – durch ein System visueller Schemata aus der künstlerischen Tradition bedingt; auf diese bezieht sich der Künstler bei seinem Schaffen, seien es abstrakte Muster oder sei es die Darstellung der inneren oder äußeren Welt. Selbst der moderne Künstler ist, so Gombrich, bei aller Betonung seiner Individualität und bei allem freien Experimentieren in diesem Problem befangen – wie es auch der Bemaler geometrischer Keramik war. Wandel findet dabei in Übereinstimmung mit sozialem, technischem oder ästhetischem Druck ebenso wie in Erwiderung des individuellen Genies statt. In einer traditionellen Gesellschaft, in der handwerkliches Können mehr gilt als Originalität, wird solcher Wandel nur langsam vonstatten gehen, doch kann hier das Zusammentreffen zweier verschiedener künstlerischer Traditionen am ehesten eine geradezu revolutionäre Wirkung haben, teils, indem ein neues System von Konventionen das alte ersetzt, teils aber auch, indem das menschliche Sehen zumindest partiell von der unbewußten »Tyrannei« der überkommenen Schemata befreit wird, so daß der Mensch für sich selbst sehen kann. Ein Modellfall für diese Art von Wandel ist die orientalisierende Periode der griechischen Kunst.

Bei dem komplexen Prozeß von Fusion, Substitution und Befreiung ist der Weg der Übertragung künstlerischer Fertigkeiten sehr bedeutsam. Man muß zunächst die Wanderung der künstlerischen Objekte von der Wanderung der Künstler selbst unterscheiden. Die ambivalente Position des Handwerkers in der griechischen Gesellschaft (s. Kap. 4), seine Rolle als »Werker im Volke«, der von einer Gemeinde zur anderen wechselte, bot fremden Handwerkern zweifellos eine gute Gelegenheit zur Einwanderung; tatsächlich erfolgte ein Austausch solcher Art gelegentlich, trotz der offensichtlichen kulturellen und sprachlichen Barrieren. So stellten seit dem späten neunten Jahrhundert v. Chr. phoinikische Handwerker auf Kreta gehämmerte Bronzeobjekte als Weihegaben her, die man in der Zeusgrotte im kretischen Ida-Gebirge (dem angeblichen Versteck des Gottes als Kind), in Olympia, Dodona und in Etrurien gefunden hat.

---

* *Art und Illusion* (1959). Dt. Ausg. Stuttgart, Zürich ²1978.

Zur selben Zeit arbeiteten phoinikische Goldschmiede in Knossos und (vielleicht) in Athen; auch weist der Ursprung der Elfenbeinschnitzerei in Athen auf einen engen Kontakt.

Griechische Handwerker reisten ihrerseits zu den Zentren der Verbreitung und eröffneten ihre Werkstätten an den Handelsposten, wo sie zweifellos leichten Zugang zu ihren orientalischen Kollegen hatten. Solche Wanderungen der Künstler selbst können z. T. an Hand ihrer Produkte nachgewiesen werden, besonders aber dadurch, daß sie die beste Erklärung für das Aufkommen technischer Herstellungsverfahren und Fertigkeiten aus dem Orient in Griechenland hergeben: Nur persönlicher Kontakt ermöglicht es den Handwerkern, Filigranarbeit und Granulation beim Goldschmieden, Edelsteinschneiden und Elfenbeinschnitzen, die Verwendung von Terrakottaformen oder den Einsatz des *cire-perdu*-Verfahrens (Wachsausschmelzverfahren) beim Bronzeguß zu erlernen.

Doch war – bei aller Bedeutung dieser direkten, persönlichen Kontakte der Handwerker – die »Wanderung« der künstlerischen Objekte weit häufiger und damit bedeutsamer für die Geschichte der abendländischen Kunst. Allerdings sind hierfür nur wenige Zeugnisse erhalten: Keramik wurde nicht nach Griechenland importiert, da die Griechen bereits Gefäße herstellen konnten, die denen des Orients überlegen waren; die hauptsächlichen Importobjekte, die griechischen Künstlern wohl als Vorbilder zur Verfügung standen, waren gravierte und gegossene Metallarbeiten (von denen uns nur Fragmente erhalten sind) und – vermutlich am wichtigsten – Textilien (die für uns gänzlich verloren und daher nicht zu rekonstruieren sind). Außerdem wird das Problem noch durch die Tatsache kompliziert, daß die Belege für einen Einfluß weitgehend auf ein Medium beschränkt sind, das gerade nicht importiert wurde, eben auf bemalte Keramik. Angesichts dieser Quellenlage müssen wir uns zuerst mit den (sichtbaren) Ergebnissen beschäftigen, bevor wir dann Spekulationen über deren Ursachen anstellen können.

Keramik

Der geometrische Keramikstil war in seinen verschiedenen Verbreitungsgebieten vergleichsweise homogen, wenn auch Athen

Abb. 9: Ausschnitt aus einer spätgeometrischen Amphora; Athen, um 750 v. Chr.

ein besonders weit entwickeltes Zentrum darstellte. Das vorherrschende Motiv sind regelmäßige geometrische Muster, die rings um die Vase verlaufen und so zur Betonung der Form großartig beitragen. Die sich abwechselnden breiten Bänder und schmalen Linien aus dunkler Tonfarbe wurden am Gefäß auf der Drehscheibe angebracht; daneben fanden auch mehrere Pinsel gleichzeitig, außerdem Zirkel Verwendung. Weitere Dekorationen, wie z. B. Mäander, Schachbrett- und Zickzackmuster, wurden freihändig aufgetragen, bis schließlich die ganze Vasenoberfläche verziert war. Man hat übrigens gemeint, daß viele solcher Muster auf Korbflechtereien zurückzuführen sind. Natürliche Figuren wurden (wenn überhaupt) auf die Schulter oder an den Hals der Vase gemalt, gewöhnlich sind es stilisierte Tiere oder aber Szenen auf einem kleinen Feld, die in schwarzer Silhouette wiedergegeben werden. Die großen Vasen aus Athen, die als Grabmale und als Libationsgefäße (für den Opferguß) über den Gräbern standen, zeigen die Grenzen dieses Stiles bei der darstellenden Kunst: Die Trauerszenen sind generalisiert, jedes ihrer Elemente wird einzeln dargestellt; Pferdebeine und Wagenräder liegen neben-, nicht hintereinander. Auf dem Abb. 9 wiedergegebenen Beispiel wird bei der Darstellung der Menschen der Oberkörper, vermutlich frontal, als Dreieck abgebildet, während – halb gedreht – beide Beine nebeneinander wohl die Bewegungsrichtung andeuten; daß es sich um Trauernde handelt, zeigt das rituelle Kopfschlagen der Figuren. Der Körper des Toten ist dem Betrachter zugewandt, also von der Bahre erhoben; das karierte Leichentuch hängt über ihm. Anlaß und Zweck dieser Darstellung sind mithin offensichtlich, doch werden Individualität oder Emotionen nicht dargestellt, sie sind der Vorstellung des Betrachters überlassen. Auf anderen Vasen dieses Stiles (den man nach dem frühesten Fundort in Athen »Dipylon-Stil« nennt) erlauben es manchmal die prächtigen Wagendarstellungen, an Leichenspiele zu denken; gelegentlich werden Szenen aus Sport und Tanz, aus der Kriegführung und einmal sogar ein Schiffbruch (ist es Odysseus, der auf dem Kiel des gekenterten Bootes sitzt?) wiedergegeben – kurz, Szenen aus einem Homerischen Repertoire oder aus der Lebenswirklichkeit, was ja ohnehin kaum einen großen Unterschied machte.

Der orientalisierende Keramikstil erscheint erstmals in Korinth um 725 v. Chr. als der sog. »protokorinthische Stil«; dieselben Tendenzen zeigen sich in Athen ein wenig später (vielleicht weil der geometrische Stil dort höher entwickelt und daher gegen Wandlungen widerstandsfähiger war). Weitere orientalisierende Stile tauchen an anderen Orten auf, und binnen fünfzig Jahren war der Übergang vollständig vollzogen. Gewandelt hatte sich sowohl die Maltechnik als auch das Motivrepertoire, beides in dieselbe Richtung. Die geometrische Silhouette wurde von einer flexiblen Kombination aus schwarzfiguriger Silhouette und eingeritzten Details abgelöst (zur schwarzfigurigen Technik s. S. 109), die dazu mit Umrißzeichnung und besonderer Färbung kombiniert wurden. Das Ergebnis war ein Stil, der trotz des Festhaltens am Umriß und trotz des Fehlens von Schattierungen einen bemerkenswert hohen Grad an Naturalismus erreichte.

Ebenso wie die Maltechnik änderte sich auch das Motivrepertoire: Die neue Freiheit der Linie erlaubte viele Formen von runden und gebogenen Mustern, Spiralen und Wellen. Hinzu kam eine ganze Reihe orientalischer Dekorationen wie Voluten, Rosetten, Palmetten, Lotosblüten und -knospen sowie komplizierte Formen des »Lebensbaumes«. Obwohl die Griechen solche Pflanzen in der Wirklichkeit kaum je gesehen haben werden, zeigt die Darstellung oft, daß man doch echte Pflanzen und nicht nur dekorative Muster malen wollte. Dieselbe Tendenz zum Naturalismus zeigte sich auch bei der neuen Vorliebe für Tierdarstellungen und -friese; auch hierbei kann kaum eine Beobachtung in der Wirklichkeit das Vorbild der Figuren abgegeben haben, denn ein Grieche mag zwar Pferde, Hunde, Hasen oder Hirsche gekannt haben, doch Löwen und Panther werden für ihn ebensolche Fabeltiere gewesen sein wie Sphingen, Sirenen, Gorgonen, Chimairen und die anderen geflügelten Ungeheuer: Solche zusammengesetzten Wesen wurden sicher aus einer anderen Tradition übernommen, bis sie den griechischen Künstler in den Bereich der freien Phantasie führten. Bemerkenswert ist, daß sie kaum eine Wirkung außerhalb der eigentlichen Kunst hatten; lediglich Kentauren (die ohnehin wahrscheinlich eine griechische Erfindung sind) fanden Eingang in die griechische Mythologie als besondere Zwitterwesen mit speziellem Charakter. Die Vorbilder für all die orientalisierenden Tierdarstellungen lassen sich nun oft genau bestimmen; so hatten die Löwen zunächst eine hethitische, später eine assyrische Formgebung.

Das Ergebnis dieser orientalisierenden Tierdarstellungen war freilich nicht so sehr eine nähere Beschäftigung mit der wirklichen Welt als vielmehr eine größere Freiheit für die Vorstellungskraft des Künstlers – kurz Naturalismus, nicht Realismus. Bei der Wiedergabe des menschlichen Körpers weichen die geometrischen Proportionen einer Freiheit bei der Darstellung von Gestik und Ausdruck, so daß die Abbildung von Emotionen und von fortlaufender Handlung möglich wird. Die Mythologie wird auf diese Weise frei, die Figuren können nun komplexe epische Geschichten erzählen, können zeitgenössische Waffen tragen und zeitgenössische Taten ausführen. Das hervorragendste Beispiel für diese Tendenz in der protokorinthischen Keramik ist die sog. Chigi-Kanne (s. Abb. 16), auf der ein Maler (um 650 v. Chr.) seine Meisterschaft in der neuen Ritz- und Linienmaltechnik dazu verwendet hat, zeitgenössische Szenen darzustellen: einen Hoplitenkampf, eine kultische Prozession und eine Jagd (s. Kap. 8).

Die Quelle für einige dieser neuen Techniken läßt sich leicht identifizieren; die Ritzzeichnung von Details war z. B. zunächst den griechischen Vasenmalern unbekannt, muß aber dann aus der Nachahmung gravierter Metallobjekte entstanden sein. So läßt sich auch die plötzliche Freiheit der Linienführung und die Bedeutung des Umrisses (Silhouette) erklären. Schwerer zu bestimmen ist freilich der Einfluß der orientalischen Textilkunst. Manche Dekorationen und Motive auf den Vasen scheinen denen auf gestickten, gewebten oder bedruckten Stoffen nahezustehen, so erinnert der sog. »ostgriechische Wildziegen-Stil« oft an Gobelintechniken. Doch fehlt für solcherlei Spekulationen der feste Grund, solange die archäologischen und die literarischen Belege nicht gesammelt und eingehend untersucht sind – die wohl schmerzlichste Lücke in unserem Verständnis für die Übertragung orientalischer Motive in die griechische Kunstwelt.

Der orientalisierende Stil überdauerte etwa ein Jahrhundert, bis er mit seinen eher überschwenglichen Darstellungen vom schlichteren schwarzfigurigen Stil abgelöst wurde. Seine Bedeutung wird von Kunsthistorikern oft unterschätzt, die – freilich zu Recht – betonen, daß die griechische Kunst nie eine bloße Ableitung der orientalischen war: Übernahme und Adaption waren ja kreativ, schon weil sie von einem Medium auf ein anderes vorgenommen werden mußten. Doch meine ich, daß es die Verbindung der geometrischen Darstellung mit dem orientalischen Naturalismus war, die der griechischen – und damit der abendländischen – Kunst ihre charakteristische Wendung gab, nämlich ihr Interesse an der Abbildung der Wirklichkeit, wie sie ist (also nicht als Stilform oder bloße Dekoration), ihre Freiheit beim Experimentieren und ihre spezielle Beschäftigung mit dem Menschen und seinem Werk als Thema der Kunst.

Religion im Ritual

Die Übertragung religiöser Ideen ist nie eine einfache Angelegenheit. Wenn eine Idee, eine Lehre oder ein Ritual eine kulturelle Grenze kreuzt, findet ein Tiefenwandel statt, der nicht immer an der Oberfläche entdeckt werden kann. Jedes fremde Phänomen wird neu verstanden oder umgedeutet, bis es in bereits vorhandene religiöse und soziale Muster paßt, denn für den Gläubigen – das darf man nicht vergessen – ist nicht die Herkunft seiner Glaubensinhalte wichtig, sondern ihr gegenwärtiger Zusammenhang und ihr Bezug zu seinem Leben auf der Welt. Und doch tragen neue Ideen, auch wenn sie gut assimiliert werden, zur Schaffung einer neuen religiösen Ordnung bei und beeinflussen so auch die Fundamente der Gesellschaft.

Die Komplexität des Übertragungsprozesses läßt sich an einem speziellen Fall zeigen – am Kult des Adonis, der in jener Zeit nach Griechenland eingedrungen sein muß. Sein Ursprung liegt in einer (für den Nahen Osten typischen) Verehrung einer Fruchtbarkeitsgöttin mit ihrem Liebhaber, nämlich der Astarte, der Göttin (Baalat) der phoinikischen Stadt Byblos (Gebal), wo später das Zentrum des Adoniskultes lag (Lukian, Über die syrische Göttin 6). Die Griechen hatten jedoch bereits mit Demeter eine – freilich durchaus nicht gleiche – Fruchtbarkeitsgöttin, so daß sie Astarte nicht mit ihr, sondern, wohl wegen der deutlichen sexuellen Orientierung des Kultes von Byblos (auch rituelle Prostitution wurde dort praktiziert), mit Aphrodite identifizierten. Eine Folge dieser Gleichsetzung war es, daß Adonis nach Griechenland kam; sein Kult war nie von dem der Aphrodite unabhängig, so daß die Vermutung naheliegt, die Verehrung des Liebhabers der Aphrodite, eben des Adonis, sei von Phoinikien aus über die Insel der Göttin, Zypern, nach Griechenland gekommen. Der Name Adonis beruht dabei offenbar auf dem Mißverständnis des phoinikischen Ritualrufes *adon* (»Herr!«).

Der Mythos des Adonis hat viele Elemente der ursprünglichen Rolle des Gottes als Schutzherr der von der Sommerglut versengten, sterbenden Vegetation beibehalten; die Griechen wußten davon und verbanden seinen Mythos explizit mit dem der Demeter: Deren Tochter Persephone in der Unterwelt teilt sich Adonis' Gunst mit Aphrodite in der Oberwelt. Doch heißt das nicht, daß für die Griechen Adonis selbst eine Vegetationsgottheit war; die allgemeine Interpretation des Adonis-Mythos weist deutlich zum Sexuellen.

Auch das Ritual wurde in ähnlicher Weise umgeformt. Der griechische Adoniskult unterschied sich in vieler Hinsicht von den einheimischen Fruchtbarkeitskulten. Im Gegensatz zu diesen war er privat, nicht öffentlich, wurde vorwiegend von Frauen aller Schichten (einschließlich Fremden und Prostituierten) gefeiert und jeweils als Zeit der Verwirrung der Frauen angesehen. »Gärten des Adonis« wurden künstlich in flachen Gefäßen angepflanzt, auf dem Dach des Hauses ausgesetzt und dann ins Meer geworfen, ein Brauch, den Jesaja (17, 10) erwähnt und der sicher auf das Absterben und die Erneuerung der Vegetation Bezug nimmt (auch wenn ihn Platon im Phaidros p. 276b und vielleicht andere antike Griechen ebenfalls als ein Zeichen widernatürlicher Kultivierung interpretierten). Das Hauptmerkmal des griechischen Adoniskultes war die rituelle Trauer um den toten Adonis; doch auch hier handelte es sich nicht mehr um eine Feier des Sterbens und der Wiedergeburt der Vegetation. Die Hymnen, die die Frauen sangen, betrauern vielmehr verbotene Früchte: den Liebhaber aus ihrer Phantasie, den ihnen die Gesellschaft genommen hat, und jene Grenzen des Begehrens, die sie nie kennenlernen würden. Es ist dieser Adonis, der junge Liebhaber, der in die westliche Mythologie der Liebe eingegangen ist. Und entsprechend findet sich auch bei Sappho der früheste griechische Beleg für seine Verehrung, im Aphroditekult der Frauen von Lesbos:

Weh! Adonis ist tot, Kytherea (Aphrodite)! Was soll nun geschehen?
Schlagt euch, Mädchen, die Brust, reißet entzwei eure Gewänder!
(Sappho 140 LP = 107 D)

Auch dieses Ritual ist orientalisch:

Und siehe, dort saßen Frauen, die den Tammus beweinten.
(Ezechiel 8, 14)

Religion im Mythos

Die Wandlungen, die durch die orientalischen Einflüsse bewirkt wurden, lassen sich aber nicht nur im Ritual, sondern besonders auch – und noch deutlicher – im Mythos zeigen. Laut Herodot (2, 53; s. S. 82f.) steht Hesiod am Anfang des griechischen Denkens über die Götter; und Hesiod ist es auch, an dem sich erweist, daß die Systematisierung der griechischen Religion von orientalischen Vorbildern inspiriert worden ist. Das wichtigste organisierende Prinzip in Hesiods Theogonie ist nämlich ein Sukzessionsmythos (Mythos von der Abfolge der Göttergenerationen), der in seinem Gesamtaufbau und auch in vielen Details eine enge Korrespondenz zu orientalischen Sukzessionsmythen zeigt. Drei solcher Mythen sind uns in ausreichenden Einzelheiten aus dem Alten Orient bekannt: Erstens der babylonische Schöpfungsmythos *Enuma Elisch* (Greßmann, AOT I^2, S. 108–29 = Beyerlin, RT, S. 106–10), ein ritueller Text, der jährlich am babylonischen Neujahrsfest vorgetragen wurde und in mehreren Aufzeichnungen erhalten ist, deren älteste um 1000 v. Chr. entstanden sein muß; er ist in akkadischer Sprache geschrieben, doch weist sein mythologischer Hintergrund nach Sumer, so daß wohl vieles auf die älteste Schicht mesopotamischer Mythologie zurückgehen dürfte. – Der zweite gut erhaltene Sukzessionsmythos ist der von *Kumarbi* (Beyerlin, RT, S. 175–77), den man in den königlichen Archiven der hethitischen Hauptstadt Hattusa beim heutigen Boghazkoi

(Boğazkale) gefunden hat; Hattusa war am Ende des dreizehnten Jahrhunderts v. Chr. zerstört worden. Der Kumarbi-Mythos stammt von den Hurritern, einem Volk, das im zweiten vorchristlichen Jahrtausend das südöstliche Kleinasien, Nordsyrien und das nördliche Zweistromland beherrscht hatte, bis die Hethiter es eroberten. – Drittens sind uns aus dem frühen zweiten *nach*christlichen Jahrhundert Auszüge aus dem Werk eines gewissen Herennius Philo von Byblos (Beyerlin, RT, S. 282–84) erhalten, der angeblich die *Phoinikische Geschichte* des Sanchuniathon in griechischer Übersetzung wiedergibt. Diese Vorlage selbst ist unbekannt, muß aber in der Zeit nach 300 v. Chr. entstanden sein, als eine solche Art von nationaler Geschichtsschreibung populär wurde. Die griechische »Übersetzung« stammt zweifellos von einem Schriftsteller, der die Parallelen zwischen dem phoinikischen Original und Hesiod bereits kannte, so daß man sein Werk besser nicht zum Vergleich beiziehen sollte. Trotzdem sind genug echt phoinikische Elemente in der griechischen Version enthalten, daß man die Existenz auch eines phoinikischen Sukzessionsmythos annehmen kann, der dem hurritisch-hethitischen vergleichbar, möglicherweise sogar verwandt war.

Bestimmte Einzelheiten im Mythos bei Hesiod haben nun Parallelen in den babylonischen Texten, doch allgemein steht der hurritische Mythos Hesiod am nächsten, was die folgende kurze Synopse zeigt.

hurritischer Kumarbi-Mythos	*Hesiod, Theogonie*
Anu (der babylonische Himmelsgott)	Ouranos (der Himmel) verhindert, daß seine Kinder von Gaia (der Erde) geboren werden, durch fortwährenden Geschlechtsverkehr,
kämpft mit Kumarbi,	kämpft mit Kronos (dem Sohn der Gaia),
der ihm seine Genitalien abbeißt	der ihm seine Genitalien abschneidet
und sie verschluckt.	und sie fortwirft.
Er wird schwanger, zeugt zwei Götter,	Von ihnen werden verschiedene Gottheiten geboren.
speit zwei aus,	Kronos verschluckt seine eigenen Kinder gleich nach ihrer Geburt, doch getäuscht verschluckt er statt Zeus
verschluckt einen Stein (?)	einen Stein.

und gebiert schließlich den Wettergott,	Er speit seine Nachkommen aus. Zeus (der Gott mit dem Wetterstrahl)
den Hauptgott der Hurriter und Hethiter, der Kumarbi stürzt.	der Hauptgott der Griechen, stürzt Kronos.
Kumarbi verübt einen Anschlag auf den Wettergott mit Hilfe eines Giganten, den er auf einem Stein zeugt.	Kronos beginnt zusammen mit seinen Brüdern, den Titanen, einen Krieg gegen Zeus.

Eine genaue Korrespondenz zwischen solchen Mythen ist nicht zu erwarten, zumal vor den beiden gerade verglichenen schriftlichen Texten jeweils eine ganze Kette mündlicher Überlieferungen von unbekannter zeitlicher und räumlicher Ausdehnung liegt, eine Kette, in der es eine unbekannte Anzahl von Zwischenversionen gibt, die über eine Reihe von Sprachgrenzen führt, und die von Angehörigen ganz verschiedener Kulturen tradiert wurde. Außerdem waren diese wahrscheinlich keine Berufspriester und daher nicht so sehr an Details im Ritual und in den Glaubensinhalten interessiert. Und doch sind die Ähnlichkeit im allgemeinen Aufbau und der gemeinsame Einsatz spezifischer, recht bizarrer Motive deutlich. Ja, der Parallelismus liegt sogar tiefer: Kumarbi und Kronos sind beide merkwürdig gestaltlose Gottheiten, beide werden (an anderer Stelle) mit dem phoinikischen Gott El identifiziert; in beiden Fällen hat auch nur der letzte Gott im Sukzessionsmythos eine Bedeutung im Kult. Darin spiegelt sich die Ähnlichkeit der Funktion beider Mythen, nämlich Beziehungen zwischen den vorhandenen Gottheiten herzustellen, sowohl intern, innerhalb des jeweiligen Kulturkreises, als auch extern, indem ein Bezug zu anderen Glaubenssystemen wie dem babylonischen hergestellt wird. Dazu dienen spezifische Verbindungen und Äquivalenzen (der babylonische Anu ist der erste Gott, so wie Ouranos) und allgemeine Ähnlichkeiten. – Die Beziehung zwischen Hesiod und dem hurritischen Mythos kann mithin nicht als bloße Übernahme mancher Märchenmotive erklärt werden, da sich eben auch der für beide religiöse Systeme zentrale konzeptionelle Rahmen gleicht.

Ein orientalischer Einfluß auf die Grundstruktur von Hesiods Theogonie, auf sein »Götter-Abstammungs-System«, ist damit offenbar; umstritten ist jedoch der Zeitpunkt, zu dem dieser Einfluß den griechischen Mythos erreichte (davon hängt auch ab, inwieweit man Hesiod als originalen und unabhängigen Denker sehen kann). Einige Forscher, z. B. Geoffrey S. Kirk (s. Literaturhinweise), halten den griechischen Sukzessionsmythos für erheblich älter als Hesiod, sehen also im Orientkontakt der mykenischen Zeit eine mögliche Übertragungsgelegenheit; ihnen zufolge ist der Mythos dann während des Dunklen Zeitalters innerhalb oder vielmehr neben der Homerischen Epentradition erhalten geblieben. Doch ist eine solche Erklärung nicht unproblematisch: Es gibt z. B. kein eigenes, von Homer unabhängiges spezifisches Vokabular bei Hesiod, das bei einer eigenständigen Theogonie-Tradition mit einer eigenen Formelsprache zu erwarten wäre. Außerdem gibt es bei Homer selbst kein Anzeichen für ein orientalisches Element, daß doch bei Hesiod so hervortritt. Daher ist es unwahrscheinlich, daß jene Mythen der epischen Tradition schon bekannt waren. Freilich ging eine Reihe orientalischer Elemente, vor allem aus Kleinasien, schon in früher Zeit in die griechische Religion ein; so haben Apollon, Artemis, Hephaistos und Aphrodite Analogien oder Verbindungen im Orient. Doch sind diese allgemeinen Beziehungen sehr verschieden von den besonderen, detailgenauen Verbindungen zwischen Hesiods Mythologie und der hurritischen, Verbindungen, die angesichts der Diskontinuität im Dunklen Zeitalter kaum so lange Zeit hätten bestehen bleiben können – zumal, da sie offenbar ohne einen sprachlichen oder rituellen Kontext hätten überliefert werden müssen.

Hesiods Mythen

Damit scheidet die These vom hohen Alter der orientalischen Mythenüberlieferung nach Griechenland aus; als Alternative zu dieser Erklärung bietet es sich also an, Hesiod selbst als den Urheber theogonischer Dichtung in Griechenland anzusehen. Dadurch läßt sich seine Abhängigkeit vom Wortschatz und von den epischen Techniken Homers ebenso gut erklären wie seine Unbeholfenheit bei deren Verwendung: Hesiod dehnt den traditionellen epischen Stil über seine Grenzen hin aus. – Es würde also kaum überraschen, wenn Versionen des orientalischen Mythos, der in der hurritisch-hethitischen Umgebung von Al Mina verbreitet und den Phoinikern bekannt war, zunächst in Boiotien erschienen wären, das kaum eine Tagesreise von den Städten auf Euboia (mit ihrer engen Verbindung nach Al Mina, s. Kap. 5) entfernt lag. Hesiod, der Einwanderer aus einer Gegend lebendiger epischer Tradition, eignete sich hervorragend dazu, den Ruf der Musen zu vernehmen und sich daran zu machen, die überkommene Unordnung in der griechischen Götterwelt durch die neu entdeckten Göttersysteme des Orients ebenso eifrig zu bereinigen, wie Esra den Kanon des Pentateuch (der Fünf Bücher Mosis) zusammengestellt hat. Hesiod ist tatsächlich im Denken der Welt des Alten Orients eher zu Hause als im griechischen; das zeigt sich bereits daran, mit welchen Begriffen er seine Berufung zum Dichter beschreibt (Theogonie 22–35) – Begriffe, wie sie ähnlich ein Jahrhundert zuvor der hebräische Prophet Amos (7, 14–16) verwendet hat.

Nachdem Hesiod die Götterwelt in der *Theogonie* geordnet hatte, versuchte er in seinen *Erga* dasselbe auch für die Menschenwelt. Auch hier sind die einzelnen Ratschläge, ist das Detail ganz und gar griechisch, doch der große Aufbau, die Gesamtstruktur der Dichtung erinnert an die Sammlungen von Weisheitsliteratur, wie sie der Orient kannte; außerdem haben einige zentrale Mythen der *Erga* Parallelen im Osten. So erzählt Hesiod, um die Härte des menschlichen Lebens auf der Erde zu erklären, zwei Geschichten. Die erste steht (in etwas anderer Form) auch in der *Theogonie* (570–92): Aus Zorn darüber, daß Prometheus das Feuer gestohlen und es den Menschen gegeben hat, läßt Zeus die Götter eine weitere Gabe für die Menschen schaffen, eine Frau von großer Schönheit – und von großem Übel, die die Stammutter aller Frauen wird. In der *Theogonie* bricht der Mythos hier ab, die Frau an sich reicht schon zur Erklärung des schlimmen Loses der Menschheit; doch in der anderen Version (Erga 53–105), wo sie Pandora (Allgeschenk) heißt, öffnet sie eine Büchse, aus der Unheil und Leid kommen; nur die Hoffnung verfängt sich im Deckel. Dieser Mythos enthält eine Reihe von schwer zu erklärenden Elementen (warum wird das Motiv des Übels – die üble Frau *und* die Büchse voller Übel – verdoppelt? Was tut die Hoffnung in der Büchse?), doch ist seine allgemeine Aussage klar: Der Ursprung des Übels auf der Welt wird der Frau zugeschrieben – eine Ansicht, die sich mit einem speziellen Märchenmotiv in Verbindung bringen läßt, dessen berühmteste Version in der Geschichte von der Vertreibung Adams und Evas aus dem

Paradies vorliegt (Genesis 3, 1–24): Wie die hebräische Version betont auch Hesiod die Beziehung zwischen dem Wissen und dem Kommen des Übels, die er durch die Rolle der beiden Brüder *Promētheus* (Vorwissen) und *Epimētheus* (Nachwissen) ausdrückt.

Der zweite Mythos, den Hesiod zur Erklärung des harten Menschenlebens in den *Erga* (106–201) erzählt, handelt von den fünf Zeitaltern der Menschheit auf der Erde, dem goldenen, silbernen, bronzenen, heroischen und eisernen, wobei die Vorstellung eines ständigen Niedergangs bis hin zum gegenwärtigen eisernen Zeitalter zugrunde liegt. Dabei passen allerdings manche Elemente nicht genau in diesen Aufbau (es werden ohnehin nur das erste und die beiden letzten mit einer gewissen Sorgfalt erzählt), und besonders überrascht eine Eigenart dieser »Frühgeschichte der Menschheit«: Der Einschluß eines nichtmetallischen Zeitalters, der ganz offenbar der Aufnahme der spezifisch griechischen Vorstellung von der in den Epen geschilderten heroischen Vergangenheit dienen soll. Von diesem Zusatz abgesehen hat der Mythos interessante orientalische Analogien: Das große religiöse Epos der Inder (in Sanskrit geschrieben), das *Mahabhárata,* arbeitet mit einer Vorstellung von vier Zeitaltern *(yuga),* die in vier Würfen eines Würfels symbolisiert werden – in numerisch wie ethisch absteigender Folge. Auch die mittelpersischen, awestisch geschriebenen Geschichten vom *Traum Zarathustras* kennen eine Einteilung in vier Zeitalter, die den vier Metallen Gold, Silber, Stahl und Eisen entsprechen. Beide Texte sind aber nicht sicher zu datieren, die uns vorliegende Form ist sogar mindestens ein Jahrtausend jünger als Hesiod. Auch enthält das Buch *Daniel* im Alten Testament, das aus dem zweiten vorchristlichen Jahrhundert stammt, im Traum Nebukadnezars (2, 1–49) eine ähnliche Abfolge der Königreiche, die von Gold, Silber, Bronze und Eisen symbolisiert werden. Bei allen Unterschieden der Versionen ist doch immer das Thema »Degeneration« zentral; Hesiods Darstellung scheint somit das älteste Zeugnis einer Tradition zu sein, die eine ganze Reihe verschiedener Kulturen und auch das christliche Denken beeinflußt hat und die wahrscheinlich mesopotamischen Ursprungs ist.

Trotz seiner Abhängigkeit von fremden Modellen hat Hesiods Denken eine eigene Kohärenz und – in einem griechischen Kontext – eine eigene Bedeutung. Wir haben (S. 78) gesehen, wie Hesiods gesellschaftliche Anliegen ihn dazu gebracht haben, die göttliche Welt mit der der Menschen dadurch in Beziehung zu setzen, daß er seine abstrakten politischen Modelle von den Göttern herleitet. Diese Denkweise hat keine Parallele im Orient, sie kündet von einer neuen Stufe »bürgerlichen« Selbstbewußtseins. Doch auch in weiterer Hinsicht kommt Hesiod eine hohe Bedeutung bei der Entwicklung des griechischen Denkens zu: Zwar kann man nicht allein auf ihn die so ungewöhnliche Trennung von Mythos und Ritual in der griechischen Welt zurückführen (schon Homer kennt sie), doch muß die fremde Herkunft so vieler Teile seines Theogonie-Systems eine deutliche Grenze zwischen Mythos und Ritual gezogen haben, aus der sich zumindest zu einem Teil die getrennte Weiterentwicklung beider Seiten erklären läßt. Schließlich stellt Hesiod den Beginn einer griechischen Tradition von Spekulationen über die Theogonie, über den Platz der Götter im Universum und insbesondere über ihre Rolle bei der Erschaffung der Welt dar; auch hier haben seine Ideen (bes. Theogonie 116–33 und 733–45) orientalische Parallelen im babylonischen Schöpfungsmythos und in der alttestamentlichen Genesis. Diese Tradition war sehr einflußreich, sie findet sich z. B. beim spartanischen Dichter Alkman ebenso wie in den Glaubenssätzen der mystischen Sekte der Orphiker (die ihren Ursprung auf den mythischen Sänger Orpheus zurückführten) oder im Prosawerk über den Ursprung der Welt, das Pherekydes von Syros (wohl im sechsten Jahrhundert v. Chr.) verfaßt hat. Solcherlei kosmologische Spekulation bildete dann auch die Basis, von der die ionischen Theorien über die eigentliche physikalische Zusammensetzung des Universums ausgingen (s. Kap. 14) – Theorien, die ihrerseits den Ursprung des naturwissenschaftlichen Denkens darstellen.

Übernahme der Schrift

Homer beschreibt eine schriftlose Gesellschaft. Nur an einer obskuren Stelle bezieht er sich auf Schrift; dort schickte Proteus den Bellerophon zum König von Lydien »und gab ihm verderbliche Zeichen, in eine zusammengelegte Tafel geritzt, todbringende, viele, und befahl, sie dem Schwiegervater zu zeigen, um ihn zu verderben«. Der »empfing das böse Zeichen« und trachtete sogleich nach Bellerophons Leben (Ilias 6,

168-70.178). Daß der Dichter hier verschiedene Wörter verwendet, die man später mit der Kunst des Schreibens verband, mag daran liegen, daß er selbst in seiner Zeit durchaus die Schrift kannte, aber als »unheroisch« betrachtete und daher im Epos nicht öfter erwähnt. – Die Griechen wußten, daß ihr eigenes Schriftsystem im Grunde aus Phoinikien stammte: Das alte Wort für »Buchstabe« war »phoinikische Dinge« (*phoinikeia*, vgl. Meiggs – Lewis 30, Z. 37); auf einer bei Lyttos auf Kreta gefundenen kretischen Inschrift (die 1970 veröffentlicht wurde – s. Literaturhinweise) ist das Verbum *poinikazēn* für »schreiben« und der Titel *poinikastas* für den erblichen Posten des »Schreibers« belegt. Herodot erzählt sogar, wie die Phoiniker unter Kadmos Theben besiedelten und »Fertigkeiten in Griechenland einführten, insbesondere das Schreiben, das es – so glaube ich – zuvor nicht bei den Griechen gegeben hatte« (Herodot 5, 58).

Zwei Hauptprinzipien liegen den Schriftsystemen zugrunde, die im Nahen Osten und in Ägypten entstanden waren. Einmal ist dies das piktographische Prinzip, bei dem die Objekte durch Bilder dargestellt werden, die sich durch Vereinfachung und Bedeutungserweiterung zu Ideogrammen entwickeln und dann auch für spezielle Begriffe, ja für Laute stehen können. Das andere, abstraktere Prinzip beinhaltet die systematische Wiedergabe von Silben, nicht Wörtern, durch Zeichen. In der Praxis der frühen Schriftsysteme sind diese beiden Prinzipien in unterschiedlichem Maße kombiniert. Auch die semitischen Schriften, die während des zweiten Jahrtausends v. Chr. entstanden sind, gründen sich wahrscheinlich in vieler Hinsicht auf diese früheren Methoden (selbst wenn heute noch nicht ganz genau bekannt ist, in welcher). Jedenfalls beruht das Schriftsystem, wie es in Phoinikien vervollkommnet wurde, im Grunde auf einer Vereinfachung des syllabischen (Silben-) Prinzips, bei dem aber nicht alle Konsonant-Vokal-Kombinationen jeweils ein eigenes Zeichen erhalten (wie das in anderen Formen dieses Prinzips, z. B. in Linear B, der Fall ist), sondern die Vokalunterschiede einfach ignoriert werden. So ergibt sich ein Schriftsystem, das (mit Ausnahme von anlautendem »a«) nur Konsonanten notiert – im Vergleich zu anderen syllabischen Schriften ein Nachteil, da es erheblich weniger eindeutig ist, andererseits ein Vorteil, da es mit einer sehr geringen Anzahl verschiedener Zeichen auskommt: Das phoinikische Alphabet besteht aus 22 Buchstaben, während z. B. die akkadische Silbenschrift 185 Zeichen benötigt, das mykenische Linear B noch über 80, und selbst das spätere kyprisch-griechische Syllabar hat noch 56 verschiedene Zeichen. Das Auslassen der Vokale ist gerade bei semitischen Sprachen kein ernstlicher Nachteil, weil dort die Vokale nur der Modifizierung der bedeutungstragenden Konsonantenstämme dienen (z.B. der Tempusbildung beim Verbum); welche Vorteile demgegenüber der enorme Gewinn an Übersichtlichkeit und Einfachheit einbringt, hat später einmal der jüdische Schriftsteller Flavius Josephus dargelegt: »Von denen, die zu den Griechen Beziehungen hatten, waren es vor allem die Phoiniker, die die Buchstaben verwendeten, und zwar sowohl für die Geschäfte des täglichen Lebens als auch für die Aufzeichnung der öffentlichen Angelegenheiten.« (Josephus, Gegen Apion 1, [6] 28) Doch obwohl die Schrift wahrscheinlich in Phoinikien mehr in Gebrauch war als in anderen frühen Kulturen, ist es nicht ganz klar, ob die Kunst des Schreibens schon allgemein verbreitet oder nicht doch eher noch eine Fertigkeit war, die auf eine Klasse von berufsmäßigen Schreibern beschränkt blieb. Die alttestamentlichen Belege, die freilich eine im Vergleich zu den phoinikischen Küstenstädten weniger hoch entwickelte Kultur bezeugen, sprechen jedenfalls vom fortwährenden Einsatz professioneller Schreiber (neben einer schriftbeherrschenden Aristokratie).

Die Verwandtschaft zwischen dem phoinikischen und dem griechischen Schriftsystem ist sehr eng; so sind die griechischen Buchstabenformen den phoinikischen nachempfunden, und auch die Anordnung der beiden Alphabete ist weitgehend dieselbe; die Namen der meisten griechischen Buchstaben haben im Griechischen über den Anlaut hinaus keine eigentliche Bedeutung (α *alpha*, β *bēta*, γ *gamma* = a, b, g), wohl aber im Phoinikischen, aus dem sie übernommen sind (*aleph* Ochse, *bet* Haus, *gimal* Wurfstock usw.). Das Phoinikische ist fast mechanisch adaptiert, bis auf einen – allerdings wesentlichen – Punkt: Die Erfindung von Vokalzeichen machte aus einer im Grunde nur vereinfachten Silbenschrift ein echt alphabetisches Schriftsystem, in dem erstmals alle wichtigen Sprechtöne (Konsonanten *und* Vokale) voneinander isoliert und einzeln notiert werden konnten. Das auf diese Weise entstandene System hat sich als so flexibel erwiesen, daß es in den meisten modernen Sprachen noch immer in Gebrauch ist, ja, daß es alle Sprachen, die in normalem Sinne »gesprochen« werden, adäquat wiedergeben kann.

Die besondere Modifikation, die die Griechen eingeführt hatten, hatte somit geradezu revolutionäre Konsequenzen; sie beruhte aber durchaus auf einem sehr genauen Studium der phoinikischen Schrift. Denn auch die Zeichen für die meisten der griechischen Vokale stammen von phoinikischen Vorbildern ab, nämlich von den Zeichen für konsonantische und halbkonsonantische Laute, für die es im Griechischen keine Verwendung gab – dabei übernahmen die Griechen meist sogar den Namen des phoinikischen Konsonantenbuchstabens für ihr Vokalzeichen. Durch dieses »kreative Mißverständnis« wurde z. B. der eine phoinikische Hauchlaut (Aspirata) *he* zum kurzen »e« im Griechischen (wo er anfangs auch bloß ε »*e*« hieß); der andere Hauchlaut *het* wurde in manchen griechischen Dialekten zu »h«, in anderen zum langen »ē« (genannt η »*ēta*«); der phoinikische Halbkonsonant *jod* wurde zu »i« (ι »*iota*«). Erst später zeigten die Vokalnamen ein deutlicheres Wissen um die Unterschiede in der Natur von Konsonanten und Vokalen, was sich in den Bezeichnungen »kurzes e«, »kleines o«, »großes o«, »kurzes u« zeigt *(e-psilon, o-mikron, o-mega, y-psilon)*.

Aus diesen Tatsachen ergibt sich bereits, daß die Erfindung des griechischen Alphabets unter besonderen Bedingungen vor sich gegangen sein muß; es ist ein kohärentes System, das außerdem eine wichtige Neuerung einschließt. Dies muß das Werk einer kleinen Gruppe, oder – noch wahrscheinlicher – eines einzigen »unbekannten Wohltäters der Menschheit« gewesen sein (wie der bedeutende Gelehrte Ulrich von Wilamowitz-Moellendorff* einmal gesagt hat). Die Adaption des Phoinikischen geschah wohl in einer gemischten phoinikisch-griechischen Gemeinde oder aber zumindest in einer Umgebung, in der ein enger Kontakt zwischen den beiden Gruppen bestand. Außerdem läßt die Beobachtung, daß alle bekannten lokalen Varianten des griechischen Alphabets auf demselben Prinzip beruhen, den Schluß zu, daß die Erfindung in einem Zentrum geschah, von dem aus sie sich einfach und rasch ausbreiten konnte. Dabei läßt sich die antike Vorstellung, die Phoiniker hätten ihr Alphabet selbst zu einer Siedlung auf dem griechischen Festland gebracht, wohl kaum halten; auch Zypern mit seinem eigenen syllabischen Schriftsystem scheidet als Vermittlungsort aus. Kreta erfüllt alle Kriterien außer dem der einfa-

---

* *Geschichte der griechischen Sprache.* Berlin 1928, S. 9.

chen Verbreitung, da es vom restlichen Griechenland weitgehend isoliert war. Die wahrscheinlichste Hypothese ist somit, daß griechische Händler die Kunst des Schreibens von phoinikischen Kaufleuten in Handelsposten (wie z. B. Al Mina; s. Kap. 5) übernommen haben.

Die Frage nach den genauen Umständen der Übernahme hängt mit weiteren Problemen zusammen. Die ersten datierbaren Zeugnisse für die Existenz eines griechischen Alphabets sind Ritzungen auf Keramik aus der Zeit um 750 bis 700 v. Chr., wie z. B. die auf einer geometrischen Kanne aus dem Töpferviertel von Athen (die sog. Dipylonkanne, IG I^2 919) mit einer Hexameterzeile, oder auch die (weniger regelmäßige) metrische

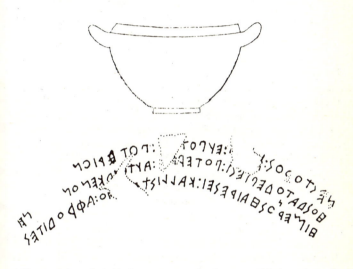

Abb. 10: Die Aufschrift des sog. Nestorbechers von Pithekussai; zweite Hälfte des achten Jahrhunderts v. Chr.

Inschrift im chalkidischen Alphabet auf einem ostgriechischen Skyphos (Tonbecher), den man in einem Grab auf Pithekussai (Ischia) gefunden hat (Abb. 10):

Des Nestor Becher [bin ich?], aus dem sich gut trinken läßt.
Wer aus diesem Becher trinkt, den wird sogleich
Verlangen ergreifen nach der schön bekränzten Aphrodite.

(Meiggs – Lewis 1)

Dies wird übrigens eine Anspielung auf Homer sein, der von einem legendären Becher erzählt: »Jeder andre bewegte ihn mit Mühe vom Tisch, wenn er voll war, Nestor aber, der Alte, hob ihn ohne Mühe.« (Ilias 11, 636–37) Wahrscheinlich waren es die Euboier im Golf von Neapel, die im frühen siebten Jahrhundert das Alphabet an die Etrusker weitergaben, deren Buchstabenformen mit den chalkidischen verwandt sind. Durch etruskischen und griechischen Einfluß breitete sich die Schrift schnell auf andere Teile Italiens aus, insbesondere kam sie nach Rom, und damit bis ins moderne Europa. Während z. B. in anderen griechischen Lokalalphabeten das Zeichen X den Lautwert »kh« oder »ch« hatte, gab es im chalkidischen »ks« wieder; über das etruskische und das römische Zeichensystem stammt somit unser »x« von den Chalkidern.

Andere Belege zeugen davon, daß die Schrift im Zeitraum von etwa 750 bis 650 v. Chr. auch in Griechenland weite Verbreitung fand; die frühesten Dichtungen, die man schriftlich festhielt, mögen die Hesiods und Archilochos', wenn nicht gar die Homers gewesen sein. Beamten- und Siegerlisten gehen auf dieselbe Zeit zurück: die Liste der Sieger von Olympia beginnt 776 v. Chr. (unser erstes festes Datum der griechischen Geschichte), die der athenischen Jahresbeamten 683; die genauen Gründungsdaten der sizilischen Kolonien wurden offenbar seit 734 aufgezeichnet (dazu s. Kap. 7). Schriftlich festgelegte Gesetze sind (allerdings nur aus späteren Zitaten) seit dem siebten Jahrhundert bekannt: die (ältesten) Gesetze des Zaleukos von Lokroi wurden vielleicht um 675 aufgezeichnet, die Drakons in Athen um 625. Die älteste erhaltene Gesetzesinschrift, die von Dreros auf Kreta (s. Abb. 2), stammt aus dem späteren siebten Jahrhundert. Die phoinikischen Vorbilder für die griechischen Buchstabenformen scheinen, soweit die wenigen phoinikischen Inschriften einen solchen Schluß stützen können, auch aus der Zeit zwischen 850 und 700 zu stammen.

Verbreitung der Schrift

Trotz dieser Übereinstimmung der Quellenangaben hinsichtlich der Datierung der Übernahme der griechischen Schrift hat es in der Forschung einen Streit darüber gegeben, ob uns überhaupt Beispiele für die wirklich früheste Anwendung der griechischen Schrift erhalten sind, oder ob nicht möglicherweise durch Zufall oder wegen der Verwendung vergänglichen Materials eine noch frühere Epoche verborgen bleibt, in der die Schrift zwar vielleicht nicht weit verbreitet war, aber immerhin verwendet wurde. Das gewichtigste Argument für diese These ist die Tatsache, daß mit den frühesten erhaltenen Schriftproben bereits eine Reihe offenbar voll entwickelter unterschiedlicher Lokalschriften vorliegt. Nimmt man nun – sicher zu Recht – eine gemeinsame Vorlage an, so könnte man mit einer Periode unabhängiger Entwicklung rechnen (aus der eben keine Zeugnisse erhalten sind), die zwischen den Anfängen der Schrift bei den Griechen und den ersten erhaltenen Beispielen liegen müßte. So ließe sich auch besser erklären, weshalb die Schrift schon zur Zeit ihrer ersten Zeugnisse so weit verbreitet war – die frühesten Beispiele, die wir kennen, stammen von so weit voneinander entfernten Orten wie Athen und Pithekussai (Ischia)!

Solche Überlegungen hängen jedoch eng mit der Theorie über die ursprünglichen Umstände zusammen, unter denen die Griechen die Schrift übernommen haben könnten. Akzeptiert man nämlich die These von der Aufnahme und Verbreitung der Schrift durch eine Händlergemeinde, so ist jener anderen Annahme die Grundlage entzogen. Die Verbreitung der Schrift wird denselben Handelswegen folgen wie andere orientalische Produkte in der Mitte des achten Jahrhunderts v. Chr., von Al Mina über die Inseln und das griechische Festland bis in den fernen Westen und zu den Gräbern von Pithekussai. Die Geschwindigkeit ihres Fortkommens wird dabei in einer Welt, in der Fernverbindungen erstmals eine Rolle spielten, eher in Jahrzehnten als in Generationen zu messen sein. Hinzu kommt, daß die Existenz verschiedener Lokalalphabete nicht ein Beleg für eine lange Periode unabhängiger Entwicklung sein muß, sondern genausogut eine Folge der Tatsache sein kann, daß die erste Übertragung von einem speziellen Zentrum in den Händen ungeübter lokaler Kaufleute lag, die die originale »Erfindung« schnell mit einer fast irreführenden Vielfalt versehen und so weitergeben konnten. In den jeweiligen Empfängergebieten werden dann die verschiedenen Eigenarten in der Tradition der Ausbildung fixiert worden sein, sobald nämlich die Schrift aufhörte, einzelnen Individuen für private Aufzeichnungen zu dienen, und ihre Kenntnis auch formell einer weiteren Gruppe vermittelt wurde.

Eine solche Theorie über die Verbreitung der Schrift erklärt vielleicht auch, warum die Kunst des Schreibens und Lesens in der Gesellschaft Griechenlands nie auf eine spezielle Klasse oder Gruppe beschränkt blieb. Die Zeugnisse für amtliche Schreiber, deren Posten manchmal erblich waren (wie die S. 118 genannte kretische Inschrift von etwa 500 v. Chr., die den erblichen Posten des *poinikastas*, Schreibers, belegt), sind selten und beziehen sich ohnehin nur auf städtische Amtsträger; es gibt kein Anzeichen für eine Gruppe professioneller Schreiber, die ihren Lebensunterhalt mit dieser Kunst verdienten. Auch legen die so unterschiedlichen Themen der frühen griechischen Inschriften (Gesetze, Listen, privat und öffentlich errichtete Grabsteine, Künstlersignaturen, Besitzernamen auf Gefäßen) eine weite Verbreitung des Schreibens in allen Schichten nahe. Eine Einrichtung wie der athenische *ostrakismos* (das Scherbengericht, s. Kap. 15) seit dem sechsten vorchristlichen Jahrhundert setzt ebenso voraus, daß zumindest ein Großteil der Bürger wenigstens den Namen eines politischen Gegners schreiben konnte. Betrachtet man die große Anzahl sehr früher Inschriften, die formale oder auch Gelegenheitsdichtung wiedergeben, so erkennt man, daß die Schrift auch häufig für poetische Komposition verwendet worden ist. Vielleicht die aussagekräftigsten Belege sind die zahlreichen Schriftproben, die vom Können erfahrener Lehrer oder aber ungeübter Schüler zeugen: Alphabetreihen, die – vollständig oder nicht – auf Tonscherben eingeritzt sind, offenbare Übungsschriften und Inschriften mit recht unorthodoxen Buchstabenformen, mit Schreibungen, die keiner möglichen Aussprache entsprechen können und mit sehr exzentrischer Grammatik. Eine ganze Reihe solcher Inschriften fand man im Heiligtum auf dem attischen Berg Hymettos (s. Abb. 17), alle mit eher trivialem Inhalt und viele so ungekonnt, daß sie gar nicht verständlich sind (s. Literaturhinweise). Noch eindrucksvoller sind die Einritzungen (s. Abb. 20), die sieben vorbeiziehende griechische Söldner im Jahr 591 v. Chr. an der Kolossalstatue Ramses' II im ägyptischen Abu Simbel (s. Abb. 21) angebracht haben (s. Kap. 13); auch wenn Söldner für ihre eigene Ausrüstung aufzukommen hatten, werden sie kaum besonders reiche (und damit gebildete) Männer gewesen sein. All diese zufällig erhaltenen Zeugnisse dienen nun einem Nachweis, auf den es mir ankommt: In primitiven Gesellschaften entwickelt sich nur bei einem auf wenige Gruppen eingeschränkten Zugang zur Schrift ein Konzept von korrekten Buchstabenformen, korrekter Schreibweise und korrekter

Grammatik; je unterschiedlicher jedoch die Inhalte der Inschriften sind, je unregelmäßiger ihre Schreibung, desto sicherer können wir annehmen, daß die Schriftlichkeit weit verbreitet und vielen zugänglich war (– eine Tatsache, die Kritiker des heutigen Standards nicht vergessen sollten!). Spätestens seit dem fünften Jahrhundert v. Chr. ist es offenbar, daß ein durchschnittlicher (männlicher) Bürger von Athen lesen und schreiben konnte; das freilich setzt eine institutionalisierte und weit verbreitete Unterweisung im Lesen und Schreiben voraus, für die unsere frühesten Belege ganz vom Beginn dieses Jahrhunderts stammen: Herodot berichtet z. B. von einem Unglück in der Stadt Chios im Jahr 496 v. Chr., wo das Dach einer Schule einstürzte, »in der die Kinder gerade ihre Buchstaben lernten, so daß von einhundertzwanzig Jungen nur ein einziger überlebte« (6, 27).

Es ist daher schlicht falsch, von einer nur wenigen Spezialisten verfügbaren oder überhaupt einer beschränkten Schriftlichkeit im Griechenland des siebten und sechsten Jahrhunderts zu sprechen, auch wenn wir den Grad des Zugangs zur Schrift und ihre Verbreitung auf die verschiedenen sozialen Klassen nicht quantifizieren können. Das archaische Griechenland war eine schriftliche Gesellschaft im modernen Sinne, ja, die erste schriftliche Gesellschaft, über die wir ein einigermaßen detailliertes Wissen haben – mit einer Einschränkung: Schriftlichkeit *(literacy)* ist ein vager Begriff, mit dem verschiedene Fähigkeiten erfaßt werden, von bloßer Kenntnis des Alphabets und der Möglichkeit, zu lesen und (s)einen Namen oder einfache Notizen aufzuschreiben bis hin zum flüssigen Lesen und Verstehen langer literarischer Texte oder komplizierter Argumentationen. Was nämlich diese letztgenannte, höhere Ebene betrifft, blieb Griechenland in vieler Hinsicht noch lange eine mündliche Kultur: Die kompliziertesten öffentlichen Dokumente, die man aufschrieb, waren Gesetze und Beschlüsse, die eine dauerhafte Aufzeichnung und ständigen Zugang erforderten; literarische Texte hatten hingegen nur einen geringen Umlauf und wurden nur von einer Minderheit gelesen; als Kommunikationsmittel war die Schrift selten das normale oder bevorzugte Medium, wenn mündlicher Austausch möglich war. So wird der Kulturhistoriker Griechenland als eine mündliche *oder* eine schriftliche Kultur ansehen können, je nachdem, welchen Bereich er untersucht.

Folgen der Schriftlichkeit

Doch auch trotz dieser Einschränkung kann man die Folgen des Aufkommens der Schrift im frühen Griechenland kaum überschätzen. Den deutlichsten allgemeinen und auch speziell auf Griechenland bezogenen Ausdruck dieser Erkenntnis zeigt ein in der Forschung vieldiskutierter Artikel, den die beiden britischen Sozialanthropologen Jack Goody und Ian Watt 1963 veröffentlicht haben (s. Literaturhinweise). Ihre Studie steht ganz unter dem Einfluß des Ansatzes der ›Schule von Toronto‹, deren bester Vertreter Harold Innis ist, der bekannteste Marshall McLuhan. Diese Forschergruppe sieht Kommunikation als die grundlegende Kraft in der Gesellschaft an; Wandlungen in der Art der Kommunikation sind für sie der zentrale Katalysator des Wandels in den gesellschaftlichen wie auch in den privaten Beziehungen. »Das Medium ist die Botschaft«; neue Kommunikationsformen (also nicht die kommunizierten Botschaften) wie z. B. eine rasche Verbreitung der Schrift, des gedruckten Buches oder des Fernsehens verändern unsere Wahrnehmung so vollständig, daß sie sogar soziale, wirtschaftliche oder religiöse Faktoren zur theoretischen Erklärung des gesellschaftlichen Wandels ersetzen. Goody und Watt legten nun dar, daß die Einführung der Schriftlichkeit im frühen Griechenland die einzige solche Revolution sei, die in Reinform bekannt ist: Bei ihr sei nämlich das Schreibenkönnen allein, ohne einen Zusammenhang mit fixierten schriftlichen Texten oder einem erzwungenen Wandel gesellschaftlicher Formen, übertragen worden; somit bekommt der Fall Griechenland eine zentrale Bedeutung, da er – so die beiden Forscher – als ein Modell dienen kann, an dem man die Folgen einer weniger »reinen« Einführung von Schriftlichkeit in anderen Kulturen überprüfen kann.

In Griechenland sei die Schriftlichkeit Ursache für die meisten Wandlungen in der archaischen Zeit gewesen, meinen Goody und Watt: für die Bewegung zur Demokratie, für die Entwicklung des logischen und des rationalen Denkens, für den Skeptizismus, für das Wachstum des Individualismus und der persönlichen Entfremdung, für den Übergang vom primitiven mythischen Bezug auf die Vergangenheit zur kritischen Historiographie. Der fundamentale Faktor bei diesem Prozeß habe darin bestanden, daß durch die Schrift vormals immer wieder veränderte Schilderungen dauerhaft fixiert und einem größeren

Publikum zugänglich gemacht worden seien; die Abwege der umformenden Interpretation in der mündlichen Tradition hätten somit ein Ende gefunden, und der sich bald zeigende Widerspruch zwischen der schriftlichen Festlegung und der tatsächlichen Erfahrung habe zur Bildung eines kritischen Denkansatzes im Leben der Griechen geführt, der auf einem Begriff der grundsätzlichen Rationalität aller Aspekte der Wirklichkeit, öffentlicher wie privater, beruhe. Schriftlichkeit werde somit die Ursache für das, was der große Soziologe Max Weber als das kennzeichnende Merkmal der abendländischen Zivilisation angesehen habe, nämlich für die »formale Rationalität« ihrer Institutionen*.

Es kann natürlich kaum ein Zweifel daran bestehen, daß die Einführung der Schriftlichkeit in Griechenland eine ganze Reihe radikaler Wandlungen in der frühgriechischen Gesellschaft verursacht oder zumindest gefördert hat. So geht auf sie im Bereich der Literatur vielleicht die Entstehung der schriftlichen Dichtung seit Hesiod zurück, ebenso die Fixierung (und damit das langsame Absterben) der mündlichen Tradition, auch die Entwicklung (oder zumindest Aufzeichnung) neuer Metren und der persönlichen Lyrik gehören hierher. Außerdem ist die Tradition der ionischen Naturphilosophie zu nennen, die vom primitiven mythischen und vom orientalischen Denken ausgehend mit jeder Generation durch Übernahme und kritische Zurückweisung der Vorgänger fortschritt. Ein ähnlicher Vorgang zeigt sich etwa auch in der Geschichtsschreibung, die von kritischer Mythologie zur Historiographie durch bewußte Auseinandersetzung mit den jeweiligen Vorgängern gelangt. Die schriftliche Kodifizierung der Gesetze (s. Kap. 11) wurde schon von den antiken Griechen selbst als der erste Schritt in Richtung auf die Ablösung der traditionellen Aristokratie und hin zu einer Entwicklung der komplexeren oligarchischen oder insbesondere der demokratischen Verfassungen des fünften Jahrhunderts v. Chr. verstanden. So kann man in all diesen Bereichen die Ansicht vertreten, daß die Schriftlichkeit am Wandel mitgewirkt, ihn mit ermöglicht hat, ja vielleicht sogar eine notwendige Voraussetzung war, daß also ohne die Schriftlichkeit die Entwicklung so nicht stattgefunden hätte. Doch ob die Schrift so bedeutend war, daß sie eine hinreichende Ursache oder auch nur einer der wichtigsten Faktoren bei all diesen Wandlungen

---

* *Wirtschaft und Gesellschaft* (1922). Tübingen ⁵1972, S. 44.

gewesen ist, steht auf einem anderen Blatt. Die Entwicklung so vieler Aspekte einer komplizierten, sozial und wirtschaftlich differenzierten Gesellschaft im Verlauf von drei Jahrhunderten ist wohl kaum durch ein einziges Phänomen so weitgehend verursacht worden, zumal sich eine direkte Auswirkung dieses Phänomens nur selten nachweisen läßt. Trotzdem geht der Einfluß der Schriftlichkeit weit, und die relative Bedeutung der Auswirkungen dieser Neuerung bleibt eine der Fragen, die für das Verständnis des frühen Griechenland zentral sind.

Man kann die Schriftlichkeit der griechischen Welt in einen größeren Zusammenhang stellen, indem man der weiterführenden Ansicht von Goody und Watt nachgeht, wonach der Fall Griechenland als ein Modell für die Konsequenzen der Einführung der Schrift in allen Kulturen angesehen werden kann. Tatsächlich jedoch legen Untersuchungen anderer traditioneller Gesellschaften gerade *nicht* nahe, daß Griechenland ein Modell oder ein typischer Fall für die Einführung von Schriftlichkeit ist, im Gegenteil: Griechenland ist eine Ausnahme. Allgemein scheint nämlich in traditionellen Gesellschaften die Schrift nicht unabhängig zu funktionieren, sondern nur in enger Verbindung mit vorhandenen sozialen Formen aufzukommen, insbesondere im Zusammenhang mit Religion oder Politik. Die Einführung der Schrift dient hierbei oft der Kodifizierung, Fixierung oder Entwicklung der jeweiligen religiösen Lehren; im politischen Bereich hilft sie der jeweiligen Regierungsform durch die Verstärkung der zentralisierten Überwachung und durch die Entwicklung einer Bürokratie. Das heißt, Schriftlichkeit verstärkt hier Tendenzen, die in der Gesellschaft ohnehin vorhanden sind; sie führt eben gerade *keine* fundamentalen Änderungen herbei. In dieser Hinsicht nun ist die Einführung der Schrift in der griechischen Welt einzigartig für die ganze Antike: Die griechische Schrift wurde in einer nichtreligiösen, weltlichen Umgebung entwickelt und von Anfang an vorwiegend für weltliche Aktivitäten eingesetzt. Das Fehlen einer etablierten Priesterkaste und die ohnehin schon offene Natur der griechischen Regierungsform sind dabei grundlegend für ein Verständnis der Schriftlichkeit in der frühgriechischen Welt: Sie verstärkte zwar auch Tendenzen, die in der griechischen Gesellschaft bereits vorhanden waren, erklärt sie aber eben nicht vollständig.

Naturalismus in der Kunst, Systematisierung der Religion, Alphabet und Schriftlichkeit – die Griechen selbst waren sich kaum bewußt, wieviel sie dem Orient verdankten: Wie das

Dunkle Zeitalter verschwand auch die orientalisierende Zeit praktisch ganz aus ihrem Gesichtskreis; erst die moderne Forschung hat sie wiederentdeckt. Und doch war es gerade jenes eine Jahrhundert kreativer Aneignung, in das der Beginn von vielen der kennzeichnenden Aspekte der griechischen – und damit der abendländischen – Kultur fällt.

7. Kolonisation

Geographische Ausdehnung

Zwei bedeutende Perioden der griechischen Expansion schufen die materielle Grundlage für die Ausbreitung der griechischen Kultur. Die erste formte die Mittelmeerwelt um, indem sie urbanes Leben fast überall an die Küsten brachte: Die Zahl neu gegründeter Städte aus den anderthalb Jahrhunderten der Kolonisationszeit (von 734 bis etwa 580 v. Chr.) ist durchaus vergleichbar mit der Zahl der in der Ägäis bereits vorhandenen Städte. Eine Expansion dieser Größenordnung wurde erst im »zweiten Kolonisationszeitalter« wieder erreicht, als die Eroberungen Alexanders des Großen griechisches Stadtleben ins ehemalige Perserreich trugen, von Ägypten und Mesopotamien bis nach Indien und Afghanistan. Verglichen mit dieser einheitlichen Eroberung ist die erste Kolonisationszeit noch erstaunlicher; schließlich wurde sie von unabhängigen Stadtstaaten einzeln durchgeführt und war dabei die Folge recht unterschiedlicher Faktoren.

Die geographische Ausdehnung dieser frühen griechischen Expansion ist relativ leicht zu verstehen. Das erste Gebiet, das einer Besiedlung zugänglich gemacht wurde, war Sizilien; die frühesten Gründungen dort gingen auf Euboier aus Chalkis und auf Korinther zurück. Daß man sich von der ersten, 734 v. Chr. gegründeten chalkidischen Kolonie in Naxos nur vorsichtig südwärts zum eigentlich günstigeren Ort des korinthischen Syrakus mit seinen guten Häfen vortastete (die Gründung dort erfolgte erst ein Jahr später), zeigt, wie zugkräftig der Handelsweg von Griechenland nach Pithekussai war, der nun schon mindestens eine Generation lang bestanden hatte und als Versorgungsweg wie auch als Nachrichtenlinie von Bedeutung war. Von Naxos und Syrakus wie auch von anderen griechischen Städten aus wurden weitere Siedlungen auf Sizilien und in Süditalien entlang derselben Route gegründet; besonders beteiligten sich hierbei Megara (das im Gebiet der ionischen Inseln Kolonien anlegte) und peloponnesische *poleis*, vor allem die der Landschaft Achaia; Spartas einzige Gründung blieb Taras (Tarent).

Etwas später wurden die Inseln und Vorgebirge der Nord-

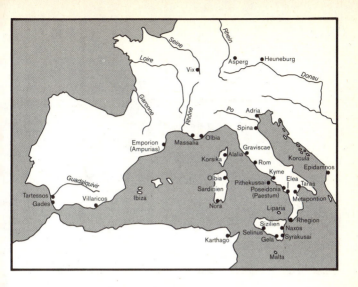

Abb. 11: Griechen in Westeuropa

ägäis entlang der makedonischen und thrakischen Küste besiedelt; auch hier spielten die euboiischen Städte eine so bedeutende Rolle, daß man die große Halbinsel Thrakiens nach der Anzahl chalkidischer Gründungen dort »Chalkidike« benannte. Der Zuweg zum Schwarzen Meer (Pontos) wurde im frühen siebten Jahrhundert insbesondere von Megara aus kolonisiert; der Beginn der Siedlungen im Schwarzmeergebiet ist dagegen nicht sicher zu datieren: Die literarischen Belege sind nicht eindeutig, und der archäologischen Erforschung des Gebietes läßt sich noch keine genaue Datierung entnehmen. Hinweise in früher Dichtung und in Legenden legen die Vermutung nahe, daß die Griechen bereits im achten Jahrhundert ins Pontosgebiet gekommen waren, doch ist es eher unwahrscheinlich, daß es vor der zweiten Hälfte des siebten Jahrhunderts v. Chr. dort eine ständige Besiedlung und Koloniegründungen durch Griechen gab, wie das etwa Kalchedon (gegründet 680) und Byzantion (660) am Eingang des Schwarzen Meeres waren. Wenn Ausgrabungen doch einmal Zeugnisse einer früheren ständigen Besiedlung ans Licht bringen sollten, wird man dies mit demselben

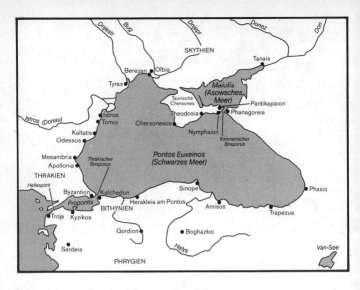

Abb. 12: Griechen im Schwarzmeergebiet

Prinzip wie bei der Kolonisation im Westen erklären müssen: mit einem Handelsweg, der entlang der Südküste des Schwarzen Meeres zu den Metallvorkommen Anatoliens geführt haben muß. Das Pontosgebiet wurde vor allem von Milet aus kolonisiert – es heißt, 75 oder sogar 90 Städte dort seien milesische Gründungen –; besonders bevorzugt waren dabei die Südküste bis nach Trapezūs (Trabzon) und darüber hinaus, auch die Küste vom thrakischen Bosporos nordwärts bis zur Donaumündung und die taurische Chersones (Krim) mit ihrem Umland.

In Nordafrika wurde Kyrene von der Insel Thera aus um 630 v. Chr. gegründet (s. S. 149 ff.). Seit etwa 600 schufen die Phokaier aus Kleinasien ganze Gruppen von Kolonien von ihrer Gründung Massalia (Marseilles) aus: von Nikaia (Nizza) über Antipolis (Antibes) bis Emporion (Ampurias) in Nordspanien.

Um 580 v. Chr. war die Kolonisationsbewegung praktisch zu Ende. Die günstigsten Plätze waren besetzt; noch nicht besiedelt war nur die Adriaküste, die aber mit ihrem unfruchtbaren Küstenstreifen, mit dem Mangel an natürlichen Häfen und mit ihrem durch den häufigen Nordwind ungünstigen Klima wenig attraktiv war. Nur Korkyra (Korfu) gründete dort einige Stützpunkte, und erst als später die dann feindlichen Etrusker den griechischen Nordeuropahandel blockierten, der durch ihr Gebiet führte, suchten die Griechen neue Handelswege durch die Po-Ebene und gründeten um 520 v. Chr. Spina im südlichen Mündungsgebiet des Flusses (nördlich von Ravenna), einen tiefgelegenen Ort mit »venezianischen« Kanälen. Dort hat man etwa 3000 Gräber freigelegt, die mehr athenische Vasen von höchster Qualität bargen als irgendeine andere Stätte. Außer mangelnder geographischer Attraktivität und Einschränkung des Fernhandels durch Fremde (hier Etrusker) gab es auch innergriechische, politische Gründe, die die Expansion begrenzten. Der Wettbewerb zwischen den griechischen *poleis* herrschte seit dem Beginn der ganzen Bewegung, als nämlich die Korinther auf ihrem Weg nach Syrakus die Eretrier aus Korkyra vertrieben und den Ort selbst besiedelten: Die Insel lag direkt am Weg nach Westen, dessen Bedeutung Korinth bereits klar erkannt hatte. Zumindest einige dieser Rivalitäten bei der Kolonisation lassen sich mit den Allianzen in Verbindung bringen, die der Lelantinische Krieg etwa um dieselbe Zeit geschaffen hatte (s. Kap. 5); es ist ja verständlich, daß die Polaritäten bei diesem Konflikt auch eine Tendenz zur Zonenbildung bei der Kolonisation hervorriefen, daß also aus diesem Grund z. B. Chalkis und Korinth im Westen und Norden dominierten, während Megara und Milet die Propontis und das Schwarzmeergebiet kontrollierten. Später wurden sogar manchmal Siedler eigens von einer Stadt eingeladen, die ihre Nachbarschaft schädigen wollte; umgekehrt wurden bisweilen Neusiedler bald nach ihrer Ankunft von den Bewohnern bereits bestehender benachbarter Kolonien wieder verdrängt.

Doch über solche innergriechischen Händel hinaus gab es weiterreichende Zwänge. So rief der Erfolg der Griechen bei der Kolonisation auch eine Expansion der Phoiniker hervor (zumindest waren beide Bewegungen fast gleichzeitig), die schließlich die Route entlang der nordafrikanischen Küste nach Karthago und weiter bis nach Spanien kontrollierten, und die eine Besiedlung durch Griechen dort wie auch auf Westsizilien (das der phoinikischen Gründung Karthago gegenüberliegt), auf Sardinien und auf den Balearen zugunsten ihrer eigenen Kolonisation verhinderten. Dasselbe Phänomen zeigte sich auf der Insel Korsika, die durch die Interessen der zunehmend urbanisierten Etrusker zum umstrittenen Gebiet wurde. Eine Reihe von griechischen Kolonisationsversuchen im späten sechsten Jahrhundert v. Chr. stieß wegen solcher Feindseligkeiten auf erhebliche Probleme.

Abgesehen von solchen großen Faktoren beeinflußten auch verschiedene kleinere, aber wichtige Gesichtspunkte die Wahl eines Platzes für die Gründung einer Kolonie. Als ideal galt – wie schon immer bei den Griechen – eine Landzunge wie Homers Phaiakenland oder Altsmyrna, die leicht zu verteidigen war, gute Häfen aufwies und ein fruchtbares Umland hatte. Ein hervorragendes frühes Beispiel dafür ist Syrakus mit seiner Inselfestung Ortygia (die erst später durch einen Dammweg mit dem Festland verbunden wurde), mit seinem doppelten Hafen und mit den fruchtbaren Böden auf dem Festland. Welches Gewicht die Erstsiedler den drei Faktoren jeweils gaben, wird von Gründung zu Gründung variiert haben – man kann daher heute von der Lage eines Ortes nicht direkt auf den Zweck seiner Gründung schließen (falls überhaupt eine Kolonie nur einem einzigen speziellen Zweck gedient haben sollte). Doch können die drei Kategorien Verteidigung, Handel und Land im weitesten Sinne dazu beitragen, den jeweils vorliegenden Fall zu untersuchen.

Krieger

Die frühesten Gründungen in einem Gebiet waren meist mit besonderer Rücksicht auf Verteidigungs- und Seeverbindungsmöglichkeiten angelegt; dies gilt z. B. für Naxos auf Sizilien oder auch für die Kolonien in der Nordägäis, wo die Chalkidike und Thasos vor den Bewohnern des Festlandes geschützt liegen. Von Kalchedon am Bosporus sagte zwar der Perser Megabazos, die Gründer dieser Kolonie müßten wohl blind gewesen sein, sonst hätten sie nicht die zur Ansiedlung weit bessere Stelle bei Byzantion auf der anderen Seite der Meerenge übersehen können, die erst siebzehn Jahre später besiedelt wurde (Herodot 4, 144) – Byzantion war aber durch seine Lage kaum vor thrakischen Raubzügen geschützt, so daß Kalchedon doch der sicherere Ort war, der noch dazu über fruchtbares Land in der Umgebung verfügte. In manchen Fällen, wenn die Haltung der Vorbevölkerung besser bekannt war, wurde die Hauptkolonie von der geschützten Insel oder Landzunge aufs Festland verlegt; so zogen z. B. die Siedler von Pithekussai nach Kyme (Cumae), die von Kyrene weg von der ursprünglichen Inselsiedlung zu einem Ort auf dem afrikanischen Festland (s. S. 151).

Eine gute Verteidigungsmöglichkeit war für viele Koloniegründungen entscheidend. Die Griechen bevorzugten unbewohnte Gegenden oder Gebiete, deren Einwohner noch primitiver und weniger organisiert lebten als sie selbst. Auf Sizilien wohnte die ansässige sikelische Bevölkerung vorwiegend in den Bergen; Funde aus verschiedenen Kolonien belegen, daß zwar auch dort bereits häufig eine vorgriechische Bevölkerung gesiedelt hatte, die aber klein war und leicht zu überwältigen. Die Kolonisten selbst kamen in kleinen Gruppen, die Männer standen im kampftauglichen Alter. Vom frühen siebten Jahrhundert v. Chr. an werden die neue schwerere Bewaffnung und die neue Infanterietaktik (s. Kap. 8) solchermaßen geübten Gruppen auch gegenüber größeren Gegnerzahlen erfolgreich gemacht haben. Die Dichtung des Archilochos legt die militärischen Aspekte der Kolonisation klar an den Tag: Sein Vater hatte im ersten Viertel des siebten Jahrhunderts eine Kolonistengruppe von Paros nach Thasos geführt; die Kolonie dort war – nach Ausweis der archäologischen Funde – bereits gut etabliert, als Archilochos zu ihr stieß. Dennoch dauerte der Kampf gegen die »Thraker, diese Hunde« (Archilochos 93 a W = 51 D) in »Thasos, der dreimal verdammten Stadt« (228 W) an: »Ich klage um Thasos, nicht um der Magnesier Not!« (20 W = 19 D) »Und wie ein Eselsrücken, so starrt die Insel durchweg von dem wilden Wald. ... Das ist kein schöner Platz, gar nicht begehrenswert und gar nicht lieblich wie das Land, durch das der Siris fließt.« (21–22 W = 18 D) Die nach dem Fluß benannte Stadt Siris in Unteritalien ist von Kolophoniern etwa zu derselben Zeit gegründet worden. Archilochos' Mitsiedler sind auch nicht besser: »Abschaum von ganz Hellas, so kamen wir auf Thasos zusammen.« (102 W = 54 D) Er zeigt eine aristokratische Geringschätzung der Stadt, die er beschützt, und einen eigensinnigen Stolz auf sein Kriegerdasein, wie er die Helden einer vergangenen Generation gekennzeichnet hatte: »Diener des Ares bin ich, des Herrschers im Schlachtengetümmel; kenn' auch gründlich zugleich lieblicher Musen Geschenk.« (1 W = 1 D) »Gerstenbrot und ismarischen Wein verschafft mir die Lanze; trinke ich, stehe ich auch fest auf die Lanze gestützt.« (2 W = 2 D) Doch zeigt Archilochos auch einen neuen Realismus: »Einen Feldherrn, der, von hohem Wuchs, spreizbeinig vorwärts stapft, sich mit Locken brüstet und den Schnurrbart abschert, mag ich nicht. Sei er bloß ein Zwerg und trage krumme Beine er zur Schau: Wenn er sicher nur auf seinen Füßen steht und Mut bewährt.« (114 W = 60 D) Und vielleicht weil er in einer Zeit des Übergangs von einer Kampfart zur anderen lebt, kann Archilochos die Ideale beider Arten verspotten:

Irgendein Saier (Thraker) brüstet sich jetzt mit dem prächtigen Schilde, den ich im Dickicht verlor – wahrlich, das wollte ich nicht!
Aber ich selber entkam! Was soll mich der Schutzschild noch kümmern?
Fort! Ich schaffe mir bald einen nicht schlechteren an.
(Archilochos 5 W = 6 D)

Der Verlust des Schildes war die schlimmste Schande für einen Soldaten. Doch trotz Archilochos' Hohn war Thasos nicht undankbar gegenüber seinen Helden: Bei den Ausgrabungen auf Thasos fand man ein Monument aus dem späten siebten Jahrhundert v. Chr., das wohl zu einer gewissen Form von Kulthandlungen diente; es handelt sich also um einen Altar oder einen Kenotaph zu Ehren des Glaukos, eines Freundes von Archilochos:

Ich bin des Glaukos Mal, des Sohnes des Leptines;
errichtet haben mich des Brentes Söhne. (Meiggs – Lewis 3)

Ohne solche Krieger hätte es keine griechische Kolonisation gegeben.

Händler

Doch waren es die Händler, deren Informationen für die Position der frühen Kolonien ausschlaggebend waren; Nachschubmöglichkeiten und Seeverbindungswege waren die Ursache für die Häufung der Neusiedlungen entlang der Handelsrouten. Auch in anderer Hinsicht war der Handel ein wichtiger Faktor der Kolonisation. So hatten die wichtigsten Mutterstädte (Chalkis, Eretria, Korinth, Megara, Milet, Phokaia) anscheinend alle starke Handelsinteressen. Nun unterscheidet man heute meist einen Handelsposten *(emporion)* von einer Kolonie (*apoikia*, d. h. »Weg-, Fort-Siedlung«): Ein *emporion* wird als spontan gewachsener Zusammenschluß einer gemischten Händlergemeinde angesehen, während zur *apoikia* ein zeitlich fixierter öffentlicher Akt einer speziellen Stadt oder Gruppe für notwendig gehalten wird. Diese Unterscheidung ist zwar sinnvoll, doch sind die Grenzen nicht so deutlich, wie es scheinen könnte: Waren z. B. die griechischen Gründungen auf Pithekussai oder in Spina *apoikiai* oder *emporia*? Herodot nennt (4, 24) sogar alle Kolonien an der Nordküste des Pontos *emporia*. Außerdem ist es sicher, daß auch in traditioneller Weise gegründete Kolonien von Zeit zu Zeit aus reinen Handelsinteressen heraus ins Leben gerufen worden waren, z. B. zum Schutz eines Handelswegs, wie das bei der Eroberung und Neubesiedlung von Korkyra durch Korinth der Fall war. Auch Zankle (das spätere Messene, heute Messina) mit seinen guten Häfen wurde schon früh, um 730 v. Chr., von Chalkidern gegründet, die von dort aus Piraterie treiben oder die Straße von Messina – und damit den Weg nach Pithekussai – kontrollieren wollten. Allerdings fehlte es gerade in Zankle an urbarem Umland, so daß die Siedler gezwungen waren, die Hilfskolonie Mylai (heute Milazzo) im Westen zu gründen. Die Anlage von Zankle war eine Weiterführung des vorhergehenden Planes, eine andere gemeinsame Gründung mit den Messeniern auf der gegenüberliegenden Seite der Meerenge bei Rhegion (Reggio) vorzunehmen. Ähnliches mag bei den beiden megarischen Siedlungen bei Kalchedon und Byzantion vor sich gegangen sein.

Offenbar nutzten die Siedler, sobald sie sich etabliert hatten, den natürlichen Reichtum ihrer neuen Umgebung aus, sowohl zu ihren eigenen Gunsten als auch für ihre Heimatstadt oder ihre Handelspartner. Archäologische Zeugnisse belegen, daß die Kolonien im Westen schon von ihrer Gründung an insbesondere korinthische Keramik importierten; vermutlich wurden auch die anderen eingeführten Fertigprodukte von korinthischen und anderen Händlern herbeigebracht. In Taras (Tarent) zeigt die große Menge lakonischer Keramik, die man bei den Ausgrabungen gefunden hat, daß der Ort mit der Mutterstadt Sparta enge Beziehungen unterhielt, die zumindest teilweise wirtschaftlicher Art waren (wenn auch sonst beide Städte nicht gerade als Handelszentren galten). Die importierten Güter müssen für lokale Produkte eingetauscht worden sein: im Westen für Getreide und agrarische Produkte, aber auch für Sklaven, in den in Richtung Thrakien gelegenen Gegenden für Silber, Felle, Holz und Sklaven, im Schwarzmeergebiet für Getreide, Trockenfisch und wiederum Sklaven. Im allgemeinen war Handel dieser Art freilich eher eine Folge als eine Ursache der Kolonisation, auch wenn später Städte wie Korinth und Milet durchaus die Bedeutung des Rohstoffnachschubs aus den Kolonien erkannten. In Sizilien gibt es jedenfalls keine archäologischen Zeugnisse für einen griechischen Handel oder Händlersiedlungen *vor* den frühesten Kolonien: Die einheimische (vorgriechische) Kultur und die Bodenschätze dort waren an sich wenig attraktiv. Auch nach der Gründung der Kolonien fehlte es meist an einem freundlichen Kontakt zur sikelischen Vorbevölkerung (der ja für einen Handel notwendig gewesen wäre); allerdings könnten die Verbreitung griechischer Keramik im Binnenland, die von Kamarina (gegründet 598 v. Chr.) ausging, und das aus literarischen Quellen bekannte Bündnis dieses Ortes mit den Sikelern beim (erfolglosen) Aufstand gegen Syrakus 552 v. Chr. auf Ausnahmen hinweisen. An der Nordküste des Pontos scheinen die lokalen skythischen Anführer mit den griechischen Kolonien zusammengearbeitet zu haben: Die Skythen lieferten Sklaven und Getreide, die Griechen Luxusgegenstände aus Metall, die sich in großer Zahl in skythischen Grabhügeln gefunden haben.

Die von Phokaia ausgehende Kolonisation ist ein extremes Beispiel für diese Tendenzen:

Die Phokaier haben als erste unter den Hellenen weite Seefahrten unternommen, und sie sind es, die die Adria bekannt gemacht haben und Etrurien und Spanien und die Stadt Tartessos. Sie fuhren nicht auf breiten Fracht-, sondern auf Kriegsschiffen *(pentēkontoroi)*. Und als sie nach Tartessos kamen, machten sie sich sehr beliebt beim König von Tartessos, der hatte den Namen Argathonios und herrschte über Tartessos achtzig Jahre, lebte aber insgesamt einhundert und zwanzig. Bei diesem Mann also machten sich die Phokaier so ausnehmend beliebt, daß er sie zuerst ermunterte, Ionien zu verlassen und sich in seinem Land niederzulassen, wo sie wünschten, und nachher, als er die Phokaier nicht dazu bereden konnte, er aber erfuhr, wie der Meder (Perser) bei ihnen größer und größer wurde, schenkte er ihnen Geld, eine Mauer um die Stadt zu ziehen. Und er gab's mit vollen Händen; denn die Mauer hat nicht wenige Stadien Umfang, und dann ist sie ganz aus großen und sorgfältig gefügten Steinen. (Herodot 1, 163)

Tartessos (Ezechiels *Tarschisch*, s. S. 89), jenseits der Straße von Gibraltar, war ein Lieferant seltener Metalle wie Zinn und insbesondere Silber, das in Nordwestspanien gewonnen wurde; die Ereignisse, die Herodot beschreibt, lassen sich in die Zeit zwischen 640 und 550 v. Chr. datieren. Die Phokaier ließen ganz offenbar die älteren Gründungen hinter sich und versuchten sich auf den ferneren – und gefährlicheren – Routen, um neue Märkte zu finden. Ihre Kolonie Massalia (Marseilles), gegründet um 600 v. Chr., liegt in wenig fruchtbarem Land, war also wohl keine landwirtschaftliche Gründung; sie diente vielmehr zur Kontrolle der rhôneaufwärts führenden Wege. In ihrer Gründungssage spiegelt sich das Entgegenkommen der Vorbevölkerung: Deren Prinzessin nämlich soll sich spontan in den Gründer der phokaiischen Kolonie Massalia verliebt und ihn sogleich geheiratet haben; die Griechen hätten, so heißt es weiter, die Bevölkerung im Ackerbau unterwiesen, sie die Ummauerung der Städte gelehrt und sie daran gewöhnt, »nach Gesetzen und nicht bloß mit Waffengewalt zu leben, auch Reben zu beschneiden und Ölbäume anzupflanzen; und bald war es um Menschen und Dinge so glanzvoll bestellt, daß nicht Griechenland nach Gallien ausgewandert, sondern Gallien nach Griechenland versetzt zu sein schien.« (Iustin 43, 3–4) Archäologische Zeugnisse belegen auch tatsächlich solche Wandlungen und die allmähliche Hellenisierung des Gebietes. Entlang der Rhône kamen griechische Objekte bis in die Gegend von Paris; so brachte die Ausgrabung eines reichen Grabes bei Vix im Seinetal den wohl schönsten bisher bekannten griechischen (wahrscheinlich spartanischen) Bronzekessel (*kratēr*, in dem Wein gemischt wurde) ans Licht; bei ihm fand man etruskische und athenische Keramik vom Ende des sechsten Jahrhunderts v. Chr. Auch an anderen Orten im westlichen Mitteleuropa (s. Abb. 11) fanden sich griechische Objekte, in der Schweiz, in Deutschland (besonders in Baden-Württemberg), sogar in Schweden (bei Stockholm). In der phokaiischen Kolonie Emporion (»Handelsplatz«) in Nordspanien (heute Ampurias), die etwa gleichzeitig mit Massalia gegründet worden war, lebten Einheimische und Griechen zusammen in derselben Siedlung. Phokaias Handelsunternehmungen setzten sich fort, bis 545 v. Chr. die Bewohner der Stadt auf der Flucht vor den Persern nach Alalia, ihrer Kolonie auf Korsika ziehen mußten. Das aber rief einen gemeinsamen Angriff durch die Etrusker und die Karthager hervor, die ihre eigenen Interessen durch eine solche Verstärkung des phokaiischen Handelsplatzes bedroht sahen; trotz ihres Sieges in der Seeschlacht bei Alalia (540 v. Chr.) mußten sich die Phokaier nach Hyele (Elea, an der Westküste Lukaniens am Golf von Vallo) zurückziehen, weit südlich von den anderen griechischen Siedlungen am Golf von Neapel. Die Karthager gewannen rasch auch die Kontrolle über Tartessos, so daß die Griechen bald von Südspanien und Korsika ausgeschlossen waren. – Das phokaiische Seehandelsgebiet wird dabei nicht das einzige seiner Art gewesen sein. Von anderen Handelsstädten ist nur weniger bekannt; z. B. gibt es über die Beziehungen zwischen Milet und seinen Kolonien nur spärliche Zeugnisse. Von Korinth ist immerhin bekannt, daß die Stadt noch bis ins fünfte vorchristliche Jahrhundert hinein für ihre Kolonien viele führende Beamte selbst stellte und sich auch sonst um eine gewisse Kontrolle bemühte; so stammten die städtischen Amtsträger in den Kolonien noch lange zumeist aus der Mutterstadt, die auch eine Reihe politischer Vorrechte für sich beanspruchte; die Münzprägung in den Kolonien orientierte sich an korinthischen Motiven und Gewichtsstandards (s. S. 190f.).

Bauern

Der wichtigste ökonomische Faktor, der einen Einfluß auf die griechische Kolonisation ausübte, war aber zweifellos die Suche nach Land. Ein so enorm hoher Bevölkerungsanstieg, wie ihn die Zahlen der Bestattungen pro Generation in Attika zu zeigen scheinen (s. S. 80f. mit Abb. 4), ist auch in anderen Zeiten nur äußerst selten erreicht worden. Er entsteht nur unter Bedingungen, die keinen Begrenzungsfaktor für ein Bevölkerungswachstum aufweisen, also in kolonialen oder kolonisierenden Gesellschaften, denen unbegrenzt viel Land zur Verfügung steht: Rapides Bevölkerungswachstum setzt die Verfügbarkeit von Land voraus. Auch wenn es (noch) keine Untersuchungen über die Verhältnisse außerhalb von Attika gibt, zeigt sich doch ein allgemeines Bevölkerungswachstum auch anderswo in Griechenland. Viele Grenzkonflikte dieser Zeit, auch der Lelantinische Krieg (s. Kap. 5), werden darauf ebenso zurückgehen wie die Wandlungen in der Landwirtschaft und das Aufkommen der Städte (s. Kap. 4). Athen hatte ein großes Umland und war deswegen lange nicht an der Kolonisationsbewegung beteiligt (welche Probleme sich daraus ergaben, ist das Thema von Kap. 11); dasselbe gilt für viele der anderen nicht kolonisierenden *poleis*, die entweder über ein genügend großes Umland vor ihren Toren verfügten oder in die weitere Umgebung hin expandieren konnten. So erklärt sich vielleicht auch die relativ geringe Zahl der von kleinasiatischen Städten ausgehenden Kolonien; Sparta gehört ebenfalls hierher, das im frühen siebten Jahrhundert das benachbarte Messenien eroberte (s. Kap. 10) und nur eine einzige Kolonie, Taras, gründete, die noch dazu von den sogenannten *partheniai* (»Mädchensöhne«) besiedelt wurde: Dabei handelte es sich angeblich um Kinder spartanischer Frauen, die während der Abwesenheit der Ehemänner im messenischen Krieg gezeugt, also illegitim waren und die daher von der Landverteilung nach der Eroberung Messeniens ausgeschlossen wurden, so daß ihnen nur die Koloniegründung in der Fremde übrig blieb (s. S. 208).

Die Suche nach Land war immer wichtig bei der Gründung einer Kolonie (auch wenn diese eigentlich anderen Zwecken dienen sollte), denn die neue Stadt mußte autark sein. Doch wird das Land sicher in den meisten Fällen sogar der ausschlaggebende Faktor gewesen sein, denn der griechische Rechtsbrauch sah eine gleichmäßige Erbteilung auf *alle* Söhne vor, was bald zur Entstehung allzu kleiner Parzellen führen mußte. Die Möglichkeit für ein Bevölkerungswachstum war also in den Städten mit nur wenig Umland sehr begrenzt, Hesiod riet daher auch zu nur einem Sohn (Erga 376–80; s. S. 51). Als aber durch Händler Nachrichten über andere Länder bekannt wurden, konnte man versuchen, die vom Bevölkerungsdruck hervorgerufenen sozialen Spannungen durch die Suche nach Land in der Fremde abzubauen – und so einen inneren Umsturz zu verhindern: Die Stadt organisierte dazu eine Koloniegründung. Die Entdeckung, daß Land im Bereich der Kolonien ausreichend zur Verfügung stand, wird ein Wachstum der Bevölkerung und dies wiederum noch mehr Koloniegründungen hervorgerufen haben; viele Städte sandten binnen einer Generation sogar mehrmals Kolonisten aus. Bei einer solchen Wechselwirkung von Ursache und Folge ist es nicht einfach zu bestimmen, ob die Kolonisationsbewegung eher eine Antwort auf ernstliche innere Probleme der Stadt war, auf Landhunger, Armut oder Mangel, oder ob sie mehr eine Reaktion war auf die sich außen anbietenden Möglichkeiten wie Wohlstand, Gleichheit und Freiheit von gesellschaftlichen Zwängen in den neuen Gründungen. Zwei Einzelfälle sprechen für ein Überwiegen des ersten Grundes, also des Bevölkerungsdruckes: Einmal der Fall von Kyrene, der unten (S. 149 ff.) behandelt werden soll, zum anderen der der eretrischen Siedler in Korkyra, die nach ihrer Vertreibung durch ihre korinthischen Mitsiedler in die Mutterstadt Eretria zurückzukehren versuchten, dort aber nicht aufgenommen wurden und schließlich nach Methone in Thrakien zogen – woraus ihr Spitzname »die Herausgeschleuderten« entstand (Plutarch, 11. Griechische Frage, Moralia p. 293 a–b). Viele Siedler kamen zumal aus Orten im Binnenland oder aus unterentwickelten Gebieten, wo Landknappheit und wirtschaftliche Not die Abwanderung verursacht haben werden; so stammten die meisten der korinthischen Siedler, die unter Archias Syrakus gründeten, nicht aus der Stadt Korinth selbst, sondern aus dem Dorf Tenea im Binnenland (Strabon 8, 6 p. 380). Die Mehrzahl der Siedler in Süditalien stammte aus Achaia, einer ländlichen Region ohne wichtigen Hafen, ohne Städte; daß sie ihre Kolonien in fruchtbare alluviale Ebenen legten, zeigt ihr Interesse an der Landwirtschaft, auf der der größte Teil ihres enormen Reichtums beruhte – symbolisiert im Emblem auf den Münzen von Metapontion: einer Kornähre.

Die Gründung einer Kolonie

Wie wichtig Land bei der Kolonisation war, zeigt sich an der genau ausgearbeiteten Organisation der Siedlungsgründungen. Es ist allerdings nicht ganz einfach, ein Bild vom tatsächlichen Vorgang der Kolonisation zu entwerfen, da die verstreuten literarischen Belege, die uns erhalten sind, oft von anekdotischem Charakter sind und daher leicht in die Irre führen können; jede Gründung muß ja außer von den in Anekdoten überlieferten speziellen Überlegungen auch von allgemeineren Tendenzen veranlaßt worden sein. Für diese stehen uns neuere archäologische Zeugnisse aus Süditalien und Sizilien zur Verfügung.

Die einzige erhaltene Darstellung der Kolonisation einer speziellen Region findet sich am Beginn des sechsten Buches (1–6) in Thukydides' Geschichtswerk, wo die Kolonisation Siziliens (höchstwahrscheinlich nach der verlorenen Lokalgeschichte eines Zeitgenossen des Thukydides, Antiochos von Syrakus) beschrieben ist – ein hervorragendes Beispiel für die Traditionen von Koloniegründungen. Neben einer mündlichen Überlieferung, die es möglicherweise mancherorts gegeben hat, war es die Erinnerung an bestimmte wichtige Tatsachen – den Namen des Anführers *(archēgetēs)* der Erstsiedler, deren Herkunft und das Alter der Gründung –, die anscheinend im Zusammenhang mit religiösen Ritualen wachgehalten wurde. Der »Gründer« einer Kolonie war ein Aristokrat, der die Erstsiedler anführte, die Verteilung des Landes überwachte und die rechtlichen, politischen und religiösen Institutionen der neuen Siedlung einrichtete: »Er zog eine Mauer um die Stadt und baute Häuser und schuf Tempel der Götter und verteilte die Äcker«, wie es bei Homer (Odyssee 6, 9–10) im Abschnitt über die Phaiaken heißt, der möglicherweise die für Homer neueste Entwicklung widerspiegelt. Als dem Garanten und Beschützer der neuen Gemeinde begegnete man dem Gründer der Kolonie mit derselben Ehrfurcht wie den Kriegerhelden in der Heimat; nach seinem Tod verehrte man ihn als Heros. Daß solche Ehrungen nicht allgemein zur Herausbildung von monarchischen Dynastien führten, ist überraschend; nur in Kyrene ist der Übergang einer solchen Herrschaft auf den Sohn des Gründers belegt.

Die Erstsiedler kamen als geschlossene Gruppe aus einer oder höchstens zwei Städten. Die Kulte des neuen Staates glichen natürlich denen in der Heimat, so daß sich mit der Mutterstadt dauerhafte religiöse Bindungen offizieller Natur ergaben. Darüber hinaus war *ein* Gott von besonderer Bedeutung: Apollon, dessen Orakel in Delphi (in den Bergen der Nordküste des Golfes von Korinth) von den Kolonisten auf ihrem Weg von der Heimat über Korinth (wo sie sich einschifften) nach dem Westen viel befragt wurde. Der Gott sicherte dann jeweils seine Schirmherrschaft über die neue Siedlerbewegung unter seinem Kultbeinamen »der oberste Anführer«, *archēgetēs,* zu. Die Ankunft der Griechen auf Sizilien beschreibt Thukydides:

Von den Hellenen aber gründeten zuerst die Chalkider, die von Euboia herüberfuhren, unter Thoukles als ihrem Gründer Naxos, und sie errichteten den Altar des *Apollōn Archēgetēs,* der heute noch außerhalb der Stadt liegt und an dem alle Festboten aus Sizilien zuerst opfern, bevor sie (zu den pythischen Spielen nach Delphi) lossegeln.

(Thukydides 6, 3, 1)

Dieser Altar war das gemeinsame religiöse Zentrum der sizilischen Kolonien; er wird auch die eigentliche Quelle für die Gründungsdaten der Siedlungen dort sein, die Thukydides wiedergibt. Dabei handelt es sich um die einzigen genauen und zutreffenden Gründungsdaten von Kolonien, die wir kennen (sie beruhen offenbar nicht auf einer Generationenrechnung); diese Daten sind somit auch die Grundlage für die Chronologie des frühen Griechenland: Die bei der Ausgrabung einer Kolonie in der untersten (frühesten) griechischen Schicht gefundene korinthische Keramik (deren Stil ja eine relative Chronologie ermöglicht; s. Kap. 2) wird mit den aus Thukydides bekannten Gründungsdaten in Beziehung gesetzt, so daß sich eine absolute Chronologie der korinthischen Keramik ergibt, die dann eine zeitliche Einordnung anderer, bei Thukydides nicht genannter, ausgegrabener Kolonien möglich macht. – Der Aufstieg Delphis als Zentrale der Kolonisationsbewegung steht übrigens möglicherweise auch mit dem Lelantinischen Krieg in Verbindung, denn es fällt auf, daß die erhaltenen echten Orakel des Apollon von Delphi die Gründungen von Korinth, Chalkis und den befreundeten *poleis* (s. Kap. 5) betreffen, nicht aber die von Eretria und dessen Aliierten. Dabei waren die von Delphi unterstützten Kolonien dann so erfolgreich, daß man später das Fehlen eines Orakelspruches als Grund für das Scheitern einer Siedlerexpedition ansehen konnte (Herodot 5, 42), und daß einige Städte, die ohne Apollons Spruch gegründet worden waren, sich gefälschte »Orakel aus Delphi« zulegten.

Die Anzahl der Siedler bei einer Expedition muß recht klein gewesen sein, vielleicht zweihundert oder noch weniger Leute: Eine Stadt hätte sonst nicht bis zu vier oder fünf Kolonien binnen einer einzigen Generation gründen können; auch ist auf einer Inschrift des vierten vorchristlichen Jahrhunderts, die von der Gründung einer Kolonie auf Schwarzkorkyra (Korçula; s. Abb. 11) handelt und die Namen der Erstsiedler nennt, nur für 150 bis höchstens 300 Namen Platz[*]. Die Kolonisten werden unverheiratete waffenfähige Männer gewesen sein, wahrscheinlich aus Familien mit mehr als einem Erben. Am Ort der neuen Siedlung angekommen, werden sie zunächst den Platz befestigt (allerdings gibt es bisher keine Zeugnisse für eine so baldige Ummauerung) und das Land verteilt haben. Die einzelnen Grundstücke wurden – wie bei der Erbteilung im Mutterland – nach vergleichbarer Größe und Qualität aufgeteilt und dann verlost; auf dieser Zuweisung von Landlosen beruhte die neue, koloniale Gesellschaft.

Archilochos (293 W) erzählt von Aithiops aus Korinth, der als Kolonist nach Syrakus gezogen war, daß er schon auf der Fahrt das Landlos, das ihm nach der Ankunft in Syrakus zuge-

---

[*] F. G. Maier, *Griechische Mauerbauinschriften*. I, Vestigia 1, Stuttgart 1957, Nr. 57.

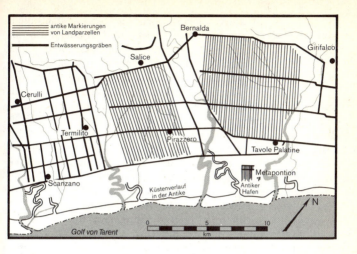

Abb. 13: Metapontion und seine Umgebung

standen hätte, für einen Honigkuchen an einen Gefährten verkauft habe (Athenaios 4 p. 167d). Das bei der ersten Verlosung zugesprochene Land galt als ein handgreiflicher Beweis für das koloniale Bürgerrecht des Besitzers, später belegte es die Zugehörigkeit zum inneren Kreis der Siedler. Aristoteles berichtet (Politik 6 p. 1319a), es sei in vielen Städten in alter Zeit auch Gesetz gewesen, »daß man die ersten Landlose nicht verkaufen durfte« – das bezieht sich sicher gerade auf Kolonien. Die Charakteristika solcher Landverteilungen zeigen sich dann auch in der Gestalt mancher Städte im Westen: z. B. weist der archaische Stadtplan von Megara Hyblaia auf Sizilien ein Netz paralleler Straßen auf, das große, geradlinig begrenzte Grundstücke für je ein Haus mit Garten einteilte. Öffentlicher Grund war anscheinend von Anfang an ausgespart worden, so daß es für Tempel und andere Einrichtungen der Allgemeinheit genügend Platz gab. Der Plan war zwar nicht ganz regelmäßig, doch scheint er jedenfalls auf die Gleichheit der Grundstücke abgestellt gewesen zu sein. Die Größe des Areals, das hier wie auch in anderen Städten (z. B. Syrakus, Leontinoi, Akragas und Kaulonia) von einer Mauer umfaßt wurde, machte eine solche »Gartenstadt« möglich, die sich sehr von den sonst üblichen

Städten des Mittelmeergebietes unterschied – sie bestand nicht nur aus dichtstehenden Häuserblocks und diente nicht nur als Schlafstadt. Regelmäßige Stadtpläne hat man auch bei fünf oder sechs anderen Ausgrabungen von Kolonien entdeckt oder annehmen können, und selbst wenn das Alter einer solchen Planung noch umstritten ist, kann man wenigstens sicher sagen, daß noch bei keiner Kolonie die Ausgrabungen einen unregelmäßigen Stadtplan ans Licht gebracht haben. – Außerhalb der Stadtmauer lag das Umland, das auch unter den ersten Siedlern aufgeteilt wurde; in der Umgebung von Metapontion in Süditalien hat man zwei antike Feldersysteme entdeckt, die Spuren von parallel verlaufenden Gräben (zur Begrenzung und wohl auch zur Bewässerung) im Abstand von 210 oder 240 Metern auf fast zehn Kilometer Länge aufweisen (s. Abb. 13).

An anderen Städten, wie z. B. Syrakus, Gela und Taras (Tarent), fällt zumindest auf, daß die zentrale Ebene, die jeweils das ursprüngliche Umland der Kolonien bildete, keinerlei Spuren von einer Besiedlung zeigt, wohl aber rings von griechischen Dörfern umgeben ist, in denen wohl die Nachzügler siedelten. Die Erstsiedler wurden also zu einer Art kolonialer Aristokratie, ihnen gehörte das beste Land in nächster Nähe der Stadt. Dies erklärt auch, warum die später übliche Regierungsform in den Kolonien oft eine relativ große Reiteraristokratie aus gut hundert Familien war; eine ganze Reihe von Kolonien in Süditalien hatte einen regierenden Rat mit tausend Mitgliedern, die von den Erstsiedlern abstammten; in Syrakus waren die Aristokraten unter dem Namen *gamoroi* (»die sich das Land aufgeteilt haben«) bekannt.

Die ersten Jahre einer Kolonie

Für zwei weitere wichtige Fragen haben wir nur wenige Belege, die eine Antwort ermöglichen. Einmal stellt sich nämlich das Problem der Arbeitskraft, zum anderen fragt sich, woher die Kolonisten ihre Frauen nahmen, da die Erstsiedler möglicherweise keine Frauen mitgebracht hatten. Holten sie sich Frauen aus der neuen Umgebung oder kamen Griechinnen später nach? Letzteres ist eigentlich nicht so wahrscheinlich, da der proportionale Anteil der Frauen an der Gesamtbevölkerung Griechenlands wohl durch die damals übliche Kindsaussetzung künstlich klein gehalten wurde, so daß sich Bevölkerungsdruck vorwiegend auf der Seite der Männer auswirkte. Wahrscheinlicher ist, daß die Siedler sich einheimische Frauen durch Raub oder auf andere Weise nahmen, bis die Kolonie so weit gefestigt war, daß Eheverbindungen mit der Vorbevölkerung erwünscht – oder aber verboten – waren. Auf frühe Eheverbindungen mit Thrakerinnen deuten z. B. einige nichtgriechische Namen in der Bevölkerung der Kolonie Thasos, wo später alteingesessene Familien stolz auf solche Namen hinwiesen. Doch nur für Kyrene (in Nordafrika) geben die Zeugnisse eine eindeutige Aussage: dort nämlich hielten sich noch in Herodots Zeit die Frauen an gewisse nichtgriechische Ernährungsvorschriften (Herodot 4, 186); auch gibt es in Kyrene Anzeichen für einen Einfluß der Vorbevölkerung auf den Kult der Kolonisten: Der alexandrinische Dichter des dritten vorchristlichen Jahrhunderts Kallimachos, der aus Kyrene stammte, beschreibt, wie die Siedler, »gegürtete Männer des Ares (Enzos), mit den blonden Frauen von Libyen im Reigen tanzten« (Kallimachos, Apollonhymnos 85–86). Solcherlei Belege würden wir auch anderswo erwarten, doch fehlen sie bemerkenswerterweise. Viele der westgriechischen Heiligtümer liegen – das ist sonst unüblich – außerhalb der Stadtmauern, was auf eine Verbindung zu älteren Kulten der Vorbevölkerung hinweisen könnte; doch haben sich noch keine archäologischen Zeugnisse zur Stützung dieser Annahme gefunden, auch gibt es keine Belege für nichtgriechische Riten bei den Kulten selbst.

Eine ebenso fundamentale Frage wie die nach der Herkunft der Frauen ist die nach der Arbeitskraft, die den Siedlern zur Verfügung stand. Auch hier ist es höchstwahrscheinlich, daß zumindest einige agrarische Kolonien die Vorbevölkerung als hörige Ackerknechte benutzten. Für diese Annahme spricht die Zerstörung vieler vorgriechischer Siedlungen in griechisch kontrollierten Gebieten, außerdem gibt es Anzeichen für getrennte Gräberfelder einer armen und nur halb hellenisierten Schicht. Doch lassen sich nur zwei sicher bezeugte Fälle für die Existenz einer Klasse von Leibeigenen in den frühen Kolonien anführen: In Syrakus wurden die Güter der *gamoroi* von einer Gruppe von Männern namens *killyrioi* (»Eselsmänner«?) bewirtschaftet, die Aristoteles (Frg. 586 Rose) mit anderen versklavten Völkern vergleicht; sie unterstützten etwa 491 bis 485 v. Chr. die syrakusanischen Unterschichten beim Versuch, die *gamoroi* zu vertreiben (Herodot 7, 155). Der zweite Fall ist anders gelagert:

In Herakleia an der Südküste des Schwarzen Meeres (s. Abb. 12) hatten sich die *Mariandynoi,* ein lokaler Stamm, angeblich freiwillig den griechischen Kolonisten ausgeliefert und arbeiteten nun auf deren Feldern; als Gegenleistung gewährten ihnen die Griechen den Lebensunterhalt und militärischen Schutz, außerdem war ausdrücklich vereinbart, daß kein solcher Ackerknecht nach auswärts verkauft werden durfte (Athenaios 6 p. 263 d–e; Platon, Nomoi 6 p. 776 cd). All das sieht nach einer Art Selbstschutz vor Angriffen durch die Griechen oder durch andere mächtige lokale Stämme aus. Beide Fälle deuten darauf hin, daß solche Formen von Knechtschaft selten waren, denn es wird eigens auf den besonderen rechtlichen Status der Gruppen hingewiesen, die auch ein gewisses Identitätsgefühl bewahrten – sie waren eben keine Sklaven. In anderen Kolonien mag freilich die soziale Herkunft der Arbeitskräfte für die Landwirtschaft sehr unterschiedlich gewesen sein, dort werden diese Abhängigen auch keine geschlossene Gruppe gebildet haben; man wird sie gewöhnlich als Sklaven angesehen haben.

Eine endgültige Antwort auf beide Fragen, die nach den Frauen und die nach den Arbeitskräften, ist also nicht möglich. Immerhin aber bringen die Ausgrabungen des Gräberfelds der Erstsiedler von Naxos, der frühesten griechischen Siedlung auf Sizilien, die Probleme vielleicht doch einer Lösung näher. Dort nämlich hat man keinerlei Anzeichen für nichtgriechische Bestattungen gefunden, vielmehr war sogar in einem Grab eine Frau mit ihrem neugeborenen Kind nach griechischer Sitte mit all ihrer persönlichen Habe bestattet; ihr Mann und ein älteres Kind waren später in ihrer Nähe begraben worden. Auch wenn ein einzelner Grabkomplex keine sichere Grundlage für eine allgemeine Hypothese ist, lassen sich aus ihm vielleicht zwei Schlüsse ziehen: Erstens, daß in einigen Siedlungen die Frauen wenige Jahre nach der Gründung aus der Mutterstadt nachfolgten, und zweitens, daß es in manchen Kolonien so viel Land gab, daß ein rasches Bevölkerungswachstum möglich war; dieses wird zunächst alle nötige Arbeitskraft gestellt haben und auch die Grundlage für den Wohlstand der Gemeinde sowie der einzelnen Familien gewesen sein.

Unter den Griechen selbst kann die Gleichheit der Siedler in den neuen Gründungen nicht lange bestanden haben, denn nur die Erstsiedler waren einander gleichgestellt. Nachzügler erhielten zwar auch das Bürgerrecht und etwas Land, doch nicht mehr nach dem Gleichheitsgrundsatz. Es sind diese einzelnen

Zuwanderer, die Archilochos den »Abschaum von ganz Hellas« nennt (102 W = 54 D; s. S. 135); da sie nicht die Macht einer geeinten Gruppe hatten, erhielten sie bloß peripheres Land und blieben von privilegierten Positionen ausgeschlossen. Somit ergab sich bald wieder eine Klassenstruktur wie in den Mutterstädten, die allerdings – angesichts des erst kurzen Bestehens der Kolonien – nicht mehr so sehr auf ererbtem Status beruhte, sondern vielmehr recht offensichtlich auf Reichtum. Die meisten Koloniestädte wuchsen und gediehen, so daß viele schon binnen einer Generation ihrerseits Kolonisten aussandten; ein Jahrhundert nach der Gründung hatten die größten Kolonien bereits die jeweiligen Mutterstädte an Macht und Reichtum überrundet und besaßen ihre eigene Geschichte.

Die Gründung von Kyrene

Weder schriftliche Dokumente noch – von Herodot aufgezeichnete – mündliche Traditionen reichen in die Zeit vor 650 v. Chr., also zu den frühesten Gründungen zurück; einzelne Lokalgeschichten über diese Zeit sind fast vollständig verloren oder, wo erhalten, unglaubwürdig. Doch in einem – etwas später liegenden – Fall ist es möglich, Dokumente und Traditionen sinnvoll zu vereinen, so daß die Gründung einer Kolonie detailliert dargestellt werden kann: Bei der Gründung von Kyrene um 630 v. Chr.

Thera (das heutige Santorin), das von dorischen Griechen bewohnt war, ist wohl die merkwürdigste Insel der Ägäis, denn sie besteht aus dem Kraterrand eines riesigen Vulkans, der während der minoischen Zeit, um 1500 v. Chr., ausgebrochen sein muß – anscheinend einer der mächtigsten Vulkanausbrüche der Weltgeschichte, bei dem nicht nur die Siedlungen auf Thera von einer fast zehn Meter dicken Schicht begraben wurden (was heutige Ausgrabungen zeigen), sondern auch die auf die Explosion folgenden Flutwellen bis nach Kreta gereicht haben müssen (woran sich eine – inzwischen allerdings wohl mit Recht bezweifelte – Theorie über die Zerstörung der minoischen Kultur knüpft). Seit dem Vordringen der Dorier war die Insel allerdings in den Hintergrund getreten; zwar wird der gute vulkanische Ackerboden ihr einen gewissen Reichtum ermöglicht haben, doch hat die abgelegene Position Theras die Insel von der

Entwicklung in Griechenland praktisch abgeschnitten. Erst in der zweiten Hälfte des siebten vorchristlichen Jahrhunderts wurde offenbar auf der Insel der Bevölkerungsdruck spürbar, der in Griechenland schon vorher wirksam gewesen war. Seine Auswirkungen auf Thera beschreibt Herodot im vierten Buch (150–58) und geht dabei auf Geschichten der Bewohner von Thera und auch auf Erzählungen der theraischen Kolonisten in Kyrene zurück.

Die theraische Version der Ereignisse berichtet davon, wie Delphi zur Gründung einer Kolonie in Libyen riet; die Theraier freilich »kümmerten sich nicht weiter um den Spruch, denn sie kannten Libyen nicht und hatten keine Vorstellung, wo es überhaupt liegt, und wagten auch nicht, so ins Blaue eine Kolonie auszusenden« (Herodot 4, 150, 4). Daraufhin folgte aber eine siebenjährige Dürre auf Thera; Delphi beantwortete die Frage nach der Ursache dafür mit einer Wiederholung der Aufforderung. Bei Nachforschungen auf Kreta fand man schließlich einen Purpurfischer, den ein Sturm einst nach Libyen verschlagen hatte. Ihn gewannen die Theraier als Führer einer kleinen Erkundungsgruppe, die dann auch eine geeignete Insel vor der libyschen Küste fand, nämlich Platea. Dort ließ die theraische Gruppe ihren Anführer zurück und segelte heim. Als ihm die Vorräte ausgingen, half ihm der vorbeikommende samische Kaufmann Kolaios (dessen Schiff später von widrigen Winden bis über die Straße von Gibraltar hinaus verschlagen wurde, wo er Tartessos entdeckte; s. S. 278). Derweil beschlossen die Theraier, »Bruder mit Bruder losen zu lassen, und wen es treffe, den auszusenden, und Leute aus allen Ortschaften zu nehmen, deren es sieben gab; ihr Führer und König aber sollte Battos sein« (Herodot 4, 153). Mit zwei Fünfzigruderern (*pentēkontoroi*) machten sich die so bestimmten Kolonisten auf den Weg.

Die kyrenische Version konzentriert sich im Unterschied zur theraischen mehr auf die Person des Gründers Battos und weist typische Märchenmotive auf; die böse Stiefmutter fehlt ebensowenig wie das spontane Orakel aus Delphi. In der Darstellung der eigentlichen Kolonisation stimmen beide Versionen fast überein: Zwei Fünfzigruderer »fuhren nach Libyen, kehrten aber – sie wußten nicht, was sie anderes tun sollten – wieder zurück nach Thera. Die Theraier aber beschossen sie, als sie in den Hafen einliefen, und ließen sie nicht an Land, sondern sagten, sie sollten nur wieder zurückfahren. So waren sie gezwungen, fuhren zurück und besiedelten die vor Libyen gelegene Insel, die den Namen Platea trägt.« Die Kolonie dort war nicht erfolgreich, erneutes Nachfragen in Delphi veranlaßte die Kolonisten dann, aufs Festland umzuziehen. Sieben Jahre später führten Einheimische sie zum Ort des späteren Kyrene: Die Libyer brachen mit den Theraiern erst am Abend auf, »und am schönsten Platz, damit die Hellenen ihn nicht zu sehen bekämen bei ihrem Zug, führten sie sie nachts vorbei, nachdem sie vorher die Wegstunden überschlagen hatten. Dieser Platz heißt Irasa. Und sie führten sie an eine Quelle, von der es hieß, sie gehöre Apollon, und sprachen: ›Männer aus Hellas, hier ist gut sein, hier nehmt Wohnung. Denn hier hat der Himmel ein Loch.‹« (Herodot 4, 158, 2–3)

Mehr als zweihundert Jahre nach der Gründung von Kyrene, im vierten vorchristlichen Jahrhundert, bat Thera seine nunmehr wohlhabende Kolonie darum, dort ansässigen Theraiern das Bürgerrecht zu verleihen; man berief sich dabei auf die ursprüngliche Vereinbarung zwischen den Männern von Thera und den Siedlern. Das gewünschte Privileg wurde verliehen, der entsprechende Beschluß wurde auf Stein aufgezeichnet und im Tempel des Apollon Pythios (= von Delphi) aufgestellt (übrigens nennt ihn der Beschluß auch mit dem »Kolonisationsbeinamen« Apollon *Archēgetēs*). Der Aufzeichnung dieses Beschlusses folgt auf der Inschrift eine Wiedergabe der genannten ursprünglichen Vereinbarung zwischen den Theraiern und den Kolonisten:

Eid der Siedler
Beschlossen hat die Versammlung folgendes: Da Apollon von sich aus dem Battos und den Theraiern das Orakel gegeben hat, Kyrene zu koloni[sieren], scheint es bestimmt zu sein für die Theraier, nach [Lib]yen fortzusenden den Battos als Führer *(archēgetēs)* und König *(basileus);* als Gefährten aber sollen die Theraier ziehen. Zu völlig gleichen Bedingungen *(ep' isā kai homoiā)* sollen sie ziehen aus jedem Haushalt *(oikos),* dazu sollen sie einen Sohn auswählen [...] erwachsene; und von den sonstigen Theraiern, soweit sie Freie sind [...] soll ziehen, wer will. Wenn die Siedler aber dann (die Kolonie) in festem Besitz haben, dann soll jeder von den Familienangehörigen, der später in Libyen landet, sowohl am Bürgerrecht als auch an den (bürgerlichen) Ehren teilhaben und soll von dem noch nicht einem Besitzer zugewiesenen Land einen Teil durchs Los erhalten.
Wenn sie aber (die Kolonie) nicht behaupten können, und auch die Theraier ihnen nicht zu Hilfe kommen können, sondern sie von Not bedrückt werden fünf Jahre lang, sollen sie aus dem Land fortgehen

ohne Furcht, nach Thera zu ihrem eigenen Besitz dort, und sollen dort Bürger sein.
Wenn aber einer nicht ziehen will, wenn die *polis* ihn fortschickt, soll er todgeweiht sein, und sein Besitz soll Gemeingut werden. Wer ihn aber aufnimmt oder versteckt – und sei es ein Vater seinen Sohn oder ein Bruder seinen Bruder –, wird dasselbe erleiden wie der, der nicht ziehen will.
Unter diesen Bedingungen haben die Eideszeremonie durchgeführt die, die am Ort (= in Thera) blieben und die, die als Siedler fortzogen; und sie sprachen einen Fluch aus gegen die, die das Beschworene überträten und nicht dabei blieben, seien dies Leute von denen, die in Libyen siedelten oder von denen, die hier blieben. Sie formten dazu wächserne Figuren und verbrannten sie unter Gebeten – nachdem alle zusammengekommen waren, Männer, Frauen, Jungen und Mädchen –: Wer nicht bei diesen Eidbestimmungen bleibe, sondern sie überschreite, solle so zusammenschmelzen und fortfließen wie die Figuren – er selbst, seine Nachkommen und sein Besitz; für die aber, die bei diesen Eidbestimmungen blieben, sowohl die, die nach Libyen zögen als [auch die, die] in Thera [blieb]en, solle es viel Gutes geben – für sie se[lbst und ihre Nachkom]men. (Meiggs – Lewis 5, Z. 23– 51)

Auch wenn es Anzeichen dafür gibt, daß dieser Text als ganzes nicht aus der Gründungszeit stammt, werden in der Inschrift wohl doch echte Dokumente zitiert – allerdings verkürzt und mit erläuternden Einschüben; wäre sie ganz gefälscht, müßten die Privilegien für die Nachzügler zweifellos mehr betont und die zwangsweise Aussendung heruntergespielt worden sein. Somit liegen uns insgesamt drei recht detaillierte Versionen der Gründungsgeschichte von Kyrene vor: Die theraische und die kyrenische bei Herodot und die im vierten Jahrhundert zum Beweis eines Anspruchs herangezogenen Dokumente. Es wäre methodisch falsch, diese drei unterschiedlichen Darstellungen zu harmonisieren oder aus ihnen herausfinden zu wollen, was nun eigentlich wirklich geschehen ist, denn es handelt sich um echte Alternativversionen, die aus demselben Ereignis hervorgegangen sind, aber die typischen Wandlungen in der jeweils unabhängigen mündlichen Tradition aufweisen. So konzentriert sich die Version der Theraier auf die Situation ihrer Stadt, während die Darstellung Kyrenes den Zwang betont, der auf die Siedler ausgeübt worden war, und ein Märchen um die Figur des Gründers spinnt; Battos wurde tatsächlich als halbgöttlicher Heros an seinem Grab auf dem Versammlungsplatz von Kyrene verehrt. – Es ist mithin vielleicht besser, nicht die speziellen Ereignisse der Gründung von Kyrene aus den Darstellungen rekonstruieren zu wollen, sondern vielmehr hierin ein typisches Beispiel für jede Koloniegründung zu sehen.

Kyrene als Modellfall

Der wichtigste Faktor für die Entscheidung der Theraier, eine Kolonie zu gründen, war zweifellos die Dürrezeit, die eine Hungersnot ausgelöst hatte. Nichts sonst hätte eine agrarische Gemeinde dazu zwingen können, einige ihrer Mitglieder ganz entgegen ihrem Willen als Siedler fortzuschicken. Doch muß hinter der akuten Krise auch ein chronisches Problem liegen. Das Land reichte vielleicht ohnehin nur noch in außergewöhnlich guten Jahren dazu aus, die ganze Bevölkerung zu ernähren. Um die Probleme der *polis* zu lösen, ergriff schließlich die Versammlung der männlichen Bürger eine gemeinsame Maßnahme, wie sie kein einzelner Haushalt von sich aus hätte durchführen wollen. Die Kolonisation war also ein souveräner Akt des Staates: Die Siedler wurden ausgewählt, indem man »Bruder mit Bruder« losen ließ (Herodot 4, 153), d.h., es mußte ein Sohn aus allen Familien fortgeschickt werden, in denen es zwei oder mehr Erben gab. Daß gelost wurde und nicht unbedingt der jüngste ziehen mußte, war eine Folge des Gleichheitsgrundsatzes im griechischen Erbrecht (s. S. 49). Auf der Inschrift ist zwar auch die Möglichkeit eines freiwilligen Mitziehens genannt, doch wird die Mehrheit der Kolonisten zwangsweise fortgeschickt; dieser Zwang wird sogar so stark wie möglich ausgedrückt: Wer sich dem Losverfahren zu entziehen versuche oder einem anderen dabei helfe, solle mit dem Tod bestraft werden, sein Besitz werde beschlagnahmt. Die feierliche Verfluchung und das dazugehörige Ritual verstärken noch den Ernst des Vorgangs. Entsprechend wurden die Siedler beim Versuch der Rückkehr beschossen; eine Rückkehr war nur erlaubt, wenn die Kolonie völlig scheiterte – kurz: Eine agrarische Gemeinde handelt an der Schwelle zum Hungertod.

Viele weitere Elemente sind ebenfalls typisch: Der Anführer der Erstsiedler war ein Aristokrat, den seine physischen Gebrechen oder seine fragliche Abstammung »entbehrlich« machten; vielleicht hatte er sich auch mit der Regierung in der Mutterstadt überworfen. – Es gab zwar auf Thera keine Kaufleute, die schon in Afrika gewesen waren, doch fand sich auf Kreta jemand, der den Weg wußte: Als Purpurhändler pendelte er möglicherweise zwischen dem Gebiet, in dem dieses wichtige Luxusgut hergestellt wurde, nämlich der Küste Phoinikiens und der phoinikischen Kolonie Karthago hin und her. – Zunächst suchte man sich eine Insel zur Besiedlung, die vor Angriffen durch die Stämme des Festlands sicher war; bald erwies sich die Insel als zu klein, und die Bewohner des Festlands zeigten sich allmählich weniger feindlich. – Die Erstsiedler zogen als gleichgestellte Männer los. Sie benutzten dazu zwei Fünfzigruderer (*pentēkontoroi*); die Gesamtzahl der Erstsiedler war also kaum größer als hundert, höchstens hundertfünfzig Mann. Alle waren sie gute Kämpfer: Tauglichkeit und Jugend waren Voraussetzungen. Darüberhinaus fallen insbesondere die Bedeutung des Apollon-*Archēgetēs*-Kultes und die Rolle Delphis auf. Schon die Lage Kyrenes zwischen Ägypten und der phoinikischen Interessensphäre zeugt von einem Wissen um die für die Gründung einer Kolonie wichtigen Faktoren, das kaum in Thera, wohl aber in Delphi vorhanden sein konnte.

Andere Elemente sind nur für Kyrene spezifisch; z. B. könnte man die Entstehung einer Monarchie auf entsprechende Vorbilder in der libyschen Umwelt zurückführen – Herodot sagt sogar, »Battos« sei das libysche Wort für »König« (4, 155, 2) –, doch wäre es auch möglich, daß auf die Situation in Kyrene eine zeitgenössische griechische Entwicklung Einfluß hatte, nämlich die Tyrannis: In vielen griechischen *poleis* waren seit der Mitte des siebten Jahrhunderts Tyrannen an die Macht gekommen (s. Kap. 9). – Die Beziehungen zur libyschen Bevölkerung scheinen zumindest anfangs sehr freundlich gewesen zu sein, vielleicht auf Grund von Heiratsverbindungen. – Schließlich fällt ein Ausdruck in der Gründungsgeschichte auf: »der Himmel hat ein Loch« – offenbar eine sprichwörtliche Redensart, die freilich nicht griechischen Ursprungs ist, sondern nur im semitischen Bereich Parallelen hat (Maleachi 3, 10; vgl. auch Jakobs Himmelsleiter, Genesis 28, 10–22). Für einen Einfluß der semitischen Kultur (durch die Vermittlung der Phoiniker) auf die libyschen Stämme gibt es wiederum andere Belege. Doch all diese lokalen Ausnahmen bestätigen letztlich nur die Regel, zeigen also, wie sehr Kyrene als ein typisches Beispiel für die Kolonisation (wohl auch der frühesten Zeit) gelten kann.

Kyrenes weitere Geschichte

Herodot berichtet (4, 159–167) nach der Gründung auch von der weiteren Geschichte der Kolonie: Kyrenes Einwohnerzahl nahm nicht zu, bis in der Regierungszeit eines Enkels des Gründers das Orakel von Delphi alle Griechen zur Ansiedlung in Kyrene einlud, da noch viel Land zu verteilen sei. Der große Zustrom von Neusiedlern führte schließlich, unter den folgenden Königen, zur Auseinandersetzung mit den Libyern; als Kyrene eine Hilfskolonie in Barke zu gründen versuchte, kam es zum Kampf, bei dem von der kyrenischen Armee 7000 Schwerbewaffnete fielen – eine für die Mitte des sechsten Jahrhunderts v. Chr. enorm große Zahl, wenn man bedenkt, daß die gesamte Streitmacht der drei führenden griechischen *poleis* 479 v. Chr. bei der Schlacht von Plataiai (s. Kap. 16) je 5000 Mann aus Sparta und Korinth und 8000 aus Athen zählte. Auch im Inneren kam es in Kyrene zu Konflikten, für die man mit einer weiteren Anfrage in Delphi eine Lösung suchte: Das Orakel riet zu einem Schiedsrichter aus Mantineia in Arkadien, und die Kyrener holten sich Demonax von dort. »Dieser Mann kam also nach Kyrene, und nachdem er sich von allem unterrichtet hatte, gliederte er zuerst ihr Gemeinwesen in drei Stämme *(phylai)*, und so teilte er sie ein: Aus den Leuten von Thera und den Bewohnern des Umlands *(perioikoi)* bildete er einen Teil, einen weiteren aus den Peloponnesiern und Kretern, den dritten aus allem Volk von den Inseln.« (Herodot 4, 161, 3) Ein aufschlußreicher Plan: Die zweite und dritte Gruppe besteht vorwiegend aus den dorischen und ionischen Nachzüglern; zur ersten zählen die privilegierten Erstsiedler und die *perioikoi*, deren Identität in der Forschung umstritten ist; ich sehe sie in Analogie zu den Bewohnern der »peripheren« Dörfer am Rande des Umlands der Kolonien im Westen (s. S. 146), also betrachte ich sie als Theraier, die nach den Erstsiedlern, aber vor der großen Neuverteilung des Landes gekommen waren und Land in den Randgebieten erhalten hatten. Demonax definierte auch die Privilegien des Königs; die Monarchie überdauerte mit wechselndem Erfolg bis etwa 460 v. Chr.

Dererlei politische und militärische Konflikte sind nicht untypisch für koloniale *poleis*; in Kyrene konnten sie aber den Wohlstand der Stadt nicht beeinträchtigen: Getreide, Leder, Wolle und Pferde aus Kyrene waren berühmt, besonders aber das Silphion, aus dessen Wurzeln man ein Allheilmittel gewann,

Abb. 14: Innenbild der Arkesilas-Schale; Sparta, um 560 v. Chr.

ein Gewürz, Abführmittel und Antiseptikum zugleich – eine Silphionpflanze war das Münzemblem Kyrenes. Die Pflanze war so wertvoll, daß die Römer sie später mit Gold und Silber zusammen im Schatzhaus aufbewahrten; in der Spätantike starb Silphion aus, so daß bis heute unbekannt ist, was die Pflanze eigentlich genau war. In der Frühzeit besaß der König das Silphion-Handelsmonopol; wie wichtig die Pflanze für die Wirtschaft Kyrenes war, läßt sich vielleicht an der sog. Arkesilas-Schale erkennen, die in Sparta nur etwa siebzig Jahre nach der Gründung Kyrenes bemalt worden ist (Abb. 14). Sie zeigt Arkesilas (= Arkesilaos II.), den vierten König von Kyrene seit der Gründung, wie er unter einem Baldachin sitzend das Abwiegen und Einlagern von in weiße Säcke gepackter Ware überwacht. Man könnte dabei an Wolle denken; die ganze Szene sieht jedoch eher nach der Überwachung eines königlichen Monopols aus, und es gibt keine Hinweise darauf, daß die Könige den Woll-Handel kontrollierten. Die Namen, die über den Figuren geschrieben stehen, zeigen, daß es sich um eine offizielle Aktion handelt: Ein Wächter ist anwesend, ein Mann ist als *silphomachos* (Silphion-Händler?) bezeichnet, ein anderer als *oryxos* (Gräber). Die dargestellten Tiere, besonders die Vögel, sind für Kyrene charakteristisch – kurz, es leuchtet nicht ein, warum man nicht auch die Ware auf dem Bild als Kyrenes berühmtestes Exportgut ansehen sollte, eben als Silphion; oder warum sollte ein spartanischer Maler gerade hierbei etwas Gewöhnlicheres darstellen?

Kontinuität

Die Auswirkungen einer Kolonisation sind im Grunde immer gleich, im frühen Griechenland wie heute: In den kolonisierten Gebieten führt sie zu einem wirtschaftlichen Aufschwung, zu einer gewissen Ausbeutung und zur Verbreitung der dominanten Kultur; in den Heimatorten und -ländern ebenfalls zu Wohlstand, der sogar nicht aktiv kolonisierende Städte erreicht: So hat z. B. Aigina keine eigenen Kolonien gegründet, und doch ergab sich der Reichtum der Inselbevölkerung aus dem allgemeinen Wachstum des Handels. Auch im religiösen Bereich hatte die Kolonisation ihren Vorteil: Delphi wurde als Tempel des Apollon *Archēgetēs* zum reichsten und wichtigsten internationalen Heiligtum und zum Verwahrungsort für den »Zehnten« der Beute aus Siegen der Kolonien und der Mutterstädte. Im politischen Bereich war der umgekehrte Einfluß der Kolonisationsbewegung, also von der Kolonie zur Mutterstadt, vielleicht am stärksten. Für die weite Verbreitung entwickelter städtischer Institutionen und für ein politisches Bewußtsein von ihrer Bedeutung sprechen unsere frühesten Zeugnisse aus der Kolonisationszeit. Dadurch nämlich, daß diese Institutionen durch einen offiziellen Staatsakt von den Kolonisten über die ganze Mittelmeerwelt verbreitet wurden, wurde wohl auch und gerade in der griechischen Heimat – selbst in kulturell zurückgebliebenen Gegenden – das politische Bewußtsein für die Bedeutung der städtischen Institutionen geschärft. Und so wie der amerikanische Unabhängigkeitskrieg gerade den Regierungen in Europa die politische Lebensfähigkeit des Republikanismus vor Augen führte, so wahr wohl auch der Erfolg derer, die »unter völlig gleichen Bedingungen« *(ep' isā kai homoiā)* loszogen, unter sich das Land verteilten und sich selbst ohne eine Aristokratie regierten, eine Ursache für den rapiden Zusammenbruch der aristokratischen Regierungsformen im Mutterland im siebten Jahrhundert v. Chr. Etwas vom »Kulturschock« dieser Werte einer neuen Welt zeigt sich in der häufig wiederholten Aussage aristokratischer Dichter, daß heutzutage überweise Reichtum mehr zähle als Geburt.

8. Die Kriegführung und die neue Ethik

Die Hopliten

Kriegführen ist eine natürliche Tätigkeit des Menschen; die meisten Gesellschaftsformen sind von der Notwendigkeit einer militärischen Organisation weitgehend bestimmt. Für das frühe Griechenland am Ende des Dunklen Zeitalters haben wir den Status des Kriegers, seine Rolle bei der Aufrechterhaltung und Legitimation wichtiger politischer Institutionen, die seinem Tun zugrunde liegende Ethik und die wirtschaftlichen Überlegungen bereits kennengelernt: Der erhöhte Metallbedarf und die große Bedeutung des Metallhandels waren Symptome einer expandierenden Militärtechnologie, die ihrerseits ein entscheidender Faktor für die zu einer erfolgreichen Kolonisation notwendige militärische Überlegenheit war. Schon gegen Ende des achten Jahrhunderts v. Chr. waren für einen weitreichenden Fortschritt in der Waffenherstellung die wirtschaftlichen Grundlagen (also Rohmaterial, Produktionskapazität und Technologie) gegeben. Im frühen siebten Jahrhundert v. Chr. kam es dann zu dem Durchbruch, der die schlagkräftigste Militärtruppe der Mittelmeerwelt und des Nahen Ostens hervorbrachte – eine Truppe, die fünf Jahrhunderte ohne wesentliche Änderungen ihrer Ausrüstung oder ihrer Taktik dominierte, bis sich 197 v. Chr. die flexiblere römische Legionärsformation in der Schlacht von Kynoskephalai der griechisch-makedonischen Truppe überlegen zeigte. Dieser Durchbruch bestand im Übergang vom individuellen Kampf der Helden der Frühzeit (s. Kap. 3) zu schwerbewaffneten Großarmeen – ein Wandel in Bewaffnung, Taktik und Zusammensetzung der Mannschaft, der auch über den Bereich des Militärischen hinaus Auswirkungen hatte, in der sozialen Ethik ebenso wie im politischen System.

Bis zum sechsten Jahrhundert v. Chr. war der griechische Stadtstaat, die *polis,* mehrmals neu organisiert worden, so daß schließlich eine größtmögliche Gruppe von geübten Kämpfern staatstragend war. Politische Ehrenstellungen wurden nach Maßgabe des Besitzes zuerkannt und standen allen waffentragenden Männern offen, also all denen, die es sich leisten konnten, die Rüstung eines Schwerbewaffneten *(hoplitēs)* zu stellen –

ein Kriterium, das tatsächlich eine bemerkenswert große Gruppe erfaßte (auch wenn es später als restriktiv galt), nämlich alle unabhängigen Bauern, die zumindest ein bescheidenes Stück Land besaßen. Dazu zählte in den meisten Staaten wenigstens das obere Drittel der freien erwachsenen Männer, etwa 3000 bis 8000 Soldaten. Diese Klasse also dominierte im politischen Leben der führenden *poleis*, wenn auch nicht überall auf dieselbe Weise.

Die entwickelte Hoplitenarmee bestand aus Männern mit einer Standardausrüstung: Gewappnet war der *hoplitēs* mit einem Brustharnisch (-panzer), Beinschienen und einem Helm, der sowohl bestmöglichen Schutz als auch Geradeaussicht ermöglichen sollte. Alle bisher genannten Ausrüstungsgegenstände waren aus Bronze, während der schwere, nach außen gewölbte runde Schild aus Holz bestand; ihn hielt man mit dem Unterarm in einer Schlaufe in der Schildmitte (dem sog. Schildband) und mit der Hand in einem ledernen Griff am Rand des Schildes. Für den Angriff stand dem *hoplitēs* ein langer (ihn anderthalbfach überragender) schwerer Speer (eine Lanze) als Stichwaffe und ein kurzes Schwert für den Nahkampf zur Verfügung. Die Nachteile dieser Bewaffnung, insbesondere die schlechte Sicht und die geringe Beweglichkeit des einzelnen Soldaten, wurden durch die Kampfaufstellung des Heeres in dichter Formation ausgeglichen, bei der der Schild des einen Kriegers so weit nach links ragte, daß die sonst ungeschützte Rechte seines linken Nachbarn gedeckt war. Wie sehr die Soldaten bei einer solchen *phalanx*-Aufstellung aufeinander angewiesen waren, betont Thukydides in seiner Darstellung der Schlacht von Mantineia (im Jahr 418 v. Chr.), bei der zwei solche Hoplitenarmeen gegeneinander kämpften:

Allen Heeren widerfährt das gleiche, daß ihre rechten Flügel beim Aufeinandertreffen weiter ausschwenken; beide überflügeln die Linke des Gegners mit ihrer Rechten, darum, weil ängstlich ein jeder sein Ungedecktes unter den Schild des Nebenmannes schiebt und sich im dichtesten Zusammenschluß am besten geschirmt fühlt. Den ersten Anlaß dazu gibt der vorderste Flügelmann rechts, immer bestrebt, mit der eigenen ungeschützten rechten Seite über die Gegner hinauszukommen; und ihm folgen in der gleichen Furcht auch die anderen.

(Thukydides 5, 71, 1)

Die Reihe der Hopliten war in die Tiefe gestaffelt, so daß sich die größtmögliche Angriffskraft bei gleichzeitiger Verhinderung einer feindlichen Umfassung ergab; vier bis acht Reihen hintereinander waren die Regel. Ein Ausbruch aus der *phalanx* nach vorne oder hinten bedrohte ihren Zusammenhalt, daher waren Ordnung, Disziplin und kontrollierter Mut die wesentlichen Tugenden, die man durch gemeinsames Training und durch eine Zusammenstellung der Reihe nach der jeweiligen Heimat der Soldaten erreichte: Jeder kannte seinen Nebenmann in der *phalanx* persönlich. Daß eine solche Hoplitenformation für rauhes, unebenes Gelände ungeeignet war, liegt auf der Hand; Schlachten wurden daher auch meist in Ebenen geschlagen, von denen es allerdings im bergigen Griechenland nicht allzuviele gibt. Für solche Naturgegebenheiten geeignetere Formen, wie der Kampf leichtbewaffneter Truppen oder eine Guerilla-Taktik, kamen aber nicht vor dem Ende des fünften Jahrhunderts auf – eine Folge der Starrheit des militärischen Denkens, das an der eigentlich ungeeigneten Hopliten-*phalanx* so lange festhielt.

Die eigentliche Schlacht bestand aus einem konzertierten Stoßen; die Kämpfer lehnten sich auf ihre Schilde, während jeder mit dem Speer oder dem Schwert über oder unter dem Schild nach vorne in die feindlichen Reihen stieß; fielen die Krieger der ersten Reihe, wurden sie niedergetrampelt, und die zweite Reihe übernahm ihren Platz. Schließlich brach dann die unterlegene Seite auf, die Krieger ließen meist ihren schweren Schild zurück und flohen. Zur Verfolgung der Fliehenden kam es in der Regel nicht, da es keine Kavallerie gab und die siegreiche *phalanx* nicht sehr weit laufen konnte, ohne ihre Ordnung zu verlieren, was dann die Neugruppierung der Fliehenden und einen raschen Gegenangriff hätte hervorrufen können (ein übrigens durchaus nicht seltener Fall). Meist gab sich die siegreiche Armee also damit zufrieden, das Schlachtfeld zu beherrschen, den Gefallenen die Rüstung auszuziehen und die Verwundeten gefangenzunehmen, die sie gegen Lösegeld freigeben oder als Sklaven verkaufen konnten. Ferner bestatteten die Sieger ihre eigenen Toten und errichteten ein Siegeszeichen (*tropaion*, daher »Trophäe«). Durch diesen Ablauf der Ereignisse waren Todesfälle kaum in höherer Zahl zu verzeichnen, da nur die vorderen Reihen gefährdet waren und da die Flucht, wenn auch mit öffentlicher Schande verbunden, doch leicht möglich war.

Die Kriegführung war in ihrer Form also hochgradig ritualisiert. Die *phalanx* war durch ihre Disziplin und ihren Zusammenhalt gegen eine große Überzahl weniger gut bewaffneter Gegner wirkungsvoll, gegen eine andere Hoplitenarmee jedoch brutal und gefährlich. Häufig führten die Stöße zu schlimmen Verwundungen, denn über dem Schild trafen sie den Hals, unter ihm die Leistengegend:

Schande und Grauen bedeutet es doch, wenn ein älterer Krieger
unter den Vorkämpfern fällt, noch vor der jüngeren Schar,
einer mit grauendem Bart und silber schimmerndem Haupthaar,
tapfer bewährt im Gefecht, aushaucht sein Leben im Staub,
blutig, besudelt, die eigenen Schamteile haltend in Händen
– ein abscheuliches und jeden empörendes Bild –,
völlig entblößt ... (Tyrtaios 10 W = 6/7 D, 21–27)

Euripides stellt die Gefahr in einen weiteren Zusammenhang, wenn er Medeia sagen läßt: »Dreimal möchte ich mich lieber stellen hinter einen Schild als einmal nur ein Kind gebären.« (Medeia 250–51)

Dieser neue Stil der Kriegführung hatte schließlich auch geradezu radikale Auswirkungen auf die griechische Gesellschaft – auf welchem Weg dieser Wandel vor sich ging, ist allerdings schwierig zu rekonstruieren. Bewaffnung und Taktik müssen zumindest in mancher Hinsicht miteinander verbunden gewesen sein. Eine schwere Rüstung führt gewöhnlich zu weniger beweglichen Formationen, die ihrerseits den Angriff auf den einzelnen Kämpfer begünstigen, wogegen dann wieder bessere, also schwerere Rüstungen und Verteidigungswaffen nötig sind. Wie diese Beziehungen genau funktionieren, ist in der Forschung umstritten; es gibt im wesentlichen zwei Theorien zur Datierung des Wandels in der Bewaffnung im frühen Griechenland: Die eine betont einen allmählichen Übergang, die andere einen raschen Wechsel.

Bewaffnung

Die Geschichte der griechischen Waffen ist sicher die eines schrittweisen Wandels. Schwerter und Speerspitzen aus Eisen waren seit dem elften vorchristlichen Jahrhundert bekannt; es gibt keine erkennbare Unterbrechung in ihrer Entwicklung seit dieser Zeit. Die Schwerter wurden allmählich kürzer und breiter, die Speere scheinen zwar im späten Dunklen Zeitalter insbesondere als Wurfgeschosse und noch nicht als Stichwaffen verwendet worden zu sein, doch gibt es in Gewicht und Länge keine größeren Unterschiede zwischen dem Wurfspeer (den man mit Hilfe eines Lederriemens schleuderte) und dem neuen Stoßspeer des Hopliten. Frühe Darstellungen von Hoplitenbewaffnung zeigen oft zwei Speere von derselben oder auch unterschiedlicher Größe. Leichte Speerspitzen finden sich in Gräbern der spätgeometrischen Zeit neben schweren, die man in Paaren oder sogar in Dreiergruppen ausgegraben hat. Auf der Darstellung der Chigi-Kanne (s. S. 167 mit Abb. 16) marschieren die Hopliten offenbar mit zwei gleichen Speeren in die Schlacht, von denen einer mit der linken (also der Schild-) Hand getragen wird; manche Speere haben Schlaufen zum Werfen. Auf anderen Darstellungen unterscheiden sich die Längen der beiden Speere eines Kriegers nur wenig; man kann also annehmen, daß der Hoplit in der Frühzeit oft zwei Speere bei sich hatte, einen als Stoßwaffe, den anderen als Ersatz, falls der erste bricht, oder als Wurfgeschoß. Diese Wurfspeere mußten dabei nicht unbedingt leichter als die Stoßspeere (Lanzen) sein. Später zog man nur noch mit einem Speer in den Kampf.

Der bronzene Brustpanzer (Harnisch) hatte auf einer Seite ein Scharnier, auf der anderen wurde er seitlich und auf den Schultern durch Bänder verschlossen. Seine Form paßte sich der Figur des jeweiligen Kämpfers genau an, weitete sich aber immer unterhalb der Taille, um die Bewegungsfreiheit nicht einzuschränken. Das früheste Beispiel (Abb. 15) eines solchen Harnischs hat man in einem argivischen Kriegergrab aus der Zeit um 725 v. Chr. gefunden, in dem ferner ein Helm mit einem hohen Helmbusch aus Metall und mit fest verbundenen Wangenstücken von »vor-hoplitischer« Art lag; wieviele andere Teile einer oder mehrerer Hoplitenrüstungen ursprünglich ins Grab gegeben worden waren, ist unsicher. Doch machen es die frühe Zeitstellung des Fundes und die hervorragende handwerkliche Verarbeitung des Harnischs wahrscheinlich, daß diese Rüstung bereits einige Zeit vor dem Aufkommen der Hoplitentaktik in Gebrauch gewesen war. Brustpanzer waren im Orient wohl wegen des heißen Klimas nicht üblich, doch gab es eine lange Tradition solcher Rüstungen in Mitteleuropa; es ist möglich, daß auf demselben Weg, auf dem Rohmetalle aus dem Nordwesten nach Griechenland kamen, auch der Brustpanzer eingeführt wurde, und zwar vielleicht schon um 750 v. Chr. Für die Beinschienen der Hoplitenrüstung, die von sich aus am Bein festhielten und auch das Knie bedeckten, gibt es hingegen

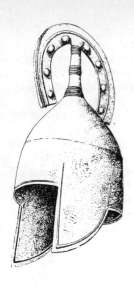 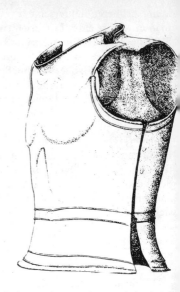

Abb. 15: Bronzehelm und -harnisch aus einem Kriegergrab in Argos um 725 v. Chr.

überhaupt keine antiken Vorbilder, so daß man annehmen darf, es handle sich um eine rein griechische Erfindung aus etwas späterer Zeit, nämlich dem siebten vorchristlichen Jahrhundert.

Die beiden auffälligsten Teile der Hoplitenrüstung sind der Helm und der Schild. Verschiedene ältere griechische Helmformen scheinen zu belegen, daß deren Ursprung im Nahen Osten zu suchen ist; auch der Helmbusch aus Roßhaar ist orientalischer Herkunft. Beides mag von den Assyrern übernommen sein, die die Mittelmeerküste in der zweiten Hälfte des achten vorchristlichen Jahrhunderts erreicht hatten. Die Assyrer verwendeten außerdem große Rundschilde, die z. T. von um den Hals des Kämpfers geführten Riemen getragen wurden. Die Griechen selbst glaubten zwar, daß die Karer im südwestlichen Kleinasien als Erfinder des Hoplitenhelmes und -schildes das Vorbild gegeben hätten (Herodot 1, 171, 4), doch hatten die Karer wohl erst in der Mitte des siebten Jahrhunderts v. Chr. Hoplitenheere, so daß sie nicht als Erfinder, wohl aber als Vermittler zwischen den Assyrern und den Griechen in Betracht kommen. All das ist aber Spekulation, denn archäologische Zeugnisse legen nahe, daß sowohl Helm als auch Schild im wesentlichen eine griechische (Weiter-)Entwicklung sind. So ist die am meisten verbreitete Form die des korinthischen Helmes, der den ganzen Kopf bedeckte (nur eine T-förmige Öffnung für Augen und Mund wurde ausgespart) und aus einer einzigen Bronzeplatte getrieben wurde – eine große handwerkliche Leistung, die wahrscheinlich ohne Vorbild ist. Der korinthische Helm ist auf Vasen erst seit etwa 700 v. Chr. dargestellt, ein Datum, das auf einen Zusammenhang mit dem besagten Wandel der Taktik ebenso deutet wie rein praktische Überlegungen: im korinthischen Helm konnte man nämlich nichts hören und praktisch nur nach vorne etwas sehen, so daß sein Einsatz im Einzelkampf Mann gegen Mann unwahrscheinlich ist, zumal er trotz einer inneren Lederkappe sehr unbequem war. So scheint der korinthische Helm kaum vor dem Aufkommen des Kampfes in *phalanx*-Formation verbreitet gewesen zu sein, ja, er wurde möglicherweise sogar zu diesem Zweck erfunden.

Der Schild *(hoplon)*, die Waffe, nach der der *hoplitēs* benannt war, bestand aus Holz mit einem bronzenen Rand; später war er ganz mit einer dünnen Bronzeschicht bedeckt. Oft schmückte ihn ein geometrisches oder figürliches Wappenzeichen, das aufgemalt oder auf einer getriebenen Bronzeplatte angebracht war. Der Hauptunterschied zu früheren Schilden (s. S. 66) war die Art, wie man mit Unterarm und Hand den Schild hielt, der deswegen viel schwerer sein konnte und fester gehalten war, aber in seinem Durchmesser auf die doppelte Unterarmlänge beschränkt sein mußte. Manche seiner Eigenarten werden bei jeder Art von Kampf vorteilhaft gewesen sein, andere nicht: So wurde der Schild fester und näher am Körper gehalten, was ein Stoßen einfacher machte als die Abwehr gegnerischer Waffen; der neue Typ ließ sich nämlich nicht so einfach wie die älteren, in der Mitte gehaltenen Schildarten drehen und bewegen, so daß eintreffende Geschosse nicht mehr seitlich vorbei abgelenkt werden konnten, sondern frontal aufprallten. Außerdem bedeckte der neue Schild unnützen freien Raum links vom Kämpfer. Auf Grund solcher Faktoren also war die neue Art von Schilden trotz ihrer größeren Festigkeit für den offenen Kampf Mann gegen Mann nachteilig; in dichter Formation hingegen waren die Hoplitenschilde sehr vorteilhaft. Die Einführung einer doppelten Halterung läßt sich mit Hilfe der Tatsache datieren, daß figürliche Schildzeichen nur in einer Richtung gehalten werden konnten, während ja die älteren Rundschilde mit nur einem Mittelgriff verschiedene Schräglagen ermöglichten. Figürliche Schildzeichen nun sind erstmals auf Vasen der Zeit um 700 v. Chr. abgebildet; ab 685 gibt es auch Darstellungen der Innenseite von Schilden, auf denen die doppelte Halterung deutlich zu sehen ist.

phalanx

Einige Rüstungsteile wie die Angriffswaffen und der Harnisch waren sicher vor der Entwicklung der Hoplitenformation in Gebrauch, andere hingegen erst später. Sie kamen allmählich auf, erst aus der Zeit nach 675 v. Chr. gibt es Darstellungen einer vollständigen Hoplitenausrüstung. Zwei Neuerungen, Helm und Schild, stehen sogar sicher in einer engen Verbindung mit der Entwicklung der Hoplitentaktik, der *phalanx*, denn um 700 muß bereits eine Art von dichten Formationen üblich gewesen sein. Umgekehrt ist es unmöglich, daß sich die Hoplitentaktik durchgesetzt haben kann, bevor entsprechende Helme und Schilde erfunden waren, denn nur durch sie war ein adäquater Schutz im dichten Kampf gegeben. Somit ist das Ende des achten vorchristlichen Jahrhunderts das früheste mögliche Datum für die Einführung der Hoplitentaktik; das späteste läßt sich durch Vasendarstellungen ermitteln. Aus der ersten Hälfte des siebten Jahrhunderts gibt es nämlich noch zahlreiche Darstellungen von Soldaten, die zumindest teilweise als Hopliten bewaffnet einzeln, also nicht in Formation kämpfen. Dies könnte natürlich bereits die Übergangszeit belegen, doch darf man nicht vergessen, daß die Darstellung einer ganzen Hoplitenformation große künstlerische Schwierigkeiten birgt. Die ersten – und besten – Wiedergaben der Formation stammen von einem korinthischen Vasenmaler, den man nach dem Besitzer des gleich geschilderten Aryballos (ein bauchiges Ölfläschchen) Macmillan-Maler nennt. Von diesem Künstler sind drei verschiedene Versuche der Darstellung einer *phalanx* erhalten. Der früheste (auf einem Aryballos) zeigt eine Reihe sich überschneidender Hoplitenzweikämpfe, dazu einen zwischen zwei Hoplitenpaaren – also noch keine eindeutige Wiedergabe einer Hoplitenformation. Der zweite Versuch ist klarer, dort sind drei

Abb. 16: Ausschnitt aus dem Schulterfries der Chigi-Kanne (auf den anderen Friesen sind dargestellt: Urteil des Paris, Löwenjagd, Doppelsphinx, Wagenlenker mit einem Diener, vier Reiter mit Beipferd; darunter eine Hasenjagd); korinthisch, um 650 v. Chr. (Vgl. das farbige Umschlagbild dieses Buches.)

Gruppen von Kriegern in Formation dargestellt, von denen die ersten beiden aufeinanderzu marschieren, während die dritte schon kämpft. Die letzte Version ist dann die Chigi-Kanne (Abb. 16), die beste Darstellung der Hoplitentaktik, die wir kennen. Auf dem Schulterfries sind zwei Hoplitenarmeen abgebildet, die in Reih und Glied gegeneinander marschieren; links legen zwei Soldaten noch ihre Rüstung an, während die bereits marschierenden von einem Flötenbläser im Gleichschritt gehalten werden – eine Praxis, die später noch zumindest der spartanischen Armee zu eigen war. Alle drei Vasen wurden kurz vor oder um 650 v. Chr. von dem bedeutenden Künstler geschaffen, der ein spezielles künstlerisches Problem mit verschiedenen Lösungsversuchen anging. Daß er sich so sehr damit beschäftigte, kann als bloßes Anzeichen für die Größe des Problems gewertet werden, aber auch darauf hinweisen, daß die dargestellte Taktik neu und daher interessant war (was davon zutrifft, ist bei einem so schöpferischen und auch selbstkritischen Künstler wie dem Macmillan-Maler schwer zu entscheiden); doch wenigstens zeigt sich, daß spätestens 650 v. Chr. die Hopliten-*phalanx* so weit eingeführt war, daß sie sogar ein künstlerisches Problem abgab.

Derselbe Schluß ergibt sich auch aus der Untersuchung der Weihegaben an zwei Heiligtümern in Sparta, dem des Menelaos und dem der Artemis Orthia, in denen man eine Reihe billiger, in Massen produzierter Hoplitenfigürchen aus Blei gefunden hat; sie stammen aus der Zeit um 650 v. Chr. und belegen somit, daß zu dieser Zeit eine große Gruppe von – nicht besonders reichen – Hopliten so viel Selbstbewußtsein entwickelt hatte, daß sie einen prominenten Platz im religiösen Leben Spartas beanspruchen konnte. Wie lange die Entwicklung eines solchen Identitätsbewußtseins brauchte, ist allerdings ebenso unsicher wie die Antwort auf die Frage, ob Sparta im Vergleich zum übrigen Griechenland damals fortschrittlich oder rückständig war.

Die archäologischen Zeugnisse legen mithin nahe, einen relativ lang ausgedehnten Prozeß anzunehmen, bei dem von etwa 750 v. Chr. an die Bewaffnung zunehmend schwerer wurde; die Einführung der eigentlichen Hoplitenformation wird zwischen 700 und 650 liegen. Da ich Schild und Helm für die besten Indikatoren dieses Wandels halte, datiere ich die wesentlichen Änderungen eher an den Anfang dieser Zeit. Freilich muß es einiges Experimentieren mit der Bewaffnung auch nach 650 v. Chr. gegeben haben, außerdem ist – das zeigt jede moderne Armee – die Ausrüstung der Soldaten nie völlig standardisiert.

Kriegslyrik

Die Kriegslyrik des frühen Griechenland ist die erste Art von Dichtung nach dem heroischen Epos, die als Gattung mit einer spezifischen Kombination zugrunde liegender ethischer Einstellungen in Erscheinung trat; in ihr spiegelt sich die zunehmende Bedeutung der Kriegführung ebenso wie ihr Wandel. Die Elemente, in denen sich eine Kontinuität von der Homerischen Welt her zeigt, sind natürlich deutlich: Die neue Lyrik ist im ebenfalls hexametrischen »elegischen« Versmaß geschrieben, in das sich die überkommenen epischen Wörter und Wendungen gut einfügen; sie ruft in einer Krisenzeit die gegenwärtige Generation dazu auf, so zu kämpfen wie einst die Vorfahren; ja, sie stellt einen bewußten Versuch dar, die neue Art zu kämpfen mit der heroischen Vergangenheit durch Anklänge und Übernahmen der epischen Sprache zu verknüpfen. Aus diesen Gründen gibt sie freilich oft ein altmodisches oder zumindest uneindeutiges Bild des Wandels, der in ihrer Zeit stattfand. Schon in der *Ilias* ist die Verwendung des Speers als Stichwaffe in dichter Formation zumindest einmal (13, 339–44) belegt, auch sind die Abanter von Euboia für ihre Stichlanzen berühmt (Ilias 2, 542–44); übrigens halten einige Forscher diese beiden Stellen deshalb für spätere Einschübe. Die Belege für den Lelantinischen Krieg (s. Kap. 5) sind in der Dichtung verworren; anscheinend kämpfte man damals auf die alte Art, doch ist es auch möglich, daß der Wandel bereits begonnen hatte. Aus diesem Grunde sieht der Berufskrieger Archilochos vielleicht gerade die chalkidischen Kämpfer als ein Vorbild an (3 W = 3 D; s. S. 101), und die Lanze, die ihm Gerstenbrot und Wein verschaffte, sowie der Schild, den er im Dickicht verlor, sind wahrscheinlich Waffen der neuen Art. Die ionischen Städte hatten mit dem »Export« von Hopliten nach Ägypten schon vor der Mitte des siebten Jahrhunderts v. Chr. begonnen (s. Kap. 13); doch erinnerte sich Mimnermos von Kolophon, der am Ende des Jahrhunderts schrieb, daran, von Kämpfen im alten Stil (gegen die Lyder) gehört zu haben; und noch 650 v. Chr. feuerte Kallinos von Ephesos die jungen Männer seiner Stadt mit Versen an, in denen nur Wurfspeere und Einzelkämpfe genannt sind. Seinen Helden sieht das Volk »einem gewaltigen Turm gleich – so hat es ihn immer vor Augen –; denn er erfüllte die Pflicht zahlreicher Kämpfer allein.« (1 W = 1 D, 20–21) Doch sind Kallinos' Sprache und Denken so Homerisch, daß dieser Eindruck irreführend sein könnte. Der erste zweifelsfreie Beleg für die neue Kampfesart liegt beim größten griechischen Kriegsdichter vor, bei Tyrtaios von Sparta, der in der zweiten Hälfte des siebten Jahrhunderts wirkte. In seinen Gedichten beschreibt er den Kampf der Hopliten in der Formation, das Aufeinanderstoßen von »wohlgerundeten Schilden auf Schilde« (19 W 15 = 1 D 58) – ein neues Beiwort für eine neue Schildform –, die Gruppendisziplin und die grausamen Wunden (s. S. 162).

Auf welche Weise die Sprache der Epen für die neuen Ziele

eingesetzt wurde, läßt sich an einem Beispiel zeigen: Zwei identische Passagen in der *Ilias* beschreiben die dichte Aufstellung der Griechen *vor* dem Kampf: »Die Besten, Auserlesenen, hielten stand den Troern und dem göttlichen Hektor, den Speer mit dem Speer verzäunend, den Schild mit dem Schildrand. Schild drängte Schild, Helm Helm und Mann den Mann, und es berührten einander roßmähnige Helme mit glänzenden Bügeln, wenn sie nickten, so dicht standen sie aneinander.« (Ilias 13, 128–30 und 13, 131–33 = 16, 215–17) Diese Beschreibung war in den Kreisen der Hopliten offenbar wohlbekannt, sie wurde in zwei durchaus entgegengesetzte Richtungen von der Lyrik interpretiert: In einer gekonnten Mischung von militärischer und sexueller Sprache parodiert sie Archilochos: »Geil auf ihren Wanst mich stürzen, meinen Leib an ihrem Leib, Schenkel an die Schenkel pressen« (119 W = 72 D). Dagegen Tyrtaios:

Stemmet nur Fuß bei Fuß und Schutzschild neben dem Schutzschild,
lasset den Helm an den Helm streifen und Buschen an Busch,
nähert die Brust der Brust: So führet den Kampf mit dem Gegner,
entweder mit dem Schwert oder dem mächtigen Speer.

(Tyrtaios 11 W = 8 D, 31–34)

Während im Homerischen Vorbild das Warten *vor* der Schlacht beschrieben ist, also vielleicht noch keine eigentliche Hopliten-*phalanx*, verlegt Tyrtaios die Szene in die Schlacht selbst, aus der Beschreibung wird ein Aufruf. So nutzt Tyrtaios Anklänge an das Epos für seinen Appell zum mutigen Kampf in der dichten Hopliten-*phalanx*.

Die neue Ethik

Mit Tyrtaios tritt die neue Ethik des Hoplitenzeitalters erstmals klar zutage. Er wendet sich an die Krieger als Gruppe:

Gründlich kennt ihr des tränenerregenden Ares verhaßte
Taten, des leidigen Krieges Wesen erfuhrt ihr genau,
Flüchtlinge wart ihr, Verfolger dann wieder, ihr Jungen, die beiden
Seiten des Kampfes habt ihr zur Genüge erprobt.
Fechtende nämlich, die mutig und fest beieinander beharren,
sich in des Nahkampfes Glut stürzen und immer nach vorn,
meidet weit eher der Tod, dem Volke bringen sie Rettung;
weichen sie aber zurück, tilgen sie jedes Verdienst *(aretē)*.

(Tyrtaios 11 W = 8 D, 7–14)

Bei Homer meint das Wort »*aretē*« noch »Bestheit jeder Art« (s. S. 67); Tyrtaios definiert es in einem anderen Gedicht neu, als den standhaften Mut, der im Hoplitenkampf so nötig war. Dieses Gedicht, das vermutlich vollständig erhalten ist, beginnt mit einer Zurückweisung der alten aristokratischen »Bestheiten«, so der Auszeichnung im Ringen und Laufen, der körperlichen Schönheit, des Reichtums, der edlen Abstammung und der Beredsamkeit – diese *aretai* zählen nicht ohne kriegerische Tüchtigkeit:

(Nur sie ist) wahrhafte Leistung *(aretē)* und höchster Lohn im Kreise
  der Menschen,
herrlichste Ehre und Schmuck jeglichem jüngeren Mann!
Heimat und sämtliche Bürger schätzen als Kleinod den Helden,
der sich, die Beine gespreizt, standhaft im Vorkampfe hält,
jeden Gedanken auch nur verwirft an schmähliches Fliehen,
tapfer und ausdauernd sein Leben im Schlachtenlärm wagt
und noch dem Nebenmann beisteht und Mut dem Schwankenden zu-
  spricht;
dieser Streiter beweist treffliche Leistung im Krieg.
               (Tyrtaios 12 W = 9 D, 13–20)

Die Ehren, die ein solcher Mann im Leben und noch nach seinem Tod erhält, unterscheiden sich zwar kaum von denen eines Homerischen Helden, doch wird auch ausgedrückt, daß ihm jetzt die ganze Gemeinde, nicht mehr nur der Kreis der Standesgenossen, diese Ehrungen entgegenbringt. Der neue Begriff des Mutes und dessen Bezug zum Leben in der Gemeinschaft ist in der gerade zitierten Passage deutlich ausgedrückt: »Heimat *(polis)* und sämtliche Bürger *(dēmos)* schätzen als Kleinod den Helden«, für sie ist er – wie es wörtlich heißt – »ein gemeinsames Gut *(xynon esthlon)*«. Diese Zeile besteht aus zwei Erinnerungen an die *Ilias,* in der es nämlich einmal von den Wespen heißt, »gemeinsames Übel *(xynon kakon)* bereiten sie vielen« (16, 262), zum anderen von der Entführung der Helena durch Paris, daß sie Paris' Vater »zu großem Leid wie auch der Stadt *(polis)* und dem ganzen Volke *(dēmos)*« geschehen sei (3, 50). Beide Wendungen aus der *Ilias* werden also hier kombiniert, das wichtige Wort »Übel« durch »Gut« ersetzt, und so ergibt sich nicht nur ein positives Ideal aus der negierenden Vorlage, sondern auch eine ganze neue Welt, in der die *polis* die Ethik ihrer Krieger beherrscht und rechtfertigt.

  Es ist auf den ersten Blick nicht überraschend, wenn in der *Ilias* kaum ein Patriotismus spürbar ist, sind doch die Kampfhandlungen vorwiegend aus der Sicht der Griechen geschildert, die fern von der Heimat zur Mehrung ihrer Ehre und für den Erwerb von Beute kämpfen, die sie beim Sieg erhalten. Doch auf trojanischer Seite hat Patriotismus Platz: Hektor war ein großer Held, der sich »um die väterliche Erde« wehrte (Ilias 24, 500) und auch andere dazu aufforderte (12, 243; s. S. 84). Auch so aber war der Tod eher bejammernswert als ruhmvoll, höchstens »nicht unziemlich« *(ouk aeikes)*:

So kämpft bei den Schiffen, gesammelt! Und wer von euch
von Wurf und Hieb getroffen dem Tod und dem Schicksal folgt,
der sterbe! Nicht unziemlich ist es ihm, sich wehrend um die Heimat
zu sterben. Doch seine Gattin ist sicher und seine Kinder künftig,
und sein Haus und Landlos unversehrt, wenn die Achaier
fortziehen mit den Schiffen zum eigenen väterlichen Land!
(Ilias 15, 494–99)

Dieser Aufruf zum Patriotismus ist negativ, die Betonung liegt auf der materiellen Sicherung der Familie und des Gutes, wenn der Hausherr im Kampf fällt. Entsprechend sind es vor allem die Frau und die unmittelbaren Angehörigen, die um einen gefallenen Helden trauern (Odyssee 8, 523); selbst in der langen Schilderung der Trauer um den toten Hektor (Ilias 22, 405–515) bleibt das Volk im Hintergrund.

Spätere Kriegsdichtung ist davon deutlich unterschieden. Kallinos zum Beispiel vereint eine ganze Reihe verstreuter Homerischer Phrasen, um ein neues, ganz unhomerisches Ideal darzustellen:

Sterbend, als letztes Verdienst, schleudert (der Held) noch mutig den Speer!
Bringt es dem Mann noch Ehren und Glanz, mit den Feinden zu fechten
für des Vaterlands Wohl, Kindern und Gattin zum Schutz.
Einmal ereilt ja den Menschen der Tod, wie die Moiren den Zeitpunkt
jedem strenge bestimmten...
Mancher entgeht zwar dem Wüten der Schlacht und dem Sausen der Speere,
doch ereilt ihn zu Haus schließlich des Todes Geschick.
Aber ihm gelten durchaus nicht die Liebe und Sehnsucht des Volkes,
um den Gefallenen nur klagt der Geringe und Hohe.
Schmerzlich vermißt das gesamte Volk den erschlagenen Helden,
zollte dem Lebenden schon Ruhm, wie es Halbgöttern ziemt.
(Kallinos 1 W = 1 D, 5–9. 14–19)

Daß ein Kampf für das Wohl der Familie und für die Heimat Ruhm bringt, daß der Tod kommt, wann er will, und daß tapfere Männer für ihre Taten im Leben und auch nach dem Tod geehrt werden, findet sich einzeln auch bei Homer. Doch erst die Kombination dieser verschiedenen Ideen in einem kurzen Absatz impliziert – ohne dies offen auszudrücken –, daß der Tod im Dienst der Gemeinschaft schon an sich ruhmvoll ist.

Bei Tyrtaios schließlich findet diese Einstellung erstmals ihren klar formulierten Ausdruck, und zwar in dem, was ein moderner Kriegslyriker, der englische Dichter Wilfred Owen (1893–1918) *the old lie,* die alte Lüge genannt hat: »Unter den Vorkämpfern auf dem Schlachtfeld zu fallen, bedeutet Ruhm dem wackeren Mann, der für sein Vaterland ficht.« (Tyrtaios 10 W = 6/7 D, 1–2) Bei Tyrtaios hat die Gemeinschaft dieselbe Bedeutung wie das Land und die Familie: »Opfert er freilich, fallend in vorderster Reihe, sein Leben, schmückt er mit herrlichem Ruhm die Stadt, die Mitbürger und seinen Vater.« (12 W = 9 D, 23–24)

Bitter beklagen die Jünglinge ihn und bitter die Greise,
heftige Sehnsucht erfüllt schmerzlich die trauernde Stadt.
Ehren erweisen die Menschen dem Grab, den Kindern, den Enkeln,
seinen Nachkommen noch weit in die Zukunft hinein,
niemals erlöschen sein Ruhm und sein weithin gepriesener Name;
unter der Erde sogar lebt für die Ewigkeit fort,
wen im tapferen, standhaften Kampf für Heimat und Kinder
Ares, der stürmische Gott, blindlings hinweggerafft hat.

(Tyrtaios 12 W = 9 D, 27–34)

So war zu Tyrtaios' Zeit ein neues ethisches Prinzip bereits grundlegend geworden: Die Pflicht des einzelnen gegenüber dem Staat. Natürlich war die neue Ethik mit den Begriffen der alten formuliert und bestand neben ihr, so daß nur wenig sich geändert zu haben scheint. Und doch beginnt hier der Übergang von der Wettbewerbsethik Homers zur kooperativen Ethik des späteren Griechenland. Aus den Spannungen, die sich aus dem Nebeneinander der beiden Systeme ergaben, kann man letztlich die Errungenschaften der griechischen Moralphilosophie erklären. Der Wandel war zunächst nur auf den militärischen Bereich beschränkt: Patriotismus ersetzte das Streben nach individueller Ehre; Mut wurde neu definiert als Standhaftigkeit und Ausdauer – oder, wie Aristoteles es später genannt hat, als »die Mitte in Hinsicht auf die Gefühle von Angst und

Verwegenheit« (Nikomachische Ethik 2, 7 p. 1107 ab; vgl. 2, 9 p. 1115 a). Vielleicht der wichtigste Wandel aber bestand darin, daß die Krieger nunmehr ein Gruppenbewußtsein mit einem gruppenspezifischen Wertesystem entwickelten: Auf dem Schlachtfeld machten Abstammung und Reichtum keinen Unterschied mehr, nur noch der Mut, in dem sich alle gleichen mußten, war wichtig. Ist es da überraschend, wenn sich die beiden militärischen Grundsätze Zusammenarbeit und Gleichheit auch im politischen Leben der Gemeinschaft auswirken sollten?

9. Tyrannis

Die Tyrannen

Bereits im fünften Jahrhundert v. Chr. stellte der griechische Gelehrte Hippias von Elis (FGrHist 6 F 6) fest, daß das Wort *tyrannos* dem Homer noch nicht bekannt war, sondern daß es erst mit Archilochos im Griechischen aufkam:

Mich lockt der Schatz des goldumstrahlten Gyges nicht,
mich packte Neid noch nie, mich reizt nicht Götterwerk,
ich strebe nicht nach einer weiten Herrschermacht *(tyrannis)*:
All diese Dinge liegen meinen Augen fern.
(Archilochos 19 W = 22 D)

Hippias hatte recht: Das Wort *tyrannos* (auf das der moderne Begriff »Tyrann« zurückgeht) ist sicher nicht indoeuropäischen Ursprungs; es kommt vielleicht aus dem Phoinikischen, denn sprachlich am nächsten steht ihm noch das Wort *seranim*, das im Hebräischen des Alten Testaments die Herrscher der Philister an der levantinischen Küste, also eben Phoiniker, bezeichnet.

Auch wenn die Griechen sich selbst kaum sicher waren, wann die Monarchien von Aristokratien abgelöst worden waren, so ist doch anzunehmen, daß das Königtum nach dem Zusammenbruch der mykenischen Welt in Griechenland keine weitverbreitete Institution mehr war. Von der Mitte des siebten vorchristlichen Jahrhunderts an begannen aber in einer Reihe von weiter fortgeschrittenen griechischen Städten Usurpatoren die Macht zu ergreifen und Dynastien einzurichten, die sich gewöhnlich für zwei Generationen halten konnten, bis sie schließlich doch gestürzt und von Hoplitenregierungen abgelöst wurden. Diese erste Periode der (sog. *Älteren*) *Tyrannis* scheint ihren Anfang auf dem griechischen Festland genommen zu haben, nämlich in Korinth, wo Kypselos und sein Sohn Periandros von 655 bis 585 v. Chr. herrschten. Um 640 ergriff in Megara Theagenes die Macht, etwa zehn Jahre später unterstützte er seinen Schwiegersohn Kylon beim (erfolglosen) Versuch, dasselbe in Athen zu erreichen. Athen wurde aber um 560 v. Chr. dann doch von einem Tyrannen beherrscht, von Peisistratos, der sich zunächst nur kurze Zeit an der Macht halten konnte; von 546 bis 510 v. Chr. waren er bzw. seine Söhne wieder Tyrannen in Athen. Eine weitere bedeutende Stadt, Sikyon auf der nördlichen Peloponnes, stand von der Mitte des siebten Jahrhunderts v. Chr. an für etwa hundert Jahre unter dem Tyrannen Orthagoras und seinem Nachfolger Kleisthenes; auch andere, kleinere Städte auf dem griechischen Festland wurden so regiert. Auf den Inseln ist uns vor allem die Abfolge der Tyrannen von Mytilene auf Lesbos bekannt, da Sappho und besonders Alkaios sie in ihren zeitgenössischen Gedichten erwähnen. An der kleinasiatischen Westküste brachte der Tyrann Thrasyboulos die Stadt Milet zu höchstem Wohlstand. Zur selben Zeit wie die Peisistratiden (= Peisistratos-Söhne) in Athen herrschte auf Samos Polykrates, der die Insel bis etwa 520 v. Chr. von der Persern unabhängig halten konnte; an der ionischen Küste war die Tyrannis die normale Regierungsform, die die Perser nach ihrer Eroberung des Gebiets 546 v. Chr. den *poleis* jeweils aufzwangen. So war also insgesamt für die gut hundert Jahre nach 650 v. Chr. die Tyrannis die vorherrschende Regierungsform in den griechischen Städten; von den wichtigsten *poleis* scheinen nur Sparta und Aigina nicht unter Tyrannen gestanden zu haben. Daß die Tyrannen neben dem politischen auch das künstlerische Leben der griechischen Welt beherrschten, überrascht nicht; schließlich gingen manche von ihnen sogar in die volkstümliche Tradition ein. Die Erfahrung der Tyrannis faszinierte die Griechen, machte ihnen aber auch jede Form von Monarchie verhaßt, was ihre politische Einstellung sehr lange prägte; erst in der hellenistischen Zeit kannten sie wieder Könige, dann freilich als Herren über riesige Territorialreiche.

Die spätere politische Theorie definiert Tyrannis als absolute Herrschaft, die den überkommenen Gesetzen zuwider oder allein nach dem persönlichen Willen des Herrschers ausgeübt werde; sie unterscheide sich demnach vom Königtum, das als absolute Herrschaft auf der Grundlage der überkommenen Gesetze oder zum Nutzen der Untertanen ausgeübt werde. Die Tyrannis wurde von allen Theoretikern als die schlechteste mögliche Regierungsform angesehen, schlimmer noch als die Herrschaft der Menge, des Pöbels, die freilich – so heißt es – in einer gewissen Verbindung zur Tyrannis stehe. Von solchen Theorien ist die des Aristoteles noch am meisten historisch begründet; im fünften Buch seiner *Politik* heißt es:

Der Tyrann entsteht aus dem Kampf des Volkes und der Menge gegen die Angesehenen, damit das Volk durch diese nicht weiter unterdrückt werde. Dies zeigt die Geschichte, denn fast alle Tyrannen sind ursprünglich Volksführer gewesen, denen man sich anvertraute, weil sie die Angesehenen bekämpften. Die einen Tyrannenherrschaften sind auf diese Weise entstanden, als die Staaten schon eine gewisse Größe hatten, die früheren dagegen dadurch, daß die Könige die Tradition verletzten und nach einer Despotenherrschaft strebten, andere wiederum durch Männer, die zu den höchsten Ämtern gewählt worden waren – denn in alten Zeiten bestellt das Volk die politischen und sakralen Ämter auf lange Dauer –, andere schließlich aus Oligarchien, die die höchsten Ämter auf einen einzelnen vereinigten. In allen diesen Fällen war das Ziel leicht zu erreichen, wenn nur der Wille da war; denn die Macht war schon vorhanden, teils durch die Königswürde, teils durch ein Amt. So wurden Pheidon in Argos und andere zu Tyrannen von einer Königsherrschaft her, die ionischen Tyrannen und Phalaris durch eine Amtsstellung, Panaitios in Leontinoi, Kypselos in Korinth, Peisistratos in Athen, Dionysios in Syrakus und andere als Volksführer.

(Aristoteles, Politik 5 p. 1310b)

Aristoteles' Interesse gilt in dieser Passage zwar weniger der rechtlichen Grundlage der Macht eines Tyrannen, sondern vielmehr den Mitteln, mit denen er diese Macht tatsächlich erlangt. Doch sind zumindest drei Punkte klar: Erstens ergreift der Tyrann die Macht wider die Verfassung, zweitens ist er gewöhnlich ein Volksführer, der das Volk vor der zuvor regierenden Klasse schützt und drittens ist er selbst oft ein Mitglied gerade dieser alten Regierungsschicht.

Aus diesen Tatsachen erklären sich auch die so unterschiedlichen Schicksale der Tyrannen. Die ersten Volksführer müssen aus der Aristokratie gekommen sein; in den Augen ihrer Klasse hatten sie sich durch den Bruch mit den Konventionen des politischen Lebens schuldig gemacht und beim Volk Unterstützung gesucht. Anfangs war die Tyrannis also eine volksverbundene Regierungsform, die sich gegen die Aristokratie wandte, und vielleicht eine Generation lang deckten sich denn auch die Interessen des Volkes mit denen seines aristokratischen Anführers. Sobald das Volk aber ein gewisses Selbstvertrauen gefunden hatte, verlor der Tyrann seine »Basis«, denn er stand außerhalb der verfassungsgemäßen Institutionen wie Rat und Volksversammlung, die es in allen oder zumindest den meisten griechischen Städten gab (s. S. 71). Ein erneutes Zusammengehen von Aristokratie und Volk nahm dem Tyrannen schließlich jede Unterstützung, was auf seiner bzw. seines Sohnes Seite dann immer größere Willkür und oft brutale Machtausübung nach sich zog, bis schließlich eine innenpolitische Revolution oder ein Angriff von außen zum Sturz der Tyrannis – und zu haßerfüllten Erinnerungen an sie – führte.

Allgemeine wirtschaftliche Ursachen?

Es ist sinnvoll, nach allgemeinen Ursachen für ein so weit verbreitetes Phänomen, wie es die Tyrannis ist, zu suchen. Thukydides scheint auf einen wirtschaftlichen Ursprung hinzuweisen: »Als Hellas mächtiger wurde und sich seinen Geldbesitz noch größer als früher gemacht hatte, kamen in fast allen Städten *(poleis)* Tyrannenherrschaften auf, eine Folge wachsender Einkünfte ...« (Thukydides 1, 13, 1). Die wirtschaftliche Entwicklung Griechenlands im siebten vorchristlichen Jahrhundert hatte zweifellos einen bedeutenden Einfluß auf die Aristokratie, die sich ursprünglich weniger durch die Größe ihres Landbesitzes als vielmehr durch Geburt und militärische Ämter von der übrigen Gemeinde unterschied. Ja, in mancher Hinsicht waren Leute, deren Reichtum sich nur auf Landbesitz gründete, sogar im Nachteil in der fortschrittlichen Welt der *polis* und der Kolonien, in der handwerkliches Können und Handel zu wichtigen Einnahmequellen geworden waren. Zu Beginn des sechsten Jahrhunderts v. Chr. beschrieb Solon von Athen die Möglichkeiten, Reichtum zu erwerben:

Schätze erstreben sie alle, wenn auch auf verschiedenen Wegen:
Unermüdlich durchirrt einer das fischreiche Meer,
Vorteile einzuheimsen; als Spielball tückischer Winde
schont er sich niemals und setzt trotzig sein Leben aufs Spiel.
Andre durchfurchen jahraus, jahrein den fruchtbaren Acker,
ihre Gedankenwelt kreist um den gebogenen Pflug.
Andre verstehen Athenes und des Meisters Hephaistos'
Arbeit und zimmern sich ihr Leben mit schaffender Hand.
Andere wurden begnadet von den olympischen Musen
und beherrschen das Maß lieblicher, rühmlicher Kunst.
Andere wieder erhob der Schütze Apollon zu Sehern;
diese erkennen voraus menschenbedrohendes Leid,
stehen die Götter ihnen zur Seite. Doch keinerlei Opfer,
keinerlei Vogelflug wehr dem, was das Schicksal beschloß.
Andere wirken als Ärzte, im Amt des an Heilmitteln reichen
Paion; doch ihrer auch harrt schwerlich ein sichrer Erfolg. ...

Keine Grenze erkennt der Mensch beim Erraffen von Schätzen;
wer aus unserem Kreis heute das meiste erwarb,
rafft mit verdoppelter Anstrengung weiter. Wer sättigt sie alle?
(Solon 13 W = 1 D, 43–58. 71–73)

Natürlich betont Solon die Bedeutung der Intelligenz (Dichter, Seher, Ärzte), der er ja selbst angehört; doch insgesamt zeigt seine Beschreibung eine komplexe, entwickelte Stadtwirtschaft, in der Ackerbau, Handel und Handwerk gleichermaßen als Mittel zum Erwerb von Reichtum akzeptiert werden und in der das Motiv des Gewinns ebenso offensichtlich wie moralisch neutral erscheint. In seiner Reform (s. Kap. 11) ersetzte Solon dementsprechend bei der Zuweisung politischer Macht das Kriterium »Abstammung« durch »Reichtum«.

Eines der immer wiederkehrenden Motive in der frühgriechischen Dichtung ist dieser Konflikt zwischen Abstammung und Reichtum, zwischen Geburt und Geld. Die meisten Dichter vertraten dabei freilich anders als Solon eine aristokratische Einstellung; so mißbilligt z. B. Solons Zeitgenosse Alkaios von Mytilene die neue Bedeutung des Reichtums, wenn er spottet: »... wie ja einst schon Aristodamos in Sparta das kluge Wort, wie jeder weiß, sagte: ›Geld ist der Mann‹, denn nie gilt ein Armer für ehrenwert und tugendhaft.« (Alkaios 360 [Z 37] LP = 101 D) Die heftigste Kritik in diese Richtung findet sich in den Gedichten aus der Mitte des sechsten Jahrhunderts v. Chr., die man Theognis von Megara zugeschrieben hat (s. Kap. 13); die endgültige Abwertung der Geburt durch die überragende Bedeutung des Reichtums zeigt sich in der bei Aristoteles (Frg. 92 Rose) erhaltenen Definition, die auf den Dichter Simonides zurückgehen soll: Gute Geburt ist nichts anderes als ererbter Reichtum.

Obwohl die meisten Belege für diese neue, auf die wirtschaftliche Leistung bezogene Definition des gesellschaftlichen Status erst aus dem sechsten vorchristlichen Jahrhundert stammen, zeigen die Reformen, die Solon im späten siebten Jahrhundert durchgeführt hat, daß zumindest in manchen Städten dieser Prozeß bereits früher im Gang war. Dazu paßt gut, daß sich einer der ersten Fälle von Tyrannis überhaupt in der wirtschaftlich am weitesten fortgeschrittenen *polis* jener Zeit, in Korinth, abspielte. Aber selbst wenn man für Korinth und Athen mit einer Gruppe unzufriedener, weil traditionell von der politischen Macht ausgeschlossener, aber reicher Männer rechnen kann, läßt sich damit allein wohl nicht hinreichend die Entstehung einer Tyrannis erklären – denn die Existenz einer solchen Gruppe scheint nicht nur auf wirtschaftliche Faktoren zurückzugehen, sondern vielmehr auch auf die außergewöhnlich unflexible Haltung des Geburtsadels in jenen Städten, der eben überhaupt keine neuen Kriterien für »Adel« zulassen wollte. In anderen Städten (das belegt die Dichtung des Theognis) rief die Aufnahme der nicht adligen, aber reichen Männer zwar auch Ressentiments hervor, führte wohl auch zu Spannungen, doch endete sie dort nur selten in einem Umsturz der bestehenden Regierungsform. Somit erscheint eine Erklärung des Ursprungs der Tyrannis, in der die Tyrannen als bloße Führer der Reichen gegen die alten Adligen auftreten, wenig plausibel; vielmehr muß man das Phänomen Tyrannis in einem größeren Zusammenhang sehen: Mit dem wirtschaftlichen Wandel wurde das Denken befreit, die gesellschaftlichen Verhältnisse wurden flexibler.

Unterstützung durch das Volk

Mehr Wahrscheinlichkeit kann also eine Theorie beanspruchen, die diese Art »volkstümlicher Diktatur« mit dem Auftreten der Hoplitenklasse in der Politik verbindet. Aristoteles erkannte eine enge Beziehung zwischen militärischer Organisation und Regierungsform:

Bei den Griechen stützte sich die erste Verfassung nach der Königszeit auf die Bewaffneten, ursprünglich auf die Reiter – denn damals wurde der Krieg durch die Kraft und die Überlegenheit der Reiter bestimmt; ohne System ist nämlich die Infanterie unnütz, die Alten hatten aber darin noch keine Erfahrungen und Prinzipien, so daß also die ganze Stärke bei den Reitern war –, als aber die Staaten wuchsen und die Waffenträger zu Fuß sich mehr geltend machten, wuchs auch die Zahl der regierungsfähigen Bürger. (Aristoteles, Politik 4 p. 1297b)

Im allgemeinen hat Aristoteles recht, wenn er hier und an anderen Stellen eine Verbindung zwischen der Waffenmacht und der Verfassung eines Staates zieht, von den frühen Aristokratien über die Hopliten bis hin zum »Flottenpöbel« der athenischen Demokratie; und auch wenn weder er noch ein anderer antiker Autor die frühe (Ältere) Tyrannis in dieses Schema einbezieht, ist es doch klar, daß die Tyrannen ebenfalls hierher gehören, und zwar an den Übergang von der aristokratischen zur von Hopliten beherrschten Verfassung. Wenn Aristoteles daher sagt (Politik 5 p. 1305a), in früheren Zeiten sei »der Umschlag in die Tyrannis« dann geschehen, wenn »der Volksführer und der Heerführer derselbe war«, so heißt das, daß man die Tyrannen als Anführer der Hoplitenklasse gegen die Aristokratie betrachten kann. Geht man in dieser Überlegung weiter, so scheint der Erfolg, den die Tyrannis beim Sturz der traditionellen Staatsform hatte, erst durch eine neue, sie unterstützende Gruppe möglich gewesen zu sein: Die Aristokratie hatte sich nur auf eine kleine Gruppe von Kriegern gestützt, die Tyrannis aber wurde von der großen und starken Klasse der Hopliten getragen, also vom ganzen waffenfähigen Volk *(dēmos)*.

Für diese Ansicht gibt es allerdings kaum direkte Zeugnisse. Zwar heißt es von Kypselos, dem Tyrannen von Korinth, wie auch von Orthagoras, dem von Sikyon, sie hätten ihre Laufbahn als militärische Anführer begonnen, doch handelt es sich bei diesen Berichten wahrscheinlich um bloße Erfindungen aus dem vierten Jahrhundert v. Chr. (s. S. 188 und S. 195); nur die – allerdings schlecht belegte – Karriere des Pheidon von Argos ermöglicht wohl einen detaillierten Ausbau der gerade vorgetragenen These. Das alte Orakel, das S. 102 zitiert ist (Anthologia Palatina 14, 73), belegt, daß die Argiver (Bewohner von Argos) erfolgreich die Euboier als führende Kriegsmacht in Griechenland abgelöst hatten; daß dies in einem Zusammenhang mit einer Änderung der Taktik steht, nämlich eben zur Hoplitenphalanx hin, zeigen möglicherweise die antike Bezeichnung für den Schild mit doppelter Halterung als »argivisch« und auch das Kriegergrab in der Argolis, in dem sich der gut gearbeitete Brustpanzer aus der Zeit um 725 v. Chr. gefunden hat (s. S. 163f. mit Abb. 15). Historischen Parallelen (wie z. B. der Schaffung einer schwerbewaffneten Infanterie im Frankenreich Karls des Großen am Ende des achten Jahrhunderts *nach* Christus) ist zu entnehmen, daß eine solche grundlegende Neuorganisation der militärischen Taktik, zumal beim Einsatz einer neuen Gruppe von Kriegern, die ihre eigene Ausrüstung stellen müssen, nur bei einer entsprechend starken Zentralregierung durchzusetzen ist. In Aristoteles' Darstellung (s. S. 177) gehört Pheidon von Argos zur Klasse der Könige, die »die Tradition verletzten und nach einer Despotenherrschaft strebten« (Politik 5 p. 1310b); verstreute Belege bei anderen Autoren nennen ihn einen äußerst erfolgreichen militärischen Anführer.

Herodot beschreibt ihn als den Mann, der das Maß- und Gewichtssystem für die Peloponnesier geschaffen hatte und der »die frevelhafteste Tat aller Griechen getan hat: er vertrieb die Eleier, die die Olympischen Spiele ausrichten, und richtete sie dann selbst aus« (Herodot 6, 127, 3); andere, weniger glaubwürdige Quellen schreiben ihm eine Einmischung in Aigina und in Korinth zu. Belege, die auf die Olympische Siegerliste zurückgehen und daher glaubhaft sind, scheinen auf eine Störung im Ablauf der Spiele der 28. Olympiade (668 v. Chr.) zu deuten; vielleicht kam es aber bereits bei denen der achten Olympiade (748) zu ähnlichen Eingriffen. Daß 669/68 v. Chr. die Argiver in einer größeren Schlacht, der von Hysiai, die Spartaner besiegten, überliefert Pausanias (2, 24, 7). Man hat diese verstreuten Belege dazu hergenommen, folgenden Geschichtsverlauf zu rekonstruieren: Pheidon habe die erste Hoplitenarmee geschaffen, sie zur Errichtung der Herrschaft über seine eigene Stadt und dann über weite Gebiete auf der nördlichen Peloponnes eingesetzt, habe mit ihr auch bei Hysiai die Spartaner geschlagen und sei im folgenden Jahr quer über die Peloponnes zur Feier der Olympischen Spiele gezogen. Eine solche Darstellung stößt aber auf Schwierigkeiten: Nirgends z. B. ist bezeugt, daß Pheidon der Sieger von Hysiai war – eine solche Nachricht aber wäre der Tendenz unserer Quellen nach zu erwarten, überliefern sie doch sonst meist die Namen siegreicher Heerführer. Außerdem fällt Pheidons Wirken gar nicht in jene Zeit, wenn sich auch die Belege zur Datierung widersprechen: Herodot (6, 126–27) nennt Pheidon – vielleicht irrtümlich – als Zeitgenossen des Kleisthenes von Sikyon, der im sechsten Jahrhundert v. Chr. (also ein halbes Jahrhundert *nach* Hysiai) regierte; Ephoros (FGrHist 70 F 115; bei Strabon 8, 3 p. 358) hingegen datiert Pheidon – freilich ohne klare Anhaltspunkte – fünfzig Jahre *vor* Hysiai. Die Aussagen der Zeugnisse sind also unklar, und auch wenn das Bild von Pheidon als dem ersten Tyrannen und dem Erfinder und Führer der Hopliten plausibel erscheint, bleibt es eine Hypothese.

Es fällt auf, daß die Dichtung jener Zeit dem *dēmos* eine neue prominente Stellung einräumt; sicher hat der *dēmos* mit der Unterstützung der Tyrannis etwas zu tun. Das Wort bezeichnet oft das Volk als ganzes, insbesondere das Volk im Gegensatz zur Aristokratie; manchmal scheint es sich auch nur auf die niederen Schichten zu beziehen; dafür, daß *dēmos* nur oder hauptsächlich die Gruppe der Hopliten im Gegensatz zu Aristokraten und zu niedereren Schichten bezeichnet, gibt es keine Anhaltspunkte. Es ist mithin unwahrscheinlich, daß es ursprünglich eine klare gesellschaftliche Trennung zwischen der – völlig neuen – Gruppe der Hopliten und der übrigen Gemeinde gegeben hat; vielmehr haben die Hopliten erst später damit begonnen, sich als eine vom Rest des *dēmos* abgehobene Elite zu sehen. Die Tyrannen nun fanden Unterstützung bei Männern, die sich ohnehin kaum eine Hoplitenausrüstung hätten leisten können: So kam Theagenes in Megara an die Macht, indem er »sich der am Flusse weidenden Herden der Wohlhabenden bemächtigte und sie hinschlachtete« (Aristoteles, Politik 5 p. 1305a), und Solon brachte die Sehnsucht nach einer Tyrannis mit dem Wunsch nach einer Neuverteilung des Landes in Verbindung, einer Maßnahme also, die vor allem im Interesse der Landlosen und der städtischen Armen lag: »Tyrannenmacht mit Gewalttat ist zuwider mir wie gleicher Anteil für tüchtige und schlechte Menschen an dem reichen Vaterland.« (Solon 34 W 7–9 = 23 D 19–21) Es ist also sicher nicht falsch, Aristoteles und den anderen antiken Autoren recht zu geben, die die frühen Tyrannen als Anführer des *dēmos* als Ganzem gegen die Aristokratie bezeichnen; der wichtigste Teil dieses *dēmos* waren dabei eben die Hopliten, ohne die das Volk machtlos gewesen wäre. Die Konsequenz der neuen militärischen Taktik war nun, daß nicht mehr nur Aristokraten, sondern auch Männer aus dem Volk bewaffnet und im Gebrauch ihrer Waffen geübt waren. Zunächst werden diese einen Fürsprecher unterstützt haben, der die Rechte des *dēmos* der Aristokratie gegenüber vertrat; später wurden sie dann selbst zu den Trägern ihrer eigenen Organisation, der Volksversammlung, der sie zu einer zentralen Rolle bei der Staatsverwaltung verhalfen. In beiden Fällen bedeutet das Fehlen eines festen Standesunterschiedes zwischen den Hopliten und dem übrigen Volk, daß die Hopliten mit allem Tun im eigenen Interesse auch für den *dēmos* als Ganzes handelten.

Auf der Suche nach allgemeinen Erklärungen sollte man weniger rationale Faktoren nicht außer acht lassen. Die neue Gleichheit in den Kolonien (s. Kap. 7) war unter der Führung eines Aristokraten entstanden, der das Land an seine »Gefolgsleute« verteilte. Dabei verschwand allmählich die traditionelle Gesellschaftsordnung, alte Normen galten immer weniger: die Aristokratie verlor ihre wirtschaftliche und militärische Legitimation. In dieser Situation legten nun die griechischen Städte eine politische Instabilität an den Tag, wie sie für sich gerade entwickelnde Gesellschaften unter dem Druck eines radikalen Wandels charakteristisch ist: Der Tyrann unterscheidet sich hierin nicht von einem modernen Diktator. Dazu kam, daß die Aristokratie in der Verteidigung ihrer traditionellen Vorrechte nicht mehr geeint war, sondern einzelne ihrer Mitglieder die neuen gesellschaftlichen Kräfte dazu zu nutzen bereit waren, die Macht ihrer eigenen Klasse zu stürzen. Als dann einmal die Möglichkeit einer Tyrannis bekannt war, traten zwei weitere Faktoren zu ihrer Unterstützung ein, die sich auch heute noch in vergleichbaren Situationen zeigen: einmal die »Mode« – die Existenz eines Diktators ermutigt andere, dasselbe für sich anzustreben; zum anderen die »gegenseitige Selbsthilfe« der Tyrannen: Theagenes von Megara versuchte, seinen Schwiegersohn in Athen an die Macht zu bringen; Thrasyboulos von Milet und Periandros von Korinth beendigten die traditionelle Feindschaft ihrer beiden Städte, die zumindest bis in die Zeit des Lelantinischen Krieges zurückreichte (s. Kap. 5); Lygdamis von Naxos half dem Peisistratos und dem Polykrates, in Athen bzw. Samos an die Macht zu kommen. Gerade an den beiden letztgenannten Tyrannen zeigt sich auch, wie instabil die politische Lage in den Städten damals war: während Peisistratos es trotz manchem Entgegenkommen in Attika erst nach massiver Unterstützung durch andere Städte und an der Spitze einer großen Söldnertruppe gelang, sich zum Tyrannen von Athen aufzuschwingen, ergriff Polykrates in Samos die Macht mit Hilfe von nur fünfzehn Hopliten (Herodot 3, 120, 3). In beiden Fällen zeigen aber die weiteren Taten der Tyrannen, daß sie in weiten Kreisen der Bevölkerung Unterstützung fanden: die frühe (Ältere) Tyrannis verlor nie ganz die Eigenart einer »volkstümlichen Diktatur«.

Lokale Ursachen

Eine solche Unterstützung durch das Volk ist sicher nur dadurch zu erreichen gewesen, daß der Tyrann von den Quellen der Unzufriedenheit am jeweiligen Ort wußte und gegen sie anzugehen versprach. Solche speziellen lokalen Übelstände sind bei der Erklärung der Ursachen einer Tyrannis mindestens ebenso wichtig wie die allgemeinen Tendenzen. Man kann die lokalen Faktoren in einer groben Einteilung auf soziale und wirtschaftliche oder auf ethnische Ursachen zurückführen oder aber darauf, daß – wie schon früher – einzelne Aristokraten um ihre eigene Machtstellung kämpften, nur jetzt mit einem neuen Mittel. Für alle drei Fälle gibt es Beispiele; am besten bezeugt sind Korinth, Sikyon und Lesbos.

Soziale und wirtschaftliche Probleme. Beispiel Korinth

Die früheste Tyrannis, für die ausreichend viele Zeugnisse zur Verfügung stehen, ist die von Korinth. Obwohl der Ortsname *Korinthos* die vorgriechische Endung *-nthos* hat (s. S. 20), und obwohl dort auch einige vorgriechische Fundstücke ans Licht gekommen sind, war Korinth während der mykenischen Zeit kein bedeutender Ort (wie etwa Mykene); und obwohl die Lage von Akrokorinth für eine Festung geradezu ideal ist, finden sich auch dort nur wenige mykenische Reste. Daß in der *Ilias* (2, 570) »die reiche *Korinthos*« als kleinerer Teilnehmer am Trojafeldzug genannt wird, geht wohl bloß auf einen späten Versuch zurück, eine heroische Vergangenheit aus dem Nichts zu schaffen. Die früheste Siedlung von einiger Bedeutung dort steht jedenfalls im Zusammenhang mit dem Vordringen der Dorier um 900 v. Chr.; Funde aus dem großen korinthischen Heraheiligtum, das sich auf der anderen Seite der Bucht bei Perachora befand, stammen aus der Zeit von 850 an und zeigen, daß die Gemeinde damals kaum Kontakte nach auswärts und auch keine besonderen künstlerischen Talente hatte. Doch ab 750 ändert sich dieses Bild plötzlich: Man findet Skarabäen, Elfenbeingegenstände, Amulette, importierte Vasen und Gewandnadeln, die weitreichende Kontakte bis in den Nahen Osten belegen; im folgenden Jahrhundert war Korinth der wichtigste Hafen und die reichste Stadt Griechenlands überhaupt. Der Grund dafür ist klar: Schon Thukydides (1, 13) betont die günstige Lage der Stadt, am Landhandelsweg von Norden nach Süden und am Umschlagplatz des Seehandels von Ost nach West. Die von den Euboiern geschaffenen Handelsverbindungen zu den Metallvorräten im Westen und den Luxusgütern im Orient zentrierten sich bald auf Korinth, denn es war sicherer, die lange, stürmische und gefährliche Umsegelung der Peloponnes dadurch zu umgehen, daß man kleinere Schiffe ganz über die Landenge von

Korinth zog (der 6,5 km lange Kanal von Korinth wurde erst 1893 eröffnet) oder aber die Handelsgüter auf neue Schiffe auf der anderen Seite des Isthmos umlud. Von der Kolonisation im Westen profitierte nicht nur das an der Nordseite des korinthischen Golfes gelegene Delphi (s. Kap. 7), sondern auch Korinth selbst als Mutterstadt von Siedlungen in sehr günstiger Lage und wahrscheinlich auch dadurch, daß die meisten anderen Kolonisten ebenfalls auf korinthischen Schiffen in den Westen fuhren. Als die Kolonien dann etabliert waren, liefen alle Versorgungsgüter und alle Handelswaren der Kolonien über Korinth, ja wurden sogar auf korinthischen Schiffen transportiert.

Es überrascht daher nicht, daß Korinth das Zentrum der orientalisierenden griechischen Kunst und überhaupt die erste Stadt war, die hochwertige Keramik im großen Stil produzierte und in die griechischen Siedlungen im Osten und Westen exportierte: Korinthische Keramik herrscht in Al Mina vom ersten Viertel des siebten Jahrhunderts v. Chr. an vor (s. Kap. 5), in den westlichen Kolonien jeweils seit ihrer Gründung. Hinter all diesen Erfolgen in Handel und Kunst stand ein aristokratisches *genos*, die Bakchiaden. Angehörige dieses *genos* gründeten die korinthischen Kolonien in Korkyra und Syrakus, der Geograph Strabon sagt (8, 6 p. 378), die Bakchiaden seien »reich und zahlreich und von vornehmer Abstammung« gewesen und hätten »den Hafenhandel ohne Grenzen ausgenutzt«. Herodot bemerkt, daß »am wenigsten (von allen Hellenen) die Korinther etwas auszusetzen finden an den Handwerkern« (2, 167, 2) – eine Einstellung, die nur für Korinth in diese frühe Zeit zurückzuverfolgen ist: Schon im achten vorchristlichen Jahrhundert war nämlich ein ungewöhnlich hoher Anteil der korinthischen Keramik exportiert, ja wahrscheinlich sogar eigens für den Export hergestellt worden. Der Handel war spezialisiert auf kleine, kunstvoll verzierte Gefäße, in die man Luxusgüter wie parfümierte Öle füllte. Von einem Bakchiaden, Damaratos (= Demaratos), kursierte eine in der Antike berühmte Geschichte: Er war im Handel mit Etrurien tätig und ging, als in Korinth ein Tyrann die Macht übernahm, zusammen mit einigen Künstlern ins Exil; sie ließen sich im etruskischen Ort Tarquinia nieder, wo sie die Keramik- und die Terrakotta-Technik bekannt machten. Damaratos wurde schließlich Vater des Tarquinius Priscus, des späteren Königs von Rom (Plinius, Naturalis historia 35, 152; vgl. Cicero, De re publica 2, 19 [34]).

Die Bakchiaden waren eine exklusive Gruppe, in der eine

Heirat außerhalb des *genos* verboten war. Ein zeitgenössisches delphisches Orakel beschreibt sie als »monarchische Männer« (s. S. 190). Diese Haltung war zweifellos ein Grund für ihren späteren Sturz, doch werden auch andere Faktoren für die Ablösung ihrer »Monarchie« ausschlaggebend gewesen sein: Korinths Bevölkerung war durch Handel, Schiffahrt und Kunsthandwerk allgemein reich, und sie stand in ständigem Kontakt mit der neuen Gleichheit in den westlichen Kolonien. Außerdem mag der Erfolg der Bakchiaden schließlich nachgelassen haben: Die früheste bekannte Seeschlacht fand zwischen Korinth und seiner Kolonie Korkyra statt; durch sie scheint Korinth zumindest über einen seiner wichtigsten Stützpunkte auf dem Handelsweg nach Westen die Kontrolle verloren zu haben. Diese Seeschlacht nun datiert Thukydides (1, 13) etwa ins Jahr 664 v. Chr., doch kann seine Angabe auf einer Rechnung mit Generationen von vierzig statt dreißig Jahren beruhen (er nennt nämlich in diesem Abschnitt nur zwei Daten, die eben vierzig Jahre auseinander liegen), so daß sich bei der Rechnung mit Generationen zu dreißig Jahren ein etwa siebzig Jahre späteres Datum ergäbe, das historisch plausibler wäre. Aussagekräftiger als diese Angabe bei Thukydides ist aber die erhaltene Inschrift für Orsippos von Megara, der in den Olympischen Spielen von 720 v. Chr. gesiegt hatte: Er hat »die fernsten Grenzen für seine Heimat befreit, als feindlich gesonnene Männer viel Land abgeschnitten hatten« (IG VII 52 = G. Kaibel, Epigrammata Graeca ex lapidibus conlecta. Berlin 1878, nr. 843). Grenzkriege zwischen Megara und Korinth könnten durchaus die Einführung der Hoplitentaktik in diesem Gebiet beschleunigt haben.

Zwei große Darstellungen des Umsturzes in Korinth sind erhalten: Herodot (5, 92) beschreibt, wie Labda, die lahme Tochter eines Bakchiaden, von keinem Mitglied des *genos* geehelicht wurde, so daß sie schließlich ein gewisser Eëtion, der nicht einmal Dorier war, zur Frau nehmen konnte. Verschiedene delphische Orakel prophezeiten ihrem zukünftigen Sohn große Macht; als er geboren war, schickten die Bakchiaden zehn Männer, die ihn töten sollten. Doch beim ersten Versuch hinderte sie das Lächeln des Kindes an der Ausführung ihres Auftrags, beim zweiten fanden sie es nicht mehr, da Labda ihren Sohn in einer Truhe *(kypselē)* verborgen hatte (daher sein Name *Kypselos*). Als er erwachsen war, beredete ihn das Orakel von Delphi, in Korinth die Macht zu ergreifen; Kypselos »verbannte viele Korinther, raubte vielen anderen ihre Güter und noch viel mehr Leuten das Leben. Als er dreißig Jahre geherrscht hatte, schloß er sein Leben gut ab, und sein Sohn Periandros folgte auf ihn.« (Herodot 5, 92 ζ 1) Zunächst war Periandros milder als sein Vater, später aber griff er noch weit härter durch.

Die andere Darstellung ist nicht direkt, sondern nur in Auszügen erhalten, am ausführlichsten noch in den Fragmenten der Weltgeschichte des Nikolaos von Damaskos, des Privatsekretärs von Herodes dem Großen im Zeitalter des Augustus (FGrHist 90 F 57–60). Diese Version geht auf den Historiker Ephoros zurück, der im vierten Jahrhundert v. Chr. wirkte. Seine Darstellung stimmt mit der Herodots von der Geburt des Kindes bis zu seiner wundersamen Errettung überein, beschreibt dann aber Kypselos' Weg zur Macht sehr viel ausführlicher: Der junge Mann habe mit seiner Tapferkeit und Milde große Popularität erlangt und sei schließlich zum *polemarchos,* zum militärischen Anführer gewählt worden; dabei habe er die bestehenden Gesetze so milde in der Rechtsprechung angewandt, daß sich bald eine »Partei« *(hetairikon)* um ihn geschart und ihn an die Macht gebracht habe (FGrHist 90 F 57, 4–6). Die Nennung eines militärischen Amtes, nämlich des *polemarchos,* im Zusammenhang mit Tyrannis würde zwar gut zur oben entwickelten These passen, doch ist Ephoros' Version in diesem Punkt ebenso wertlos wie in den meisten anderen: Er schreibt z. B. dem *polemarchos* nur zivile Aufgaben (Rechtsprechung) zu, was aber erst seit dem vierten Jahrhundert richtig ist, so daß sich zeigt, daß Ephoros mit Analogien aus seiner eigenen Zeit gearbeitet hat. Der einzige vermutlich zutreffende Punkt in Ephoros' Darstellung ist die Gegenüberstellung der Milde und Beliebtheit des Kypselos mit der Verhaßtheit des Periandros.

Herodots Version stellt beide Tyrannen als Schurken dar, was aber am Textzusammenhang liegt: Er läßt nämlich einen Korinther die Geschichte erzählen, der die Spartaner davon abzubringen versucht, die Tyrannis in Athen wiederherzustellen. Daß Kypselos tatsächlich eher ein populärer Herrscher war, zeigt seine Geburtslegende, die zu einer ganzen Gruppe ähnlicher Texte gehört, deren strukturelle Funktion es ist, den Aufstieg eines Usurpators zu erklären. Diese Texte setzen den neuen Machthaber in eine Beziehung zum vorhergehenden Herrscherhaus, doch beschreiben sie vor allem sein Aufwachsen inmitten des Volkes und den speziellen Schutz der Götter.

Typische Elemente solcher Legenden sind die Aussetzung des Königskindes, seine wundersame Errettung oft auf Grund göttlichen Eingreifens (wie z. B. der Säugung durch heilige Tiere), sein Aufwachsen im Volk und sein schließlicher Aufstieg zur Macht. Die vielleicht berühmtesten Beispiele für solche Legenden sind die Erzählung von Kyros dem Großen (Herodot 1, 107–130), die von Romulus und Remus (Livius 1, 4–7) und die von Moses (Exodus 2, 1–10); auch Christi Geburts- und Erziehungsgeschichte weist Elemente dieser Art auf. Insgesamt hat man 122 verschiedene auf solch wunderbare Weise gerettete Königskinder gezählt. Dieser Legendentypos, der auf Europa und den Nahen Osten beschränkt ist, bietet außerdem eines der besten Beispiele für das Wandern eines Motivs von einem einzigen Zentrum aus. Zunächst hatte die Forschung zwar einen allgemein-indoeuropäischen Ursprung der Legende angenommen, doch legt es das Fehlen des Motivs im indischen, aber seine Verbreitung im (nichtindoeuropäischen) semitischen Kulturkreis nahe, daß es aus Mesopotamien stammt. Die älteste bekannte Version ist die Geschichte von der Geburt und dem Aufwachsen des ersten »Imperialisten«, Königs Sargon von Akkad:

Ich bin Sargon, der starke König, der König von Akkad.
Meine Mutter war eine *enitum* (»Gottesherrin«), meinen Vater kenne ich nicht. ...
Die *enitum*, meine Mutter, empfing mich und gebar mich insgeheim,
legte mich in einen Binsenkorb, machte meine Tür (meinen Deckel) mit Asphalt dicht
(und) setzte mich im Fluß aus, der nicht über mich stieg (mich nicht überspülte).
Der Fluß trug mich zu Akki, dem Wasserschöpfer.
Akki, der Wasserschöpfer, holte mich heraus, als er seinen Eimer eintauchte.
Akki, der Wasserschöpfer, [nahm mich] als Sohn an und zog mich groß,
Akki, der Wasserschöpfer, machte mich zu seinem Gärtner.
Als ich Gärtner war, schenkte mir Ischtar ihre Liebe,
und vierund[fünfzig] Jahre übte ich die Königsherrschaft aus.
    (Greßmann, AOT I², S. 234–35 = Beyerlin, RT, S. 123–24)

Der Text ist zwar nur in Abschriften aus dem siebten vorchristlichen Jahrhundert erhalten, doch ist er sicher viel älter, wahrscheinlich sumerisch. Die Legende wurde durch die späteren Kulturen, die mit dem Zweistromland in Berührung kamen, verbreitet: Assyrer, Babylonier, Hebräer und Perser kennen sie. Es überrascht nicht, daß man das früheste griechische Beispiel in der *polis* findet, die sich auch auf künstlerischem Gebiet orientalischen Einflüssen am weitesten geöffnet hatte: in Korinth.

Die Legende von Kypselos ist also ein guter Beleg für seine Stellung als volkstümlicher Anführer und für die Tatsache, daß er ein neuer Mann war, der mit der Aristokratie gar nicht oder doch nur zum Teil (das ist typisch) verbunden war. Das Orakel an seinen Vater lautete:

Eëtion, dich ehrt keiner, obwohl dir viel Ehre gebührt.
Labda ist schwanger, sie wird einen Mühlstein gebären, der fallen wird auf die monarchischen Männer, und Urteil über Korinth bringen.

(Herodot 5, 92 β 2)

Im letzten Satz läßt das Griechische die Übersetzungen »Urteil« oder aber »Gerechtigkeit« zu, was freilich an der wohlwollenden Einstellung des Orakels gegenüber Kypselos nichts ändert. Unklar ist, ob das Orakel aus der Zeit nach oder sogar vor dem Umsturz stammt; daß Delphi Kypselos' Staatsstreich von vornherein ebenso unterstützte wie viele andere Äußerungen des neuen Selbstbewußtseins der Hopliten, wäre eine Möglichkeit. Wer außer Delphi auf Kypselos' Seite stand, läßt sich ebenfalls nur vermuten; zur Untersuchung dieser Frage muß man die Eigenarten der Stadt Korinth vor und während der Tyrannis betrachten.

Die Vorrangstellung Korinths im Handel und auf künstlerischem Gebiet hatte schon unter den Bakchiaden begonnen, sie setzte sich unter der Tyrannis fort: Kypselos und sein Sohn gründeten eine Reihe von Kolonien an der Ostküste der südlichen Adria (Leukas, Anaktorion, Ambrakia, Apollonia, Epidamnos), die einen doppelten Lagevorteil hatten, einmal als Stützpunkt auf dem Handelsweg nach Italien, zum anderen als korinthischer Posten für den Handel mit Nordgriechenland, von wo man wichtige Rohmaterialien wie Holz und Blumen (für die korinthische Parfümherstellung) erhielt, und wohin man korinthische Waren exportierte; in Trebenishte (s. Abb. 26) fanden sich z. B. frühgriechische Bronzegegenstände. Im Nordosten der Ägäis gründeten die Tyrannen in der Mitte älterer chalkidischer Siedlungen auf der Chalkidike ihre Kolonie Poteidaia, die eine der reichsten und mächtigsten Städte der Gegend wurde. Später scheinen die korinthischen Kolonien von der Mutterstadt ungewöhnlich streng kontrolliert gewesen zu sein:

Auf vielen Münzprägungen wiederholen sie das korinthische Emblem, einen Pegasos (Flügelpferd), und kennzeichnen die eigene Stadt nur mit Buchstaben; und noch im fünften Jahrhundert v. Chr. kamen in manchen dieser Städte die Beamten aus Korinth. Darin zeigt sich vielleicht, daß solche Gründungen ursprünglich eben nicht als unabhängige Städte, sondern vielmehr als bloße Handelsposten angesehen worden waren.

Der Handel war eines der Hauptinteressen der Tyrannen. Korinthische Keramik blieb bis in die Mitte des sechsten Jahrhunderts v. Chr. das am weitesten verbreitete Kunsthandwerksprodukt der ganzen Mittelmeerwelt, wohl zum Teil dank ihrer künstlerischen Qualität, sicher aber auch wegen einer blühenden Industrie, in der sie hergestellt wurde und wegen der Vorherrschaft Korinths in der Handelsschiffahrt nach dem Westen. In einer Gruppe von Gebäuden des sechsten Jahrhunderts v. Chr., die bei Ausgrabungen in Korinth freigelegt wurden, fand sich Keramik aus den verschiedensten Regionen wie Etrurien, Chios, Ionien, Athen und Sparta, so daß man an ein Händlerviertel denken kann. Darüber hinaus erschlossen die Tyrannen dem Handel auch neue Gebiete: Die Freundschaft zwischen Periandros von Korinth und Thrasyboulos von Milet machte ein Ende mit der alten Rivalität aus der »Euboiischen Periode« (s. Kap. 5) und öffnete dadurch den Handelsweg nach dem Orient. Im Nordosten ermöglichte das neugegründete Poteidaia den Zugang zu den dortigen Rohstoffen. Auf Periandros geht auch die Einrichtung einer »Straße« zurück, in deren »Geleisen« man auf Wagen verladene Schiffe über den Isthmos schleppen konnte; dieser sogenannte *di(h)olkos*, der bei einer Ausgrabung freigelegt wurde, verlief etwa am modernen Kanal entlang. Periandros hatte außerdem enge Verbindungen mit einem der bedeutendsten nichtgriechischen Könige, mit Alyattes von Lydien; daß er auch die neuen Handelsverbindungen nach Ägypten pflegen wollte, zeigt der Name seines Neffen und (kurzfristigen) Nachfolgers in der Tyrannis, Psammetichos, der nach dem Pharao benannt worden war. In Ägypten wie auch an anderen Orten lag Korinth im Wettbewerb mit der anderen griechischen Handelsmacht Aigina; und auf die Zeit der Tyrannis wird es zurückgehen, daß Korinth die Freundschaft mit Aiginas Nachbar-*polis* und möglichem Rivalen Athen suchte. Tatsächlich zeigt sich ein deutlicher korinthischer Einfluß in der attischen Keramik jener Zeit; und von Periandros ist überliefert, daß er in einem Streit zwischen Athen und Mytilene um die Kontrolle über Sigeion (an der Handelsroute zum Schwarzen Meer) als Schiedsrichter fungierte – und für Athen entschied. Bald nach 600 v. Chr. gab Athen dann auch den zuvor verwendeten aiginetischen Münzfuß (Gewichtssystem; s. S. 292) zugunsten eines anderen auf, der eher dem von Korinth vergleichbar war.

Wieviele Vorteile das Kunsthandwerk von der Blüte des Handels hatte, zeigt sich besonders im korinthischen Einflußbereich, z. B. in Delphi. Das Orakel dort war wohlwollend geblieben:

Glücklich der Mann, der mir gerade ins Haus kommt,
Kypselos, Sohn des Eëtion, Korinths, des berühmten, König ...
(Herodot 5, 92 δ 2)

Kypselos ließ nun das erste Schatzhaus für seine Weihegaben in Delphi errichten; es ist bemerkenswert, daß die reichen Geschenke der Könige von Lydien, angefangen mit Gyges, in diesem Schatzhaus aufbewahrt wurden (Herodot 1, 14). Doch schließlich stellte sich der Apollon von Delphi gegen die Kypseliden (Nachfahren des Kypselos); er erlaubte den Korinthern, Kypselos' Namen vom Schatzhaus zu entfernen (Plutarch, Das delphische Orakel 13, Moralia p. 400e) und fügte dem eben zitierten Orakel eine weitere Zeile hinzu:

... er und seine Söhne, doch deren Söhne nicht mehr.
(Herodot a. a. O.)

Die Zerstörung Korinths durch die Römer im Jahr 146 v. Chr. galt in der ganzen Antike als einer der berüchtigsten Fälle von Wandalismus gegen die Kunst; die Gründung einer römischen Kolonie am Ort des zerstörten Korinth führte dazu, daß fast nichts mehr von der griechischen *polis* erhalten blieb. Doch wissen wir aus anderen Quellen, daß gerade in Korinth unter den Tyrannen der Beginn der griechischen Monumentalarchitektur zu suchen ist: Der dorische Tempel entstand hier. Die wichtigsten Neuerungen dabei stehen im Zusammenhang mit dem Gebrauch von Ton bei der Konstruktion und beim Bauschmuck. Die Erfindung von Dachziegeln aus Ton (die ein sog. »korinthisches Dach« ergeben) und der Bau von seitlichen Säulengängen schufen den typischen griechischen Tempel mit seinem nur gering geneigten Dach, das auf Säulen ruht. Aus Ton waren auch die Schmuckelemente am Dach; und nach Pindar (13. Olympische Ode, 30) war auch die doppelte Giebelfront eine korinthische Erfindung. Der dort und am Dach angebrachte figürliche Bauschmuck aus Ton und die farbigen Ornamente gehen nach dem römischen Gelehrten Plinius (Naturalis historia 35, 151–53) auf Boutades von Sikyon zurück, der in Korinth gewirkt haben soll. Die ältesten archäologischen Zeugnisse für Tempelarchitektur mit Bauschmuck stammen tatsächlich aus dem Einflußbereich von Korinth; es handelt sich um Terrakotta-Figuren und um Malereien. In Kalydon in Aitolien hat man Metopen und Triglyphen aus Terrakotta gefunden, die offenbar in Korinth auf Bestellung angefertigt worden waren; sie sind nämlich für die Zusammenstellung in Kalydon durchnumeriert, z. B. als »einundzwanzigster im Westen« (IG IX 1^2, 152c). Die Metopen des Tempels von Thermos, ebenfalls in Aitolien, waren aus Ton der Gegend geformt, aber von einem korinthischen Künstler bemalt. In Etrurien ging die Herstellung von Architekturteilen und von Monumenten aus Terrakotta später noch weiter, in Griechenland hingegen ging man zur Verwendung von Stein über. Das älteste Zeugnis dafür ist der Artemistempel auf Korkyra (Korfu) von etwa 580 v. Chr. (s. Kap. 13). Unabhängig vom verwendeten Material ist der korinthische Einfluß jeweils deutlich; auf ihn geht eine gewisse Gleichförmigkeit des frühen Tempelschmucks zurück. In Korinth selbst ist allerdings aus der Anfangszeit nichts erhalten; nur vom Höhepunkt der Entwicklung, vom Apollontempel, der erst eine Generation nach dem Sturz der Tyrannis errichtet wurde, stehen noch sieben Säulen.

Doch andere Zeugnisse belegen den Reichtum und die Prachtentfaltung Korinths unter den Tyrannen, die z. B. eine Kolossalstatue des Zeus nach Olympia weihten; hergestellt wurde das Kunstwerk von Handwerkern in Korinth. Ferner war der Hof der Tyrannen auch ein Zentrum der Kultur. Arion von Lesbos, der angebliche Erfinder des Dithyrambos (einer kunstvollen Form von Chorlyrik, die der Ursprung der Tragödie sein soll), den nach einer Legende ein Delphin aus dem Meer gerettet hatte, wirkte am Hof des Periandros (Herodot 1, 23–24). Periandros selbst fand sogar soweit Eingang in die volkstümliche Phantasie, daß die Griechen ihn als einen der Sieben Weisen ansahen. Aristoteles zeigt hingegen die Schattenseiten seiner Tyrannis, er schreibt Periandros die Erfindung der Maßnahmen zur Aufrechterhaltung einer Tyrannenherrschaft zu: Bestechung, Terror und Überwachung (Politik 5 p. 1313ab). Die Geschichten, die Herodot (5, 92; 3, 48–53) vom

Ende der Herrschaft des Periandros erzählt, sind noch schlimmer, aber auch spezifischer: Der Tyrann ließ seine Frau ermorden, nahm seinen Schwiegervater, den Tyrannen von Epidauros, gefangen und zerstritt sich mit dem einzigen begabten seiner Söhne. Um den Geist seiner Frau zu versöhnen, griff er zur Totenbeschwörung, ließ alle korinthischen Frauen sich versammeln und sich nackt ausziehen; die so gewonnenen Kleider verbrannte er als Opfer für die Ermordete. Als sein Sohn auf Korkyra getötet worden war, eroberte er die Insel und schickte dreihundert vornehme junge Männer zu seinem Freund Alyattes, dem König von Lydien, die dort als Eunuchen dienen sollten (was allerdings durch ein Eingreifen der Samier verhindert werden konnte). Gerade dieser letzte Punkt verdient eine genauere Betrachtung: Die Bakchiaden waren nach ihrem Sturz nach Korkyra geflohen; Periandros versuchte jetzt offenbar, sie wieder unter korinthische Kontrolle zu bringen, und zwar wahrscheinlich in der ersten Seeschlacht, die Thukydides (1, 13) kannte, und die kurz nach 600 v. Chr. stattgefunden haben muß (zur Datierung s. S. 187). Die Samier dachten bei der Befreiung der Bakchiadensöhne wohl an ihre alte, aus euboiischer Zeit herrührende Freundschaft mit dem bakchiadischen Korinth. Wie dem auch sei, Periandros ist ein gutes Beispiel für die Tatsache, daß der Tyrann außerhalb des Gesetzes stand und keine Kontrolle seiner Macht erlaubte. Dies machte ihn schließlich für die von ihm beherrschte Gemeinde unerträglich, so daß er gestürzt wurde. Im Fall Korinth sind keine besonderen Ereignisse beim Sturz bekannt; binnen weniger Jahre nach Periandros' Tod verschwand die Tyrannis ganz und wurde von einer nicht wenige Mitglieder umfassenden Oligarchie der Reichen abgelöst.

Ethnische Probleme. Beispiel Sikyon

Die ethnischen Gruppen der griechischen Völker waren im Dialekt, im religiösen Brauchtum und in den gesellschaftlichen Normen so weit voneinander unterschieden, daß sich daraus immer wieder Konflikte ergaben. Der Unterschied zwischen Doriern und Ioniern war offenbar weithin bekannt und konnte durchaus, wie z. B. in Kyrene (s. S. 155), zu Problemen führen. Aber vor allem auf der Peloponnes gab es ständig ethnische

Spannungen; anscheinend waren dort bei der Landnahme der Dorier gewisse Formen von Leibeigenschaft durch die völlige Unterwerfung der achaischen Vorbevölkerung entstanden. Die spartanischen Heloten (s. Kap. 10) waren wohl eine solche Gruppe, die *gymnētes* (»Nackten«) von Argos eine andere. In beiden Fällen kam es zu Unruhen: Die Heloten wurden mit der erst im siebten Jahrhundert v Chr. von Sparta unterworfenen großen Gruppe von Messeniern gleichgestellt und nahmen später an deren Aufständen teil, in Argos kamen zu Beginn des fünften Jahrhunderts v. Chr. die *gymnētes* für einige Zeit selbst an die Macht. Die Spartaner waren vorsichtig genug, im sechsten vorchristlichen Jahrhundert ihre Führerrolle im Peloponnesischen Bund als Achaier, nicht als Dorier zu beanspruchen (s. Kap. 15). – Im dorischen Sikyon nun wurde die Tyrannis anscheinend von einer nichtdorischen Gruppe unterstützt; die Tyrannendynastie der Orthagoriden blieb dort von der Mitte des siebten Jahrhunderts v. Chr. an für etwa hundert Jahre an der Macht.

Der genaue Ursprung des Machtgewinns der Orthagoriden liegt im dunkeln. Orthagoras, angeblich der Sohn eines Kochs, soll sich als Wachtposten an der Grenze ausgezeichnet haben, so daß er zum Wachkommandanten aufgestiegen und schließlich sogar zum *polemarchos* gewählt worden sei (anonyme Tyrannengeschichte Papyrus Oxyrhynchos XI 1365 = FGrHist 105 F 2) – eine Geschichte, die bemerkenswerte Ähnlichkeit mit der von Kypselos aufweist und höchstwahrscheinlich auch auf Ephoros mit seinen anachronistischen Ansichten über den Ursprung der Tyrannis zurückgeht (s. S. 188). Aristoteles (Politik 5 p. 1315b) kommt der Wahrheit wohl näher, wenn er den Erfolg der Orthagoriden darauf zurückführt, »daß sie mit den Untertanen maßvoll umgingen und sich zumindest an die Gesetze hielten«, und darauf, daß der berühmteste unter den Nachfolgern des Orthagoras, Kleisthenes (er war etwa von 600 bis 570 v. Chr. an der Macht), große militärische Fähigkeiten aufwies.

Das Vorgehen eben dieses Kleisthenes ist es, das eine Unterstützung der Tyrannis durch eine ethnische Gruppe nahelegt. Herodot (5, 67–68) schreibt ihm nämlich verschiedene Versuche zu, in einem Krieg mit Argos von allen Einflüssen dieser Stadt loszukommen: Kleisthenes habe sogar den Vortrag der Homerischen Epen verboten, da in ihnen die Argiver zu sehr gerühmt würden; er habe die tragischen Chöre zu Ehren des

Heros Adrastos (eines Argivers, der der Sage nach in Sikyon geherrscht hatte) abgeschafft und den Heros aus seinem Heiligtum auf dem Versammlungsplatz von Sikyon zu vertreiben versucht; das Orakel von Delphi aber habe ihn daran mit den Worten gehindert: »Adrastos ist König der Sikyonier, du nur ein Steinewerfer« (d. h. von so niederer Herkunft, daß du nicht einmal als Krieger zu bezeichnen bist). Daraufhin habe Kleisthenes den Heros Melanippos, Adrastos' mythischen Gegner, aus Theben nach Sikyon geholt und ihm einen Tempel beim Ratsgebäude eingerichtet – alles Maßnahmen, die sich weniger gegen die Dorier als vielmehr gegen die Argiver richteten und kulturelle sowie religiöse Unabhängigkeit demonstrieren sollten. Doch berichtet Herodot auch von antidorischen Maßnahmen des Kleisthenes: Er habe die drei dorischen Stämme *(phylai)* in Sikyon in »Schweinemänner«, »Eselsmänner« und »Ferkelmänner« umbenannt, während er seinem eigenen Stamm den Namen *archelaoi*, »Volksbeherrscher« gab; diese Namen seien sogar noch nach Kleisthenes' Tod, also über die Tyrannis hinaus, beibehalten worden, und selbst nach der Rückkehr zu den alten Namen sei eine Einteilung in drei dorische und einen nichtdorischen Stamm geblieben. Kleisthenes oder seine Vorgänger in der Tyrannis scheinen also einen nichtdorischen Stamm in Sikyon geschaffen, d.h. die bürgerlichen Rechte auf den nichtdorischen Bevölkerungsteil ausgeweitet zu haben; zumindest ist deutlich, daß Kleisthenes sich als Führer der Nichtdorier in Sikyon betrachtete.

Aristokratischer Machtkampf. Beispiel Lesbos

Wie Korinth von den Bakchiadai beherrscht wurde, so stand die *polis* Mytilene auf Lesbos unter einem aristokratischen *genos*, den Penthiliden, die ihre Abstammung von den Homerischen Helden über einen Sohn des Orestes, Penthilos, herleiteten; Penthilos soll der mythische Anführer der Erstsiedler gewesen sein. Gestürzt wurden die Penthiliden laut Aristoteles (Politik 5 p. 1311b), weil sie »umhergingen und die Bürger mit Stäben schlugen«. Ihr Sturz ließ in Mytilene, das politisch und wirtschaftlich längst nicht soweit fortgeschritten war wie Korinth, einige sich befehdende Aristokratengruppen zurück; einer von ihnen gehörte der Dichter Alkaios an, dessen Lyrik die Grundlage für eine historische Rekonstruktion der verwickelten Kämpfe zwischen etwa 620 und 570 v. Chr. abgibt.

Die in Fehde liegenden aristokratischen Familien von Mytilene trennten große Gegensätze; wir kennen außer Alkaios und seinen Brüdern namentlich noch die Kleanaktiden, die überlebenden Mitglieder der Penthiliden und – weniger sicher – die Archeanaktiden. Alkaios gibt uns ein anschauliches Bild vom Lebensstil dieser Aristokraten:

Erzen schimmert das große Haus.
Herrlich schmücken den Saal, dem Schlachtengott zum Ruhm,
weithin glänzende Helme; weiß
leuchtend nicken die Roßhaarschweife dort herab,
Männerhäuptern zu stolzer Pracht.
Ehern funkeln, an Pflöcken sicher aufgehängt,
feste Beinschienen, starker Schutz
gegen heftige Wucht von Hieb und Schuß und Wurf.
Neue linnene Panzer und
schwere bauchige Schilde stehen aufgereiht.
Auch chalkidische Schwerter und
Waffenröcke und viele Gürtel sind zur Hand.
Laßt uns ja nicht vergessen sie,
wenn wir einmal zur Tat erst angetreten sind.

(Alkaios 357 [Z 34] LP = 54 D)

Diese Schilderung zeigt, wie nahe die Aristokratie von Lesbos noch der Homerischen Welt stand: Die Waffen im großen Haus gehören der Gruppe der *hetairoi*, die für ihren Anführer kämpfen. Auch in Sapphos Gedichten spiegelt sich diese Welt, bei ihr in den Bemerkungen über die rivalisierenden Gruppen von Frauen in der Stadt. Die Gesellschaft war auf der Seite der Frauen ganz nach dem Vorbild der männlichen Kriegergruppen eingeteilt; es gab auch dieselbe Intensität homosexueller Emotion – unterschiedlich war nur die gesellschaftliche Funktion der beiden Gruppen: Die Frauen waren zur kultischen Verehrung der Aphrodite in die heilige Schar, den *thiasos,* gruppiert; ihr Wettkampf fand im Singen und Tanzen, nicht im Kämpfen statt – ein bemerkenswertes Beispiel für die Übertragung eines männlichen Wertesystems in die Welt der Frauen, das zeigt, wie beherrschend eben dieses Wertesystem war.

Die Tyrannen, die an die Macht kamen, gehörten jeweils zu einer der aristokratischen Familien. Die Penthiliden waren zunächst von »Megakles und seinen Freunden« gestürzt worden. Als nächstes hören wir von der Vertreibung des Tyrannen Melanchros durch Pittakos und die Brüder des Alkaios um das Jahr 610 v. Chr. (Diogenes Laërtios, Leben der Philosophen 1, 74). Es folgte der Krieg zwischen Mytilene und den athenischen Siedlern von Sigeion in der Troas an der Westküste Kleinasiens; beide Seiten beanspruchten für sich eine im Mythos vom Trojanischen Krieg begründete Berechtigung für ihr Vorgehen (wenn auch der eigentlich umstrittene Punkt das zunehmende Interesse an Getreidelieferungen aus dem Schwarzmeergebiet gewesen sein wird). Während dieses Krieges tötete Pittakos den athenischen Heerführer im Zweikampf, Alkaios warf seinen Schild fort und floh (Herodot 5, 94–95; Strabon 13, 1 p. 599–600).

Alkaios ist wohlbehalten, seine Waffen sind's nicht.
Im Heiligtum der glanzäugigen Göttin (Athene) hängten sie auf die
   Athener. (Alkaios 428 [Z 105] = 49 a D)

Als der Krieg durch den Schiedsspruch des Periandros beendet worden war (s. S. 191 f.), war Pittakos' Stellung offenbar besser gefestigt als die des Alkaios. Dennoch verschworen sich die beiden Gruppen zum Sturz des regierenden Tyrannen Myrsilos; aber Pittakos wechselte zur anderen Seite, so daß Alkaios und seine Freunde ins Exil fliehen mußten. In seinem Anruf der Götter von Lesbos um Rache zitiert Alkaios auch den Eid der Verschwörer:

Erweiset die Gnade mir
und schenket meinem innigen Wunsch Gehör:
Erlöset mich von der Verbannung,
diesen so schrecklichen, bitteren Qualen!
Den Sohn des Hyrrhas (Pittakos) aber verfolge die
Erinys (Rachegöttin), weil er schimpflich gebrochen den Eid,
den wir beim Opferfest geleistet,
nie die Gefährten im Stich zu lassen,
nein, tapfer vor dem Feinde zu fallen und
ins Grab zu sinken, oder mit eigner Hand
die Gegner zu erschlagen und das
Volk zu befreien von schwerer Bürde.
Der Dickwanst aber lehnte es ab, mit uns
in unsrem Sinn zu sprechen; bedenkenlos
trat er den Schwur mit Füßen. Heute
mästet er selber am Mark der Stadt sich,
nicht nach dem Gesetz, das [...]
Myrsilos [...]
                              (Papyrus Oxyrhynchos 2165–66 =
                              Alkaios 129 [G 1] LP = 24 a D, 9–28)

Die Verschwörung war ein typisch aristokratisches Unternehmen von *hetairoi;* doch der Volksheld Pittakos brach seinen Eid – und damit die Freundschaft mit seinen Standesgenossen – und unterstützte die Tyrannis.

Alkaios beschreibt auch sein Exil:

... ich Elender
muß leben wie ein Wilder auf wildem Grund,
und hörte gerne den Ruf zur Versammlung
vom Munde des Agesilaos-Sohns
und zur Beratung. Was Vater und Großvater
in Ehren als Besitz sich erwarben, inmitten
der Bürger, die einander nur Böses tun –
aus allem ward ich vertrieben
weit über die Grenzen; wie Onymakles,
allein, so nahm ich den Wohnsitz hier
und hause nach Wolfsart, ein Opfer des Kampfes.
Der Aufstand scheiterte, den wir gewagt.

Doch fand ich Zuflucht im Heiligtum
der seligen Götter; auf dunkler Erde
traf ich mit ihnen zusammen,
gewann den sicheren Stand vor dem Verderben,
wo Frauen von Lesbos im Schleppgewand
zum Streit um den Preis der Schönheit sich scharen,
alljährlich rings ihr Jubel erschallt,
ein heiliges Jauchzen [...]
Wann werden von diesen vielen (Mühen?)
(mich erlösen) die Olympischen Götter?

(Papyrus Oxyrhynchos 2165 =
Alkaios 130 [G 2] LP = 24 c D, 16–37)

In diese (oder eine spätere) Exilszeit fallen Alkaios' Ägyptenreise und der Dienst seines Bruders Antimenidas in der Armee des Königs von Babylon, Nebukadnezar, bei dessen Palästina-Feldzug (s. S. 285). Alkaios fuhr mit seinen Angriffen auf Myrsilos und Pittakos fort, er warnte das Volk und erhielt schließlich zweitausend Statere vom König des benachbarten Staates Lydien für die Wiedereroberung der Stadt (ein *statēr* war der Monatslohn für mindestens einen Hopliten); doch seine Gruppe war in der Stadt nicht willkommen. Warum das so war, deutet er in seinen Gedichten an: Die Zeit der aristokratischen Parteiungen war vorbei, das Volk stand auf der anderen Seite.

Alkaios tat sein Bestes, um als Befreier aufzutreten. Er verwendete (als erster Dichter) die Metapher vom Staatsschiff für die *polis* und stellte sich und seine Freunde als Helfer des Schiffes in stürmischer Zeit dar:

Den Streit der Winde kann ich verstehen kaum.
Die eine Woge wälzt sich von dort heran,
die andere von hier; wir aber
treiben dahin auf dem düstern Schiffe,
in hartem Kampfe gegen den wilden Sturm.
Die Flut umspült den Köcher des Mastbaums schon,
zerrissen ist das große Segel,
ungestüm flattern noch seine Fetzen. ...
(Alkaios 326 [Z 2] LP = 46 a D, 1–8)

Alkaios sagt, er wolle »das Volk *(dēmos)* befreien von schwerer Bürde« (129 LP 20; s. S. 198) und beschuldigt Pittakos, er reiße »den *dēmos* ins Verderben« (70 [D 12] LP = 43 D, 7); er weist das Volk warnend auf die Täuschung hin, der es unterliegt (74 [D 16] LP = 27 D). Wie hohl aber sein Anspruch war, zeigte sich nach dem Tod des Myrsilos: »Jetzt heißt es zechen und angestrengt tummeln sich in wildem Tanze: Verreckt ist Myrsilos!« (332 [Z 8] LP = 39 D). Doch das Volk war anderer Meinung, es wählte sich laut Aristoteles (Politik 3 p. 1285a) Pittakos für zehn Jahre zum Führer *(aisymnētēs)* gegen die Verbannten: »Siehe, sie bestellten den niedrig geborenen Pittakos zum Tyrannen über die feige und gottverfluchte Stadt, einhellig mit lautem Jubel.« (348 [Z 24] LP = 87 D) Es lohnt sich, diesen Pittakos etwas näher zu betrachten. Alkaios nennt ihn »niedrig geboren«, wörtlich »von einem schlechten Vater«; der Vater war nämlich angeblich ein Thraker, die Mutter aber kam aus der Aristokratie. Wie Kypselos (s. S. 187f.) war also auch Pittakos eine Randfigur innerhalb des Adels. Er war zweifellos bereit, das »aristokratische Spiel« mitzuspielen, und so nahm er seit dem Beginn seiner Laufbahn an den Gruppenkämpfen teil; nach Myrsilos' Tod heiratete er in die Familie der Penthiliden (Alkaios 70 [D 12] LP = 43 D). Nach seiner Amtszeit als gewählter *aisymnētēs*, die das Jahrzehnt nach etwa 590 v. Chr. umfaßte, legte er die Macht nieder und lebte als Privatmann. Seine Gesetzgebung schränkte den aristokratischen Wettbewerb ein – auf ihn ging ein Gesetz über die Begrenzung der Aufwendungen bei Begräbnissen zurück – und ging scharf gegen die Hauptbeschäftigung (außerhalb der Politik) der aristokratischen *hetaireiai* vor: er verdoppelte die Strafen für Vergehen in Trunkenheit. Seine Popularität zeigte sich darin, daß man ihn zu den Sieben Weisen zählte, und nicht zuletzt auch in einem lesbischen Volkslied: »Mahle, Mühle, mahle, denn auch Pittakos mahlt, der über das große Mytilene herrscht« (Carmina popularia 869 [23] P = 30 D). Pittakos war ein besonderer Tyrann, doch demonstriert sein Lebenslauf auch allgemein vielleicht deutlicher als jeder andere, wie sehr die Tyrannis der Notwendigkeit entsprach, daß das Volk einen Führer gegen die Aristokratie hatte. So zeigt sich auch die Bedeutung, die der Tyrannis als Übergangsphase zukommt.

10. Der Hoplitenstaat Sparta

Der Mythos Spartas

Sparta war das Ideal eines Hoplitenstaates im klassischen Griechenland. Die Spartaner waren sogar besonders stolz darauf, daß bei ihnen nie ein Tyrann geherrscht hatte, und daß ihre Verfassung für lange Zeit stabil geblieben war. Beides war bereits im fünften vorchristlichen Jahrhundert allgemein anerkannt:

> Sparta, das nach seiner Gründung durch die noch jetzt dort ansässigen Dorier von allen Städten, die wir kennen, die längste Zeit von Aufständen erschüttert wurde, kam doch am frühesten auch zu Gesetz und Ordnung *(eunomia)* und war immer tyrannenfrei; denn es mögen gut vierhundert Jahre sein bis zum Ende dieses Krieges (404 v. Chr.), daß die Spartaner dieselbe Verfassung haben; und das gab ihnen die Stärke, auch in den anderen Staaten *(poleis)* einzugreifen.
> (Thukydides 1, 18, 1)

Herodots Darstellung der Frühzeit Spartas (1, 65–66) besteht im wesentlichen aus denselben Elementen: Das ursprünglich schlechte Regierungssystem wurde von einer fest gegründeten Verfassung abgelöst. Wie der Schöpfer dieser dauerhaften Ordnung, Lykourgos (Lykurg), den Wandel zum Besseren zuwege brachte, schildert Herodot im weiteren Verlauf seiner Darstellung; er bezeichnet dabei (wie Thukydides) die neue Verfassung mit einer Ableitung des Wortes *eunomia* (gute Ordnung).

Das spartanische System widerstand tatsächlich erfolgreich jedem Wandel und beließ so die Macht in den Händen der Hoplitenklasse; dies führte bald zu seiner Idealisierung. Die dazu notwendige Umdeutung der spartanischen Geschichte hatte sich dabei bald so weitgehend durchgesetzt, daß manche Historiker es heute für unmöglich halten, die Wahrheit über die Frühzeit Spartas herauszufinden. Konstruktiver freilich ist es, doch eine solche Untersuchung zu wagen, indem man mit zwei durchaus verwandten Haltungen an die Erforschung der spartanischen Frühgeschichte herangeht: mit äußerster Skepsis gegenüber der späteren antiken Überlieferung und mit einfühlendem Verständnis für den Zweck, dem der Mythos Spartas diente, der diese Überlieferung beherrscht.

Dieser Mythos ist charakteristisch für eine Gesellschaft, die ihre eigene Vergangenheit überbewertet und sie zur Rechtfertigung der Gegenwart einsetzen will. Schon im sechsten Jahrhundert v. Chr. wiesen die Spartaner stolz auf die Verdienste ihrer *eunomia* hin und erklärten ihren Haß auf jede Tyrannis (s. Kap. 15). Später versuchten sie dann, in einer sich wandelnden Welt die eigene Veränderung dadurch zu verhindern, daß sie aus der Not ihrer eigenen starren Gesellschaft eine Tugend machten. Und selbst als ihnen ein Wandel von außen aufgezwungen wurde, verhüllten sie ihn durch den Anspruch, nunmehr erst recht zur ererbten Verfassung des Lykourgos zurückzukehren – so geschehen zu Beginn des vierten Jahrhunderts v. Chr., als der verbannte König Pausanias eine Darstellung der »Lykourgischen Verfassung« schrieb, um seine eigenen politischen Ziele durchzusetzen. Noch in der hellenistischen Zeit, im dritten Jahrhundert, verfochten drei aufeinanderfolgende spartanische Könige, Agis, Kleomenes und Nabis, die radikalsten Sozialreformen als »notwendige Rückkehr zur ursprünglichen Verfassung«. Auf diese Weise also wurden sowohl bestehende Institutionen als auch deren potentieller Wandel gleichermaßen auf die Verfassung des Lykourgos zurückgeführt, da diese eben der Standard war, auf den sich immer alle Spartaner beriefen. Nichts hatte sich je geändert (außer gegebenenfalls etwas zum Schlechten, wenn man eine extreme Position bezog); zumindest waren sich alle darin einig, daß sich nie etwas ändern sollte. Ein solches Syndrom charakterisiert eine Gesellschaft, die unter ständiger Existenzbedrohung durch innere Feinde steht: Die Überbewertung der eigenen Tradition ist ein Phänomen, das sich auch heute noch bei Minoritäten zeigt, die um ihr Überleben kämpfen müssen.

Außerhalb Spartas diente der Mythos anderen Zielen: In der klassischen Zeit war Sparta ein Zufluchtsort für Oligarchen von überall her; für Konservative war es ein Modell für richtiges gesellschaftliches und politisches Verhalten. Ja, allgemein hat die Unterordnung des Individuums, seiner Erziehung und seines Privatlebens unter das Interesse des Staates seit je all diejenigen fasziniert, die Ordnung und Anpassung höher bewerten als Freiheit, seien es Revolutionäre des linken oder des rechten Lagers. Das Vorbild Spartas steht an zentraler Stelle im europäischen Denken. Platon gründete seinen idealen Staat (Politeia) auf eine kritische Interpretation der spartanischen Institutionen; auch in seinem letzten Werk, den Gesetzen (Nomoi), spielt Sparta eine wichtige Rolle. Aristoteles hielt Sparta für das wichtigste historische Modell einer idealen Gesellschaftsordnung. Beide Philosophen vertreten dabei freilich die Ansicht, daß der Fehler des spartanischen Systems nicht bei seinen Methoden, sondern bei seinen Zielen zu suchen sei: Sparta wolle sich Bürger schaffen, die sich allein durch ihren Mut auszeichnen; dies aber sei nicht genug. Man müsse vielmehr die Bürger mit der spartanischen Methode dazu bringen, sich in *allen* Tugenden auszuzeichnen. Wir sehen: Gesellschaftliche Tugend bei den Menschen durch Kontrolle ihrer Erziehung und ihres Privatlebens zu erreichen, ist ein unbestrittener Teil des griechischen (und damit auch des modernen) politischen Denkens geworden. Eine Folge gerade dieser politischen und theoretischen Bedeutung Spartas ist nun aber, daß wir nur wenig historisch Gesichertes über Sparta wissen, obwohl wir mehr literarische Quellen zur Geschichte dieser *polis* haben als zu der jeder anderen griechischen Stadt, Athen ausgenommen. Diese Quellen sind eben historisch unzuverlässig, da sie einem theoretischen Zweck dienen; und weil die Spartaner sogar schon in der Antike bekannt waren für ihre Geheimniskrämerei, für die Ausweisung von Fremden und dafür, daß sie (außer Orakeln) keinerlei schriftliche Aufzeichnungen aufbewahrten, war es schon immer einfacher, den Mythos Spartas zu manipulieren als ihn auf seinen Wahrheitsgehalt zu überprüfen.

Es ist aber trotz alledem möglich, die Militär- und die Verfassungsgeschichte des frühen spartanischen Staates ebenso wie seine kulturellen Merkmale wenigstens im Umriß mit Hilfe zeitgenössischer Quellen zu rekonstruieren: Zum einen kennen wir die Gedichte des Tyrtaios und des Alkman, die beide in Sparta zwischen 650 und 590 v. Chr. wirkten; zum anderen wird unser Verständnis für die materiellen Grundlagen der spartanischen Kultur erheblich durch die Ergebnisse der Ausgrabungen erweitert, die britische Archäologen im Artemis-Orthia-Heiligtum 1906 bis 1910 durchgeführt haben.

Verfassungsgeschichte

Die Dorier waren schon vor 1000 v. Chr. nach Lakedaimon gekommen, in jene fruchtbare Eurotas-Ebene also, in der Sparta liegt. Ursprünglich hatten sie sich wohl nur wenig von den anderen frühen griechischen Gemeinwesen unterschieden. So entsprach ihre politische Verfassung in ihrer Grundstruktur durchaus dem Üblichen: Es gab eine Heeresversammlung *(apella)* und einen Ältestenrat *(gerousia)*. Der Rat setzte sich in späterer Zeit aus den beiden Königen *(basileis)* und 28 vom Volk auf Lebenszeit gewählten, über sechzigjährigen Männern zusammen; er scheint immer etwas von seinen aristokratischen Ursprüngen beibehalten zu haben, jedenfalls stammten auch später fast alle Ratsmitglieder aus nur wenigen führenden Familien. Für die einzige Besonderheit des politischen Systems von Sparta, das Doppelkönigtum, gibt es keine befriedigende Erklärung. Zwei Familien, die Agiaden und die Eurypontiden, führten ihren Stammbaum auf die Söhne des Herakles zurück und begründeten so den Ursprung des Doppelkönigtums mit der bei den Griechen üblichen Erbteilung zwischen zwei Söhnen. Ihrem Anspruch, eine gemeinsame Abstammung zu haben, steht allerdings die Tatsache entgegen, daß jede der beiden Familien eine eigene Grabstätte hatte. Ihre Oberhäupter besaßen nach Herodot (6, 56–60) dieselben Privilegien: Beide waren Zeuspriester, beide ständige Heerführer, ursprünglich mit dem Recht zur Kriegserklärung; im Krieg sollten sie gemeinsam oder einzeln die militärische Führung übernehmen. Beiden standen die größten Ehrungen bei Opfern und Festmählern in der Öffentlichkeit zu (sie sollten eine doppelte Ration erhalten). Beide hatten das Recht, *proxenoi* oder diplomatische Vertreter zu ernennen, beide wurden von einer besonderen Leibgarde begleitet. Beiden standen je zwei *pythioi* zur Verfügung, Beamte, die für die Befragung des delphischen Orakels und für die Archivierung der Antworten der Pythia verantwortlich waren (wie erwähnt waren dies die einzigen offiziell aufbewahrten Urkunden). Die Könige entschieden auch familienrechtliche Fragen, wenn sie einer unverheirateten Erbtochter einen Ehemann zuwiesen oder eine Adoption durchführten; schließlich waren sie auch ständige Mitglieder der *gerousia*. Beim Tod eines Königs gab es umfangreiche öffentliche Rituale (Herodot vergleicht sie mit nichtgriechischen Bräuchen); die Nachfolge trat der erste in der Amtszeit des Königs geborene Sohn an. Diese Thronerben waren die einzigen Spartaner, denen man die traditionelle spartanische Erziehung erließ. War der Thronerbe minderjährig, führte der älteste nahe männliche Verwandte für die Übergangszeit die Amtsgeschäfte.

Doch all diese ererbten Privilegien der beiden Könige hinderten die Spartaner nicht an bemerkenswert offener Kritik beim

Verdacht auf eine unrechtmäßige Thronfolge oder bei unkorrekter Amtsführung; ja, man konnte einen König absetzen oder in die Verbannung schicken. Diese Haltung wurde sogar in einem Ritual (unbekannten Alters) institutionalisiert: Alle neun Jahre beobachteten die *ephoroi* (»Aufseher«) in einer klaren, mondlosen Nacht den Sternenhimmel; »wenn nun von einer Seite des Himmels zur anderen ein Stern schoß, wurden die beiden Könige abgesetzt, bis ein Bescheid aus Delphi eingetroffen war.« (Plutarch, Agis 11, 4–5) Weitergehende Aufsichtsrechte der Ephoren über die Könige (s. u.) zeigen, wie relativ schwach die Position der *basileis* war. Dabei ist es kaum sinnvoll, den allmählichen Rückgang einer ursprünglich großen Macht der Könige anzunehmen; im Gegenteil scheinen sie im Verlauf des sechsten vorchristlichen Jahrhunderts eher an Einfluß gewonnen zu haben, nämlich dank ihrer Erfolge als Heerführer. Überhaupt wirkt ein Doppelkönigtum nicht mehr ganz so paradox, wenn man sich klar macht, daß es sich in Sparta nicht um Könige im konventionellen Sinn handelt: Aristoteles hat in seiner sorgfältigen Erörterung der verschiedenen Typen von Monarchie gezeigt, daß das Königtum in Sparta eigentlich »ein erbliches Feldherrnamt *(stratēgia)* auf Lebenszeit« war (Politik 3 p. 1285 b). Die beiden Könige fungierten (vielleicht seit je) eher als militärische Anführer denn als eigentliche Regenten. Aber selbst bei dieser Erklärung bleibt ein weiteres Problem ungelöst: Beide Königshäuser waren nämlich nicht mit der ursprünglichen militärischen Stammesorganisation, die sicher dreiteilig war, verbunden. Noch Tyrtaios' Zeit kennt die drei dorischen Stämme als Abteilungen beim Kampf:

... mit hohlen Schilden abwehrend,
getrennt voneinander die Pamphyloi, die Hylleis und die Dymanes,
die todbringenden Speere in Händen haltend ...
(Tyrtaios 19 W 7–9 = 1 D 50–52)

Unabhängig von dieser Stammesgliederung waren die Spartaner aber auch noch nach einem Lokalitätsprinzip in vier *obai*, Dörfer, eingeteilt; und so führt eine moderne Theorie die doppelte militärische Führung in Sparta auf die territoriale Gliederung der *polis* zurück.

Militärgeschichte

Militärische Aktivität war sicherlich ein zentrales Anliegen der frühen spartanischen Gesellschaft, deren Entwicklung sich am deutlichsten in der Abfolge ihrer Eroberungszüge spiegelt: Zuerst wurde wenigstens eine weitere *oba* dem Gemeinwesen einverleibt, nämlich das Dorf Amyklai; anschließend gingen die Spartaner dazu über, sich Bevölkerungsgruppen von untergeordnetem Status zu schaffen. Zunächst handelte es sich hierbei um die verschiedenen anderen dorischen Siedlungen in der Eurotas-Ebene, um die *perioikoi* (»Umwohner«, Periöken); schließlich gab es vielleicht dreißig Periökengemeinden, denen eine lokale Autonomie gewährt wurde, die aber keine eigene militärische Organisation und keine Möglichkeit zu einer selbständigen Außenpolitik hatten. Die Periöken waren zum Militärdienst in Sparta verpflichtet, dienten aber bis ins fünfte Jahrhundert v. Chr. in getrennten Kontingenten. Als sich die Spartaner zu einer militärischen Elite umformten und dabei produktive Tätigkeiten für sich selbst ausschlossen, waren es die Periöken, die das Gewerbe und die Dienstleistungen für den Staat übernahmen. Ihrer wichtigen Funktion entsprach auch ihre privilegierte Position: Das spartanische Militär beschützte sie, und man setzte sie nicht der vollen Strenge des spartanischen Systems aus. Umgekehrt waren die Periöken völlig loyal den Spartanern gegenüber, die sich übrigens offiziell nicht als *Spartiatai*, sondern als *Lakedaimonioi* bezeichneten, als »Bewohner von Lakedaimon«, und somit den Anspruch erhoben, in ihren Staat auch die Gemeinden der Umwohner eingeschlossen zu haben.

Die Expansion des Staatsgebiets über Lakedaimon hinaus begann in Richtung auf das Meer; durch die Annexion des Sumpfgebietes südlich von Sparta wurde eine zweite Gruppe von Untergebenen geschaffen, die *he(i)lōtes*. Ihr Name bedeutet »(Kriegs)gefangene« oder aber vielleicht »Bewohner von *Helos* (Sumpf)«, einem Dorf im südlichen Lakonien. Ihr Status in der Frühzeit bleibt für uns im dunkeln, da sie später nicht von den Messeniern unterschieden wurden. Erst die Eroberung Messeniens schuf die wirtschaftliche und gesellschaftliche Grundlage für den klassischen spartanischen Staat. Im Grunde handelte es sich um eine Kolonisationsbewegung, bei der die Spartaner sich mit der Eroberung der südwestlichen Peloponnes Land sicherten, ohne in »Übersee« siedeln zu müssen. Dieser Prozeß bedeutete aber auch die Versklavung der einen dorischen Gruppe

(Messenier) durch die andere (Spartaner). Der Krieg zwischen den beiden läßt sich mit Sicherheit in die frühe Kolonisationszeit datieren, also etwa in die Jahre von 730 bis 710, denn die Siegerliste von Olympia, das direkt nördlich von Messenien liegt, verzeichnet von der Begründung der Spiele 776 bis 736 sieben Messenier, danach nur noch einen einzigen; der erste Spartaner ist hingegen für 720 als Sieger notiert, und von da an bis 576 v. Chr. sind über die Hälfte der verzeichneten Sieger Spartaner. Außerdem wird die genannte Datierung durch eine Stelle bei Tyrtaios gestützt, in der der Dichter den Sieg im Krieg gegen die Messenier dem König zuschreibt:

Unserem Herrn Theopompos, dem König, dem Liebling der Götter:
Ihm verdanken wir des weiten Messene Besitz,
das sich vortrefflich beackern läßt, vortrefflich bepflanzen!
Neunzehn Jahre hindurch kämpften um dieses Gebiet
ununterbrochen, voll tapferen, niemals wankenden Mutes,
unsere Großväter, mit schneidenden Lanzen bewehrt.
Endlich, im zwanzigsten Jahr, verließen die Feinde den fetten
Boden und flüchteten sich hoch vom Ithome herab.

(Tyrtaios 5 W = 4 D)

Das messenische Gebiet wurde unter den siegreichen Spartanern aufgeteilt, und schon jetzt legte die Gesellschaft ihre Exklusivität und ihre Tendenz, sich Gruppen von untergeordnetem Status zu schaffen, an den Tag – eine Haltung, die schließlich ihren Untergang hervorrufen sollte. Eine Gruppe von Spartanern, die »Mädchensöhne« *(partheniai)*, wurde von der Landverteilung ausgeschlossen, sei es, weil sie nicht im Krieg gekämpft hatten, oder weil es sich um Söhne aus Ehen von Spartanerinnen mit Nicht-Spartanern handelte – nicht zu glauben brauchen wir die romanhaften Ausschmückungen dazu, z. B., die Partheniai seien aus Liebschaften ihrer Mütter entsprossen, während deren Männer im Krieg waren. Es ist jedenfalls typisch für jede Gesellschaft, Mitglieder, die aus welchem Grunde auch immer zweifelhaft sind, dann auszuschließen, wenn Gewinne verteilt werden. Die Partheniai wanderten aus und gründeten Spartas einzige Kolonie, Taras (Tarent) in Süditalien; das Gründungsdatum der antiken Tradition, 706 v. Chr., wird durch den archäologischen Befund bestätigt.

Eigentlich war Sparta nunmehr auch selbst eine »Kolonie«: Jeder männliche Bürger besaß ein gleiches Landlos *(klēros)*, wahrscheinlich zusätzlich zum Ererbten. Damit war Spartas Position einzigartig im antiken Griechenland, unterschied sich aber kaum von den »überseeischen« Neugründungen. Wahrscheinlich wurde sogleich auch das System der *métayage* (frz., »Halbpacht«) eingeführt, das allerdings erst in späterer Zeit sicher nachweisbar ist. Für die Frühdatierung spricht, daß das Heloten-System schon als Vorbild existierte, und daß die Ländereien in Messene zu weit entfernt waren, als daß man sie von Sparta aus direkt hätte bewirtschaften können. So schien die *métayage* ursprünglich nicht ganz ungerecht gewesen zu sein. Die Messenier blieben als Bauern auf ihrem Land, gaben aber die Hälfte ihrer landwirtschaftlichen Produkte an ihre Herren in Sparta ab:

Eseln vergleichbar, gebeugt unter der drückenden Last,
müssen sie ihren Gebietern, schmählich gezwungen, die Hälfte
geben von allem Ertrag, der aus dem Acker erwächst.
Klagen auch müssen sie, Männer wie Frauen, um ihren Gebieter
wenn ihn das traurige Los bitteren Todes ereilt.

(Tyrtaios 6–7 W = 5 D)

Die Anzahl der Spartaner war in diesem Frühstadium ihrer Eroberungen wohl nicht um so vieles kleiner als die der Unterworfenen, wie wir es für die spätere Zeit wissen: 479 v. Chr., bei der vollständigen Aushebung der spartanischen Truppen für die Schlacht bei Plataiai, gab es 5000 Spartaner, 5000 Periöken und 35000 leichtbewaffnete Heloten. Sieben Heloten kamen also damals auf einen Spartaner, der sie wahrscheinlich direkt von seinen eigenen Gütern rekrutierte (Herodot 9, 28).

Der Erste Messenische Krieg wurde wohl noch auf die alte Weise geführt (s. Kap. 8), die vernichtende Niederlage durch Argos bei Hysiai 669 v. Chr. mag die Umstellung auf die Hoplitentaktik mitbewirkt haben: Das *gymnopaidiai*-Fest wurde nämlich den antiken Berechnungen zufolge kurz darauf eingerichtet, offenbar als ein apotropäisches (Unheil abwendendes) Ritual anläßlich der Niederlage. Dieses Fest war eng mit dem spartanischen Militärtraining verbunden: Die Wettbewerbe zwischen Gruppen von Männern in verschiedenen Altersstufen sollten Großtaten an Ausdauer fördern. Auch die vielen Weihungen von Hoplitenfigürchen aus Blei, die man im Heiligtum der Artemis Orthia gefunden hat, zeigen, daß Sparta um 650 v. Chr. schon eine selbstbewußte Hoplitenklasse hatte. Die schon erwähnte einzigartige »koloniale« Verknüpfung von wirtschaftlichen und militärischen Faktoren in Sparta wird dabei einen recht abrupten Übergang zum Hoplitensystem verursacht haben, da die neue Klasse die gesamte landbesitzende Bürgerschaft umfaßte. Wie groß die Wirkung dieses Wandels auf die Spartaner selbst war, zeigt sich an dem Anspruch, der ihrer Selbstbezeichnung als *homoioi*, als »Männer, die gleich sind«, zugrunde liegt.

Die *rhetra*

In jene Zeit des Wandels gehört auch die früheste der uns erhaltenen politischen Verfassungen in Griechenland, die spartanische *rhetra*. Erhalten ist sie in einem historisch sehr bedeutsamen Kontext in Plutarchs Biographie des *Lykourgos* (den er natürlich auch als Urheber der *rhetra* ansieht):

So sehr lag dem Lykourgos diese Behörde (die *gerousia*) am Herzen, daß er über sie ein Orakel aus Delphi einholte, welches man *rhetra* (spartanisch für »Beschluß«) nennt. Es lautet folgendermaßen: »Gründend ein Heiligtum des Zeus Syllanios und der Athena Syllania, schaffend« (oder »schützend« – ein Wortspiel) »Stämme *(phylai)* und einrichtend Dörfer *(obai)*, bestimmend einen Ältestenrat *(gerousia)* von dreißig mit den Anführern *(archēgetai)*, sind von Zeit zu Zeit Versammlungen *(apellai)* zwischen Babyka und Knakion abzuhalten und dann vorschlagen und abtreten zu lassen. Entscheidung und Bestätigung soll dem Volke zustehen« (? – der griechische Text ist hier verderbt).
Dabei bedeutet »Stämme schaffen/schützen« und »Dörfer einrichten« eine Aufteilung und Gliederung der Bevölkerung auf Teile, von denen er die einen *phylai*, die anderen *obai* nannte. *archēgetai* werden die Könige *(basileis)* genannt, und »Versammlungen abhalten« heißt hier *apellai* abhalten, weil man die Schaffung dieser Einrichtung *(politeia)* auf den pythischen *Apollon* zurückführte. Die Babyka heißt jetzt Chaimarrhos, der Knakion Oinous. Aristoteles sagt (Frg. 536 Rose), daß der Knakion ein Fluß und die Babyka eine Brücke gewesen sei. Zwischen diesen Örtlichkeiten hielten sie ihre Versammlungen ab, und es gab da keine Hallen noch sonst welche Gebäude ...
(Plutarch kritisiert dann die schädliche moralische Wirkung der modernen Architektur.)
War die Menge versammelt, so war es keinem der anderen gestattet, eine Meinung auszusprechen, sondern nur über den von den Geronten (Ältesten) und von den Königen eingebrachten Antrag zu entscheiden war das Volk befugt. Als später die Menge durch Streichen und Zusetzen die Anträge verdrehte und verfälschte, fügten die Könige Polydoros und Theopompos folgenden Satz in die *rhetra* ein:

»Wenn aber das Volk eine krumme Entscheidung trifft, sollen die Ältesten und die Fürsten es abtreten lassen«, das heißt, den Entscheid nicht annehmen, sondern das Volk (= die Volksversammlung) abtreten lassen und auflösen, da es den Antrag entgegen dem Wohl des Staates verdrehe und verändere. Und auch sie brachten die Stadt dazu, das anzunehmen, mit der Begründung, daß der Gott es anordne, wie Tyrtaios das in folgenden Versen (4 W = 3 b D) ausspricht:
»So prophezeite Apollon, goldlockig, mit silbernem Bogen,
Meister der Schießkunst, aus glänzendem Tempelgemach:
Erste im Rate seien die gottbegünstigten Herrscher *(basileis)*,
oberste Sachwalter für Sparta, die liebliche Stadt,
dann die ehrwürdigen Alten (Geronten), schließlich die Männer des Volkes,
völlig im Einklange mit unserem guten Gesetz.«
So schuf Lykourgos eine gemischte Verfassung.

(Plutarch, Lykourgos 6)

Dieser Abschnitt besteht aus einem zitierten Dokument, aus einem Kommentar dazu und aus einem Stück von Tyrtaios' Gedicht *eunomia* (Gute Ordnung); die drei Elemente sind in eine zusammenhängende Erzählung eingebettet (was Plutarch sonst nur selten tut). Der ganze Abschnitt bildet eine Einheit innerhalb der Lykourgos-Biographie. So wird deutlich, daß Plutarch hier einen Absatz aus dem Werk eines früheren Autors übernommen hat. Aus welchem? Gewöhnlich zitieren antike Autoren ihre Hauptquelle nur als Beleg für ein nebensächliches Detail, ursprünglich wohl in der Absicht, (zu Unrecht) einen Anspruch auf Originalität und auf Detailforschung zu erheben; später aber, und das gilt sicher für Plutarchs Zeit, ist ein solches Nennen des Gewährsmanns zu einer Nebensache ein bloßes Stilmittel. Jedenfalls legt es die Erwähnung des Aristoteles im gerade zitierten Abschnitt nahe, daß dieser hier die Quelle Plutarchs gewesen ist. Mit Aristoteles' Ansichten zu Sparta, die wir aus anderen, erhaltenen Schriften kennen, stimmen die Äußerungen im zitierten Absatz überein; auch die darin angewandte Methode entspricht der, die Aristoteles in seiner *Athenaiōn politeia* einsetzt: Dichtung und Dokumente werden zitiert und gelehrt kommentiert. Somit läßt sich mit einiger Wahrscheinlichkeit sagen, daß der zitierte Abschnitt von Plutarchs Lykourgos-Biographie direkt aus Aristoteles' (nicht erhaltener) *Lakedaimoniōn politeia* (Verfassung der Spartaner) stammt.

Aristoteles also wird seinen Kommentar genau auf den Text der *rhetra* bezogen haben; er paraphrasiert dabei alle schwierigen Wörter. Nun gibt es für den letzten (in der Überlieferung des Textes verderbten) Satz keine Paraphrase, offenbar weil dieser Satz keine schwierigen Wörter enthalten hat (eine Erkenntnis, die einen Großteil der Ergänzungsvorschläge moderner Forscher unwahrscheinlich macht). Die Textverderbnis läßt sich vermutlich dadurch erklären, daß spätere Abschreiber die originalen Wörter im dorischen Dialekt nicht mehr verstanden und daher falsch abgeschrieben haben, auch wenn sie sich sonst bemüht haben, ihnen unverständliche Worte genau wiederzugeben. Wie dem auch sei, der Aristotelische Kommentar faßt den Inhalt des Satzes so zusammen: »Über den von den Geronten (Ältesten) und von den Königen eingebrachten Antrag zu entscheiden war das Volk befugt«. Diese Erklärung reicht für uns aus, um den allgemeinen Charakter des Dokuments aufzuzeigen.

Weiterhin sollte man Plutarch glauben, daß es laut Tyrtaios die Könige Polydoros und Theopompos waren, die das Apollon-Orakel befragten (diese Namen standen wahrscheinlich wenige Zeilen zuvor in dem Gedicht). Vielleicht rührt von daher auch die antike Tradition, daß diese beiden Könige Zeitgenossen gewesen seien – in den spartanischen Königslisten trennen sie hingegen zwei Generationen! Auf Grund solcher Überlegungen könnte man auf die Chronologie der Ereignisse schließen. Theopompos, der frühere von beiden, siegte im Ersten Messenischen Krieg um 710 v. Chr., Tyrtaios bringt ihn aber auch mit (wenigstens einem Teil) der *rhetra* in Verbindung. Somit müßten wir die *rhetra* in die Zeit um 710 datieren.

Doch muß man für eine sicherere Datierung eines historischen Dokuments seinen historischen Zusammenhang berücksichtigen. Zwar sprechen manche antike Autoren von einem hohen Alter der spartanischen Verfassung des Lykourgos, den sie im neunten Jahrhundert ansetzen: So heißt es z. B. bei Thukydides (1, 18), Spartas Verfassung sei seit »etwas mehr als vierhundert Jahren bis zum Ende des Kriegs« unverändert (s. S. 202). Doch beruhen solche Berechnungen vielleicht auf einer Zählung von Generationen zu vierzig Jahren; sie belegen ohnehin nur die allgemein verbreitete Tendenz, das Alter der spartanischen Institutionen zu überschätzen. Da sie außerdem meist die Lebenszeit des Lykourgos betreffen, geben sie für eine Datierung der *rhetra* nicht allzuviel her.

Weiter führt die Überlegung, daß die *rhetra* ein schriftliches Dokument *in Prosa* war. Es ist zweifelhaft, ob sie überhaupt wirklich ein Orakel war, denn Orakel waren gewöhnlich in

Versen abgefaßt. Vielleicht hat erst Tyrtaios sie als Orakel bezeichnet, vielleicht auch geht dieses Mißverständnis darauf zurück, daß die *pythioi* für ihre Überlieferung zuständig waren. Jedenfalls ist ein so umfassendes schriftliches Gesetz in Prosa kaum vor 700 v. Chr. denkbar und wird wohl ein Produkt der ersten Hälfte des siebten Jahrhunderts sein.

Das wichtigste Argument für diese letztgenannte Datierung läßt sich aus dem Inhalt der *rhetra* gewinnen: Zwar ist – wie für ein frühes Dokument nicht anders zu erwarten – vieles obskur; nirgends ist das grammatische Subjekt deutlich, vielleicht wechselt es sogar. Doch beeinträchtigen solche Probleme nicht unser Verständnis der Gewichtung innerhalb der *rhetra*: Die ersten Teilsätze sind Partizipialsätze, also grammatikalisch untergeordnet; in ihnen ist es unmöglich zu entscheiden, wo von etwas Neuem die Rede ist und wo lediglich der Zusammenhang für eine neue Institution angegeben ist. Die Hauptsätze hingegen, die aus Infinitivkonstruktionen bestehen, nennen die Art der Neuerungen. Sie sprechen nicht von der *Einrichtung* einer Volksversammlung (die es wohl seit alters gab), sondern bestimmen ihre *Funktion* als zentrales Regierungsorgan: Erstens sollen die Versammlungen regelmäßig und an einem bestimmten Ort stattfinden; zweitens ist es die Versammlung, zu der Vorschläge eingebracht werden müssen, und die über sie entscheidet; drittens – und das ist am wichtigsten – soll (laut dem verderbten Satzteil) die Macht beim Volke liegen.

Andere Interpretationen und Versuche, die *rhetra* mit späteren Zeugnissen zu kombinieren, übersehen die offenbare Tatsache, daß solch ein frühes Dokument später geradezu mißverstanden und fehlinterpretiert werden mußte, um dem immer mehr anwachsenden Konservativismus Spartas auch dann noch zu entsprechen. Ursprünglich jedenfalls enthielt die *rhetra* die Zusicherung, daß die Macht im Staate der Versammlung der »Gleichen« zukomme. Damit ist die spartanische *rhetra* die erste Hoplitenverfassung überhaupt. Nur so läßt sich erklären, weshalb es nötig war, die neue Macht der bisher nicht entscheidungsbefugten Versammlung durch die schriftliche Fixierung zu garantieren.

Eine Hoplitenverfassung

Zweifellos muß ein so radikaler Wandel Spannungen hervorgerufen haben, und tatsächlich gibt es dafür deutliche Anzeichen: So erwähnen Herodot und Thukydides Unruhen in Spartas Frühzeit. Doch selbst innerhalb der *rhetra* gibt es Hinweise auf Auseinandersetzungen. Die Hauptbestimmungen stehen ja in einem Widerspruch zur Zusatzklausel, die Plutarch als Einfügung der Könige Polydoros und Theopompos zitiert. Bei ihr handelt es sich wohl entweder um ein Zugeständnis an die Opposition zur Zeit der ursprünglichen *rhetra* oder aber um eine wichtige Modifikation des Hauptanliegens der Reform aus späterer Zeit. Ein weiteres Indiz für Spannungen ist die polemische Interpretation der *rhetra* durch Tyrtaios, der in seinem Gedicht deren politische Gewichtung verändert wiedergibt: Wichtig sind bei seiner Darstellung die Könige, in zweiter Linie auch der Rat der Ältesten, während das Volk nur »völlig im Einklange mit unserem guten Gesetz« antworten darf. (Bei Diodor 7, 12, 6 ist ein Orakel überliefert, das vier Zeilen aus dem bei Plutarch zitierten Tyrtaiosgedicht enthält, an sie aber noch sechs eigene anfügt. Dabei wird eher die eigentliche Zielrichtung der *rhetra* wiedergegeben, doch sind diese zusätzlichen Zeilen eine offenbare Fälschung: Sie sind der Versuch eines antiken Historikers, das Orakel, das der *rhetra* zugrunde liegen soll, mit Hilfe von Tyrtaios zu rekonstruieren.) Inwieweit Tyrtaios bei seiner Interpretation seine eigene Auffassung einfließen läßt, ist für die historische Gewichtung seines Zeugnisses von Bedeutung; in den erhaltenen Gedichten steht Tyrtaios nämlich deutlich auf der Seite der Könige und erwähnt den Namen Lykourgos nie. Doch spricht Aristoteles (Politik 5 p. 1306 b–07 a) davon, daß Unruhen während des (Zweiten?) Messenischen Krieges aufkamen, »wie sich das aus Tyrtaios' (Gedicht) *eunomia* entnehmen läßt; denn da waren einige durch den Krieg in die größte Bedrängnis geraten und forderten nun eine Landaufteilung.« So lassen uns die antiken Zeugnisse annehmen, daß Aristoteles' Bild von der Aufteilung zwischen *rhetra* und Zusatzklausel durchaus richtig sein kann. Doch muß jeder Versuch, die politische Geschichte jener Zeit genau zu rekonstruieren, auf Spekulationen und Erfindungen der späteren Tradition aufgebaut werden – einer sehr unsicheren Grundlage also. Es ist besser, die Grenzen unseres Wissens einzusehen und zuzugeben.

Dies läßt sich auch gut an zwei weiteren Problemen darstellen, die die *rhetra* aufwirft: Nach Herodot (1, 65, 5) hat Lykourgos »nach der Schaffung der Gesetze auch festgelegt, was zum Krieg gehört: die *enōmotiai* (Schwurgruppen), *triēkades* (Dreißigschaften) und die *syssitia* (Mahlgemeinschaften) und dazu die Ephoren- und die Ältestenordnung.« Ursprünglich auf die drei dorischen Stämme aufgeteilt, wurde das spartanische Heer später nach einem territorialen Prinzip neu gegliedert: 479 v. Chr., bei der Schlacht von Plataiai, gab es (nach Herodot 9, 53, 2) einen »pitanetischen Trupp« *(lochos);* Pitana aber war eines der spartanischen Dörfer *(obai).* Dieser Übergang vom Stammes- zum Territorialprinzip hilft auch bei der Erklärung der sonst rätselhaften Anordnung in der *rhetra:* »Stämme schaffend und Dörfer *(obai)* einrichtend«. Allerdings belegt Tyrtaios (19 W 7–9 = 1 D 50–52; s. S. 206) für die Zeit nach der *rhetra* noch eine Gliederung des Heeres nach den dorischen Stämmen, und außerdem sind auch in späterer Zeit noch Namen der alten aristokratischen Kriegergruppen für Unterabteilungen des Heeres bezeugt. Kurz – bisher ist es noch nicht gelungen, die spartanische Heeresordnung in ihrer ganzen Komplexität zu erfassen und zu verstehen. Schon Thukydides warf Herodot ein historisches Mißverständnis vor: »Es hat niemals einen pitanetischen *lochos* gegeben.« (1, 20, 3)

Ein weiteres Problem ist, daß in der *rhetra* das Ephorat nicht genannt wird, also ein Amt fehlt, das später als das wichtigste im ganzen spartanischen Staat galt (vgl. Aristoteles, Politik 2 p. 1270b). Fünf *ephoroi* (Aufseher) wurden jährlich von der Volksversammlung gewählt, anscheinend ohne Ansehen ihrer Abstammung. Ein *ephoros* gab dem Jahr seinen Namen. Die Macht dieser fünf Beamten war sehr groß. Sie konnten sowohl den Rat als auch die Versammlung zum Handeln zwingen und waren die obersten Gesetzgeber: »Die *ephoroi* haben die Möglichkeit, jeden zu bestrafen, den sie wollen, und sind berechtigt, eine sofortige Zahlung der Strafe zu verlangen; sie haben sogar das Recht, (andere) Beamte *(archontes)* während ihrer Amtszeit abzusetzen, sie einzusperren und sie einem Prozeß auf Leben und Tod auszusetzen.« (Xenophon, Lakedaimoniōn politeia 8, 4) Ihr Verhältnis zu den Königen zeigt sich im Ritual der Sternenschau (s. S. 206) und in folgender Beschreibung:

Alle erheben sich beim Eintreffen eines Königs von ihrem Sitz, nur die Ephoren nicht, wenn sie auf ihrem Amtsstuhl sitzen. Und die Ephoren und die Könige schwören sich jeden Monat gegenseitig einen Eid, die

Ephoren für die Stadt *(polis)*, die Könige für sich selbst. Der Eid des Königs besagt, daß er seine Herrschaft nach den bestehenden Gesetzen der *polis* ausüben werde; der der *polis*, daß sie, solange jener seinen Eid hielte, das Königtum unangetastet lassen werde.

(Xenophon, Lakedaimoniōn politeia 15, 6–7)

Es ist also nicht überraschend, daß eines der zentralen Themen in der Geschichte Spartas der Konflikt zwischen den Königen und den Ephoren ist. Der Ursprung des Ephorats liegt völlig im dunkeln. Zwar verfolgt eine Liste aus späterer Zeit das Amt zurück bis 754 v. Chr. (was die meisten modernen Forscher dazu geführt hat, das Ephorat nicht zu den – ihrer Meinung nach älteren – Reformen Lykourgos' zu rechnen), doch diese Liste ist wahrscheinlich größtenteils eine bloße spätere Erfindung. Die Fünfzahl der Ephoren könnte hingegen auf einen zeitlichen Zusammenhang zu den fünf *obai* hindeuten, doch ist auch diese Vermutung so unsicher, daß das Ephorat eine merkwürdige, fast paradoxe Kombination aus archaischem Ritual und aus einer Volksvertretung ist, wie sie kaum vor der Hoplitenverfassung des siebten Jahrhunderts v. Chr. entstanden sein kann.

Die Annexion Messeniens

Den letzten Anstoß zur Schaffung des spartanischen Systems gab aber der Zweite Messenische Krieg. Er war vermutlich eine Folge der Niederlage Spartas bei Hysiai 669 v. Chr., doch wissen wir nichts Genaueres, da die antike Tradition völlig verworren ist – so überliefert sie eine große militärische Vergangenheit des Staates Messenien in mythischer Zeit, obwohl dieser überhaupt erst nach Spartas Niederlage bei Leuktra dreihundert Jahre später (371 v. Chr.) gegründet worden ist! Vom Verlauf des Krieges ist nichts über das hinaus bekannt, was Tyrtaios erwähnt (vgl. S. 170):

Flüchtlinge wart ihr, Verfolger dann wieder, ihr Jungen, die beiden Seiten des Kampfes habt ihr zur Genüge erprobt.

(Tyrtaios 11 W = 8 D, 9–10)

Tyrtaios dringliche Aufrufe zeigen, daß es ein harter Kampf war, in dem die Spartaner sogar am Sieg zweifelten – sicherlich ein Krieg, der die neue Verfassung erschütterte, wenn nicht gar weitgehende Änderungen hervorrief; ein Krieg auch, der die

Ideale des Patriotismus und des ruhmvollen Todes im Dienst der Gemeinschaft aufkommen ließ, die wir (Kap. 8) als Anzeichen für die Entstehung einer Hopliten-Ethik bezeichnet haben. Es ist eine Ironie der Geschichte, daß ein solches Ideal der Zusammenarbeit und der Gleichheit ausgerechnet in der Gruppe erstmals formuliert worden ist, deren Hauptziel gerade die Unterdrückung anderer und die Verteidigung eigener Vorrechte auch gegen gerechte Ansprüche war.

Die schließliche Unterwerfung Messeniens sollte langfristige Folgen für Sparta haben. Unmittelbar führte sie zunächst zu einem plötzlichen allgemeinen Wohlstand der Sieger, der sich in der zeitgenössischen spartanischen Kultur spiegelt. Alle Anzeichen für Spannungen fehlen in den Gesängen, die Alkman um 600 v. Chr. für die Aufführung durch Chöre junger Frauen (»Jungfrauenreigen«) bei religiösen Festen schrieb:

Treffliches Spiel auf der Leier nimmt mit dem Schwerte es auf.
(Alkman 41 P = 100 D)

Alkman scheint sich am Beginn eines seiner Lieder selbst zu beschreiben:

Du bist kein Mann von rohen Sitten,
nicht linkisch und nicht ungeschickt,
stammst aus Thessalien nicht, bist auch
kein Bürger Erysiches und kein Hirte,
nein, kommst vom hohen Sardeis her. (Alkman 16 P = 13 D)

Sardeis war die Hauptstadt des Königreichs Lydien in Kleinasien. Alkmans Dichtung spricht von einer hochkultivierten Gesellschaft, die orientalischen Einflüssen offen gegenüberstand und sich vom Exotischen faszinieren ließ. So interessierte er sich für die Kosmogonie und für Berichte vom fernen Schwarzmeergebiet, er hatte an fremden Namen und Objekten seine Freude. Obwohl seine Gedichte für eine Aufführung in der Öffentlichkeit geschrieben waren, sind sie voll von persönlichen Bezügen: Alkman spricht von seiner Kunst, von seiner Beziehung zu den tanzenden Mädchen und von deren gegenseitigem Verhältnis; sein Ton ist noch leichter, noch verspielter als der Sapphos. Alkmans Tänzerinnen haben aristokratische Namen, *Agido* (Führerin) zum Beispiel, *Astymeloisa* (Liebling der Stadt) oder *Hagesichora* (Führerin des Tanzes); bei einigen wissen wir von Verbindungen zu den Königshäusern jener Zeit. In seinen Beschreibungen greift Alkman zu wahrhaft aristokratischen Attributen, die an die alte Zeit erinnern, als Sparta nur für seine Frauen berühmt war: sie bewegen sich wie Rennpferde, sind mit Edelmetallen vergleichbar und haben langes und fließendes Haar:

> Du siehst es, nicht wahr?
> Es ist ein venetisches Rennpferd!
> Es sprießen und blühen die Haare
> meiner Base Hagesichora
> wie lauteres Gold,
> und silbern schimmert ihr Antlitz –
> warum soll ich sie ausführlich dir schildern?
> Dort weilt Hagesichora selbst! (Alkman 1 P 50–57 = 1 D 29–36)

Der Ritus, bei dem solche Lieder aufgeführt wurden, war wohl mit dem Übergang der Mädchen in die Reihe der Frauen verknüpft; Anlaß für die Reigen ist die Spende eines neuen Gewandes für die Göttin Artemis Orthia.

Ausgrabungen im Heiligtum dieser Göttin haben viele orientalische Kunstgegenstände ans Licht gebracht; sie zeigen, daß Elfenbeinschnitzereien, Skarabäen und Bernsteinperlen seit etwa 700 v. Chr. importiert wurden. Die Herstellung der lakonischen Kunstobjekte lag zwar wahrscheinlich in den Händen der *perioikoi*, wurde aber von den Spartanern gefördert. Der lakonische Keramikstil stand zwischen 590 und 550 v. Chr. in voller Blüte – in dieser Zeit wirkte auch der Maler der Arkesilas-Schale (s. Abb. 14). Die Verbreitung der Keramik Spartas außerhalb Lakoniens zeigt, daß sie immer eher als luxuriöse Mode galt und kaum weiteren Kreisen zugänglich war: Man hat sie an Orten gefunden, die mit Sparta durch ihre Gründung (Taras), ihre geographische Lage (Kyrene) oder durch die Gegenwart einer spartabegeisterten, »lakonisierenden« Aristokratie (Samos) verbunden waren. Außer Keramik stellten die Spartaner auch kunstvolle Holzplastiken und Bronzen her; die großen lakonischen Mischkessel waren als Geschenke ebenso geschätzt wie als Handelsobjekte im Verkehr mit Fürsten und Monarchen: So erhielt der König von Lydien als spartanisches Staatsgeschenk einen solchen Mischkessel (*kratēr*) – der allerdings nie ans Ziel gelangte und sich später als Weihegabe im Heraheiligtum auf Samos fand (Herodot 1, 70). Kessel dieser Art haben sich vor allem in Gräbern nichtgriechischer »Fürsten« gefunden, in den skythischen Königsgräbern Südrußlands oder auch im Grab der »Dame von Vix« (Zentralfrankreich). In der keltischen Kunst hinterließen sie einen tiefen Eindruck; sie wurden (wahrscheinlich als ein Nebenprodukt der Waffenherstellung) noch während des ganzen sechsten Jahrhunderts verfertigt.

Abgesehen davon beginnt jedoch der Niedergang der spartanischen Kultur etwa in der Mitte des sechsten Jahrhunderts v. Chr. Nach Alkman sind keine weiteren Dichter mehr bekannt; von etwa 570 an lassen auch die Importe nach; eine eigenständige lakonische Keramik gibt es bereits um 525 nicht mehr. Außerdem – das ist angesichts der spartanischen Vorliebe für sportlichen Einsatz und der früheren Erfolge in Olympia besonders auffällig – kamen in den zweihundert Jahren nach 576 nur noch eine Handvoll Olympischer Sieger aus Sparta. Die Gründe für diesen Niedergang sind sicher im gesellschaftlichen Bereich zu suchen: der Lebensstil der Aristokratie war durch den Anspruch auf Gleichheit ausgehöhlt; vor allem aber hatte das militärische Ethos und das spartanische Erziehungssystem eine Gesellschaft geschaffen, die keine Künstler mehr brauchte. Es war ein Symptom, keine Ursache des wirtschaftlichen Niedergangs, daß Sparta an der alten Eisenstabwährung festhielt, als die anderen Städte bereits die Prägung von Silbermünzen eingeführt hatten. Daß Sparta auch dem kulturellen Leben den Todesstoß versetzte, hängt ebenfalls mit der Nichtübernahme der neuen griechischen Währung zusammen: Wie Plutarch (Lykourgos 9) bemerkt, hätten ja Kaufleute, Dichter und Künstler bezahlt werden müssen, was mit den nirgendwo sonst anerkannten Eisenstäben aber unmöglich war. Die »Verfassung des Lykourgos« hatte ihre Endphase erreicht.

Das spartanische System

Das Wort »Verfassung« gibt den damit übersetzten griechischen Begriff *politeia* nur unvollkommen wieder; *politeia* beinhaltet nämlich die Gesamtorganisation eines Staates in Politik, Gesellschaft und Jugendbildung. Erst die Gesamtheit dieser »Verfassungsinstitutionen« schuf den Mythos Spartas.

Unsere zwei Hauptquellen für den Charakter dieser Institutionen sind beide beeinflußt von (freilich unterschiedlichen) Idealisierungstendenzen. Zuerst ist Xenophon zu nennen, der als Söldnerführer in spartanischen Diensten gestanden und im vierten vorchristlichen Jahrhundert fast dreißig Jahre im Exil in

Sparta verbracht hatte. Sein Pamphlet *Lakedaimoniōn politeia* ist eine unkritische Lobrede auf jenen Staat, die kaum Details bietet und für eine Untersuchung der historischen Entwicklung nichts hergibt; sie läßt sogar – bis auf eine knappe Andeutung (12, 3-4) – das wichtigste Merkmal des spartanischen Systems völlig außer Betracht, nämlich seine wirtschaftliche Grundlage und seinen politischen Zweck, die beide in der Kontrolle und Ausbeutung der für das System gefährlichen und an Zahl weit überlegenen unterworfenen Bevölkerung zu suchen sind. Die andere Hauptquelle ist hingegen fast fünfhundert Jahre jünger: Plutarchs Biographie des *Lykourgos*, eine detailreiche Darstellung des »lykourgischen Systems«, die weitgehend auf Xenophon beruht; Plutarch hat aber in Xenophons Darstellung eine Überfülle von »antiquarischen« Tatsachen gepackt, von denen manche wahr sein können, viele aber wohl den fortwährenden Prozeß der Wiederentdeckung ererbter Formen belegen – einen Prozeß, der bis in Plutarchs Zeit nicht unterbrochen war. Die antiken Rituale Spartas waren sogar eine der wichtigsten Touristenattraktionen Griechenlands, und die Spartaner stellten ihre große Vergangenheit geradezu enthusiastisch in einer Art selbstgewollten Stammesreservats zur Schau.

Doch sogar aus diesen beiden wenig zuverlässigen Quellen läßt sich der Charakter des spartanischen Systems ersehen: Der Bürger stand ganz im Dienste des Staates. Gleich nach der Geburt eines Kindes entschieden die Stammesältesten, nicht wie sonst der Vater, ob es gesund genug sei, daß man es aufziehen könne, oder aber ob es in eine eigens dafür vorgesehene Bergschlucht geworfen werde. Vom siebten Lebensjahr an begann dann für alle (mit Ausnahme der Kronprinzen, s. S. 205) die staatliche Erziehung, die *agogē*. Die Jungen wurden den *agelai* (Scharen, wörtl. »Herden«) unter jeweils einem »*archōn* der *agelē*« zugeteilt und dort von einem Beamten und von älteren Jungen beaufsichtigt. Im Lauf der Zeit durchliefen sie eine ganze Reihe weiterer Stadien, die alle obskure, archaisch klingende Namen hatten. Ab dem Alter von zwölf Jahren wurden sie Schritt für Schritt in die Gemeinde aufgenommen; sie hatten eine eigene Schlafstätte, eine Streuschütte, jeglicher Luxus war verboten. Sie durften keine Schuhe und nur einen Mantel das ganze Jahr hindurch tragen und mußten von einer Kost leben, die – so war es die Absicht des Systems – ihren Hunger nicht stillte: Lebensmitteldiebstahl war eine Ehrensache, wer ertappt wurde, bekam Schläge nicht als Strafe für den Diebstahl, sondern damit er sich künftig geschickter anstellte. Die eigentliche Ausbildung bestand in Musik- und Sportunterricht und in militärischem Training. Die älteren Jugendlichen (etwa ab dem zwanzigsten Lebensjahr), *eirenes* genannt, hatten eine fast unbeschränkte Macht über die jüngeren. Das Erziehungssystem umfaßte also alles, was solche paramilitärischen Jugendorganisationen gewöhnlich auszeichnet. Es sollte Disziplin, Selbstvertrauen, sozialen Zusammenhalt, Loyalität, Gehorsam und Uniformität fördern und schuf sich dafür seine eigenen, offenbar alten, aber im Grunde bedeutungslosen Rituale und seine eigene Sprache. Konformität war für das Überleben unabdinglich; die üblichen Formen physischer und geistiger Folter wurden von den älteren Jungen an den jüngeren zu deren Stärkung durchgeführt, was ebenso offiziell gefördert wurde wie das Gegenteil dazu – Homosexualität.

Im Alter von zwanzig Jahren konnten alle, die durch die *agogē* gegangen waren, in die *syssitia* oder *andreia* aufgenommen werden, d. h. in die Mahlgemeinschaften, die »Kasinos« der erwachsenen Spartaner. Die Zugehörigkeit zu den *syssitia* war das Kriterium für die Vollbürgerschaft; sie bildete auch die Grundlage für das militärische Training (Herodot 1, 65, 5). In diesem Kreis lebte jeder spartanische Mann, bis er dreißig war, und selbst danach erwartete man von ihm, daß er täglich eine Mahlzeit aus Gerstenbrot, gekochter Wurst, Wein und ein paar Feigen oder Käse einnahm; seinerseits mußte er dazu einen monatlichen Beitrag leisten.

Die Vollbürger galten alle als gleich, nur hohes Alter oder große Erfolge führten zu besonderen Ehrungen. Diese Gleichheit bedeutete auch eine Gleichheit der Geburt und des Eigentums, da jedem Bürger ursprünglich ein gleicher *klēros* gehörte (s. S. 208f.). Es ist allerdings deutlich, daß eine Aristokratie auch weiterhin bestand, und daß es Ungleichheiten bei der Verteilung des Reichtums zu jeder Zeit gab, denn das Land war in Privatbesitz und wurde nach den üblichen Rechtsbräuchen vererbt. Manche Spartaner waren sogar so reich, daß sie Pferde trainieren lassen konnten und das Wagenrennen in Olympia gewannen – das traditionelle Attribut eines enormen Reichtums. Die spartanische Gleichheit bestand also weniger auf wirtschaftlichem Gebiet als vielmehr darin, daß die *agogē* und die *syssitia* im Zentrum des Lebens standen, in dem Geburt und Reichtum wenig zählten. Der spartanische Begriff für die Vollbürger, *homoioi*, erfaßt gerade diesen Aspekt von Gleichheit, denn er bedeutet nicht so sehr »die uniformen, völlig einheitlichen«, sondern eher »die sich gleichenden« Männer. Das System schuf also eine Gleichheit durch Konformität. Daß es dabei Männer von bürgerlicher Abstammung gab, die mit einer solchen Definition vom Bürgerrecht ausgeschlossen blieben, war unvermeidlich. Wer z. B. die *agogē* nicht bis zum Ende hin durchgestanden hatte oder seinen Beitrag für die *syssitia* nicht leisten konnte, war ebenso ausgeschlossen wie einer, der im Krieg eine Niederlage überlebt hatte oder dessen Abstammung suspekt schien; so gab es immer wieder Gruppen von Spartanern, denen das volle Bürgerrecht abgesprochen wurde, oder die es nie erreichten. Ihnen gab man z. T. recht sprechende Titel: die »Mädchensöhne« (s. S. 208), die »Niedrigen«, die »Verjagten«; mehr allerdings ist über sie nicht bekannt.

Die geringe Bedeutung der Familie, die sich durch die getrennte, nach Altersgruppen gegliederte Erziehung der Kinder und durch die Ausrichtung des Lebens der Männer auf die *syssitia* ergab, hatte weitreichende Folgen für die Stellung der Frau im antiken Sparta: Im Grunde blieb den Frauen – das hat H. Jeanmaire (s. Literaturhinweise) festgestellt – nur die Möglichkeit, eine Gesellschaft zu begründen, die die der Männer kopierte, deren Erziehungssystem und Initiationsriten imitierte und einen Platz an der Seite der männlichen Institutionen in den Kultzeremonien und im gesellschaftlichen Leben behauptete. Die Mädchen wurden ähnlich wie die Jungen erzogen, besonders in Tanz und Sport; sie waren nicht von den Jungen getrennt und trainierten wie jene nackt in der Öffentlichkeit – eine für andere Griechen schockierende Mißachtung der üblichen griechischen Hemmungen auf diesem Gebiet. Der Rechts- und Sozialstatus erwachsener Frauen war als Folge der Gleichbehandlung dann auch größer als anderswo in Griechenland; Aristoteles (Politik 2 p. 1269b) kritisiert sogar die Freiheit der spartanischen Frauen, die in einem Gegensatz zur strengen Disziplin der Männer stand. Doch zeigt sich an den Heiratsbräuchen deutlich der Ursprung dieser Freiheit, die in der Entwertung der Familie und in der Unterwerfung der Frauen unter das Ethos der Männer bestand. Es ist ja für Gesellschaften, die sich (wie die spartanische) aus getrennten Gruppen von Standesgenossen zusammensetzen, typisch, daß geschlechtsspezifische Gruppenrechte entstehen: In Sparta z. B. konnte ein Mann seine Frau einem dritten ausleihen, wenn er oder der andere dies wünschten (was den Vorrang der Beziehung zwischen den beiden Männern klarlegt); mehrere Brüder konnten dieselbe Frau gemeinsam »besitzen« (Polybios 12, 6b, 8); Ehebruch scheint kein Verbrechen gewesen zu sein (Plutarch, Lykourgos 15). Die eigentliche Hochzeitszeremonie drückte die Unterwerfung der Frau unter die männliche Gesellschaft aus: Sie bestand in einem rituellen Raub der Frau, der sogleich ihr Haar ganz abgeschoren wurde; als Mann verkleidet erwartete sie dann ihren Bräutigam in einem dunklen Raum (ein Transvestismus, wie er ähnlich auch im Hochzeitsbrauch des antiken Argos vorkam: Dort trug die Braut in der Hochzeitsnacht einen Bart). Die Ehe sollte eine heimliche Angelegenheit sein, bis der Mann dreißig Jahre alt war und seinen eigenen Haushalt errichten durfte.

Eine archaische Gesellschaft?

Man hat dieses soziale System Spartas oft als primitiv, als archaisch bezeichnet und es dementsprechend auf einen alten dorischen Ursprung zurückgeführt. Diese Auffassung findet sich bereits bei antiken Autoren, die eine Verwandtschaft der spartanischen »Verfassung« mit der Kretas konstatieren und annehmen, daß Lykourgos seine *politeia* von dieser dorischen Insel übernommen habe. Zumindest die letzte Behauptung ist sehr zweifelhaft, da ein (angeblicher) Parallelismus der Systeme weniger auf eine direkte Übernahme deutet als vielmehr – und das betonen viele moderne Forscher – auf ein Überleben archaischer dorischer Merkmale in zwei voneinander getrennten, doch gleichermaßen konservativen »dorischen« Gesellschaften. Doch scheint die Annahme einer Verwandtschaft zwischen der spartanischen *politeia* und der Kretas, wie sie sich bei Aristoteles (Politik 2 p. 1269a–72b) findet und schon bei Platon in den *Nomoi* (Gesetzen) impliziert wird, ohnehin irreführend zu sein. Die »Verfassung« Kretas ist nämlich eine künstliche Konstruktion, die vor allem von Ephoros (s. S. 54) vertreten, wenn nicht gar erfunden worden ist, und zwar gerade zu dem Zweck, einen Vergleich zur spartanischen *politeia* zu ermöglichen! Ephoros kombinierte dazu die verschiedenen Institutionen der ganz unterschiedlichen kretischen *poleis* so, daß der Vergleich mit Sparta große Ähnlichkeit in allen Punkten zeigte. Vergleicht man jedoch einzelne aus anderen Quellen bekannte Institutionen einer bestimmten *polis* auf Kreta mit denen von Sparta, so zeigen sich meist bedeutsame Unterschiede (z. B. im Status der Leibeigenen auf dem Land), oder aber es handelt sich um Beispiele, die in allen frühen griechischen Staaten, also nicht nur im dorischen Bereich, verbreitet waren (z. B. gemeinsame Mahlzeiten der Männer oder Institutionen der politischen Verfassung). Der dorische Ursprung des spartanischen Gesellschaftssystems ist ein Mythos, nicht mehr.

Natürlich soll weder bestritten werden, daß einige spartanische Institutionen primitiv, noch daß manche dorischer Herkunft waren; doch wichtiger als die Frage, *woher* diese Institutionen kamen, ist eine Untersuchung, *wie* das spartanische System sie durch ihre Umformung beibehalten konnte. Uns interessiert also die Beziehung zwischen dem Überleben der alten Institutionen und ihrer späteren Funktion. Die Kriegergruppen waren im übrigen Griechenland verschwunden, weil sie der neuen Form der Hopliten-Kriegführung nicht mehr entsprachen, für die ja auch Bürger außerhalb der aristokratischen Gruppen benötigt wurden. In Sparta aber wurden sie beibehalten und bildeten sogar die Basis der Hopliten-Kriegführung, indem man sie auch auf den nichtaristokratischen Rest der Gemeinde ausdehnte (und damit natürlich ihren Charakter veränderte). Die beiden Aspekte von Beibehaltung und neuer Funktion werden deutlicher, wenn man moderne Erkenntnisse der Ethnologie heranzieht:

Das spartanische System diente nur *einem* Zweck, der Schaffung einer guten Hoplitenarmee. Daß dies so war, lag an einem plötzlich aufkommenden und dann dauernd bestehenden Druck auf die spartanische Gesellschaft. Ursprünglich wird er von der Erfahrung der neuen Gleichheit aller Kämpfer im Zweiten Messenischen Krieg ausgelöst worden sein, getragen hat ihn aber die Erkenntnis, daß das Leben der Spartaner materiell nur gesichert werden könne, wenn die Spartaner dauernd wachsam blieben. Daß sich nach einem auslösenden Ereignis so schnell ein hochkompliziertes System durchsetzen konnte, mag überraschen, ist aber nicht einmalig: Das zeigen die vielen Parallelen, die zwischen Sparta und dem 1816 (n. Chr.) von Tschaka (Shaka, Caka) Zulu gegründeten Königreich der Zulu in Südafrika bestehen. Hier wie dort war der auslösende Faktor ein Wandel in Bewaffnung und Taktik, der zur Bildung der *phalanx* führte; auch die Lösungen der dadurch entstandenen Probleme ähneln sich: Die Werte, Rituale und sozialen Gruppierungen der traditionellen Gesellschaft wurden übernommen, aber umgeformt, so daß sich eine große militärische Elite ergab, die nach Altersgruppen gegliedert war und auf Initiationsriten und der Regulierung aller Aspekte des Lebens der Erwachsenen beruhte. Tschaka beherrschte binnen weniger Jahre ein Reich von gut 200000 km² und befehligte eine Armee von 30000 Mann. Freilich liegt der Fall Sparta etwas anders, da wir nicht wissen können, wie plötzlich der Übergang zum neuen System vor sich ging. Da nämlich das messenische Problem, einmal aufgekommen, ständig weiterbestand, läßt sich schwer sagen, was sogleich nach der Eroberung Messeniens und was durch den dauernden Druck dort später geändert wurde.

Die Frage nach der Beibehaltung alter Formen ist komplizierter zu beantworten. Strenggenommen kann es keine »archaische« Gesellschaft geben, denn – wie Claude Lévi-Strauss* einmal gesagt hat – alle Gesellschaften müssen »gelebt, gedauert und sich gewandelt haben«. Doch kann man von einer archaischen Gesellschaft sprechen, wenn man entweder ihren inneren Aufbau oder ihre äußere Struktur betrachtet und feststellen kann, daß sich ihre inneren Institutionen kaum je geändert haben oder aber ihre äußeren im Vergleich zu denen der Nachbarn primitiv geblieben sind. In beider Hinsicht ist deutlich, daß sich Sparta erheblich mehr gewandelt hat als jede andere griechische *polis* jener Zeit, so daß man eben *nicht* von einer »archaischen« Gesellschaft sprechen kann. Daß der Wandel ausgerechnet unter Beibehaltung der in anderen Staaten bereits abgeschafften primitiven Elemente der »Verfassung« durchgeführt wurde, ändert an dieser Aussage nichts, stellt aber den Historiker vor ein Problem: Die Spartaner selbst bezeichneten ja jeden neuen Wandel als eine Rückkehr zu den Institutionen der Vergangenheit – worin also liegt dann der Unterschied zu einer echten archaischen Gesellschaft?

Zwei Beispiele, an denen sich die historische Entwicklung aufzeigen läßt, sollen das Problem verdeutlichen. Mit dem Heiligtum der Artemis Orthia war ein primitives Ritual verbunden, bei dem einige Jugendliche Käse vom Altar zu stehlen versuchten, während andere sie mit Peitschen und Stöcken daran hindern sollten. Ein solches »Stehlritual« ist nichts Seltenes; doch in Sparta entwickelte sich zu einer (vielleicht sehr späten) Zeit daraus eine Art Initiationsritus und eine weithin berühmte Ausdauerprobe, die wie Plutarch auch tausende römischer Touri-

---

* *Strukturelle Anthropologie*. I, S. 127; s. Literaturhinweise S. 387.

sten noch bis ins vierte nachchristliche Jahrhundert hinein erleben konnten. Für solche Zuschauer wurde sogar eigens ein Theater aus Stein, also eine Dauereinrichtung, gebaut, wo man die Auspeitschung der nackten spartanischen Jungen sehen konnte, »von denen ich viele am Altar der (Artemis) Orthia unter den Geißelhieben habe sterben sehen« (Plutarch, Lykourgos 18). Die Umwandlung eines primitiven Fruchtbarkeitsritus in eine Probe der Ausdauer im Ertragen ist für die Wandlung der spartanischen Feste im lykourgischen System charakteristisch: Platon nennt Ausdauer als ein Charakteristikum aller spartanischen Rituale (Nomoi 1 p. 633 b c).

Das andere Beispiel, die *krypteia* (»Geheimdienst«), schokkierte sogar Bewunderer Spartas. Die gewandtesten jungen Männer wurden nämlich aufs Land hinausgeschickt, wo sie tags versteckt lebten, in der Nacht aber auf die Straßen gingen und jeden Heloten töteten, dessen sie habhaft werden konnten (Plutarch, Lykourgos 28) – ein Brauch, wie er für den jugendlichen Krieger vor der Aufnahme in die Reihe der Erwachsenen nicht ganz selten ist: Der junge Mann wird für einige Zeit von der Gemeinde getrennt und muß verschiedene Mut- und Geschicklichkeitsproben ablegen oder aber einen Menschen töten. Weniger grausame Formen dieses Brauches finden sich auch sonst im antiken Griechenland, allein Sparta aber behielt den alten Brauch bei, verstärkte ihn sogar, da er direkt einem gesellschaftlich erstrebenswerten Ziel diente: der Terrorisierung der Heloten.

Das Auspeitschen und die *krypteia* scheinen also primitive Bräuche zu sein, die beibehalten wurden. Doch haben beide später eine völlig andere Funktion. Daher sollte man Sparta eher als *pseudo-archaische* Gesellschaft bezeichnen: Die archaischen Institutionen waren in ihr umgeformt worden, um dem neuen Hoplitenstaat mit seiner wirtschaftlichen Grundlage zu dienen. Daß die Institutionen alle für dasselbe Ziel umgeformt wurden, beweist Spartas Pseudo-Archaismus besonders deutlich. Echt archaische, traditionelle Staaten halten nämlich an den Bräuchen um derer selbst willen fest und schaffen nur die ab, die wirklich gefährlich sind – diese Systeme sind also eine Anhäufung von Widersprüchen. Sparta aber konnte sich bei aller Liebe zur eigenen Vergangenheit keine Widersprüche leisten.

Lykourgos

Was den Urheber all dieser Reformen betrifft, so wollen wir dort endigen, wo Plutarch beginnt:

> Über den Gesetzgeber Lykourgos kann man schlechthin nichts sagen, was nicht umstritten wäre. (Plutarch, Lykourgos 1)

Uns soll er nur daran erinnern, daß die spartanische Gesellschaft überhaupt zu einem bestimmten Zeitpunkt angefangen hat.

11. Soziale Gerechtigkeit in Athen

Rechtsprechung und Gesetze

Der Ursprung der griechischen Rechtsprechung lag nicht bei den Göttern, sondern bei den Menschen, nämlich in der Schiedsgerichtsbarkeit der Ältesten, beschrieben bei Homer und Hesiod (s. Kap. 4). Zeus verlieh lediglich das Szepter, das die Berechtigung zur Rechtsprechung symbolisierte, und Zeus wachte über die menschlichen Urteilssprüche. Die griechischen Gesetze leiteten sich nun aus derselben Quelle her wie die griechische Rechtsprechung: Sie gingen nicht auf eine Reihe göttlicher Gebote zurück, sondern auf die Erkenntnis der Menschen, daß sich die einzelnen Urteilssprüche nach einem gemeinsamen Muster richten sollten. Die Gesetze stellen also im Grunde den Versuch dar, die Willkür der Richter einzuschränken; insofern waren sie ein Ausdruck der Unzufriedenheit mit dem zuvor bestehenden System. Schon Hesiod hatte einer solchen Kritik an »krummen« Urteilen Ausdruck verliehen, als er von der Gewalt sprach, die man Dike antat, der Tochter des Zeus und damit der Personifikation des einzelnen Urteilsspruches. Mit der Ausbreitung der Schrift wurde es jetzt möglich, die Regeln, nach denen die Ältesten Recht sprechen sollten, verbindlich festzulegen und somit den unterschiedlichen Auslegungen dessen, was Rechtsbrauch sei, ein Ende zu bereiten. Hinter dieser Entwicklung steht ganz offenbar der Wunsch, die Stellung der Ältesten einzuschränken; ein Wunsch, der sich auch in anderen Maßnahmen jener Zeit und in der Zusicherung zeigt, daß alle Menschen vor dem Gesetz gleich seien. Solon sagt:

In gleicher Weise für den Armen wie den Reichen
schrieb ich Gesetze, zollte jedem unparteiisch
sein Recht. (Solon 36 W = 24 D, 18–20)

Der umgekehrte Fall in den neuen Kolonien führte zum gleichen Ergebnis. Dort nämlich war die Gleichheit bereits verwirklicht, doch fehlte es an einem überkommenen Recht, wie es die traditionellen Gemeinden z. B. im Mutterland hatten. In den Kolonien sollte also die schriftliche Aufzeichnung von Gesetzen die fehlenden mündlich tradierten alten Rechtsbräuche ersetzen.

Gesetzgeber

Die Person des Gesetzgebers *(nomothetēs)* ist gleichsam die Antwort auf eine doppelte Notwendigkeit: Einmal galt es, die Macht der Aristokratie zu beschränken, zum anderen, das ererbte Recht in Kraft zu lassen. Ein Gesetzgeber wurde zu diesem Zweck aus der Reihe der »Rechtsgelehrten« gewählt und mit der absoluten Macht betraut, ein Gesetzeswerk zu schreiben. Daß dies nicht immer zur Zufriedenheit des Volkes ausfiel, und daß der Gesetzgeber auch radikale Änderungen des alten Systems vornehmen konnte, ist von daher verständlich. Die Unabhängigkeit von den Forderungen des Volkes und ebenso von den Zwängen der Tradition führte zu einem bemerkenswerten Selbstvertrauen des *nomothetēs*: Er mußte sich auf keine höhere Macht berufen, sondern konnte sein Tun in seinem eigenen Gerechtigkeitsempfinden und im Vertrauen der Gemeinde auf ihn begründen. Seine Stellung glich der des Koloniegründers, denn auch er war ein halbgöttlicher Heros, dessen Autorität den Institutionen der *polis* erst ihre Gültigkeit verlieh.

Es überrascht daher nicht, daß die frühesten Gesetzgeber in der Welt der Kolonien auftraten: Zaleukos von Lokroi und Charondas von Katane wirkten in der Mitte des siebten vorchristlichen Jahrhunderts; über ihr Werk ist uns aber so gut wie nichts Glaubwürdiges bekannt. Der Mythos des Lykourgos folgt derselben Konzeption (s. Kap. 10). Erst mit dem Beginn des sechsten Jahrhunderts v. Chr. werden uns für Athen die Prinzipien und die Methoden eines Gesetzgebers klarer. Das erste – allerdings nur schlecht bezeugte – Gesetzeswerk in Athen stammte von Drakon, der es 621/20 v. Chr. verfaßt hatte, also kurz nach dem erfolglosen Versuch Kylons, sich mit der Hilfe seines Schwiegervaters Theagenes von Megara zum Tyrannen von Athen zu machen (s. S. 175). Der zeitliche Zusammenhang dieser Ereignisse legt die Annahme nahe, daß es schon einige Zeit vor Drakon Unzufriedenheit innerhalb Athens gegeben hatte. Drakons Gesetze könnten daher sehr wohl Bestandteil einer aristokratischen Reaktion gewesen sein, da sie sich durch eine außerordentliche Härte auszeichnen (daher der moderne Ausdruck »drakonische Strafe«). Es waren Bußen von fester Höhe vorgesehen (was in der Anzahl von »zu zahlenden« Ochsen ausgedrückt war), außerdem nicht selten die Todesstrafe. Mehr über Umfang und Charakter des Gesetzeswerks Drakons wissen wir nicht, da es binnen einer Generation (in allen Bereichen außer dem Gesetz über Mord und Totschlag) von einem neuen Gesetzeswerk abgelöst wurde: 594/93 v. Chr. war Solon *archōn* (oberster Beamter) von Athen, seine Gesetze waren es, die schon nach antiker Auffassung den athenischen Staat begründeten.

Solons Gesetze

Von Solons Dichtung ist uns durch Zitate in der späteren antiken Literatur recht viel erhalten, so daß sein Wirken der am besten bezeugte Vorgang in der Geschichte des frühen Griechenland ist. Wenn dennoch der Charakter seiner Reform in der modernen Forschung nicht einhellig beurteilt wird, so liegt das an der unterschiedlichen Wertung seiner Gedichte. Daß Solon überhaupt Lyrik zu politischen Zwecken einsetzte, zeigt, wie sehr Athen damals noch eine »mündliche« Gesellschaft war; Solon trug seine Gedichte öffentlich vor und wollte, daß sie von anderen wiederholt und somit verbreitet würden; sie waren also mit der Dauerhaftigkeit und Autorität jeder Dichtung versehen, dienten aber auch in der augenblicklichen politischen Situation zur Überzeugung der Hörer. Mithin sind Solons Gedichte eine direkt politische Lyrik, die freilich nicht parteilich sein sollte; war es doch die traditionelle Aufgabe des Gesetzgebers, zwischen den sich widersprechenden Interessen zu vermitteln. Natürlich zeigt sich trotzdem eine gewisse Tendenz in den Gedichten, die vor der Reform vor allem die Mißstände anprangern, die es zu beseitigen gelte, und die nach der Reform die Richtigkeit von Solons Lösung betonen. Unterschiedliche Ziele und Anlässe führten zu Unterschieden in Ton und Richtung, die für den modernen Leser irreführend sein können. Darüber hinaus war es sichtlich Solons Absicht, in seinen Gedichten die Probleme Athens mit der immerwährenden Frage nach der Gerechtigkeit und nach dem, was für die Gemeinschaft gut sei, zu verbinden; das bedeutet, daß die einzelnen politischen Streitfragen in Hinblick auf ihre ethischen, moralischen Auswirkungen angesprochen werden. Da Solon die Einzelheiten seiner Pläne aber weder vorab in seinen Gedichten enthüllen wollte noch nachträglich einzeln zu nennen brauchte, müssen die Details seiner Gesetzgebung aus anderen

Quellen erschlossen werden und können erst dann mit den Prinzipien aus Solons Dichtung in Beziehung gesetzt werden.

Solons Gesetze waren auf den vier Seitenflächen hölzerner Vierkantstäbe aufgeschrieben, die in einem Holzrahmen so angebracht waren, daß man sie drehen und von allen Seiten lesen konnte. Die beiden für diese Stäbe verwendeten griechischen Wörter, *kyrbeis* und *axones* (Achsen), deuten vielleicht wirklich nur auf die Form und Drehbarkeit dieser Inschriftenträger hin, die – entgegen der Meinung mancher moderner Skeptiker – sicher noch bis ins dritte vorchristliche Jahrhundert erhalten blieben und den damaligen Forschern zur Verfügung standen; weitere dreihundert Jahre später sah Plutarch (Solon 25, 1) Fragmente im Prytaneion von Athen. Diese Originale aber waren bald schon kaum noch lesbar gewesen, eine Folge des verwendeten Materials, der altertümlichen Buchstabenformen und der Schriftweise »wie der Ochse pflügt« *(boustrophēdon)*, d. h. eine Zeile von links nach rechts, die nächste von rechts nach links und so fort. Die *kyrbeis* und *axones* wurden also aus praktischen Erwägungen, wahrscheinlich einige Zeit bevor sie unleserlich wurden, durch Abschriften auf Papyrus ersetzt. Diese Kopien werden einigermaßen genau gewesen sein und die ursprüngliche Verteilung der Gesetze auf die Stäbe ebenso beibehalten haben wie veraltete, nicht mehr gültige Gesetze. So konnte man sich später auf Gesetze vom 1., 16. oder 21. *axōn* beziehen, sogar auf »13. *axōn*, 8. Gesetz« (Plutarch, Solon 19, 4), und altertümliche Wörter und Institutionen wurden aus Solons Gesetzen zitiert; Aristoteles etwa erwähnt in der *Athenaiōn politeia* (8, 3), daß »in den Gesetzen Solons, die nicht mehr angewendet werden, oft steht, daß ›die Schiffsbesorger *(naukraroi)* eintreiben‹ und daß ›bezahlt wird aus der Kasse der Schiffsbesorger‹« – die *naukraroi* waren wahrscheinlich die Grundlage eines alten Steuersystems (in dem sie offenbar für die Stellung und Erhaltung eines Kriegsschiffes zahlen mußten), wurden aber von Kleisthenes oder Themistokles noch vor der Zerstörung Athens durch die Perser 480 v. Chr. abgeschafft. Doch zurück zu den *axones*: Seit Aristoteles sind nicht weniger als vier antike Abhandlungen »Über Solons *axones*« bekannt, was belegt, daß Solons Gesetze für spätere Autoren greifbar und auch tatsächlich Gegenstand von Untersuchungen waren.

Trotzdem können wir der Überlieferung der *axones* nicht ohne eine gewisse Skepsis vertrauen. Wenige antike Autoren waren Rechtsexperten, die meisten interessierten sich daher kaum für Einzelheiten. Außerdem wurde die Gesetzessammlung ihrerseits nicht aus historischen, sondern aus praktischen Gründen aufbewahrt, nämlich eben als Grundlage des Rechts von Athen; deshalb ist es gut möglich, daß spätere Abschriften mehr oder weniger modernisiert wurden, z. B. durch die Hinzufügung von Geldstrafen (die es ursprünglich nicht gegeben hatte) und durch den Einschub neuer Gesetze und Prozeßordnungen. Selbst wenn der Historiker sich dessen bewußt ist, kann er in die Irre geführt werden. Dahinter steht ein noch allgemeineres Problem: Solon war der Gründer der Demokratie von Athen, sein Gesetzeswerk blieb die einzige kodifizierte Sammlung von Gesetzen in Athen, bis es im ausgehenden fünften Jahrhundert v. Chr. offiziell revidiert wurde. Die antiken Gerichtsredner (denen wir viele Zitate aus Solons Gesetzen verdanken) neigten aus diesem Grunde dazu, Gesetze, die ihre Argumentation stützten, als »solonisch« zu bezeichnen, vielleicht um ihre Zuhörer mit dem hohen Alter der Gesetze zu beeindrucken, sicher aber auch deshalb, weil man tatsächlich von dem gültigen Gesetzeswerk als »Solons Gesetze« sprach, wie etwa später vom *Code Napoléon* (1804); »Solons Gesetze« bedeuteten nahezu dasselbe wie »Athens Gesetze«. Es ist deshalb für uns nicht möglich, allen antiken Belegen für »Solons Gesetze« als guten Quellen für Solons tatsächliches Wirken zu vertrauen, denn eine Reihe vorgeblich solonischer Gesetze stammt eben aus späterer Zeit.

Dieselbe Skepsis ist auch bei der Auswertung unserer beiden Hauptquellen für die historische Abfolge und Interpretation angebracht, nämlich Aristoteles' *Athenaiōn politeia* (Verfassung der Athener) und Plutarchs Biographie des *Solon*. Die verschiedenen attischen Lokalhistoriker des vierten Jahrhunderts v. Chr., auf deren Werke sich Aristoteles und Plutarch stützen, haben dezidierte politische Meinungen in ihren jeweiligen Geschichtsbüchern propagiert und sind von daher nicht gerade objektive Quellen; dies gilt auch für ihre Darstellung der Frühzeit, denn Solon war eben auch später noch eine bestimmende politische Kraft. So verwenden die attischen Lokalhistoriker viel Raum auf die Diskussion der Frage, ob eine bestimmte politische Reform oder Neuerung auf Solon selbst zurückgehen muß, da sie (im jeweiligen radikalen oder gemäßigten Sinne des Autors) »demokratisch« genug sei, oder nicht. Das deutlichste Beispiel für solche Dispute ist die Behandlung der Verschuldung (s. S. 238 ff.).

Frühgeschichte Athens

Die Athener stellten sich gerne den dorischen Einwanderern gegenüber, indem sie den Anspruch erhoben, ihre Aristokratie sei *autochthōn,* der attischen Erde entsprungen. Umgekehrt führten manche Familien ihre Vorfahren auf Homerische Helden aus den verschiedensten Teilen Griechenlands zurück; Attika lag ja an der Route, auf der zu Beginn des Dunklen Zeitalters, während der sogenannten Ionischen Wanderung, die von den vordringenden Doriern vertriebenen Flüchtlingsgruppen zu den Inseln oder nach Kleinasien strebten. Archäologische Zeugnisse deuten auf eine relative Kontinuität in der Besiedlung Attikas seit mykenischer Zeit hin. Das Stadtgebiet von Athen blieb während des ganzen Dunklen Zeitalters ein Siedlungszentrum; dort lebte von etwa 900 v. Chr. an die wohlhabendste und am weitesten fortgeschrittene Gemeinde von ganz Griechenland. Athen erfand den Geometrischen Keramikstil und schuf seine besten Exemplare mit den großen Amphoren des sogenannten Dipylonmeisters (um 760–50 v. Chr.) und seiner Nachfolger (s. Abb. 9). Importe aus dem Orient begannen bereits um 850 v. Chr., und attische Keramik findet sich in den untersten, also ältesten Schichten in Al Mina (s. Kap. 5). Im frühen achten Jahrhundert v. Chr. arbeiteten Goldschmiede aus dem Nahen Osten in Athen, und von einem athenischen Kunsthandwerker stammt eine Gruppe von Elfenbeinfiguren, die Skulpturen der syrischen Göttin Astarte nachgebildet sind – ein Meisterwerk orientalisierender Kunst. Dann kam es zu einem plötzlichen Niedergang in Athen, die Stadt blieb etwa ein Jahrhundert lang im kulturellen Abseits. Um dies erklären zu können, haben manche Forscher Pheidon von Argos (s. Kap. 9) in diese Zeit datiert und die Feindschaft mit Argos sowie den Aufstieg Aiginas zur Seemacht im Saronischen Golf als Grund für Athens Niedergang gesehen.

Doch ging der Niedergang der Stadt Athen mit einem Aufblühen der Dörfer in der Umgebung einher. Bis etwa 750 v. Chr. war die Stadt das Zentrum des Wohlstandes und der Großzahl der Bevölkerung gewesen: Die reichen aristokratischen Grabstätten der geometrischen Zeit hat man in der Stadt gefunden, während das Umland damals zum größten Teil offenbar noch gar nicht besiedelt war. Von etwa 740 an wurden jedoch viele der aufgegebenen mykenischen Stätten im attischen

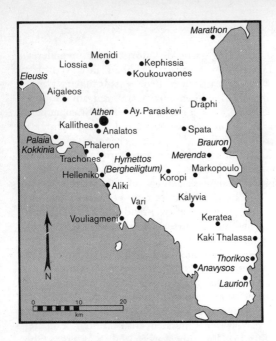

Abb. 17: Attika im achten Jahrhundert v. Chr.
Nur an den kursiv gedruckten Stätten hat man Funde aus der Zeit vor der Mitte des achten Jahrhunderts gemacht.

Land wieder besiedelt, reiche Gräber gab es nun auch überall dort (s. Abb. 17).

Athens Aristokratie bestand aus einigen nicht miteinander verwandten Familien, die man alle *eupatridai* (»von guten Vätern«) nannte. Auch wenn jener Titel dies nicht deutlich macht, handelte es sich um eine exklusive Gruppe, die sich das Recht vorbehielt, die Beamten und die Mitglieder des Rates auf dem Areopagos (Ares-Hügel) zu stellen. Auch später noch hatten viele dieser Familien eine territoriale Basis in bestimmten Bereichen Attikas, wo sie auf Helfer in politischen Auseinandersetzungen, ja im Bürgerkrieg rechnen konnten; erst die Reformen des Kleisthenes (s. Kap. 15) machten damit ein Ende. Ob diese Familien schon seit jeher diese Domänen im attischen Land besaßen, ist unbekannt, doch sicher waren es die Aristokraten, die seit der Mitte des achten Jahrhunderts die Erstarkung »ihrer« Dörfer im Umland befürworteten.

Um dieselbe Zeit kam es in Attika zu der (s. Kap. 4) bereits dargestellten großen Bevölkerungsexplosion: Zwischen 800 und 700 v. Chr. nimmt die Anzahl der datierbaren Gräber dort um das Sechsfache zu; im zentralen Stadtgebiet gibt es am Ende des Jahrhunderts dreimal so viele Brunnen wie am Anfang. Athen hatte außerdem ein großes Umland, konnte sich also so weit in der nächsten Umgebung ausbreiten, daß es an der Kolonisationsbewegung nicht teilzunehmen brauchte – mit der Folge, daß die Gesellschaft im athenischen Umland während des siebten Jahrhunderts vom übrigen Griechenland isoliert wurde und konservativ, agrarisch blieb. Nur die Stadt selbst war dank ihrer Größe weiterhin wirtschaftlich erfolgreich, da ihre Handwerker und Händler hochgradig spezialisiert waren (was Solon 13 W = 1 D bezeugt; s. S. 178f.). Dieser grundlegende Widerspruch zwischen der Stadt mit ihrer fortschrittlichen Einstellung zum Reichtum und dem wiedererstarkenden Umland mit seinem konservativen Geburtsadel war einer der Faktoren, die Solons Reform hervorriefen.

eunomia

Ein weiterer Faktor war die relativ späte Einführung der Hoplitentaktik. Athens militärische Unternehmungen begannen nicht vor dem Ende des siebten Jahrhunderts v. Chr.; das früheste Zeugnis gibt Alkaios, der einen Krieg um den athenischen Stützpunkt Sigeion an der Handelsroute zum Schwarzen Meer etwa 610 v. Chr. erwähnt (428 [Z 105] LP = 49a D; s. S. 198); von 595 bis 586 nahmen athenische Soldaten zusammen mit so alten Kämpfern wie Kleisthenes von Sikyon und den Thessalern am Ersten Heiligen Krieg um Delphi teil (s. S. 301). Wahrscheinlich zwischen diesen beiden Kriegen war Solon in der Politik aufgetreten, als ein Kriegsdichter, der die athenischen Soldaten im Kampf gegen Megara um die Kontrolle der Insel Salamis anfeuerte (1–3 W = 2 D).

Diese Episode zeigt, wie Solon unter dem Einfluß von Tyrtaios und Sparta stand: Dort nämlich fand er das Vorbild für den Einsatz der Dichtung zu unmittelbar politischen Zwecken und überhaupt die Inspiration für einen großen Teil seiner politischen Ideen. Doch sind auch andere Einflüsse nachweisbar, was sich an der Geschichte von Solons Ideal der *eunomia* (guten Ordnung) zeigen läßt: Vielleicht schon seit jeher, sicher aber in späterer Zeit bezeichnete *eunomia* das spartanische System (s. Kap. 10); in den erhaltenen Fragmenten des Tyrtaios kommt das Wort zwar nicht vor, doch beziehen sich spätere antike Kommentatoren (z. B. Aristoteles, Politik 5 p. 1306 b) auf »Tyrtaios' Gedicht *eunomia*« (s. S. 211), und Alkman verwendet das Wort offenbar in Hinblick auf das Sparta seiner Zeit, wenn er Hesiods Göttergenealogie zum Scherz in ein Verwandtschaftsverhältnis aristokratischer Damen abändert: *Tychē* (Glück), *Eunomia* und *Peithō* (Überredung) nennt er (64 P = 44 D) als Töchter der *Promatheia* (Voraussicht). Solon wiederum geht in seiner Version der *eunomia* über das spartanische Vorbild auf Hesiods ursprüngliches Bild der sozialen Beziehungen zurück, der als Töchter von *Zeus* und *Themis* (Rechtsbrauch) ja die *Hōrai* (Normen), *Eunomia*, *Dikē* (Recht) und die blühende *Eirēnē* (Frieden) genannt hatte (Theogonie 901–02, s. S. 78). Von Hesiod (Erga 225–47) übernimmt Solon auch das Bild der beiden Städte, der gerechten und der ungerechten, in seine Zeilen, die die Segnungen der *eunomia* und die schlimmen Folgen der *dysnomia*, der Gewalt und der schlechten Regierung, schildern:

Nachdrücklich will die Athener ich lehren: Gesetzesmißachtung *(dysnomia)*
bringt nur bitterste Not über das Volk in der Stadt;
feste Gesetzlichkeit *(eunomia)* schafft gehörige Ordnung in allem,
schlägt in Fesseln sehr schnell alle Verletzer des Rechts,
glättet das Rauhe, steuert den Übermut, trotzt der Gewalttat,
läßt verdorren den Keim jeder Verblendung und Schuld,
richtet die krummen Urteile gerade, mildert die Folgen
üppigen Hochmuts und setzt sichere Grenzen dem Zwist,
dämpft die Wut des leidigen Streites: Ihr Einfluß beschert den
Menschen auf jedem Gebiet Einsicht und Eintracht und Recht.
(Solon 4 W = 3 D, 30–39)

In Solons neuer Formulierung gibt es zwei Fortentwicklungen des alten Gedankens: Zum einen nennt Solon die Gerechtigkeit, die bei Tyrtaios bemerkenswerterweise nicht vorkommt, da dieser soziale Tugend als »gute Ordnung« nur im Sinne von Disziplin faßt. Solon hingegen kehrt zum Vorbild Hesiods zurück, für den eine gute Ordnung der Gesellschaft auf sozialer Gerechtigkeit beruhte. Zum anderen geht Solon sogar über Hesiod hinaus, für den ja die Götter als Garanten der gesellschaftlichen Ordnung wirkten; in seiner Vision der gerechten Stadt nannte Hesiod *eunomia* als das Fehlen von Anzeichen für göttliche Vergeltung, also von Krieg, Pest und Hungersnot, und als das Vorhandensein von natürlicher Fruchtbarkeit bei Land, Vieh und Frauen. Solon hingegen sieht den Vorteil der *eunomia* im menschlichen Bereich: Für ihn sind nicht die Götter oder die Natur ausschlaggebend, sondern nur die menschliche Gemeinde, der es gut oder aber schlecht geht. Solon ging die Probleme der Politik rational und praktisch an.

Der Mensch hat für Solon also die Macht über sein eigenes Schicksal; und so beginnt Solons (wohl vollständig erhaltenes) Gedicht ›*eunomia*‹ mit folgenden Zeilen:

Unsere Stadt wird niemals zugrunde gehen, gemäß dem
Willen des Zeus wie dem Wunsch aller Unsterblichen auch;
Derart gewaltig hält die Tochter des mächtigen Vaters,
Pallas Athene, zum Schutz kraftvoll darüber die Hand.
Aber die Einwohner selbst begehren aus Torheit die große
Stadt zu vernichten – sie treibt häßliche Gier nach Gewinn,
außerdem noch das unrechte Handeln der Führer des Volkes,
denen für frevle Gewalt mancherlei Kummer noch droht.
Denn sie verstehen es nicht, den Übermut strenge zu zügeln,
und bei gemütlichem Mahl still zu genießen ihr Glück.
(Solon 4 W = 3 D, 1–10)

Diese letztgenannte verächtliche Anspielung bezieht sich – das ist auffällig – auf die aristokratische Welt mit ihrer Einrichtung des Verdienstfestes als Ehrengelage. Das Gedicht fährt fort, die Reichen für die Mißstände in der Stadt und für die herrschende *dysnomia* verantwortlich zu machen:

Derart erreicht das Unglück des Staates jede Behausung.
Auch nicht die Türen des Hofs halten es länger zurück,
es überspringt den ragenden Zaun und bemächtigt sich aller,
suchen sie Zuflucht sogar in dem geheimsten Versteck.
(Solon 4 W = 3 D, 26–29)

Die Betonung der Gier und des Stolzes der Wohlhabenden kommt in Solons Gedichten immer wieder vor; Aristoteles zitiert einige davon und zieht dann den Schluß, daß Solon »immer insgesamt die Schuld an der Zwietracht den Reichen« zuschiebt (Athenaiōn politeia 5). Auch in seinen eher theoretischen Gedichten vertritt Solon die Meinung, daß der Mensch zwar von Natur aus nach Reichtum strebe, es aber zwei Arten von Reichtum gebe, nämlich den mit Recht erworbenen und den durch

Machtmißbrauch gewonnenen (z. B. 13 W = 1 D; s. S. 178f.). Solon trat *vor* seinen Reformen also ganz offenbar als Sprecher der Unterdrückten gegen die Aristokratie auf, und man erwartete wohl erheblich radikalere Reformen von ihm als die, die er schließlich durchführte. In seinen späteren Gedichten verteidigt er sich daher gegen die, denen er nicht weit genug gegangen war, die also von ihm eine Tyrannis oder eine Neuverteilung des Landes nach dem Gleichheitsprinzip erwartet hatten (34 W 7–9 = 23 D 19–21; s. S. 183). Vor den Reformen galt er als radikaler Vertreter der Interessen der Unterdrückten, danach zog er es vor, sich als einen kampfbereiten Gemäßigten darzustellen, als einen Wolf, der von einer Hundemeute in die Enge getrieben ist (36 W = 24 D, 26–27):

Ich aber trat wie ein Grenzstein *(horos)*
zwischen beide Lager. (Solon 37 W = 25 D, 9–10)

seisachtheia

Solons soziale Reformen waren unter dem Begriff der »Lastenabschüttelung«, *seisachtheia*, bekannt – ein nur hierfür belegtes Wort, das auf Solon selbst zurückgehen muß, auch wenn es in keinem der erhaltenen Fragmente genannt wird. Im Nachhinein beschrieb Solon seine Reform im allgemeinen:

Warum hielt ich bei der Vermittlung zwischen den
Parteien ein, bevor sie voll befriedigt waren?
Das mag mir vor dem Richterthron der Zeit die große,
die gute Mutter der Olympischen bezeugen,
die dunkle *Gaia* (Erde), deren vielerorts gesetzte
Marksteine *(horoi),* Zeugen der Verschuldung, ich beseitigt;
einst war sie eine Sklavin, heute ist sie frei.
Sehr vielen Bürgern, die ins Ausland man verkaufte,
teils widerrechtlich, teils zu Recht, auch anderen,
die notgedrungen in die Fremde flüchteten
und nicht mehr attisch sprachen, überall verstreut,
gewährte Heimkehr ich ins gottgegründete
Athen. Den in der Heimat voller Schmach Versklavten,
die vor der Willkür ihrer Herren zitterten,
gab ich die Freiheit wieder. Dies vollbrachte ich
kraft meiner Vollmacht, durch die Paarung von Gewalt
und Recht, und löste derart mein Versprechen ein.
(Solon 36 W = 24 D, 1–17)

Die beiden wichtigsten radikalen Schlagwörter des vierten Jahrhunderts v. Chr. waren »Schuldenerlaß« und »Landverteilung«; schon antike Kommentare untersuchten die Frage, wie sich denn Solon, der Begründer der Demokratie, zu diesen beiden Problemen gestellt habe. Bezüglich der Verschuldung schrieb man ihm zwei Maßnahmen zu; unumstritten ist davon die erste, nämlich das Verbot, die eigene Person oder die Familie dem Gläubiger als Pfand zu stellen, also das Verbot der Schuldknechtschaft. Diese Bestimmung beschreibt Solon selbst im zweiten Teil des eben zitierten Gedichtes, und Aristoteles (Athenaiōn politeia 9, 1) hielt sie für die wichtigste von Solons drei großen demokratischen Reformen. Doch über diesen unumstrittenen Spezialfall hinaus beschäftigte die antiken Forscher vor allem die zweite Solon zugeschriebene Maßnahme: Hatte Solon alle bestehenden Schulden aufgehoben? Selbst hatte er sich nie genau dazu geäußert. Manche Autoren versuchten nun, auf Solons Reform dadurch ein schlechtes Licht zu werfen, daß sie ihm oder seinen Freunden persönlichen finanziellen Gewinn bei der Entscheidung für einen Schuldenerlaß nachsagten; andere spielten die Bedeutung dieser Reform herunter, indem sie sie als eine Entwertung der Silberwährung auffaßten, also keinen Schuldenerlaß annahmen, sondern nur eine Wertminderung des Zinsgeldes und des geschuldeten Kapitals. Mehr als das tatsächliche Schweigen Solons über einen allgemeinen Schuldenerlaß können wir diesen so verschiedenen antiken Spekulationen nicht entnehmen, zumal wir heute wissen, daß das eigentliche Münzgeld in Griechenland erst im späten siebten Jahrhundert aufkam und in Athen überhaupt erstmals eine knappe Generation *nach* Solons Amtszeit geprägt wurde (s. Kap. 13). Damit ist den antiken (und auch vielen modernen) Theorien über Solons Währungsmanipulationen der Boden entzogen; schon 1864 hat Numa Denis Fustel de Coulanges (s. S. 242) geschrieben: »Es ist schwer zu glauben, daß es schon vor Solon einen solchen Geldumlauf und so viele Geldgeber und Darlehensnehmer gegeben hätte.«*

Schuldknechtschaft hatte es jedenfalls gegeben, doch sind solche Formen der Sklaverei nicht primär eine Reaktion auf wirtschaftliche Zwänge, sondern eher allgemein eine Ausweitung des dem Landbesitz zugrunde liegenden Systems. Schuldsklaven sind also zumeist nicht durch eine Form von finanziellem

---

* *Der antike Staat.* Dt. Ausg. Stuttgart 1981, S. 359.

Bankrott in ihre Lage gekommen; vielmehr gibt es in einer in Schichten eingeteilten Gesellschaft, in der die unteren den oberen Schichten Dienste leisten müssen, eine tiefste Schicht, eben die der »Schuldsklaven«, der man durch Geburt zugehören oder in die man aus verschiedenen, nicht unbedingt wirtschaftlichen Gründen absinken kann. Das Recht steht auf der Seite der Reichen und verstärkt einmal entstandene Abhängigkeiten, indem es den ärmer Gewordenen ihre Rechte nimmt. Die Ärmeren werden sich sodann um Schutz an die Reichen wenden (oder solchen Schutz aufgezwungen bekommen). Dabei sind die Reichen sicher eher an Menschenpotential für militärische oder zivile Zwecke interessiert als an Kapital und Zinsen, denn in einer vormonetären Gesellschaft ist Arbeitskraft mehr wert als Warenüberschuß. Schuldknechtschaft ist dabei oft mit der jeweiligen Form des Landbesitzes gekoppelt, da es ihre Hauptfunktion ist, Arbeitskräfte für die Landwirtschaft zu stellen.

Die antiken Autoren konnten offenbar nicht einsehen, welche Auswirkungen Solons Maßnahmen auf den Landbesitz haben mußten. Solon selbst hatte gesagt, daß er »nicht allen den gleichen Anteil an dem reichen Vaterland« gegeben hatte (34 W 7–9 = 23 D 19–21; s. S. 183), hatte aber auch verkündet, daß er die »vielerorts gesetzten *horoi*, Zeugen der Verschuldung«, beseitigt und somit das Land befreit hatte (36 W = 24 D, 7–9; s. S. 238). Manche altertümlichen Wörter scheinen auf ein älteres Agrarsystem zurückzugehen; so konnte man Land als *epimortos* (einem Anteil unterworfen) bezeichnen, Bauern als *hektēmoroi* (ein Sechstel als Anteil habend) oder als *pelatai* (an einen anderen herantretend, »Klient«); diese zahlten eine *mortē* (Anteil) an andere (Quellen: Aristoteles, Athenaiōn politeia 2, 2 und spätere Lexikographen). Dieses frühere System hat man zunächst als eine Form von Pacht interpretiert, bei der der Pächter ein Sechstel der Ernte an den Landeigentümer abgeben mußte, der ihn bei Nichteinhalten dieser Bestimmung versklaven konnte. Das also wird Solon jener Auffassung nach abgeschafft haben.

Gegen eine solche Interpretation gibt es aber naheliegende Einwendungen. So lassen sich z. B. keine Anzeichen dafür finden, daß Attika je eine Region mit großen Landgütern war, die Solon hätte aufteilen können. Die angebliche Neuverteilung des Landes in ungleiche Anteile ist demnach schwer für wahr zu halten, zumal sich Solons eigene Aussage kaum damit in Verbindung bringen läßt. Außerdem scheint ein Sechstel ein unwahrscheinlich geringer Pachtzins in Naturalien zu sein – bei einer solchen Form der Pacht erhält der Verpächter meist mindestens die Hälfte der Naturalien, da er ja auch das Risiko einer Mißernte mitträgt und in jedem Falle die absolute Höhe des Pachtzinses mit der Güte der Ernte variiert. Wäre die genannte Interpretation dennoch richtig, so hätten sich die attischen Bauern kaum über etwas beklagen können und wären kaum je Gefahr gelaufen, in Schuldknechtschaft zu geraten.

Eine andere moderne Interpretation, die viel Beifall gefunden hat, versucht die Zeugnisse in rein wirtschaftlicher Hinsicht zu erklären: Überbevölkerung habe zur Entwaldung, zur Überproduktion und zur Bodenerschöpfung geführt, dies wiederum zu so schlechten Ernten, daß die freien Bauern schließlich ihr Land an die Aristokraten verpfänden mußten, damit sie sich Saatgut und Nahrungsmittel leisten konnten. Der Zins für diese Art von Hypotheken sei dann (vielleicht von Drakon) auf ein Sechstel festgelegt worden. Die *horoi*, die Solon beseitigte, sind dieser Interpretation zufolge Hypothekensteine, wie man sie allerdings erst aus dem vierten Jahrhundert v. Chr. kennt; daß keine Exemplare aus der früheren Zeit erhalten sind, erklären Anhänger dieser Theorie damit, daß die *horoi* aus Holz oder aber unbeschriftet waren. Die Schuldknechtschaft beginnt dieser Interpretation zufolge damit, daß die Bauern schließlich nicht mehr imstande waren, auf ihrem Land zu leben und ihren Verpflichtungen nachzukommen, und sie somit gezwungen waren, nach Übersee zu fliehen oder sich eben in die Sklaverei verkaufen zu lassen. Gegen eine solche Theorie spricht nun aber, daß der Naturalpachtzins bei einem derart dramatischen Rückgang der Ernteerträge für die Aristokraten äußerst unattraktiv geworden wäre, da sie – ebenso wie die Bauern – von Jahr zu Jahr weniger bekommen hätten. Darüber hinaus ist ein solcher Rückgang ohnehin äußerst unwahrscheinlich in einer primitiven Landwirtschaft, in der nicht viel über den Eigenbedarf hinaus produziert wird *(subsistence farming);* unter solchen Bedingungen wechselt die Produktivität nur wenig. Plausibel ist die Theorie aber insofern, als sie die Schulden nicht in Münzgeld, sondern in Getreide faßt und die wirtschaftlich schlechte Lage mit der Überbevölkerung Attikas in Zusammenhang bringt; die große Bevölkerungszunahme in den vorhergehenden zweihundert Jahren hatte sicherlich spätestens in der zweiten Hälfte des siebten Jahrhunderts ernste Probleme zur Folge.

Eine dritte und wohl die beste Erklärung der Unzufriedenheit der Landbevölkerung in Solons Zeit stammt von Numa Denis Fustel de Coulanges (1830–89), dem Begründer der vergleichenden Sozialforschung in Frankreich. Sein grundlegendes Werk über die indoeuropäischen Institutionen, *La Cité antique* (Der antike Staat; s. Literaturhinweise), erschien zuerst 1864, eine Generation vor der Entdeckung der Aristotelischen *Athenaiōn politeia*, so daß sich Fustel allein auf die begrenzten Informationen aus Plutarchs Solon-Biographie stützen konnte. Dennoch sah er bereits, daß das Problem der Schulden zweitrangig war; Solons »Lastenabschüttelung« bedeutet vielmehr in erster Linie eine gesellschaftliche Umwälzung: die Abschaffung des Klienten-Verhältnisses zwischen Bauern und Aristokraten. Der Ursprung dieses Systems liegt im dunkeln, es könnte ein Überbleibsel aus mykenischer Zeit sein, in der die Bauern einem lokalen *basileus* und letztlich dem Palast untergeordnet waren, dem Sitz der Verwaltung und dem Lager für die Naturalabgaben. Doch könnte das System auch in späterer Zeit entstanden sein; es könnte etwa auf ein freiwilliges »feudales« Versprechen gegenseitiger Hilfeleistung während der Wanderungszeit zurückgehen oder aber auf die Bedingungen, die bei der Wiederbesiedlung Attikas in der Mitte des siebten Jahrhunderts v. Chr. herrschten. Jedenfalls ist dieses System durch einen »bedingten Grundbesitz« gekennzeichnet, bei dem der Bauer das Land unter der Bedingung besitzt, daß er die traditionellen Abgaben in Form von Arbeit und Naturalien leistet. Ein solches System führt gewöhnlich (auch über sein Bestehen hinaus) zu einer geradezu fanatischen lokalen Loyalität, wie sie sich beispielsweise in den Privatfehden der athenischen Aristokratie gezeigt hat (s. S. 251).

Das System selbst beinhaltete keine besondere Härte: Daß die Abgaben nur ein Sechstel der Erträge des Landes betrugen, bedeutete wenig mehr als eine Anerkennung der Abhängigkeit vom (aristokratischen) Eigentümer; wer die Abgabe zahlte, konnte durchaus ein reicher Mann sein. Bricht aber ein solches System gegenseitiger Verpflichtungen zusammen, muß das zu Spannungen führen. Im Falle Athens werden die Bauern, von denen viele Hopliten waren, die Zahlung des Sechsten immer mehr als ein degradierendes Zeichen der Abhängigkeit empfunden haben – wohlgemerkt in einer Zeit, in der viele andere Städte, neue und auch alte, das Prinzip der politischen Gleichheit bereits verwirklichten. Auf der Seite der Aristokratie wird das System immer weniger als Sicherung des gegenseitigen Verhältnisses gesehen worden sein, sondern es wird zunehmend dem Interesse der Aristokraten an der Steigerung ihres Reichtums gedient haben, da ja die Dienste der abhängigen Bauern im Hoplitenzeitalter nicht mehr nötig waren. In der neuen »internationalen« Aristokratie zählte hingegen Reichtum viel: Die Tyrannen beherrschten reiche Städte, auch sonst gehörten reiche Männer zur Aristokratie; mit ihnen strebte man Heiratsverbindungen an, brauchte also Reichtümer für die Mitgift, aber auch für den Wettbewerb im Geben, bei den großen Einladungen (Verdienstfesten), bei den sportlichen Wettbewerben und beim Wagenrennen in Olympia, ja sogar dafür, durch Bauten und Prachtentfaltung die öffentliche Meinung für sich zu gewinnen (s. S. 299f.). Solange nun die Getreideversorgung der Stadt Athen in den Händen der Aristokraten lag, die das *hektēmoros*-System nutzen konnten, werden diese ihren Reichtum aufrechterhalten haben; sowie aber die Stadt auf die billigen Getreideimporte umstieg, die Aiginas Kaufleute aus Ägypten und dem Schwarzmeergebiet lieferten, mußten die Aristokraten von Athen ihre bisherige Quelle des Reichtums verlieren. Es ist also verständlich, daß diese sich zuerst um eine Vergrößerung ihrer Gewinne durch die Ausnutzung des *hektēmoros*-Systems bemühten.

Die gegenseitigen Verpflichtungen, die dem System ursprünglich zugrunde lagen, werden zweifellos oft einen Streit darüber hervorgerufen haben, wem das Land denn nun eigentlich gehörte: Der Bauer besaß es zwar, war aber abhängig; überredete oder zwang man ihn, das Land zu verlassen, fiel es sicher an seinen Herren zurück – was wohl der Grund dafür ist, daß man die Bauern »teils widerrechtlich, teils zu Recht« (Solon 36 W = 24 D, 9–10; s. S. 238) in die Sklaverei zu verkaufen oder in die Verbannung zu schicken versuchte. Die *horoi*, die Solon (ebda. Z. 6) beseitigte, sollten also vielleicht den Besitzanspruch eines Aristokraten auf solchermaßen freigewordenes Land symbolisieren. Doch wandte sich Solon nicht nur an die machtlosen Armen, von denen immerhin einige sogar Hopliten gewesen sein werden wie viele ihrer noch nicht vertriebenen Nachbarn auch; nein, auch einen Teil der Aristokratie sprach Solon an. Ein vergleichbarer historischer Prozeß mag dies verdeutlichen: Als im 18. Jahrhundert n.Chr. in England vielerorts die Allmende (die Gemeindeflur, engl. *common*) im Namen eines wissenschaftlichen Ackerbaus aufgeteilt wurde *(enclosure)* – worauf die charakteristische Heckenlandschaft Englands zurückgeht –, war davon nicht nur die traditionelle Bauernschaft betroffen, sondern auch die Landeigentümer, die sich in zwei Lager spalteten: Die eher Konservativen mußten nun – selbst wenn sie die wirtschaftliche Notwendigkeit der Maßnahmen schließlich auch für ihre eigenen Güter erkannten – mit den schlimmsten Befürchtungen das Elend mitansehen, das die progressiven Landeigentümer unter den Bauern anrichteten. So wie in England wird auch im antiken Griechenland nicht nur die Bauernschaft, sondern auch ein Teil der Aristokratie Kritik am Wandel des bisherigen Agrarsystems geübt haben; Solons moralische Empörung über das Verhalten der meisten Aristokraten wird nicht nur beim Volk Beifall gefunden haben, sondern auch bei dem Teil des Adels, der an den alten Werten festhalten wollte.

Diese zuletzt entwickelte, auf Fustels Beobachtung aufbauende Theorie setzt voraus, daß es eine Art von standesgebundener Abhängigkeit und Schuldknechtschaft gegeben hat. Sie legt dar, warum das bestehende gesellschaftliche System immer mehr Unwillen erregte, und sie erklärt – das leisten die anderen Theorien nicht –, warum die Unterdrückten mächtig genug waren, das System zu Fall zu bringen (nämlich im Verein mit dem konservativen Teil der Aristokratie), und wie sie ihren Anführer in einem Mann fanden, dessen grundlegende Botschaft es war, daß Gerechtigkeit wichtiger sei als Reichtum.

Solons politische Reformen

Solon beschreibt seine politische Reform so:

Einfluß gab ich dem Volke soviel wie gerade genug ist,
wollte nicht schmälern noch auch mehren ihn über Gebühr;
auch den Mächtigen gönnte ich nur, den rühmlichen Reichen,
was ein jeglicher sich redlich und schimpflos erwarb.
Und so stand ich; mein kräftiger Schild beschirmte sie beide,
keinem gewährte mein Spruch wider das Recht den Sieg.
                                        (Solon 5 W = 5 D, 1–6)

Zwei fast revolutionäre Gedanken stecken in diesem sonst eher gemäßigten Vorschlag: Einmal wird das Volk, der *dēmos,* überhaupt eines »Einflusses« für würdig erachtet; das Wort *geras,* das hier mit »Einfluß« übersetzt ist, bezeichnete in der Homerischen Aristokratie den Beuteanteil (s. S. 65). Zum anderen wird der Geburtsadel nicht mehr genannt – nur noch Reichtum ist ein Kriterium für die politische Macht. In diesen beiden Punkten also geht Solons Verfassung noch weiter als die von Sparta (s. Kap. 10).

Die Grundlage von Solons Verfassung war ein neues Kriterium für die Aufteilung der politischen Macht. Solon schuf vier nach dem Besitz gestaffelte Klassen, die nach dem Ertrag aus ihrem Landbesitz, gemessen in Flüssig- und in Trockenhohlmaßen, eingeteilt waren, also nach Olivenöl-, Wein- oder Getreideertrag (Aristoteles, Athenaiōn politeia 7, 3–4): die *pentakosiomedimnoi* (500-Scheffel-Männer), die *hippeis* (berittene Krieger, deren Land mindestens 300 *medimnoi* trug), die *zeugitai* (Joch-Männer mit mindestens 200 *medimnoi*) und die *thētes*. Wie groß der entsprechende Landbesitz jeweils absolut war, läßt sich kaum mehr feststellen, da der Hektarertrag an Olivenöl, Wein oder Getreide in der Antike nicht genau bekannt ist. Doch ergeben Schätzungen für einen *zeugitēs* mindestens etwa 5 ha fruchtbaren Landes (dazu kommt also noch Brachland), für einen *hippeus* 7,5 ha, für einen *pentakosiomedimnos* über 12,5 ha. Die Schaffung dieser letztgenannten Klasse war eine absichtliche Provokation der alten Aristokratie: Der Adel der *eupatridai,* der »Männer von guter Geburt« mußte dem Adel der »Fünfhundert-Scheffler« weichen. Die anderen Klassen sind hingegen offenbar Übernahmen der bereits bestehenden militärischen Gliederung der Gesellschaft in Reiter, Hopliten (hier als »Joch-Männer« bezeichnet, da sie ein Joch, also ein Gespann Ochsen besaßen oder – die wahrscheinlichere Erklärung – da sie im Kampf die Schilde miteinander »verjocht«, verbunden hielten) und die Leute unterhalb des militärischen Zensus, die sich also nicht einmal eine eigene Rüstung leisten konnten. Wie diese Besitzklassen geschaffen oder umgeformt wurden, ist unbekannt; daß es überhaupt geschah, belegt eine Inschrift auf der Akropolis, die nur Aristoteles überliefert:

Anthemion, der Sohn des Diphilos, weihte dies(e Statue) den Göttern zum Dank,
weil er vom (Stand der) *thētes* zu dem eines *hippeus* aufgestiegen war.
(Aristoteles, Athenaiōn politeia 7, 4)

Die verschiedenen Staatsämter wurden auf die Besitzklassen verteilt. Der obersten war die Stellung der neuen *archontes* und der *tamiai* (Staatsschatzmeister) vorbehalten, während die *thētes* zu keinem Amt zugelassen waren; »deshalb«, so sagt Aristoteles (Athenaiōn politeia 7, 4), »dürfte wohl auch heute noch kein einziger, der sich an der Auslosung eines Amtes beteiligen will, wenn er gefragt wird, zu welcher Besitzklasse er gehört, sagen, zu den *thētes*«. Aristoteles schreibt Solon ferner die Einführung der Verlosung der *archontes*-Ämter zu; er spricht von einem merkwürdigen System, bei dem nach der Direktwahl von vierzig Kandidaten durch die vierzig Stämme *(phylai)* die neun zu vergebenden Stellen ausgelost worden seien; das System sei während der Tyrannis außer Gebrauch geraten und danach, 487/86, in modifizierter Form wieder eingeführt worden (Athenaiōn politeia 8, 1 und 22, 5). Diese Darstellung wird von manchen modernen Forschern bezweifelt, die hierin einen Auswuchs der allgemeinen antiken Tendenz sehen, Solon in allem als den Begründer der athenischen Demokratie herauszustellen; gerade das Losverfahren entspreche ja der späteren radikalen Demokratie, da es allen gleiche Chancen garantiert und die Entstehung politischer Parteiungen oder antidemokratischer Cliquen verhindert. So werde Solon hier zu Unrecht als der Vater dieses Verfahrens genannt. Meines Erachtens ist eine solche Skepsis übertrieben, Solon modifizierte ja lediglich das Direktwahlprinzip, wahrscheinlich um die Übermacht der *eupatridai* beim Archontat zu brechen und um auch andere Gruppenbildungen dadurch zu verhindern, daß er die letzte Entscheidung bei der Amtsvergabe den Göttern anheimstellte.

Die Ämter waren also in der Hand der (neuen) Aristokratie. Volksversammlungen gab es weiterhin, doch wich Solon dabei am weitesten von den traditionellen politischen Strukturen Griechenlands ab; er näherte sich der Hoplitenverfassung Spartas, in der die Macht, die Entscheidungen der Versammlung zu steuern, beim aristokratischen Rat lag. Solon also schuf parallel zum bereits bestehenden Rat vom Areopagos (s. S. 234) einen Rat *(boulē)* mit 400 Mitgliedern aus dem Volk, hundert aus jeder *phylē* (Aristoteles, Athenaiōn politeia 8, 4). Der ursprüngliche Wahlmodus ist unbekannt (später ist ein Losverfahren belegt); auch wissen wir nicht, ob alle Bürger einschließlich der *thētes* wählbar waren. In späterer Zeit hatte der radikale Nachfolger dieses Rates vor allem zwei Funktionen, nämlich die Verwaltung des athenischen Staates (einschließlich der Aufsicht über die Arbeit aller staatlichen Gremien und Ämter) und die Vorbereitung der Volksversammlungen. Auch hier haben Skeptiker einen solonischen Ursprung bestritten, da die Funktion des Rates in der Frühzeit schwer zu erfassen ist. Doch nahmen die Athener selbst spätestens im ausgehenden fünften Jahrhundert v. Chr. einen solonischen Rat der 400 an, denn im Jahre 411 bemühte sich eine kleine Gruppe oligarchischer Revolutionäre intensiv darum, ihre Zahl auf die anerkannte, traditionelle Größe von eben 400 Mann aufzustocken.

Zwei weitere Zeugnisse deuten auf eine Existenz des Rates der 400 schon zu Solons Zeit: Erstens der archäologische Befund auf der Agora von Athen, wo man unter dem späteren Ratsgebäude einen Gebäudekomplex aus dem frühen sechsten Jahrhundert v. Chr. gefunden hat, der – so die plausible Deutung der Ausgräber – aus Amtsräumen, einem großen Speisesaal mit einer Küche und einem freien Platz (für die Ratsversammlung) besteht; die Kontinuität des Ortes wird wohl auf die Funktion schließen lassen (Abb. 18).

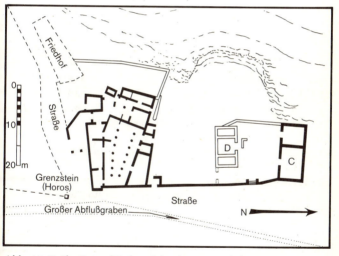

Abb. 18: Frühe Ratsgebäude auf der Agora von Athen
Unter den Resten von Gebäuden, die für die Arbeit des Rates in der Zeit zwischen Kleisthenes und Ephialtes errichtet worden waren, fanden sich die hier dargestellten Gebäude C und D. C stammt aus der Zeit Solons, D wurde unter Peisistratos hinzugebaut. Der Gebäudekomplex im Süden wurde um 525 v. Chr. errichtet, blieb bis in die nachkleisthenische Zeit in Gebrauch und wurde schließlich von der *tholos* oder dem öffentlichen Speisesaal des Rates und den dazugehörigen Küchen ersetzt.

Zweitens ist eine archaische Inschrift auf einem Steinquader von der Insel Chios zu nennen, die ein Verfassungsgesetz aus dem zweiten Viertel des sechsten Jahrhunderts v. Chr. enthält. Die Vorderseite ist schwierig zu entziffern, sie scheint von Strafen zu handeln, dazu von »jedem, der ein *dēmarchos* (Beamter des Volkes) oder ein *basileus* (Beamter der Aristokratie)« ist; die rechte und die Rückseite lassen sich hingegen fast im Zusammenhang lesen:

[...] wenn er Unrecht erleidet beim *dēmarchos*, [soll er x] Statere [hinterlegen und] Berufung einlegen bei dem Rat des Volkes *(boulē dēmosiē)*. Am dritten Tag nach den Hebdomaia soll der Rat, der des Volkes, unter Strafe (bei Nichtteilnahme? Oder »mit dem Recht, Strafen aufzuerlegen«?) gewählte fünfzig Mann von (jeder) *phylē* versammeln. Er (der Rat) soll die anderen Angelegenheiten des Volkes erledigen, und auch all die Urteile, gegen die Berufung eingelegt wurde während des ganzen Monats, [...] (Meiggs – Lewis 8)

Die Hauptschwierigkeit bei der Interpretation dieser Inschrift liegt in der Frage, ob der Rat selbst über die Berufung gegen Anordnungen der Beamten entscheiden konnte oder ob er solche Fälle nur für die entscheidungstragende Volksversammlung vorbereitete. In jedem Falle aber belegt die Inschrift einen »Rat des Volkes«, der offenbar vom Rat des Adels unterschieden war (und vermutlich neben diesem bestand), der die »anderen Angelegenheiten des Volkes« erledigte und auch bei der Berufung gegen Beamtenentscheidungen beteiligt war. Die Ähnlichkeiten zum (zeitlich früher liegenden) solonischen System sind so groß, daß es schwer fällt, das Vorbild des Gesetzes von Chios nicht bei Solon zu suchen.

In Solons Gesetzen muß es viele solche Bezüge auf einen Rat des Volkes gegeben haben, denn die Hauptfunktion von Rat und Volksversammlung war es vermutlich, Berufungen gegen die Rechtsprechung zu hören. Aristoteles, der in der Abschaffung der Schuldknechtschaft die wichtigste demokratische Reform gesehen hatte (s. S. 239), betrachtete als die zweitwichtigste die Regel, daß es jedem, der dies wollte – auch in Vertretung für einen anderen – möglich war, geschehenes Unrecht vor Gericht zu bringen; als drittwichtigste Reform sah Aristoteles die Möglichkeit der Berufung gegen eine Amtsentscheidung am Volksgericht an (Athenaiōn politeia 9, 1). Die Einführung des Klagerechts formte das ganze Rechtssystem um: Eine weiterentwickelte Schiedsgerichtsbarkeit, bei der nur der Geschädigte selbst sich um eine Kompensation in einer *dikē* vor den Beamten bemühen konnte, war von einem Recht nach dem Öffentlichkeitsprinzip abgelöst worden; eine nichtpersönliche Aktion, die im öffentlichen Interesse stand, wurde nun anerkannt. Jeder Bürger konnte die Strafverfolgung veranlassen, indem er eine *schriftliche* Anklage *(graphē)* erhob. Die Einführung der Berufung übertrug die letzte Entscheidung vom aristokratischen Beamten auf das Volksgericht, das in der Frühzeit wohl aus der Gesamtheit der Teilnehmer an der Volksversammlung bestand; später entwickelte sich hieraus das durchs Los zusammengesetzte Gericht, das neben der Volksversammlung als die wichtigste Machtbasis des *dēmos* in der entwickelten Demokratie galt. Aristoteles hatte recht mit seiner Einschätzung der Tragweite dieser Reform.

Wie gerecht ein System ist, hängt letztlich aber von den einzelnen Gesetzesvorschriften genauso ab wie von deren Anwendung in der Rechtsprechung. Solons Gesetzbuch war daher seine wichtigste und dauerhafteste Reform. Obwohl es nur fragmentarisch aus verstreuten Belegen bekannt ist, läßt sich zeigen, daß es alle Bereiche des Rechtes abdeckte: Kriminelle Privatdelikte (Mord, Totschlag, Vergewaltigung, Diebstahl), politische Straftaten (Hochverrat, Entziehung vom Kriegsdienst – auch im Falle eines Bürgerkrieges) und Rechte (Amnestie der Verbannten, Speisung auf Staatskosten, Zensus), Aufwandsbeschränkungen (Einschränkung der Brautgabe und des Aufwandes beim Begräbnis) und Vergehen gegen die öffentliche Sittlichkeit (Verbalinjurien – auch gegenüber Toten –, Prostitution, Päderastie), Familienrecht (Legitimität eines Kindes, Eherecht, Erb- und Erbtochterrecht, Adoption), Nachbarrecht (Grenzabstand, Brunnenrecht), Prozeßrechtliches (Einschränkung der erlaubten Eigenmacht, Beweisrecht), Handelsrecht (Zinsfuß, Export) und Bestimmungen zur Religionsausübung (Opfertiere und -kalender). Solons ganze Gesetzgebung durchziehen ein vernünftiges Angehen der gesellschaftlichen Probleme und eine kontrollierte Freiheit von der Tradition – ganz im Unterschied etwa zu Drakons Gesetzen, in denen sich immer noch die Welt der Blutfehden und der notwendigen rituellen Entsühnung der Gemeinde spiegelt. Solon hingegen erlaubte es sogar, daß ein Mann sein Eigentum denen vermachen konnte, die *er* zu Erben einsetzen wollte, vorausgesetzt, er hatte keine Söhne und stand nicht unter unzulässiger Beeinflussung (Plutarch, Solon 21, 3–4) – kaum denkbar in einer Zeit, in der der Brauch unter praktisch allen Umständen das Land im Besitz des *genos* belassen wollte.

Auch eine gewisse Lenkung der Wirtschaft zeigte sich bei Solon, der die Ausfuhr landwirtschaftlicher Produkte aus Attika verbot – mit einer Ausnahme, Olivenöl (das einzige Erzeugnis, von dem es dort einen Überschuß gab) –, und der die Manufakturen der Stadt gleich durch zwei Maßnahmen stützte: Nur wer seine Söhne in einem Gewerbe unterwiesen hatte, konnte im Alter deren Unterstützung erwarten; und nur noch ständig in Athen lebende Exilanten, die mit der ganzen Familie in Athen wohnten und einem Gewerbe nachgingen, erhielten das Bürgerrecht. Auf die letztgenannte Regelung geht vielleicht der große Einfluß zurück, den die korinthische Keramik auf die schwarzfigurigen Vasen Attikas im frühen sechsten Jahrhundert v.Chr. hatte; auch die enorm zunehmende Verbreitung der international immer mehr geschätzten attischen Keramik in der Folgezeit mag hier ihren Ursprung haben. Ferner gibt es Hinweise darauf, daß Solon auch das Maß- und Gewichtssystem in Athen änderte, offenbar um vom vorherrschenden Handel Aiginas loszukommen und sich mit Athens neuem Verbündeten, Korinth, auch im Bereich des Handels näherzukommen.

Grundlegend an Solons Gesetzgebung war aber, wie schon bei der Aufteilung der politischen Macht, die gerechte Abgrenzung genau bestimmter Bereiche für das Individuum, so daß es keine Unklarheiten und damit auch keine Konflikte mehr geben konnte. Seine Gesetze fixierten die viele Generationen alte Tradition der Schiedsgerichtsbarkeit. Es ist kein Zufall, daß das Bild des Grenzsteines auch in seiner Dichtung vorkommt, denn all seine Arbeit galt den Abgrenzungen, und der Schiedsrichter selbst war ein »*horos* zwischen beiden Lagern« (37 W = 25 D, 9). Solons Gesetzgebung über die Grenzziehung kann daher als ein typisches Beispiel für sein Wirken gelten; sie zeigt das charakteristische Augenmerk für Details und ein lebendiges Verständnis für das, was wirklich Konflikte zwischen Nachbarn hervorruft. (Man hat den letzten Teil dieses Gesetzes oft als eine Regelung für die »wissenschaftliche Landwirtschaft« mißverstanden, das den vernünftigsten Abstand zwischen Öl- und Feigenbäumen regle; doch ist ganz offenbar nur von Bäumen, die auf Grenzen stehen, die Rede.)

Wenn jemand einen Steinwall am Land eines anderen baut oder einen Zaun, darf dies nicht über die Grenze hinaus gehen. Wenn es eine Mauer ist, muß er einen Fuß Abstand lassen, ist es bei einem Haus, zwei Fuß. Wenn er einen Graben oder eine Grube gräbt, muß er so viel Abstand lassen, wie die Tiefe ist; ist es ein Brunnen, einen Klafter. Er darf einen Öl- oder Feigenbaum mindestens neun Fuß vom nächsten Grundstück entfernt pflanzen, bei anderen Bäumen fünf Fuß.

(Wörtlich zitiert von Gaius in Iustinians Digesten 10, 1, 13)

Solons Erfolg

Ein Großteil von Solons politischem Wirken schlug fehl. So war das Archontat ein Anlaß für ständige Streitereien: 590 und 586 v.Chr. wurde dieses Amt gar nicht besetzt; der *archōn* von 582 blieb nicht ein, sondern zwei Jahre und zwei Monate im Amt, bis man ihn gewaltsam vertrieb und ein Kollegium von zehn *archontes* einrichtete, das sich aus fünf *eupatridai*, drei Bauern und zwei Handwerkern zusammensetzte – daran zeigt sich, daß der Konflikt zwischen Geburt und Reichtum noch nicht gelöst war. Drei Parteien bildeten sich in Attika, die auf regionalen Bündnissen beruhten (doch zweifellos auch verschiedene wirtschaftliche Interessen vertraten), nämlich die Partei der Küstenbewohner unter dem Alkmeoniden Megakles, die der Bewohner der Ebene, zu der die reichen aristokratischen Familien zwischen Eleusis und Athen gehörten, und die Partei der Bewohner des Berglandes unter Peisistratos. Dieser ergriff 561 v.Chr. als Tyrann die Gesamtmacht, wurde aber von den beiden anderen Gruppen wieder vertrieben; nach einer Heiratsverbindung mit der Familie des Megakles kehrte er zurück, wurde erneut vertrieben und kam schließlich erst 546, nach einer Schlacht, mit der Hilfe des Lygdamis von Naxos, der Eretrier und thessalischer Söldner an die Macht. Solon hatte die Bevölkerung von Athen vor Peisistratos gewarnt; als er kurz nach dessen erstem Umsturzversuch starb, muß er ein enttäuschter Mann gewesen sein. Seine Befreiung der *hektēmoroi* und seine politischen Reformen waren für die Gesellschaft seiner Zeit zu fortschrittlich gewesen. Erst achtzig Jahre später brach ein anderer, Kleisthenes, die Macht der Aristokratie (s. Kap. 15).

Doch auf andere Weise war Solon erfolgreich gewesen. Er hatte eine traditionelle Gesellschaft vorgefunden und sie in sozialer Hinsicht zu einer der am weitesten fortgeschrittenen in ganz Griechenland gemacht. Seine Reformen mögen weniger radikal erscheinen als die, die in Sparta zwei Generationen zuvor durchgeführt worden waren; doch dort dienten alle neuen Institutionen den Hoplitentugenden »Disziplin« und »Mut«, also einer geschlossenen Gesellschaft *(closed society)*. Athen aber war von Solon auf einen flexibleren Kurs in Richtung auf soziale Gerechtigkeit gesetzt worden. In diesem Sinne gilt Solon zu Recht als der Begründer der athenischen Demokratie. Platon, sein entfernter Verwandter, mochte die Demokratie nicht, doch selbst er mußte seine Erörterung über den idealen Staat (politeia) mit Solons Grundfrage beginnen:

»Was ist Gerechtigkeit?«

12. Die Aristokratie in der archaischen Zeit

Die historische Periode

Die historische Periode ist wie die Epoche keine künstliche Erfindung zum Vorteil der Historiker, vielmehr zeigen gewisse Abschnitte in der Geschichte eine Homogenität und eine strukturelle Wechselbeziehung untereinander, so daß man sie fast wie biologische Einheiten betrachten kann, die für sich existieren und sogar einen eigenen Lebenszyklus haben. Besonders dem Kulturhistoriker fallen solche Einheiten auf, da er sich mit den Beziehungen der verschiedenen Phänomene in einer Gesellschaft und mit den Wandlungen ihres allgemeinen Charakters beschäftigt. Will man eine solche »kulturelle Periode« abgrenzen, betrachtet man am besten die Gesamtheit ineinandergreifender Lebensformen *(a set of interlocking life-styles)*. Da sich nun kulturelle Perioden sehr oft an Hand stilistischer Wandlungen in einer oder mehreren wichtigen Kunstformen zeigen lassen, bezeichnet man auch die Perioden selbst mit den Namen, die ursprünglich nur dem künstlerischen Phänomen angehörten.

Zwei solcher kultureller Perioden haben wir bereits unterschieden: Die *Homerische* oder *geometrische Zeit* und die *orientalisierende Zeit*. Beide zeigen durchaus vergleichbare Phänomene in den verschiedenen Bereichen der Kultur, beide beruhen auf einer klaren Beziehung der Lebensformen zueinander, doch ist die geometrische Zeit eine statische Periode, während die orientalisierende einen dynamischen Charakter hat (weswegen sie oft als bloße »Übergangszeit« ohne eigene kulturelle Homogenität mißverstanden wird). Die *archaische Periode* der griechischen Kultur, die jetzt dargestellt werden soll, ist allgemein als Einheit anerkannt. In der griechischen Kunst kann man sie als die bedeutendste Periode überhaupt bezeichnen, die in vieler Hinsicht sogar höher steht als die klassische Zeit; in der Literatur erreichte die lyrische Dichtung erst im mittelalterlichen Europa des zwölften nachchristlichen Jahrhunderts wieder einen vergleichbaren Stand, und die abendländische Philosophie, Wissenschaft und Mystik haben in der archaischen Periode ihren Ursprung. Die kulturelle Periode, auf die all diese künstlerischen und geistigen Erfolge zurückgehen, stand etwa von 600 bis 460 v. Chr. in Blüte, in einer Zeit also, die große politische und militärische Ereignisse sah, welche sich aber auf das kulturelle Leben bemerkenswert wenig auswirkten. Als die Perser 546 v. Chr. die ionische Küste von Westkleinasien erreichten, führte dies nicht zum Zusammenbruch der archaischen Kultur, vielmehr zogen ihre Träger mit den ionischen Flüchtlingen westwärts, nach Sizilien und Italien; auch die persische Invasion ins eigentliche Griechenland führte nicht zum Ende der Kultur, die noch zwanzig Jahre nach dem ersten Ansturm fortbestand.

Während der ganzen Periode lag die politische Führung (nicht Macht) trotz der Existenz einer selbstbewußten Hoplitenklasse weiterhin in den Händen der Aristokratie, deren Lebensformen also auch das ganze gesellschaftliche Leben der Gemeinde beeinflußten. Durch das Ende der militärischen Bedeutung der alten aristokratischen Kriegerelite und durch das Aufkommen der Hoplitentaktik waren die Homerischen Institutionen und Werte umgeformt und der neuen Zeit angepaßt worden. Der wohl bedeutendste aller Kulturhistoriker, Jacob Burckhardt (1818–1897), hat die archaische Periode treffend als das »Zeitalter des agonalen Menschen« erfaßt (s. Literaturhinweise). Der *agōn* (Wettstreit) hatte seine Wurzel in der Wettbewerbsethik des Homerischen Menschen, dessen Stellung als militärischer Held eben im *agōn* bestätigt werden konnte. In der archaischen Zeit wurde der *agōn* in eine kulturelle Aktivität umgeformt: Wettbewerb fand nun um seiner selbst willen statt, dort konnte man sich sichtbar hervortun. Verdienst und Geburt wurden gleichgestellt; Aristokratie bedeutete die »Herrschaft der Besten«, und diese »Bestheit« *(aretē)* zeigte sich beim Erfolg im Wettbewerb.

agōn

Nachdem der militärische Bereich keine Bedeutung mehr hatte, ging es im *agōn* nunmehr um sportliche Erfolge. Die griechische Gesellschaft war die erste, in der es einen »Kult des Sportlers« gab. Athletische Wettbewerbe waren schon in der Homerischen Zeit wichtig gewesen, schon damals hatten sie den Aristokraten vom gewöhnlichen Menschen unterschieden: Die spöttische Bemerkung gegenüber Odysseus (s. S. 86) impliziert, daß er als Kaufmann nicht Sportler sein kann. Schon hier bedeutet also körperliche Tauglichkeit, daß man die zu ihrer Übung notwendige Muße hatte, also nicht oder zumindest nicht ständig hart arbeiten mußte, und schon hier ist eines der Merkmale athletischer Fähigkeiten deren Nutzlosigkeit für die Praxis. Der Wettkampf, an dem Odysseus teilnahm, war eigens für ihn angesagt worden, doch boten vor allem Begräbnisse den großen Anlaß für Wettspiele, die aber nicht nur auf den Bereich des Sports beschränkt blieben: Hesiod hatte seinen Dreifuß als *aoidos* bei den Leichenspielen für Amphidamas gewonnen (s. S. 26). Im frühen sechsten Jahrhundert v. Chr. wurden nun die Leichenspiele durch regelmäßige Feste zu Ehren eines bestimmten Gottes abgelöst, wahrscheinlich weil mittlerweile Regelmäßigkeit und öffentliche Anerkennung des Wettbewerbs für eine Aristokratie wichtig geworden waren, die ihr Können »auf internationaler Ebene« zur Schau stellen wollte. Die vier großen internationalen, panhellenischen (gesamtgriechischen) Wettkampf-Feste waren die von Olympia, 776 v. Chr. eingerichtet und damit die ältesten, dann die von Isthmia bei Korinth (581), die von Nemea (573) und die Pythischen von Delphi (582). Diese Spiele bildeten einen regelmäßigen Zyklus, hingen also miteinander zusammen, was sich auch an der geographischen Lage der Orte rings um die Nordpeloponnes, an der Ähnlichkeit der Organisation und der Wettbewerbsarten sowie an der Tatsache zeigt, daß sie in Zyklen von vier (Olympische und Pythische Spiele) oder zwei (Nemeische und Isthmische) Jahren abgehalten wurden, so daß es in jedem Jahr ein oder zwei große Wettspiele gab. Alle vier Orte standen nicht mit *poleis*, sondern mit Heiligtümern in Verbindung, so daß sie international größere Anerkennung fanden als etwa die *Panathenaia* von Athen, die zu sehr unter der Aufsicht nur einer *polis* standen. Der internationale Status von Olympia im besonderen war durch einen heiligen Frieden von einem oder mehreren Monaten Dauer begründet, der den Sportlern und den Zuschauern eine sichere An- und Abreise garantierte. Auch wenn die Kriege damit nicht beendet waren, fanden die Spiele statt; und selbst im Jahre 480 v. Chr., während der persischen Invasion, wurden sie durchgeführt. Der berühmte Athlet Phayllos von Kroton (Unteritalien) war damals mit seinem eigenen Schiff nach Griechenland gekommen, vergab aber dann doch den sicheren Sieg in Olympia, um an der Seeschlacht von Salamis teilzunehmen; dort gewann er als Kommandant des einzigen westgriechischen Schiffes dann noch größeren Ruhm (Herodot 8, 47).

Sechs Sportarten waren anerkannt: Es gab Wettbewerbe im Lauf über drei verschiedene Distanzen und einen im Lauf in voller Rüstung; davon war der Sieg im Sprint über ein *stadion* (etwa 180 m) am meisten begehrt, denn der Name des Siegers gab den Spielen des jeweiligen Jahres ihren Beinamen. Beim *pentathlon* galt als Sieger, wer als erster drei von den folgenden fünf Wettkämpfen gewonnen hatte: Weitsprung, Diskus- und Speerwurf, Lauf und Ringkampf. Boxkämpfer trugen keine Handschuhe, sondern nur Lederriemen zum Schutz der Hände; Boxen war entsprechend gefährlich: Kleomenes von Astypalaia tötete durch ein Foul seinen Wettkampfgegner, wurde disqualifiziert, verlor den Verstand und warf den Stützbalken eines Schuldachs in seiner Heimatstadt ein, wobei sechzig Kinder starben – übrigens einer der frühesten Belege für regelmäßigen Schulbesuch (Pausanias 6, 9, 6; vgl. Herodot 6, 27; s. S. 125). Ringen war weniger gefährlich und ein Lieblingssport der Aristokratie; das wichtigste Zentrum für junge Aristokraten war vom sechsten Jahrhundert v. Chr. an die Ringschule *(palaistra)* des Ortes. Das *pankration* war eine Form von freiem Ringkampf, bei dem alle Griffe erlaubt waren, nur Beißen und Augen-Ausquetschen war verboten. Daß es dabei häufig zu Verrenkungen und Brüchen kam, überrascht nicht; im sechsten Jahrhundert v. Chr. starb ein *pankration*-Kämpfer bei seinem letzten und siegreichen Kampf. Schließlich ist noch das Wagenrennen zu nennen, ein Wettbewerb zwischen vierspännigen Rennwagen, die der eigentliche Wettkampfteilnehmer nicht selbst steuern mußte, sondern von einem professionellen Wagenlenker fahren lassen konnte; Sieger war in jedem Fall der Besitzer der siegreichen Quadriga. Dies war die Sportart des reichen Mannes, der sich Pferdezucht und -training leisten konnte. Für den Wagenlenker war das Rennen nicht ungefährlich, da er zwölfmal 180°-Wendungen vornehmen mußte: Bei den Pythischen Spielen des Jahres 482 v. Chr. war Arkesilaos, der Tyrann von Kyrene, »Sieger« im Wagenrennen, da sein Gespann als einziges von 41 ins Ziel kam! Sein Wagenlenker war ein persönlicher Freund Pindars, der den Sieg in der *Fünften Pythischen Ode* verewigte.

Bei den internationalen Wettspielen erhielten die Sieger symbolische Kränze aus Zweigen von Ölbäumen (Olympia), Lorbeer (Delphi), Fichten (Isthmia) oder Wildsellerie (Nemea); bei anderen Wettbewerben gab es materiell wertvollere Preise verschiedener Art, z. B. Dreifüße, Kessel, Schilde, Vasen und – bei den *Panathenaia* – Öl in kunstvoll bemalten Vasen, von denen einige erhalten sind. Den Hauptpreis erhielt der jeweilige Sieger aber in seiner Heimatstadt: Oft bestanden dort die Ehrungen aus einem triumphalen Einzug bei der Rückkehr, einem Standbild, später aus Geldpreisen und aus freier Teilnahme an öffentlichen Banketten auf Lebenszeit. Das politische Prestige eines Sieges war groß; so hatte Kylon, der (allerdings erfolglose) Tyrann von Athen, im Laufwettkampf in Olympia gesiegt, ebenso Orsippos, der Feldherr von Megara (s. S. 187), der beim Lauf im Jahr 720 v. Chr. seine Kleidung verloren und dadurch die Tradition begründet haben soll, daß die Wettkämpfer nackt antraten. Milon von Kroton, Anführer seiner Mitbürger im Krieg gegen Sybaris um 510 v. Chr., war 24 Jahre lang der Meister im Ringkampf gewesen: Fünf aufeinanderfolgende Olympiaden hindurch hatte er immer bei allen vier panhellenischen Spielen den Sieg errungen und insgesamt dreißig Siegerkränze gewonnen. Insbesondere aber galt ein Sieg im Wagenrennen als Zeichen für Reichtum und Macht. Als z. B. Kimon von Athen, vom Tyrannen Peisistratos verbannt, im Wagenrennen zum zweiten Mal nach 536 auch 532 v. Chr. gesiegt hatte, ließ er diesen Sieg klug als Peisistratos' Erfolg ausrufen und wurde prompt nach Athen zurückberufen; als er mit denselben Pferden 528 ein drittes Mal siegte, war seine Stellung so hoch, daß ihn – Peisistratos war schon tot – die Söhne des Tyrannen umbringen ließen (Herodot 6, 103, 2–3).

Pindar

Unter den Dichtern, die ihren Lebensunterhalt durch die Komposition von Siegesliedern für diese Sportler verdienten, war auch der wohl größte Lyriker des antiken Griechenland, Pindar. Er hatte teil am Lebensstil seiner Auftraggeber, nämlich der zum Teil mit ihm befreundeten »internationalen Aristokraten«, und war ein vielbeachteter Vertreter der aristokratischen Einstellung, die den *agōn* als die höchste Errungenschaft für den Menschen feierte:

Wie wenn eine Schale einer von reicher Hand
ergreift, die drinnen schäumt vom Tau des Weinstocks,
und wird sie schenken,

dem jungen Eidam zutrinkend von Haus zu Haus:
Eine ganz goldene, den Gipfel
der Güter und des Gastmahls Zierde,
und er ehrt die neue Verschwägerung,
und unter den anwesenden Gesippen
macht er ihn neidenswert um des
einmütigen Lagers willen –
so sende auch ich ergossenen Nektar,
der Musen Gabe, preistragenden Männern,
die süße Frucht des Sinnens,
und schaffe Eintracht – ihnen, die in Olympia
und Pytho siegten. . . .   (Pindar, 7. Olympische Ode, 1–11)

So beginnt die Ode für Diagoras von Rhodos, der 464 v. Chr. im Boxkampf gesiegt hatte. Jacob Burckhardt hat einmal (in einem Brief an Friedrich von Preen, Basel, 3. Juli 1870) gesagt: »Zwischen aller Bewunderung gerathe ich da auf die respectlosesten Gedanken und sehe zeitweise in ein feierliches Philisterium hinein, welchem Pindar mit dem größten Pathos nachlaufen muß. Offenbar hat er bisweilen mit wahren Rüpeln sich abgeben müssen.«

Pindar selbst empfand diese Widersprüchlichkeit nicht. Als thebanischer Aristokrat gehörte er selbst zu der Klasse, deren überragendes Können er feierte; einer seiner Vorfahren hatte wahrscheinlich 680 v. Chr. im Wagenrennen gesiegt. Bakchylides, der etwas jüngere Zeitgenosse und Rivale Pindars, war der Enkel eines berühmten Sportlers und der Neffe und Schüler des Dichters Simonides. Dieser Simonides, 556 v. Chr. geboren, war offenbar der erste, der *epinikia* (Oden auf Sieger in den Wettspielen) geschrieben und den Beruf des »Chorlyrikers auf Bestellung« ausgeübt hatte (s. S. 365). Gerade diese professionelle Beziehung zwischen Auftraggeber und Dichter gibt dem *epinikion* seine charakteristischen Merkmale: Wie die in den Oden gefeierten Wettbewerbe sind auch Pindars Oden selbst standardisiert, also nicht für einen speziellen Gott, ein spezielles Fest geschrieben. Die Götter stehen bei Pindar den Menschen gegenüber und zeigen, wie nahe der Sportler ihnen in der Stunde des Sieges ist. Wie die Götter und die Feste sind auch die verschiedenen Heimatstädte der Sieger bei Pindar mit konventionellen Worten beschrieben. Was für Pindar zählt, ist allein das Individuum, der aristokratische Sieger. Ihn und seine Beziehung als Auftraggeber zum Dichter beschreibt Pindar, dessen Ethik sich im wesentlichen um den aristokratischen Erfolg dreht. In der letzten erhaltenen Ode, die Pindar für den Sieger im Ringkampf der Knaben bei den Pythischen Spielen von 446 v. Chr. komponierte, drückt er dies mit geradezu schmerzvoller Intensität aus:

Auf vier Gegner drangest von oben du ein,
wolltest nieder sie ringen.
Ihnen ward nicht, wie dir, ein glücklicher
Heimweg von pythischer Kampfbahn beschieden;
als sie zur Mutter sich schlichen, erregte in ihrer
Nähe kein herzliches Lachen Fröhlichkeit;
Gassen durchhuschten gebückt sie,
suchten auszuweichen den Feinden, von ihrem Unglück gequält.
Wer den Sieg jedoch ganz frisch errang,
schwingt, im Bann erweckter Hoffnung,
herrlich sich empor zu
stolz beflügeltem Mut, er strebt zu höheren
Zielen als Reichtum. In kurzer Zeit erprießt,
was den Sterblichen Freunde bereitet; ebenso schnell auch
sinkt es zu Boden, gefällt von bitterer Enttäuschung.
Eintagsgeschöpfe! Was bedeutet schon einer? Was keiner?
Schattens Traum, das ist der Mensch.
Doch ergießt sich von Göttern verliehener Glanz,
gibt es für Sterbliche helles Licht und köstliche Zeit.
(Pindar, 8. Pythische Ode, 81–97)

Etwa zehn Jahre später starb Pindar als Achtzigjähriger, als er – so will es die Legende – im *gymnasion* von Argos dem von ihm geliebten jungen Sportler zusah.

Nicht jeder teilte diesen Enthusiasmus für sportliche Erfolge: Xenophanes, ein ständiger Kritiker der überkommenen Werte, griff die Verbindung von Sport und Politik an:

Grundlos schätzt man die Kampfsiege hoch, der Vorzug der rohen
Kraft vor dem scharfen Verstand gründet sich kaum auf das Recht.
Weilte ein tüchtiger Faustkämpfer nämlich oder ein Ringer
oder ein Fünfkämpfer auch unter der Menge des Volks,
oder ein Sieger im höchstgeachteten Wettkampf, dem Laufen,
kurz, wer durch Leistungen in mächtiger Körperkraft glänzt,
herrschte deshalb im Staate doch schwerlich bessere Ordnung (»mehr
    eunomia«).
Wenig an frohem Gewinn erntete wahrlich die Stadt,
siegte im Wettkampf einer der ihren am Ufer des Pises (= in Olympia);
steuert doch solch ein Sieg nichts zu den Schatzkammern bei.
(Xenophanes 21 B 2 DK = 2 W = 2 D, 13–22)

symposion

Im *gymnasion*, in der *palaistra* und bei den internationalen Wettspielen konnte sich die archaische Aristokratie treffen und ihr Können und ihren Reichtum zur Schau stellen. Vor der Einführung dieser Gelegenheiten etwa im sechsten vorchristlichen Jahrhundert diente eine andere, weit ältere und wichtigere Form der sozialen Organisation demselben Zweck: das aristokratische *symposion*. Seinen Ursprung haben wir bis zum Festmahl (Verdienstfest) der Homerischen Kriegerelite zurückverfolgt und auch die Wandlungen dieses weitverbreiteten griechischen Phänomens dargestellt; kurz zusammengefaßt hat sich dabei ergeben, daß der Einfluß des orientalischen Luxus einen Großteil der Organisation und des Ethos beim *symposion* veränderte. Man stellte nun kunstvolles Mobiliar und wertvolles Geschirr her, führte raffiniertere Unterhaltungsformen ein und saß nicht mehr, sondern lag beim Essen. Doch an der sozialen und politischen Bedeutung des *symposion* hatte sich kaum etwas geändert. In Sparta gründeten sich das militärische System und die soziale Gliederung auch weiterhin letztlich auf die *andreia* (Männerfeste) und die *syssitia* (gemeinsame Mahlzeiten), in denen altes Brauchtum im Interesse des neuen Hoplitenstaates umgeformt war (s. Kap. 10). In Mytilene – das belegen die Gedichte des Alkaios und der Sappho – beruhten der aristokratische Lebensstil und die dazugehörigen politischen Aktivitäten weiterhin auf dem Festmahl in der »Großen Halle« (s. S. 197), einer Männerorganisation, die ihr Gegenstück in den kultischen *thiasoi* der Frauen hatte. In Athen blieb die *phratria* das Zentrum der gesellschaftlichen Loyalitäten zumindest bis zu den Reformen des Kleisthenes (s. Kap. 15), und noch am Ende des fünften Jahrhunderts v. Chr. waren die *hetaireiai*, die »Clubs«, politisch aktiv.

Aus solchen Zeugnissen ist deutlich, daß das aristokratische *symposion* nicht nur eine Gelegenheit zum Trinken war, sondern das Zentrum des gesellschaftlichen und kulturellen Lebens, dessen Bräuche von Ritual und Tradition geprägt waren. Der Präsident eines solchen Gelages hatte den alten Titel *basileus*, er bestimmte den Ablauf der Ereignisse und insbesondere das richtige Verhältnis von Wein und Wasser im Mischkrug *(kratēr)*, aus dem die Teilnehmer ihr Getränk erhielten. Ungemischter Wein galt als gesundheitsgefährdend (der spartanische König Kleomenes hatte bei skythischen Gesandten gelernt, puren Wein zu trinken, und wurde bald wahnsinnig: Herodot 6, 84). Meist mischte man einen Teil Wein mit drei Teilen Wasser. Die Gäste ruhten auf Liegen, die an den Wänden des *andrōn* (Männerraumes) standen; später wurden solche Zimmer oft eigens mit Steinbänken so eingerichtet, daß die versetzte Tür seitlich noch Platz für eine Bank ließ. Möbliert waren diese Räume mit Bänken, Kissen und Tischchen für das Essen, außerdem gehörten zur Einrichtung ein *kratēr*, ein Schöpflöffel, eine Kanne und mehrere flache, zweihenkelige Schalen, aus denen man trank.

Das Gelage begann mit Reinigungsritualen, der Verteilung von Blumengebinden und einem Trankopfer für die Götter, das man auf den Boden goß. Im weiteren Verlauf gab es verschiedene Spiele; besonders beliebt war *kottabos*, bei dem man Wein über den Rand der Schale auf ein Ziel schleudern mußte. Zur Unterhaltung konnten professionelle Künstler, z. B. Tänzerinnen auftreten, oft aber trugen die Teilnehmer selbst einen Wettbewerb im Singen von Trinkliedern *(skolia)* unter sich aus, die von einer Flötenspielerin begleitet wurden. Der früheste literarische Beleg für die Institution des *symposion* findet sich bei Alkman:

Vor sieben Liegen stehen sieben Tische
mit Mohngebäck geladen und mit Kuchen
aus Lein und Sesam und mit großen Schüsseln
voll Honigbroten ... (Alkman 19 P = 55 D)

Das *symposion* in Kunst und Literatur

Im Bereich der Kunst findet sich eine der frühesten und schönsten Darstellungen des *symposion* auf einer korinthischen Vase, die Herakles und Iphitos zeigt, wie sie im Haus des Eurytos von Iole bedient werden; typisch für den aristokratischen Lebensstil sind hierbei die eleganten Liegen, die Tische und die Trinkgefäße, die Jagdhunde, die an den Füßen der Liegen angebunden sind, und der Reiterzug auf dem Bildfries unter der *symposion*-Darstellung (Abb. 19).

Die aussagekräftigsten Belege des Wandels in der aristokratischen Einstellung, für die das *symposion* ein Symptom ist, finden sich in der Grabkunst: Um an die Freuden des Lebens zu erinnern, ließen sich die archaischen Aristokraten auf ihrem

Abb. 19: *kratēr* mit Darstellung eines *symposion;* korinthisch, Mitte des siebten Jahrhunderts v. Chr.

Grabmal beim *symposion* darstellen, und zwar nicht alleine oder nur von ihren Dienern umsorgt (wie das in der orientalischen Kunst üblich war), sondern im Kreis der Gefährten, beim Genuß der immerwährenden Freuden des Gelages:

Dann wird er liegen in der tiefwurzeligen Erde
und nicht mehr teilhaben am *symposion*, an der Lyra
und am lieblichen Ruf der Flöte.

(Fragmentum adespotum 1009 [89] P = 16 D)

Das Motiv des *symposion* ersetzte die geometrische Darstellung der öffentlichen Trauer an der Bahre des toten Helden (s. S. 106f. mit Abb. 9) und zeigt den Übergang von der Militäraristokratie zum »Adel der Muße« an; das beste Beispiel dafür ist die Gelageszene der *tomba del tuffatore* (bald nach 500 v. Chr.), die man 1968 bei Paestum in Süditalien gefunden hat. Solche Darstellungen stehen anscheinend nicht mit einem Totenmahl im Zusammenhang, sondern sollen vielmehr an die Freuden des Lebens erinnern. Auch außerhalb der griechischen Welt, besonders in Etrurien, fanden sie Verbreitung.

Ein nicht geringer Teil der Kunst des archaischen Griechenland beschäftigt sich mit den Aktivitäten beim *symposion*; ja, die führende Kunstgattung der Zeit, die Keramik, hätte wohl ohne es nicht bestehen können. Viele archaische Vasenformen erklären sich aus ihrer Funktion beim *symposion* und können nach der Verwendung zum Aufbewahren, Mischen, Ausgießen und Trinken von Wein klassifiziert werden. Athenaios' 11. Buch (speziell p. 461e–503f) der *Deipnosophistai* (Gelehrte beim Mahle) enthält einen langen Katalog von verschiedenen Trinkgefäßen. So kann man mit Recht sagen, daß die archaische bemalte Keramik im wesentlichen aus Luxusgegenständen für das *symposion* besteht. Interessant ist der Vergleich mit der ähnlichen Situation im frühen China – und mit der ganz unterschiedlichen, aber doch vergleichbaren Kultur unserer heutigen Welt, deren wichtigste Keramikformen den Ritualen einer Einladung zum Kaffee- oder Teetrinken sowie zum Essen entsprechen.

Daß sich eine dementsprechend große Zahl der Darstellungen auf archaischer Keramik mit dem *symposion* beschäftigt, überrascht nicht: So findet man z. B. viele Trink- und Gelageszenen aus Mythos und Gegenwart und auch mehr oder weniger deutliche Darstellungen von sexuellen Handlungen zwischen den teilnehmenden Männern oder mit den Sklavinnen. Über diese direkt aufs Gelage bezogenen Szenen hinaus spiegeln auch die anderen Vasenbilder zumeist den Geschmack und die Neigungen der Aristokratie, für deren *symposia* sie hergestellt und bemalt worden waren.

Weitgehend dasselbe läßt sich für die Dichtung der archaischen Periode feststellen: Gedichte, die das *symposion* beschreiben, zeugen davon, daß Dichtung selbst eine der wichtigsten Formen von Unterhaltung dabei war und geben Aufschluß darüber, welche anderen Arten von Lyrik beim Gelage angebracht waren. Manche Gedichte nahmen ihre Form von den Gepflogenheiten des *symposion*, insbesondere der Dichterwettstreit, der dem Singwettbewerb mit *skolia* nachgebildet war. Dabei mußten die Teilnehmer der Reihe nach spontan den Vers ihres Vordermanns im selben Versmaß fortsetzen. (Es fällt übrigens auf, daß viele der erhaltenen *skolia* einen politischen Inhalt haben; s. S. 333). Darüber hinaus wissen wir, daß noch viel mehr Arten von Dichtung, auch wenn sie nach Thema oder Form keinen direkten Bezug zum *symposion* aufweisen, in diesem Zusammenhang komponiert und vorgetragen wurden. Der Inhalt solcher Gedichte konnte sich mit dem Militärwesen (wie z. B. bei Tyrtaios) ebenso auseinandersetzen wie mit Politik und Ethik (z. B. in der nach Theognis benannten Sammlung), oder sich auch mit näherliegenden Freuden wie Trinken und Sexualität beschäftigen. Die zunehmende Verfeinerung des aristokratischen Geschmacks verschaffte einer Anzahl symposiastischer Dichter ein Publikum, das an den über den spontanen Einfall hinausgehenden eleganten Liedern Gefallen fand. Wie die Dichter des aristokratischen Sportsiegers gehörten auch sie der Klasse ihrer Auftraggeber an, waren aber professionelle Künstler; man bezahlte ihnen ihre Dienste und stellte hohe Anforderungen an ihre Kunstfertigkeit. Eine Folge davon war der Wandel des dichterischen Tones. Frühere Lyriker wie Archilochos, Alkaios oder Sappho hatten auf Grund ihrer eigenen Erfahrung eine persönliche Dichtung geschaffen; die späteren Berufsdichter besangen nun zwar auch ähnliche persönliche Themen, Liebe, Sehnsucht, die Freuden des Trinkens, die Vergänglichkeit des Lebens, doch waren ihre Themen der verallgemeinerte Ausdruck gesellschaftlicher Normen, handelten also von Emotionen, die nicht nur das Individuum, sondern die ganze Gruppe kannte.

Darin liegt auch der Mangel an echtem Gefühl begründet, der leichte Eindruck von Dekadenz, wie man ihn z. B. beim erfolgreichsten dieser Dichter findet, bei Anakreon von Teos (in Ionien). Geboren um 572, war er 545 während der persischen Belagerung seiner Heimatstadt zusammen mit den anderen Bürgern geflohen, die dann Abdera in Thrakien gründeten; später stand er im Dienst einer Reihe von Auftraggebern, Tyrannen wie Aristokraten. Herodot (3, 121) zeigt Anakreon, wie er sich gerade mit Polykrates, dem Tyrannen von Samos (um 522), im *andrōn* befindet, als der persische Gesandte eintritt, der Polykrates in eine tödliche Falle locken sollte. Der Dichter schloß sich später dem Peisistratiden Hipparchos in Athen an und fand nach dem Sturz der dortigen Tyrannis einen neuen Patron im Herrscher von Pharsalos in Thessalien. Schließlich kehrte Anakreon nach Athen zurück, wo man seinen Namen in Verbindung mit dem des Xanthippos (des Vaters von Perikles und Vorfahren von Platon) findet, für den er Liebeslyrik schrieb. Auf drei frühen attischen rotfigurigen Vasen mit *symposion*-Szenen ist Anakreon als Lyra-Spieler benannt. Er bezeichnete sich (eleg. 2 W = 96 D) als Vertreter des frohen Genusses, der *euphrosynē* – ein Wort, mit dem Solon (4 W = 3 D, 10; s. S. 237) die Freuden des Festmahles der athenischen Aristokratie beschreibt. Anakreons Dichtung spiegelt diese kunstreiche Welt: »Meiner Dichterworte wegen sollten mich die Knaben lieben, denn ich kann bezaubernd singen, und ich kann bezaubernd reden« (402 [57] P = 32 D). Die spielerische Wiederholung ist typisch: »Ich lieb aufs neue, liebe nicht, ich rase und ich rase nicht« (428 [83] P = 79 D). Für Anakreon ist Liebe eine Lebensform. Er spricht in Metaphern von trunkener Liebe, von Liebe als Ballspiel, Liebe als Wagenlenker, von der Achse der Liebe, vom Würfeln und Boxen mit der Liebe, spricht vom Mädchen als einem verängstigten Rehkitz und davon, wie er das noch nie bestiegene Fohlen reiten wolle; er »betet« zu den Göttern um Erfolg in der Liebe. Der Rahmen für all dies ist das *symposion* mit seinen vollen Tischen, duftenden Blumengebinden und hübschen Dienerinnen, wo »die lieblichen Gaben der Musen und Aphrodites sich mischen« (eleg. 2 W = 96 D, 3–4).

Laß mich heimgehen, denn ich bin berauscht.
(Anakreon 412 [67] P = 49 D)

Der gleiche Ton findet sich auch beim chinesischen Dichter Li Tai-bo (Li Tai-peh, Li Po; 701–762 n. Chr.):

Ich bin berauscht und möchte schlafen.
Hochwürden, geht auch Ihr!
Seid morgen früh, wenn's Euch gefällt
mit Eurer Zimbel hier. (Li Tai-bo, Gedichte)*

So wie die Legende Pindar eine passende Todesart zugeschrieben hatte (s. S. 259), hat sie das auch für Anakreon getan: Mit 85 Jahren soll er an einem Traubenkern erstickt sein.

Xenophanes nahm das *symposion* viel ernster – so ernst, daß man sogar gemeint hat, er habe sich im folgenden Gedicht auf eine religiöse und philosophische Bruderschaft bezogen. Doch scheint auch er vielmehr »bloß« implizite Kritik an den gegenwärtigen Zuständen zu üben, indem er seinen eigenen puritanischen Ideen Ausdruck verleiht:

Nun ist der Boden gesäubert, die Hände sämtlicher Gäste
wie auch die Becher sind rein; Häupter umkränzt man bereits,
reicht auch das duftende Öl herum in der Schale;
fertig steht auch der Krug, frohsinngefüllt *(euphrosynē)* bis zum Rand.
Mehr Wein erwartet die Zecher – verspricht auch nie zu versiegen –
in den Gefäßen; mild-süß duftet der herrliche Trank.
Zwischen den Gästen entwickelt der Weihrauch die reinen Gerüche;
Wasser harrt des Gebrauchs, sauber und lieblich und kühl.
Bräunliche Brote liegen zur Hand, und Käse belastet,

---

* Dt. von G. Debon, RUB 8658, Stuttgart 1962, S. 61.

leckerer Honig dazu, üppig den stattlichen Tisch.
Mitten im Saale, mit Blumen geschmückt, erhebt der Altar sich;
Festfreude, Spiel und Gesang hallen laut wider im Haus.

Anfangs müssen verständige Männer mit löblichen Reden
und mit lauterem Wort preisen den waltenden Gott.
Brachten sie Trankopfer dar und flehten um Kraft zu gerechtem
Tun – denn dieses Gebet liegt ja dem Menschen zunächst –,
dürfen bedenkenlos trinken sie, so viel, daß sie nach Hause
kommen noch ohne Geleit, sind sie nicht allzu betagt.
Lob verdient, wer beim Zechen Gutes und Wertvolles darlegt,
seine Gedächtniskraft wahrt, stets nach dem Besten auch strebt.
Nicht von dem Kampf der Titanen, Giganten oder Kentauren,
Märchen vergangener Zeit, oder vom blutigen Zwist
streitender Bürger zu reden – das nützt doch gar nichts! –, nein, Götter
stetig zu achten: darin zeigt sich ein wahrhaftes Gut!
                    (Xenophanes 21 B 1 DK = 1 W = 1 D)

Die beiden Bereiche Sport und Gelage sind verwoben in der Geschichte, die Herodot (6, 126–31) vom Wettbewerb um die Hand der Agariste, der Tochter des Tyrannen Kleisthenes von Sikyon, erzählt. Ihr Vater hatte sie nach seinem Sieg im Wagenrennen bei den Olympischen Spielen (von 572 v. Chr.?) dem tapfersten und edelsten unter allen Bewerbern versprochen, die binnen sechzig Tagen in Sikyon einträfen. Er ließ eine Rennbahn und eine *palaistra* bauen und empfing bald die würdigsten Freier aus ganz Griechenland und Unteritalien, dreizehn Männer, die in Reichtum und sportlichen Erfolgen hervorragten. Er hielt sie ein Jahr lang an seinem Hof und prüfte sie eingehend: »Die jüngeren Männer führte er in die *gymnasia*, vor allem aber erprobte er sie beim Gelage.« (Herodot 6, 128, 1) Zwei Athener fanden sein Gefallen, besonders Hippokleides, der Sohn des Teisandros, der zumal mit der Dynastie der Kypseliden verwandt war. Am Tag der Wahl richtete er ein großartiges Gelage aus, bei dem »die Freier im Vortrag von Liedern und im gesprochenen Wort miteinander wetteiferten« (129, 1). Hippokleides war den anderen weit überlegen, bis er nach vielem Trinken einen Flötenspieler rief, der einen Tanz spielen sollte. »Nun gefiel er sich selber beim Tanz zwar sehr, aber nach dem Sinne des zuschauendes Kleisthenes war das alles durchaus nicht. Nach einer Pause ließ Hippokleides einen Tisch hereinbringen und tanzte auf dem Tisch, zuerst auf lakonische Art, dann auf attische, und schließlich stellte er sich auf den Kopf und machte Gebärden mit den Beinen. Kleisthenes hielt beim ersten und zweiten Tanz noch an sich, obwohl ihm der Gedanke gar nicht mehr gefiel, daß dieser schamlose Tänzer sein Schwiegersohn werden sollte. Als er ihn aber mit den Beinen fuchteln sah, konnte er nicht mehr an sich halten und rief aus: ›Sohn des Teisandros, du hast deine Hochzeit vertanzt!‹ Hippokleides erwiderte: ›Das kümmert Hippokleides nicht.‹ Daher stammt das bekannte Sprichwort von Hippokleides.« (Herodot 6, 129, 2–4)

Kleisthenes schenkte dann allen abgewiesenen Bewerbern ein Talent Silber und verlobte seine Tochter Agariste mit Megakles, dem Sohn des Alkmeon, der für den Reichtum der athenischen Familie der Alkmeoniden durch seine Freundschaft mit dem Lyderkönig den Grund gelegt hatte. Ein Sohn aus dieser Ehe war der Kleisthenes, dessen Reformen unten (Kap. 15) besprochen werden und dessen Bruder der Urgroßvater des Perikles war. Soweit Herodot; die Geschichte ist faszinierend, weil sie eines der wenigen Beispiele für eine griechische mündliche Tradition in Verbindung mit einem Sprichwort darstellt, und besonders deshalb, weil sie nach allem, was wir vom Lebensstil der Aristokratie wissen, wahr sein muß. Die Episode zeigt dabei ein Selbstbewußtsein der Klasse, die um ihre Homerischen Vorgänger weiß, aber deren Welt mit den gewandelten Einstellungen eines »Adels der Muße« kombiniert.

Sexualität

Ein Aspekt der archaischen Kultur ist bisher nur gestreift worden, soll aber nun genauer erläutert werden: die Einstellung zur Sexualität. Die Zeit von 570 bis 470 v. Chr. ist nicht nur eine der fruchtbarsten Perioden in der Liebeslyrik, sondern sie gilt auch als die große Zeit der erotischen Vasenmalerei. Ja, vielleicht ist es gerade die Einstellung zur Sexualität, aus der sich die deutlichsten kulturellen Grenzen für die archaische Periode entnehmen lassen. Die über das rein Körperliche hinausgehenden Äußerungen der Sexualität, also z. B. die Sublimation des sexuellen Triebes in der Erfahrung von Liebe und die kunstvolle Erregung sexueller Reaktion durch erotische Darstellungen in Kunst und Literatur, sind nämlich jeweils kulturell bestimmt. In der archaischen Zeit (wie auch in unserer) war das sexuelle Verhalten des Individuums weitgehend durch seinen gesellschaftlichen Rang und von der Konvention geprägt.

So stand die archaische Einstellung zur Sexualität in enger Beziehung zu den Institutionen der Aristokratie. Die Ehe galt in den oberen Klassen vor allem als Gelegenheit, politische und gesellschaftliche Bindungen zwischen verschiedenen Familien zu schaffen und dadurch die Stellung des *genos* in der jeweiligen *polis* und im größeren Kreis der »internationalen Aristokratie« zu festigen. Das zeigt sich z. B. bei der Verlobung der Agariste (s. S. 266 f.); dabei suchte Kleisthenes eine Verbindung mit Reichtum und Macht, suchte also einen Bräutigam, der *ihn* nicht beschämen sollte; das Glück seiner Tochter war unwesentlich. Auch in Pindars Darstellung des Hochzeitsfestes in der Siebten Olympischen Ode (s. S. 257 f.) ist nicht die Braut wichtig, sondern nur die Beziehung des Brautvaters zu seinem künftigen Schwiegersohn (Eidam). Die von Pindar genannte Einmütigkeit bezieht sich wohl gerade nicht auf die des Brautpaares, sondern auf die der beiden Männer und der jeweiligen Familien. In allen Schichten war nämlich die Ehe eine Institution, die mit gesellschaftlichem Status, Eigentums- und Erbrecht oder mit den notwendigen Arbeiten im bäuerlichen Leben zu tun hatte, also mitnichten ein Ort für Emotionen. In seiner Darstellung der verschiedenen Typen von Frauen beschreibt Semonides (7 W = 7 D, 83–93) selbst den unwahrscheinlichsten Fall, den der glücklichen Ehe, nur im Hinblick auf »stattliche und ruhmbedeckte Kinder«. Die Frauen, die Anakreon in seiner *symposion*-Lyrik nennt, sind anonym (»Mädchen von Lesbos«, »Thrakisches Füllen«), sie sind wohl Sklavinnen oder professionelle Unterhaltungskünstlerinnen beim Gelage, denen man mit direkter sexueller Begierde begegnet, die dann auch leicht befriedigt werden kann und keine weitere Bedeutung hat. Tieferreichende Liebe zu einer Frau galt als ein Zeichen von Verweichlichung.

Romantische Liebe kannten die Griechen hingegen im homosexuellen Bereich. All die Auffassungen von Liebe, die uns die höfischen Dichter des Hochmittelalters und der Romantik Frauen gegenüber gelehrt haben, waren im antiken Griechenland mit Menschen gleichen Geschlechts assoziiert, bestanden also zwischen Männern (oder in zweiter Linie auch zwischen Frauen). Der Begriff der ewigen, zerstörenden, unwiderstehlichen, allem menschlichen Tun zugrunde liegenden Liebe, die Idealisierung der Unerreichbarkeit und die Idee der Reinheit des Geliebten, die hohe Bedeutung des Nachstellens und der Eroberung gegenüber der Befriedigung, die Qual der Eifersucht

– all dies wird in Bezug auf Angehörige des gleichen Geschlechts ausgesagt. Diese Einstellung nahm ihren Ausgang in der archaischen Aristokratie und blieb auch später ein besonderes Merkmal aristokratischer Kreise. Es gibt fast keine Zeugnisse für den Übergang von der heterosexuellen Gesellschaft, wie sie sich bei Homer und Archilochos findet, zur homosexuellen; doch kann man den Kult der Nacktheit und des athletischen Erfolges in *gymnasion* und *palaistra* und auch die reine Männergesellschaft beim *symposion* sicher ebenso mit dem Aufkommen homosexueller Liebe in der Aristokratie in Verbindung bringen wie die Betonung des mannhaften Mutes in einer immer noch im Blick auf den Krieg aufgebauten Gesellschaft – einer Gesellschaft, deren Aristokratie sich mit einem neuen zusammengesetzten Wort bezeichnete: *kaloi kagathoi*, »die Schönen und Guten« (»gut« natürlich im Sinne von »guter« Abstammung). Normal war die Beziehung zwischen einem älteren Mann, dem *erastēs* (Liebhaber) und einem Jungen, dem *erōmenos* (Geliebten). Der *erastēs* umwarb den *erōmenos* ständig mit Geschenken und benahm sich oft »wie ein Verrückter«; die Familie des Jungen reagierte mit der charakteristischen Ambivalenz: stolz, daß der Reiz des Jungen Anklang fand, und besorgt, daß er verdorben werden könnte. Dem *erōmenos* schrieb man Ahnungslosigkeit, Reinheit, Kälte und Hochmut zu:

Junge, dich, mit dem Mädchenblick,
rufe ich, doch du hörst mich nicht,
weißt auch nicht, wie am Zügel mein
Herz so sicher du lenkest.   (Anakreon 360 [15] P = 4 D)

Auch in der Kunst wird der *erōmenos* so dargestellt; selbst in deutlicher sexuellen Szenen ist er nur selten erregt, oft weist er Anträge zurück. Dieselbe Haltung zeigt sich darin, daß der schlimmste Vorwurf gegen einen jungen Mann der der Prostitution war, der zweitschlimmste tatsächliche Freude an seiner passiven Rolle. Im Gegensatz zu seinen Mädchen nennt Anakreon die Jungen meist mit Namen, sie sind ernstzunehmende Personen: »Für Kleoboulos entbrennt mein Herz, durch Kleoboulos bin ich wie toll, nach Kleoboulos verschmacht' ich« (359 [14] P = 3 D). Solche Jungen gehörten derselben Klasse wie ihre Liebhaber, sie kannten die Welt von Sport und Gelage. Auch die homosexuelle Liebeslyrik im sogenannten Zweiten Buch (vv. 1231–1389) der nach Theognis benannten Gedichtsammlung, die sich allerdings nicht an einen speziellen Jungen richtet, handelt von ernstgenommenen Beziehungen.

Die Kunst spiegelt diese Vorlieben. Eine große Reihe von Plastiken nackter junger Männer, *kouroi* genannt, dominiert in der Geschichte der archaischen Plastik. Über die genaue Funktion und Bedeutung dieser Skulpturen ist zumeist nichts bekannt, doch standen wohl viele *kouroi* als idealisierte Grabmale oder als Weihungen in einem Heiligtum. Insgesamt lassen sich alle als Ausdruck einer Beschäftigung mit der Schönheit des jugendlichen männlichen Körpers verstehen. Ein weiteres Zeichen dieser Vorliebe ist die große Zahl schwarz- und rotfiguriger attischer Gefäße aus der archaischen Zeit, die oft neben der Darstellung eines Jungen eine sogenannte Lieblingsinschrift tragen: »X *kalos*«, »X ist schön«. Die meisten Inschriften dieser Art beziehen sich auf junge Männer, viele nennen aristokratische, z. T. bekannte Namen (wie etwa »*Miltiades kalos*«). Es ist dabei nicht nötig, anzunehmen, daß alle Gefäße mit Lieblingsinschriften im Auftrag der jeweiligen *erastai* bemalt worden wären oder daß sie die Attraktivität nur mancher Jungen besonders hervorheben sollten; vielmehr belegen die Lieblingsinschriften deutlich den Geschmack und die Interessen der athenischen Aristokratie, die solche Gefäße bei ihren *symposia* verwendete.

Man kann vielleicht versuchen, noch weitergehende Schlüsse aus dem Bild des jungen Mannes in der archaischen Kunst zu ziehen. Diese betont zunächst besonders die Muskulatur des männlichen Sportlers; selbst Frauen werden übrigens mit eher männlichen Charakteristika dargestellt, mit schmalen Hüften, kleinen Brüsten und deutlicher Muskulatur. Am Ende der archaischen Periode gibt es jedoch eine auffallende Tendenz zur Wiedergabe eher weichlicher, fast femininer junger Männer; entsprechend ändern sich dann auch die Frauenbilder. Gleichzeitig hören allmählich die Lieblingsinschriften auf. Diese und weitere Anzeichen deuten darauf hin, daß die große Zeit der Homosexualität bald vorbei war. 423 v. Chr. stellte Aristophanes in seiner Komödie *Nephelai* (Wolken) die alte Erziehung der »Marathonkämpfer« der neuen Ausbildung durch die Sophisten gegenüber; dabei soll das Publikum auf der Seite der alten Erziehung stehen oder diese zumindest wohlwollend aus der Parodie entnehmen können, die die homosexuellen Züge hervorhebt. Sie bringt den *erōmenos* der alten Zeit auf die Bühne, einen Jungen, der sich seiner Attraktivität wohl bewußt ist, aber die notwendige Bescheidenheit an den Tag legt, der also als Objekt des Begehrens fungiert, es aber nicht hervorrufen soll. Die Folgen der alten Erziehung, so Aristophanes, sind »eine kräftige Brust, ein blühend Gesicht, breitschultriger Wuchs, und die Zunge hübsch kurz, und ein mächtig Gesäß und ein mäßig Gemächt« (*Nephelai* 1012–14). Was Aristophanes hier aufs Korn nimmt, war noch in der älteren Generation das Ziel der Erziehung gewesen; hierin zeigt sich nun in Aristophanes' Zeit ein deutlicher Wandel der Einstellung, der vielleicht auf zwei Phänomene zurückgeht: Einmal bestimmte spätestens seit der Mitte des fünften Jahrhunderts v. Chr. nicht mehr der Geschmack der Aristokratie die Kultur einer *polis*, die demokratisch geworden war und in der Homosexualität immer mehr auf die abgegrenzte Welt der intellektuellen Konservativen und der philosophischen Kreise eines Sokrates und eines Platon beschränkt blieb. Zum anderen erlebte Aristophanes' Zeit in der bildenden Kunst und in der Literatur, insbesondere in deren öffentlichen Formen (wie der Tragödie), eine neue Blüte der Themen aus der Zeit der Homerischen Helden. Man könnte also vom Wiederaufleben der Heterosexualität auch hier sprechen.

Welche Bedeutung homosexuelle Haltungen hatten, läßt sich aus der Geschichte vom Sturz der athenischen Tyrannis ersehen, die Thukydides (6, 54–59) erzählt: Im Jahr 514 v. Chr. wurde Hipparchos, der Bruder des Tyrannen Hippias, von zwei jungen Mitgliedern des aristokratischen *genos* des Gephyraioi ermordet. Hipparchos hatte dem einen davon, Harmodios, Anträge gemacht, dessen Liebhaber aber bereits der andere, Aristogeiton, war. Nicht erhört rächte sich Hipparchos durch die öffentliche Beleidigung von Harmodios' Schwester. Dieser und sein Liebhaber beteiligten sich an einer Verschwörung zum Sturz der Tyrannis, und als es so aussah, als scheiterte ihr Plan, ermordeten sie Hipparchos in aller Öffentlichkeit, fanden aber auch selbst den Tod. Thukydides betont, daß diese Episode vier Jahre vor dem Sturz der Tyrannis geschehen sei und nur eine Folge, nämlich deren zunehmende Härte, nach sich zog. Das Volk von Athen sah jedoch aus politischen Gründen (s. S. 333) in Harmodios und Aristogeiton die Verursacher des Sturzes der Tyrannis. Statuen der »Tyrannenmörder« wurden auf der Akropolis aufgestellt; die beiden erhielten ein öffentliches Begräbnis auf dem Kerameikos; ihr *genos* bekam für ewige Zeiten öffentliche Ehren. Als die Statuen im Jahre 480

v. Chr. von den Persern entfernt und nach Persepolis abtransportiert wurden (dort jedenfalls fand sie später Alexander der Große, der sie dann feierlich nach Athen zurückbringen ließ), wurden sie sofort durch neue ersetzt, und noch 440 v. Chr. erneuerte man die Ehrungen für ihre Nachkommen (IGI³ 131 = I² 77). Thukydides stellt die Episode in ein schlechtes Licht, wenn er sie als das Ergebnis einer schmutzigen Liebesaffäre wertet; doch ursprünglich hatte man das Ereignis anders eingeschätzt. Mit ihm wurden zwei Kulturhelden geschaffen, es war eine Apotheose der Männerliebe. Noch 346 v. Chr. konnte der Redner Aischines vor einem öffentlichen Gericht sagen:

> Die, deren Mut unübertroffen blieb, den Harmodios und den Aristogeiton, hat ihr keuscher und gesetzestreuer *erōs* – oder wie man das nennen will – zu solchen Männern erzogen, daß jedem, der ihr Tun preisen will, die Worte fehlen, die ihren Taten entsprächen.
>
> (Aischines, 1: Gegen Timarchos, 140)

Neid

Seit dem Beginn des fünften Jahrhunderts v. Chr. war die aristokratische Welt nicht mehr sicher; eines der vorherrschenden Themen Pindars ist der Neid. Ein Teil der Reaktion der Hopliten auf die Homerische Ethik drückte sich in der Ansicht aus, daß Erfolg oder besonderes Können geradezu gefährlich seien, da sie den Neid der Götter hervorriefen – eine Ansicht, die in der klassischen Zeit allgemein verbreitet war und sogar länger Bestand hatte als der Glaube an das direkte Eingreifen der Götter in die Angelegenheiten der Menschen; sie liegt auch der historischen Weltsicht Herodots zugrunde. Doch Pindars Begriff des Neides ist aktueller: Nicht der Neid der Götter kümmert ihn, sondern der der Menschen, der sich nicht nur gegen die monarchische Macht eines Tyrannen wendet, sondern ganz allgemein gegen die Aristokratie. Es ist der Neid der neuen demokratischen Welt auf die alte gesellschaftliche Ordnung, als deren Sprecher sich Pindar versteht. Am deutlichsten hat er dieses Motiv in den Gedichten für die Aristokraten von Aigina formuliert, die von der Flotte des demokratischen Athen nach den Perserkriegen zunächst nur bedroht und dann besiegt und versklavt worden waren; ganz am Ende der archaischen Zeit ist das Thema Neid nicht mehr vorrangig. Erstmals hatte Pindar diesem Thema in der Ode für den delphischen Sieger im Wagenrennen von 486 v. Chr., den Alkmeoniden Megakles, Ausdruck verliehen:

Fünf Siege am Isthmos beschwingen mich zum Gesang,
einer, der alle weit übertrifft, in Olympia,
dem Sitz des Zeus, und zwei in Kirrha (Delphi),
Erfolge, die du, Megakles,
und deine Ahnen errangen.
Herzlich freut mich deine jüngste Tat; doch betrübt mich
der Neid, der an wackere Leistung sich heftet.
Freilich, so sagt man, ein ständig blühendes Glück
zieht nun einmal dieses wie jenes nach sich.
(Pindar, 7. Pythische Ode, 13–21)

Megakles war zuvor in demselben Jahr von der athenischen Volksversammlung durch das demokratische Verfahren des *ostrakismos* (s. Kap. 15) verbannt worden.

13. Die Wirtschaft in der archaischen Zeit

Aristokraten und Handwerker

Die Aristokratie war in der archaischen Zeit von der übrigen Gemeinde meist nur schwer zu unterscheiden, da klare institutionelle oder wirtschaftliche Kriterien fehlten und auch das aristokratische Denken nicht mehr auf eine kleine Militärelite beschränkt war; mehr als ein Drittel der Bürgerschaft war auf Grund des militärischen Systems der alten Elite gleichgestellt und konnte nun auch die Lebensformen der alten Aristokratie für sich selbst übernehmen. Schließlich waren viele aristokratische Gepflogenheiten in der Hoplitenklasse üblich geworden, einer Schicht also, die als Träger der Kolonisationsbewegung auch dazu beitrug, daß sich eine aristokratische Mentalität bei den Erstsiedlern einer neuen Gründung entwickelte.

Von ähnlicher Bedeutung für diese Entwicklung waren die neuen Quellen des Wohlstands, die eine soziale Mobilität nach oben möglich machten und deshalb der Aristokratie alten Schlages verhaßt waren. In den Gedichten aus dem sechsten vorchristlichen Jahrhundert, die unter dem Namen des Theognis von Megara überliefert sind, zeigt sich noch eine völlige Gleichstellung von Adel und Geburt; Wohlstand wird demgegenüber nur als eine nicht erstrebenswerte Störung der etablierten Ordnung angesehen. »Gut« und »schlecht« haben ähnliche Konnotationen wie die deutschen Wörter »edel« und »gemein«, also eine soziale *und* moralische Bedeutung:

Nicht ohne Grund, o Ploutos (Reichtum), verehrn dich die Menschen
    am meisten,
leicht nämlich trägst du doch all ihre Schlechtigkeit.
Dabei schiene es recht, wenn Reichtum die Guten nur hätten,
und Armut des schlechten Manns ständ'ger Begleiter wär.

(Theognis 523–26)

Zur Korruption der Aristokratie führt – nach Theognis' Meinung – eine Eheverbindung von »Gut« und »Schlecht«:

Widder und Esel und Pferde mit trefflichen Stammbäumen, Kyrnos,
sucht man, erstrebt auch zugleich gute Besamung für sie.
Aber ein schlechtes Weib von schlechter Abkunft zu freien,
schert nicht den adligen Mann, bringt sie ihm Reichtum ins Haus.

Auch verweigert kein Weib sich dem schlechten begüterten Gatten;
wenn er nur Reichtum besitzt, zieht sie dem Guten ihn vor.
Reichtümer achten sie hoch; der Adlige nimmt sich die Schlechte,
umgekehrt findet man's auch; Reichtum bestimmte das Paar.
(Theognis 183–90)

In solchen Versen finden die Gefühle der archaischen Aristokratie so vollständig ihren Ausdruck, daß Theognis' Dichterpersönlichkeit schon bald völlig in den Hintergrund trat; mit seinem Namen bezeichnete man nun jedes elegische Verspaar solchen Inhalts, wie man es auch später noch, während der ganzen klassischen Zeit, beim *symposion* sang. Der Dichter einer Klasse wurde sozusagen zu einer Klasse von Dichtung. Theognis zeigt die uns unangenehme Seite der Aristokratie.

Das wirtschaftliche Kriterium, das Theognis für die Trennung von »Gut« und »Schlecht« anwendet, ist die jeweilige Quelle des Wohlstands: Beruht dieser auf Landbesitz (»gut«) oder auf anderen Aktivitäten (»schlecht«)? Landbesitz war in allen Klassen die gesellschaftlich akzeptierte Form von Wohlstand, da er die dauerhafteste und sicherste Art von Besitz überhaupt darstellte, am meisten unter der Aufsicht des *genos* stand und somit der Willkür des einzelnen weitgehend entzogen war. Doch nur wenige Griechen, gleich welcher Klasse, richteten ihre wirtschaftlichen Aktivitäten ausschließlich nach dieser Überlegung aus. Ein großer Teil der modernen Forschungen über die frühgriechische Wirtschaftsgeschichte arbeitet mit starren Unterscheidungen zwischen den sozialen Klassen, die jeweils nur durch eine spezielle Form ökonomischer Aktivität gekennzeichnet seien. Zur Begründung dieser theoretischen Konstruktion verweisen die Forscher auf die Zeugnisse aus dem Athen des fünften und vierten Jahrhunderts v. Chr. (wo nämlich die Handwerker einen niedrigen Status hatten, und wo der Handel in den Händen der ansässigen Fremden lag) und nehmen *a priori* an, daß das frühe Griechenland »wirtschaftlich weniger weit entwickelt« gewesen sein müsse (daß also dort die Handwerker noch mehr verachtet gewesen wären und die Händler noch weiter am Rand der Gemeinde gestanden hätten). Die dieser Theorie zugrunde liegende Idee einer linearen, in nur eine Richtung verlaufenden Entwicklung in der Wirtschaftsgeschichte wird zwar häufig vertreten, da sie dem Wunsch des Theoretikers nach einem einfachen Modell für das ökonomische Verhalten entspricht, ignoriert aber, in welchem Maße andere Faktoren die wirtschaftliche Entwicklung beeinflussen können. Gerade für Griechenland läßt sich zeigen, daß die Handelswelt des Mittelmeerraumes in der *archaischen* Periode höher entwickelt war als in der späteren Zeit, in der politische Spannungen zwischen den jeweiligen Handelsmächten den Fernhandel behinderten, und in der die Gesellschaft in den Städten stärker in Schichten eingeteilt war.

Das Handwerk behielt die ambivalente Stellung bei, die es in der Homerischen Welt gehabt hatte. Es war »banausisch«, war – als körperliche Arbeit – degradierend, hatte aber doch eine gewisse Bedeutung: Weiterhin standen die Handwerker zumeist im Dienste der Aristokratie. Gerade im Handwerk wirkten sich wirtschaftliche Zwänge und Anreize aus; schon Hesiod (Erga 25) zitiert das Sprichwort »zwischen Töpfer und Töpfer ist Groll«, und Aristoteles (Politik 3 p. 1278a) bestätigt später, daß »die meisten Handwerker reich sind«. Vom Wohlstand und vom Stolz auf das handwerkliche Können in der archaischen Zeit zeugen die Signaturen der Künstler; das früheste Beispiel dafür ist auf der Basis einer *kouros*-Statue (s. S. 270) erhalten, die auf Apollons Insel Delos aufgestellt war: »Euthykartides der Naxier hat mich gemacht und aufgestellt« (A. Plassard, Inscriptions de Délos, Paris 1950, Nr. 1). Im sechsten Jahrhundert v. Chr. sind Bildhauersignaturen recht häufig, von 570 an signieren auch die Töpfer und Vasenmaler Attikas ihre Werke: »Sophilos hat's bemalt«, »Sophilos hat's gemacht« (die ältesten Belege), »Exekias hat mich bemalt und gemacht«. Auch hier gab es Rivalitäten: Euthymides schrieb auf eine Vase, er habe sie bemalt »wie niemals Euphronios« es geschafft habe. Drei attische Töpfer waren so reich, daß sie bedeutende Skulpturen für das Heiligtum auf der Akropolis von Athen stiften konnten; ihren Beruf gaben sie stolz auf den Weihinschriften an (z. B. Euphronios: IG I^2 516). Und doch gewann handwerkliches Können nie gesellschaftliches Ansehen, wie Herodot (2, 167,2) bemerkt, als er Korinth als den einzigen Ausnahmefall nennt (s. S. 186).

Händler

Beim Handel lagen die Dinge etwas anders: Die Unterscheidung zwischen Fern- und Binnenhandel haben wir schon (S. 86 ff.) getroffen, und es gibt gute Belege dafür, daß die aristokratischen Regierungen mancher Städte auch während der ganzen archaischen Periode am Handel im großen Stil interessiert blieben. So gründete sich der Wohlstand von Korinth vor allem auf den Handel, den diese Stadt insbesondere im Zusammenhang mit der Kolonisationsbewegung nach Westen betrieb; die Koloniegründungen und die Außenpolitik Korinths lassen sich dabei kaum anders erklären als dadurch, daß man eine Führungsschicht annimmt, die sich der Bedeutung von Handelsverbindungen vollkommen bewußt war. Auch Milet mit seinen Kolonien im Schwarzmeergebiet und Phokaia mit den Gründungen im fernen Westen (von Marseilles bis Nordspanien) sind Beispiele für die enge Verbindung von außenpolitischen und Handels-Interessen.

Für Aigina, Korinths bedeutendsten Rivalen in der archaischen Zeit, gibt es weniger Zeugnisse, da die Aigineten keine feine (und damit identifizierbare) Keramik für den Export herstellten. Doch ist die Tatsache, daß eine so kleine und auffallend wenig fruchtbare Insel zu einem der reichsten und mächtigsten Staaten jener Zeit wurde, ein deutlicher Hinweis auf die Rolle, die Aiginas Handel bei der wirtschaftlichen Blüte spielte. Bis zum Bau der athenischen Flotte für die Perserkriege (s. Kap. 15) hatte Aigina die zweitgrößte Flotte der *poleis* im eigentlichen Griechenland: Gegen Athen konnte die Insel siebzig Schiffe (vielleicht aber nicht nur Trieren) einsetzen, dreißig Schiffe stellte sie bei der Schlacht von Salamis für die vorderste Reihe, wobei sogar die weniger modernen Schiffe zur Bewachung der eigenen Küstenlinie vor Aigina geblieben waren. Aus dem letztgenannten Kontingent können wir auf 6000 Ruderer schließen, womit sich für 480 v. Chr. eine Gesamtzahl der *kampffähigen Männer* Aiginas ergibt, wie sie für die gesamte *Bevölkerung* der Insel in der ersten Hälfte des sechsten Jahrhunderts angenommen werden muß (nämlich etwa 9000 Leute) – Anzeichen für ein bemerkenswertes Bevölkerungswachstum! Der Grund hierfür liegt zweifellos im wirtschaftlichen Erfolg der Insel begründet: Aigina war am Kornhandel mit Ägypten und wahrscheinlich auch an der Verbreitung der attischen schwarz- und rotfigurigen Keramik beteiligt, wird also auch andere Güter für Athen im Fernhandel transportiert haben. Herodot erwähnt den erfolgreichsten Händler der griechischen Welt, einen Aigineten, im Zusammenhang mit der Gründungsgeschichte von Kyrene (s. Kap. 7): Die theraiischen Aussiedler hatten ihren Lotsen auf einer der Küste vorgelagerten Insel zurückgelassen, der später von einem zufällig dorthin verschlagenen Samier namens Kolaios Vorräte bekam.

Danach stachen (die Samier) von der Insel in See und hielten zu auf Ägypten, wurden aber von ihrem Kurs durch einen Ostwind abgetrieben. Und sie fuhren, denn der starke Wind ließ nicht nach, durch die Säulen des Herakles (die Straße von Gibraltar) und kamen nach Tartessos, und das war Gottesgeleit. Dieser Handelsplatz war nämlich zu der Zeit noch unberührt, so daß diese Leute bei ihrer Heimkehr aus ihren Waren tatsächlich von allen Hellenen, von denen wir es mit Genauigkeit wissen, den größten Gewinn geschlagen hatten, jedenfalls nach Sostratos, dem Sohn des Laodamas, aus Aigina; denn gegen den kann keiner an. (Herodot 4, 152, 2–3)

Man hat den Händler Sostratos zumeist für einen dem Kolaios vergleichbaren Abenteurer gehalten, der einen neuen Markt eröffnet und dadurch großen Gewinn erlangt hatte, doch belegt eine 1970 bei Graviscae, dem Hafen des etruskischen Tarquinia (s. Abb. 11), gefundene Inschrift (s. Literaturhinweise), daß Sostratos eine durchaus entwickelte Form von Handel durchgeführt hat; die Inschrift lautet: »Ich gehöre dem Aiginetischen Apollon. Sostratos hat mich machen lassen, der Sohn des [?]«. Die Schrift ist aiginetisch und stammt wohl vom Ende des sechsten Jahrhunderts v. Chr.; wahrscheinlich ist nun dieser Sostratos mit dem bei Herodot genannten steinreichen Händler gleichen Namens identisch oder zumindest verwandt (vielleicht der Enkel). Weiterhin ist eine der häufigsten Händlersignaturen am Boden attischer schwarzfiguriger Vasen die Buchstabenfolge SO; mehr als hundert solcher Gefäße aus der Zeit von 535 bis 505 v. Chr. sind erhalten, und die, deren Fundorte bekannt sind, stammen aus Ausgrabungen in Etrurien. Die Inschrift und die Händlersignaturen zeichnen nun ein deutlicheres Bild des Sostratos: Er, der reichste Händler des antiken Griechenland, war kein einsamer Abenteurer, sondern entweder der Begründer eines ganzen Handelshauses oder zumindest der erfolgreichste Mann in einer Gruppe von Kaufleuten, die am Ende des sechsten Jahrhunderts den etruskischen Markt mit griechischen Luxusgütern versorgten. Solche Männer waren offensichtlich auch in ganz Griechenland bei der Aristokratie willkommen; Pindar schrieb am liebsten für Aigineten – er wußte sehr genau, woher deren Reichtum kam:

Auf jeglichem Frachtschiff
und jeglichem Boote ziehe, süßer Sang, hier
von Aigina fort und allwärts tu es kund,

daß Lampons Sohn, der gliederstarke Pytheas,
den Siegerkranz im Allkampf Nemeas erfocht ...
(Pindar, 5. Nemeische Ode, 2–5)

Seine Oden für Aigineten sind voll von Bezügen auf die Seefahrt, wie es für das »langruderige Aigina« (8. Olympische Ode, 20) zu erwarten ist.

Auch die verschiedenen Versuche Athens, die Seeherrschaft Aiginas zu brechen, hatten wohl eine ökonomische Ursache. Während Athen unter der peisistratidischen Tyrannis Aigina gegenüber freundlich gewesen zu sein scheint, begann nach deren Sturz eine Reihe von Kriegen gegen die Insel, in denen Athen von Korinth unterstützt wurde (Herodot 5, 79–90; 6, 49–50; 6, 85–93); um 483 v. Chr. überredete schließlich Themistokles die Athener, sich die größte Flotte Griechenlands zu bauen, und zwar vorgeblich zum Einsatz gegen Aigina (s. Kap. 15). »Dieser Krieg gegen Aigina hat dann ganz Hellas gerettet, denn er hat Athen dahin gebracht, sich eine Seemacht zu schaffen.« (Herodot 7, 144) Die Rivalität der beiden *poleis* blieb auch nach dem Perserkrieg bestehen, bis dann in der Mitte des fünften Jahrhunderts v. Chr. Athen Aigina in seine Abhängigkeit brachte.

In den meisten Städten stand allerdings der Handel nicht in einem direkten Zusammenhang zur regierenden Aristokratie, vielmehr waren die Händler bloß die Zulieferer des Adels. Ein Großteil der Güterbewegungen im Mittelmeerraum ging auf die Initiative einer professionellen Klasse von Händlern zurück. Die Institutionen, die diese Klasse schützten, aber auch einschränkten, waren bemerkenswert hoch entwickelt, wie ein Geschäftsbrief aus der Zeit um 500 v. Chr. zeigt; er steht auf einer Bleitafel, die man 1970 auf der Insel Berezan (s. Abb. 12), an der Nordküste des Schwarzen Meeres, nahe der milesischen Kolonie Olbia gefunden hat:

(Außenseite:) Von Achillodoros (ist) das Bleitäfelchen an seinen Sohn und an Anaxagores.
(Innenseite:) O Protagores, Dein Vater (Achillodoros) sendet Dir folgendes: Ihm (Achillodoros) geschieht Unrecht durch Matasys, denn dieser (Matasys) macht ihn zum Sklaven und hat ihn seines Lastschiffes (seiner Ladung?) beraubt. Gehe Du zu Anaxagores und sag ihm das; es sagt nämlich er (Matasys), daß er (Achillodoros) ein Sklave (des Anaxagores) sei, mit der Behauptung: ›Anaxagores hat all meinen Besitz, Sklaven, Sklavinnen und Häuser.‹ Aber er (Achillodoros) bestreitet dies und leugnet, daß etwas zwischen ihm und Matasys sei, und

er sagt, er sei frei, und es sei nichts zwischen ihm und Matasys. Was aber zwischen Matasys und Anaxagores ist, (wüßten) diese selbst untereinander (am besten). Sag dies dem Anaxagores und der Frau (des Achillodoros). Einen zweiten Auftrag erteilt er (Achillodoros) Dir (Protagores): (Nimm) Deine Mutter und Deine Brüder, die bei den Arbinatai sind, (und) bring sie in die Stadt. Er (Achillodoros) selbst wird (erst) zu den Neuroi gehen und dann über Minthyera zurückreisen.
(Supplementum Epigraphicum Graecum XXVI 1976/77 (1979) nr. 845)

Viele Einzelheiten in Achillodoros' Brief sind unklar, doch scheint es so zu sein, daß Anaxagores das Eigentum des Matasys in Beschlag genommen hat, woraufhin Matasys den Achillodoros samt seiner Schiffsladung beschlagnahmt hat, und zwar in der Annahme, Achillodoros sei ein Sklave und gehöre dem Anaxagores. Beide Beschlagnahmen scheinen in gewissem Sinne keine rein willkürlichen, sondern durchaus legale Akte gewesen zu sein; wahrscheinlich galt ein solches Tun als akzeptable Form von Entschädigung zwischen Parteien, die verschiedenen Gemeinden angehörten. Der unglückliche Achillodoros ist in der Mitte einer solchen Auseinandersetzung gefangen; er mag freilich ein Agent (Handelsvertreter) des Anaxagores gewesen sein. Solche fast ausweglosen Situationen werden nicht selten gewesen sein, und tatsächlich schlossen später einzelne Gemeinden mit anderen regelrechte Verträge, mit denen das Vorgehen bei »Prozessen, die aus (dem Bruch von) Absprachen entstanden« *(dikai apo symbolōn)* vereinbart wurde. Solche Verträge waren bereits im fünften Jahrhundert v. Chr. eine etablierte Form zwischenstaatlicher Beziehungen.

Das *emporion* Naukratis

Wo es einen regelmäßigen Handel gab, führte dies auch zur Schaffung von Handelsposten *(emporia)*, also von Gemeinden ständig ansässiger Griechen (aus oft verschiedenen *poleis* der Heimat) in der Fremde. Diese *emporia* waren gewöhnlich auf den guten Willen der lokalen Bevölkerung angewiesen und unterschieden sich von Kolonien (s. Kap. 7) dadurch, daß sie nicht mit nur einer Mutterstadt in Beziehung stehen mußten. Die geographische Lage dieser Form von Siedlung ist charakteristisch: *emporia* finden sich entweder am Rande einer hochzivilisierten Region wie z. B. der levantinischen Küste, Etruriens oder Ägyptens, oder aber sie liegen in nächster Nähe zu wichtigen Rohstoffquellen. Frühe Beispiele für diesen Typus sind Al Mina, Pithekussai (s. Kap. 5) und das um 520 v. Chr. gegründete Spina im Mündungsgebiet des Po (s. Abb. 11), dessen Bevölkerung vorwiegend griechische, aber auch etruskische Teile hatte. Für Graviscae haben Ausgrabungen (seit 1969) ein umgekehrtes Verhältnis aufgezeigt: Am Rand einer etruskischen Siedlung lebte eine griechische Gemeinde mit einem eigenen religiösen Zentrum. Das Auftreten der Griechen dort am Ende des siebten Jahrhunderts v. Chr. fällt zeitlich mit der plötzlichen Hellenisierung vieler Lebensbereiche im nahegelegenen etruskischen Tarquinia zusammen. Hundert Jahre später, um 580 v. Chr., entstanden in Graviscae die ersten griechischen Heiligtümer mit Opfern und Weihegaben, die man gefunden hat; die Schriftform, der Dialekt und die Art der Keramik weisen dabei auf einen starken ostgriechischen Einfluß hin. Verschiedene Götter wurden verehrt: Hera, Demeter, Apollon und Aphrodite, der Modelle von Teilen des weiblichen Körpers geweiht wurden (was die Anwesenheit von Frauen in der Gemeinde bezeugt). Daß es neben der kultischen auch eine politische Organisation der Griechen in Graviscae gegeben hat, ist wahrscheinlich; dabei werden die Heiligtümer, die vielleicht jeweils von den Kaufleuten aus *einer* griechischen Mutterstadt besucht wurden, eine Rolle gespielt haben.

Sicher belegt ist dies für Naukratis in Ägypten, das wichtigste archaische *emporion,* für das uns außerdem die meisten Zeugnisse erhalten sind. Schon in der *Odyssee* finden sich einige Passagen, die auf einen Neubeginn des Kontakts zu Ägypten nach dem Dunklen Zeitalter schließen lassen; den deutlichsten Hinweis darauf gibt Odysseus' Lügenbericht von seinem Raubzug an der ägyptischen Küste (Odyssee 14, 245–251; s. S. 65). Solche Piraterie wird oft den friedlichen Kontakten der späteren Zeit vorausgegangen sein. Vor der Mitte des siebten Jahrhunderts v. Chr. gelangten ägyptische Objekte allerdings vermutlich nicht direkt, sondern durch den phoinikischen Zwischenhandel in die griechischen Siedlungen (wie z. B. nach Pithekussai). Die frühesten Belege einer direkten Beziehung nach Ägypten sind die ägyptischen Bronzegegenstände, die man auf Kreta (der natürlichen Zwischenstation auf dem Seeweg nach Ägypten) und auf Samos gefunden hat; vom Samier Kolaios, der 640 v. Chr. durch einen Sturm vom Kurs abgetrieben wurde

(s. S. 278), wissen wir, daß er nach Ägypten wollte. Eigentliche Handelsbeziehungen der Griechen mit Ägypten beginnen tatsächlich erst mit der Begründung der Saitischen Dynastie durch Psammetichos I. (664–610 v. Chr.); spätestens unter Amasis (570–526) war dieser Handel so bedeutend, daß er das Interesse des ägyptischen Königs fand und von ihm kontrolliert wurde. Die griechische Stadt Naukratis lag nun etwa 80 km landeinwärts am Nilarm von Kanopos, nur 15 km westlich der königlichen Hauptstadt Sais. Herodot besuchte Naukratis und schrieb von der Geschichte der Stadt:

Amasis ist auch ein Freund der Hellenen gewesen und hat manchen Hellenen viel Gutes erwiesen und so denn auch denen, die nach Ägypten kamen, die Erlaubnis gegeben, sich in der Stadt Naukratis niederzulassen; und die nicht den Wunsch hatten, sich niederzulassen, aber dort Seehandel zu treiben, denen verlieh er Landstücke, daß sie Altäre und heilige Bezirke für ihre Götter anlegen könnten. Den größten nun unter diesen heiligen Bezirken und den bekanntesten und besuchtesten, der Hellenion heißt, haben die folgenden Städte gemeinsam errichtet: Von den Ioniern Chios, Teos, Phokaia und Klazomenai, von den Doriern Rhodos, Knidos, Halikarnassos und Phaselis, von den Aiolern aber nur die Stadt der Mytilener, sonst keine. Denen also gehört dies Heiligtum, und diese Städte sind es auch, die die Vorsteher des Handelsplatzes stellen. Die anderen Städte aber, die daran teilhaben wollen, die tun das, ohne daß es ihnen eigentlich zusteht. Für sich besonders haben die Aigineten einen Bezirk des Zeus eingerichtet, und einen anderen die Samier für Hera, und die Milesier einen für Apollon.
Von alters ist Naukratis der einzige Handelsplatz gewesen, und sonst gab es keinen in Ägypten. Kam aber jemand zu einer der anderen Nilmündungen, so mußte er schwören, daß er nichts dafür gekonnt, und hatte er den Schwur geleistet, mußte er mit seinem Schiff zum Kanopischen Arm fahren. Sollte er aber zu solcher Fahrt nicht in der Lage sein, widriger Winde wegen, so mußte er die Fracht auf Lastkähnen unten um das Delta herumschaffen, bis hin nach Naukratis. Solche Vorrechte genoß Naukratis. (Herodot 2, 178–79)

Den Ort haben am Ende des letzten Jahrhunderts britische Archäologen ausgegraben, so daß die Frühgeschichte der griechischen Siedlung rekonstruiert werden kann. Die Stadt war griechisch, stand aber letztlich unter der Kontrolle des Pharao. Das wichtigste Gebäude im Südviertel der Stadt war ein *ägyptischer* Bau, der als Fort oder als königliches Lagerhaus gedient haben mag, denn die ägyptische Wirtschaft unterstand seit jeher dem Pharao, dem das ganze Land gehörte, der über die erwirtschafteten Güter verfügen konnte, und der jedes Jahr das Saatgetreide an die Bauern verteilen ließ. Im Nordviertel von Naukratis befanden sich tatsächlich vier *griechische* Tempel, die – nach dem Ausweis der Funde in den auch bei Herodot genannten Heiligtümern – die Zentren für die verschiedenen Kaufmannsgruppen waren: Ein Tempel der Dioskuren kann mit dem von Herodot genannten Zeustempel, den man nicht gefunden hat, identisch sein. Aus dem frühen sechsten Jahrhundert v. Chr. stammt der Aphroditetempel im Südviertel, der den Ergebnissen der Ausgrabung zufolge besonders mit den Händlern aus Chios in Verbindung zu bringen ist. Außer solchen Funden, die auf spezielle Lokalgruppen von Kaufleuten hinweisen, haben die Ausgrabungen in Naukratis auch eine große Anzahl korinthischer und athenischer Keramik ans Licht gebracht. Darüber hinaus hat sich auch lakonische Keramik gefunden, die allerdings nicht direkt aus Sparta stammen muß, sondern wohl von samischen Händlern eingeführt worden ist; auf Samos findet sich nämlich viel lakonische Keramik.

In einem Punkt hat hingegen der archäologische Befund die Darstellung Herodots nicht bestätigt: Das Hellenion, das man ausgegraben hat, stammt zwar tatsächlich aus der Regierungszeit des Amasis, doch scheinen die anderen Tempel noch älter zu sein. Die griechische Besiedlung von Naukratis hatte schon 620 v. Chr. begonnen und war in Amasis' Zeit bereits recht weit fortgeschritten. Offenbar gibt Herodot also die Ansicht nur eines Teils der Bevölkerung dort wieder, nämlich die der Leute vom Hellenion; das zeigt sich in seiner Behauptung, daß nur diese Männer die »Vorsteher des Handelsplatzes« stellen durften – ein nicht unbestrittenes Vorrecht. Dabei waren die Leute vom Hellenion, so dürfen wir annehmen, nicht die wichtigste Gruppe; vielmehr bildeten die Händler aus Aigina, Samos und Milet die frühesten und größten Lokalgruppen, die sich – wie vielleicht auch noch die Chier – schon bald und jedenfalls vor denen vom Hellenion ihre eigenen Tempelorganisationen schufen. Mit Amasis war dann durchaus kein Freund der Griechen, sondern ein nationalägyptischer Führer an die Macht gekommen, der den Verkehr mit Griechenland bis auf eine Ausnahme (eben Naukratis) völlig verbot – ein Zeichen des ägyptischen Mißtrauens gegen die Griechen, nicht so sehr ein Privileg. Die später hinzustoßenden Kaufleute aus verschiedenen *poleis* schlossen sich dann im Hellenion gegen die bereits ansässigen Händlergruppen in Naukratis zusammen, standen also als Nachzügler den bereits Etablierten gegenüber. Auf Informationen aus dem Kreis dieser »Neuen« stützte sich offenbar Herodot – und ließ sich fehlleiten.

In der merkwürdigen Verfassung von Naukratis spiegelt sich der Ursprung der Stadt als *emporion*, als Handelsplatz ohne eigentliche Gründung. Die Institutionen der Regierung ergaben sich vielmehr gleichsam natürlich aus der Zuordnung der verschiedenen Anwohner zu den Heiligtümern. Naukratis blieb bis zur Gründung von Alexandreia durch Alexander den Großen (331 v. Chr.) der wichtigste Hafen in Ägypten, der viele griechische Touristen anlockte und – wie jede Hafen- und Handelsstadt – auch ein »Zentrum des Lasters« wurde: Von Sapphos Bruder wissen wir etwa, daß er sich in Naukratis in die Hetäre Rhodopis verliebte und sie für Geld freikaufte; Rhodopis wurde schließlich so wohlhabend, daß sie den Zehnten ihres Reichtums in Form von Eisenspießen nach Delphi weihen konnte, »wo sie noch jetzt aufgestapelt hinter dem Altar liegen, den die Chier errichtet haben« (Herodot 2, 135, 4); von einer anderen, Archidike, hat man »in ganz Hellas gesungen« (Herodot, ebda.). Schon in seiner Frühzeit war Naukratis auch ein Zentrum des Handwerks gewesen. So gab es am Ort zumindest eine Töpferei, in der Weihegaben für die Tempel hergestellt wurden, und seit dem sechsten Jahrhundert v. Chr. bestand auch eine Manufaktur, die »ägyptische« Skarabäen und Fayence-Siegel in großer Zahl für den Export nach Griechenland verfertigte.

Doch vor allem war Naukratis eine Handelsstadt. Hauptsächlich wurde Getreide exportiert, das aus dem königlichen Monopol stammte. Was wurde dafür aus Griechenland eingeführt? Wein- und Ölimporte deckten offenbar nur den Bedarf der Griechen am Ort, waren also nicht für Ägypten gedacht. Dasselbe scheint für die griechische Keramik zu gelten, von der man nur sehr wenig außerhalb des von Griechen bewohnten Gebiets gefunden hat. Auch Sklaven brauchte die ägyptische Gesellschaft kaum, so daß diese typische »Ware« ebenfalls keine Rolle gespielt haben wird. Lediglich Silber kommt als griechische Gegenleistung für das Getreide des Pharaos in Betracht; während es nämlich in Nordgriechenland reiche Silbervorkommen gab, hatte Ägypten diesen Bodenschatz nicht und besaß nur einige Goldminen an der Küste des Roten Meeres. Doch selbst bei dieser Erklärung bleibt zunächst die Frage offen, warum die nichtmonetäre Wirtschaft Ägyptens überhaupt Silber brauchte (das eben nicht einmal zum Gebrauch für den Binnen-

und Außenhandel bestimmt sein konnte) – und noch dazu so viel Silber, daß man einen ganzen griechischen Handelsplatz dafür mit Getreide belieferte. Diese Frage läßt sich nicht beantworten, bevor wir nicht eine andere große Gruppe von Griechen in Ägypten zur Kenntnis genommen haben: die griechischen Söldner.

Söldner

Die Überlegenheit der Hopliten wurde von den orientalischen Königen weithin anerkannt, weshalb in deren Diensten viele Ionier und Karer als Hoplitenkämpfer standen; diese Männer betrachtet man als die ersten Söldner – eine Ansicht, für die es allerdings kaum direkte Zeugnisse gibt; man muß daher auf die Existenz von Söldnereinheiten aus indirekten Hinweisen schließen (wie z. B. für Lydien, s. S. 295f.). Doch wenigstens in einem Fall wissen wir etwas Näheres: Antimenides, der Bruder des Alkaios, verbrachte sein Exil im Dienste des Nebukadnezar von Babylon und kämpfte 597 v. Chr. im Palästinafeldzug mit, bei dem Jerusalem erobert wurde:

Fern vom Ende der Welt kamst du zurück
mit dem golden verzierten, elfenbeinernen Schwertergriff,
hattest als Verbündeter Babylons
einen gewaltigen Kampf bestanden und
deinen Waffengefährten Rettung gebracht
durch Erlegung des Riesen,
der in des Königs Leibwache focht:
Eine einzige Handbreit fehlte dem
an fünf Ellen ...   (Alkaios 350 [Z 27] LP = 50 D)

Der Mann war ein wirklicher Goliath – zweieinhalb Meter lang!

Nur für Ägypten läßt sich die Geschichte einer Söldnergruppe ausführlicher rekonstruieren. Ägypten hatte seit dem ausgehenden dreizehnten Jahrhundert v. Chr., also seit der erfolgreichen Abwehr der Seevölker (zu denen mykenische Flüchtlinge gehörten; s. Kap. 1) einen Niedergang erlebt; im achten Jahrhundert war das Land zunächst von Nubiern beherrscht worden und war dann ein Zankapfel zwischen diesem Volk und den Assyrern gewesen. Eine nationale ägyptische Macht entstand schließlich unter Psammetichos I., einem kleinen Fürsten aus dem Nildelta, dem die Wiedervereinigung Ägyptens gelang.

Herodots Erzählung zeigt, wie sehr die neue Dynastie den griechischen Söldnern verpflichtet war: Psammetichos erhielt von einem Orakel den Rat, auf die Hilfe von »ehernen Männern« zu bauen, und als bald darauf ionische und karische Piraten in eherner Rüstung auf einem Raubzug (wie dem des Odysseus, s. S. 65) in Ägypten landeten, beschloß der König, sie in seine Dienste zu nehmen. Mit ihrer Hilfe gelang ihm die Eroberung Ägyptens; ihnen schenkte er Ländereien auf beiden Seiten des pelusischen Nilarms (die bald als die »Lager« bekannt waren), und für sie ließ er eine Gruppe junger Ägypter als Dolmetscher ausbilden. Die »Lager« blieben bewohnt, bis Amasis die Truppe nach Memphis umsiedelte und sie zu seiner Leibgarde »zum Schutz gegen die Ägypter« machte. Diese Söldner also waren die ersten »anderssprachigen« *(alloglōssoi)* Siedler in Ägypten. Soweit Herodot (2, 152.154); seine Darstellung zeigt, welche Bedeutung die Söldner für die Dynastie hatten, die sie in großer Zahl von Anfang an unterstützt hatten. Sie waren möglicherweise zuerst vom lydischen König Gyges angeworben worden, der die Macht der Assyrer schwächen wollte. Nach der Einigung Ägyptens wurden die griechischen Söldner an der Ostgrenze des Reiches als Schutztruppe gegen die Assyrer angesiedelt, so wie später jüdische Söldner nach Elephantine (s. Abb. 21) an die Grenze zu Nubien verlegt wurden. Mit dem »Lager« der griechischen Söldner steht die antike Stätte von *Tell Defenneh* (wahrscheinlich = Daphnai; s. Abb. 21) in Verbindung, die 1886 ausgegraben worden ist. Wie in Naukratis stand auch in dieser Siedlung ein größeres ägyptisches Gebäude, daß als Fort oder als Lagerhaus gedient haben wird; die Anwesenheit von Griechen in Daphnai ist für die Zeit von Psammetichos I. bis zur persischen Invasion bezeugt. Daher liegt die Vermutung nahe, daß die Stadt als Nachschubzentrum für die griechischen Söldner fungiert habe. Die gefundene Keramik unterscheidet sich deutlich von der in Naukratis, was auf eine strikte Trennung der griechischen Händler- von den griechischen Söldnergemeinden in Ägypten schließen läßt.

Die saitische Dynastie war auch weiterhin sehr von den Söldnern abhängig. Der zweite König, Necho II. (610–595 v. Chr.), weihte die Rüstung, in der er 608 seinen Syrienfeldzug durchgeführt hatte, im Apollontempel von Didyma bei Milet; in Karkemisch, wo er von den Babyloniern geschlagen worden war, haben Ausgrabungen in einem geschleiften Gebäude aus jener Zeit nicht nur ägyptische Gegenstände und Skarabäen aus Ne-

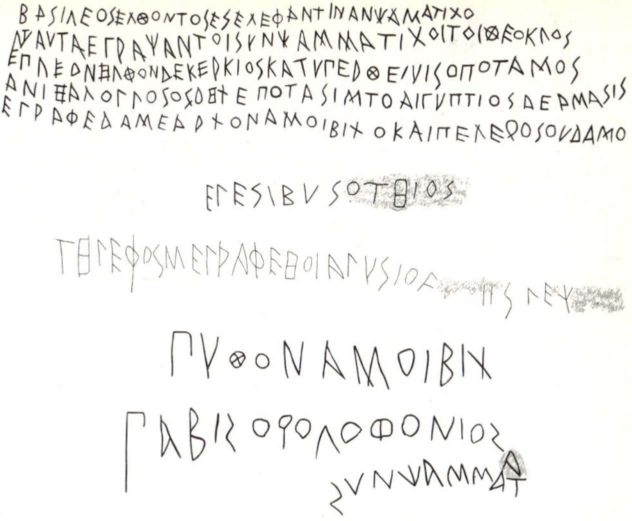

Abb. 20: Söldnerinschriften von Abu Simbel, 591 v. Chr.

chos Regierungszeit, sondern auch einen griechischen Bronzeschild ans Licht gebracht. Nechos Nachfolger Psammetichos II. (595–589 v. Chr.) ging 591 gegen Nubien vor; auch er stützte sich auf griechische und karische Söldner. Über 1000 km landeinwärts, unterhalb des zweiten Nilkataraktes bei Abu Simbel, steht eine Kolossalstatue Ramses II., an deren linkem Bein eine Reihe von griechischen Inschriften aus jener Zeit eingeritzt sind (Abb. 20):

Als König Psamaticho nach Elephantina gekommen war, schrieben dies (auf), die zusammen mit Psammaticho, dem Sohn des Theokles, auf Schiffen fuhren und bis oberhalb von Kerkis kamen, soweit es der Fluß zuließ. Die fremder Zunge *(alloglōssoi)* befehligte Potasimto, die Ägypter Amasis. Geschrieben hat uns (= die Buchstaben) Archon, Sohn des Amoibichos und das Beil, Sohn des Niemand (oder für Übersetzer ohne Humor: Pelekos, Sohn des Oudamos).

(Es folgen sechs verschieden und z. T. fehlerhaft geschriebene Unterschriften:)
Elesibios, der Teier
Telephos hat mich geschrieben, der Ialysier
Python, Sohn des Amoibichos
[...] und Krithis haben mich geschrieben

Pabis der Kolophonier mit Psammata
Anaxor [...] der Ialysier, als der König das Heer zum ersten Mal führte
[...] Psamatichos. (Meiggs – Lewis 7)

Aus zufällig erhaltenen Kritzeleien von sieben Soldaten weitgehende Schlüsse zu ziehen, führt zwar nicht notwendig zu sicheren Ergebnissen, doch damit wir einige Fragen zumindest versuchsweise beantworten können, wollen wir annehmen, daß der Fall dieser Soldaten typisch für jene Zeit ist. Dies vorausgesetzt zeigt die Inschriftenserie dann erstens, daß selbst nicht gerade reiche oder gut ausgebildete Männer, wie es diese Söldner waren, die Schrift soweit beherrschten, daß sie zumindest ihre Namen schreiben konnten, und zwar ein jeder im Lokalalphabet seiner Heimatstadt – ein Zeichen dafür, wie weit die Schriftlichkeit in der ganzen griechischen Welt verbreitet war (s. Kap. 6). Zweitens können wir aus der Bezeichnung *alloglōssoi*, »Anderssprachige«, auf die Organisation der ägyptischen Armee schließen: Ganz offenbar ist das nur in diesen Inschriften und bei Herodot (s. S. 286) verwendete Wort keine griechische Prägung (welcher Grieche würde sich als »anderssprachig« bezeichnen?), sondern wohl die Übersetzung einer ägyptischen Bezeichnung für die »Fremden-Legion«, einer großen und wichtigen Truppe, die übrigens von einem prominenten Ägypter befehligt wurde: Man hat den Sarkophag des in den Inschriften genannten Potasimto gefunden, der in ägyptischen Schriftdenkmälern als »General der Griechen« genannt wird. Drittens erfahren wir die Herkunft der Soldaten: Der griechische Anführer unter dem Befehl des Potasimto ist ein Psammatichos, Sohn des Theokles; sein ägyptischer Name zeigt, daß er ein Söldner der zweiten Generation ist, dessen Vater wohl unter Psammetichos I. gedient und wahrscheinlich eine Ägypterin geheiratet hatte. Auch wenn Eheverbindungen zwischen Griechen und Ägyptern eigentlich verboten waren, zeigt noch Jahrhunderte später die Existenz von *Karomemphitai* und *Hellenomemphitai* in Memphis – wo ja karische und hellenische (griechische) Söldner stationiert waren –, daß eine solche gemischte Gemeinde entstanden war. Die anderen Söldner, die ihre Namen auf der Statue verewigt haben, waren vermutlich Neuankömmlinge; sie schreiben in den Lokalalphabeten ihrer Heimatstädte, haben meist griechische Namen und geben zum Teil auch ihre Herkunft an; manche, wie z. B. Pabis, nennen einen ägyptischen Sklaven als Begleiter (in späterer Zeit besaß ein Hoplit gewöhnlich als Diener auf dem Feldzug einen Sklaven, für den er auch eigens Geld erhielt). Wo wir die Heimatstadt kennen, zeigt sich, daß es die kleineren, wirtschaftlich weniger aktiven und oft auch an der Kolonisationsbewegung nicht beteiligten *poleis* Ioniens waren, aus denen die Söldner stammten; daraus könnte man schließen, daß in weniger weit fortgeschrittenen kleinen Orten, in denen ein rasches Anwachsen der Bevölkerungszahl weniger die ganze Gemeinde als vielmehr den einzelnen traf, und die daher auch keine Kolonien aussandten, einzelne Männer die *polis* verließen und als Söldner in die Fremde gingen. Doch ergibt sich aus den so verschiedenen Heimatorten der Söldner sogleich die Frage, wie diese Männer überhaupt hatten angeworben werden können.

Wie groß dieses Problem war, zeigte sich auch in der Regierungszeit des nächsten Pharaonen, Apries (589–570 v. Chr.), der einer Rebellion seiner ägyptischen Truppen unter ihrem Anführer Amasis gegenüberstand und dagegen dreißigtausend Karer und Ionier als Söldner anwarb, die nur knapp unterlegen waren. Darauf wurde also Amasis zum Herrscher (570–526), doch auch er, der als nationalistischer Anführer begonnen hatte, konnte auf die fremden Söldner nicht verzichten und zog sie später sogar als seine Leibwache Ägyptern vor; in der zweiten Hälfte seiner Regierungszeit war er offenbar auch sehr am Ausbau seiner Beziehungen zu Griechenland interessiert, da er die Bedrohung durch die Perser immer deutlicher sah. Erst mit der persischen Eroberung Ägyptens durch Kambyses 525 v. Chr. endete die dominierende Rolle, die griechische Söldner in Ägypten gespielt hatten.

Dreißigtausend Mann, das ist eine der größten jemals geschaffenen Söldnerarmeen. Daß sich in Ägypten außerhalb der Söldnerlager kaum frühgriechische Relikte gefunden haben, deutet darauf hin, daß diese Leute nicht in größerer Zahl auch im übrigen Land angesiedelt wurden. Die Mehrzahl muß auf einer Vertragsbasis rekrutiert worden und nach der Entlassung wieder nach Hause zurückgekehrt sein. Doch selbst tausend Mann im Jahr einzeln anzuwerben (die dann dreißig Jahre lang dienten), war sicher keine einfache Aufgabe; wahrscheinlich nutzte man dazu die großen Festversammlungen der Griechen bei den Orakelheiligtümern in Didyma und Delphi, wo man mit reichen Weihegaben und anderen Ehrungen die Macht und die Pracht des orientalischen Despotismus zur Schau stellen und die beeindruckten Griechen anwerben konnte.

Unter solchen Bedingungen wird nun auch die Rolle von

Naukratis verständlich, wo der Pharao ja einen Handelskreislauf unterstützte, bei dem für ägyptisches Getreide griechisches Silber ausgetauscht wurde. Dieses Silber war zur Entlohnung der Söldner notwendig, die schließlich in die Welt der Ägäis zurückkehrten und das Silber dort in Umlauf brachten. Für die Söldner brauchte Ägypten also Naukratis, ein griechisches *emporion* – und das unter einer Dynastie, die stolz darauf war, der alten ägyptischen Kunst und Kultur wieder den gebührenden Platz eingeräumt zu haben, und die dennoch gezwungen war, das ägyptische Wirtschaftssystem aufzubrechen und seine Fremdenfeindlichkeit aufzugeben, um eine riesige Zahl fremder Söldner in Ägypten halten zu können.

Ägypten

Die Griechen selbst waren von Ägypten fasziniert, vom hohen Alter der Kultur, von der vielfach geschichteten Gesellschaft, von der machtvollen Religion und von den gewaltigen Monumenten; ja sie waren so beeindruckt, daß sie die ägyptische Kultur als Ursprung ihrer eigenen betrachteten. Sie wiesen den ägyptischen Göttern einen Vorrang vor den griechischen zu, sahen in den Ägyptern die Erfinder der Schrift und der meisten Künste und glaubten, daß viele griechische Denker wie Homer, Lykourgos, Solon, Thales und Pythagoras Ägypten besucht und von dort ihre Ideen genommen hätten. Tatsächlich aber verdankte die archaische Kultur zwar dem *Orient* viel (wenn sich die Griechen auch dieser Tatsache so gut wie gar nicht bewußt waren), nicht aber *Ägypten,* mit dem ein Austausch erst stattfand, als die griechische Kultur bereits gefestigt war. Und doch zeigt sich im Bereich der Kunst ein gewisser ägyptischer Einfluß: So gibt es ägyptisierende Tendenzen in manchen Motiven und in der mehrfarbigen Bemalung der archaischen Keramik – ein attischer Vasenmaler des sechsten Jahrhunderts v. Chr. nannte sich Amasis! –, und auch die Möbel jener Zeit weisen einen ägyptischen Einfluß auf, ebenso die Freskomalerei. Die deutlichste Wirkung des Kontaktes findet sich aber in der Kultarchitektur; drei miteinander verwandte Entwicklungen des späten siebten Jahrhunderts v. Chr. lassen sich mit dem Einfluß Ägyptens am besten erklären: Tempel, Kultanlagen und Monumentalplastiken. Das plötzliche Aufkommen von Steintempeln in Griechenland muß auf einen solchen Kontakt

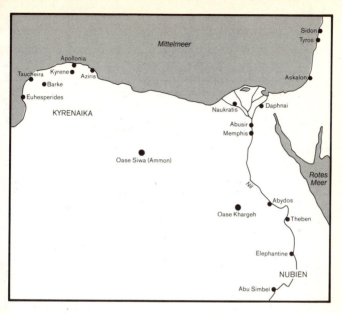

Abb. 21: Ägypten und die Kyrenaika

zurückgehen, auch wenn die meisten einzelnen Teilbereiche dieses monumentalen dorischen Stiles ihre Vorgänger in älteren griechischen Holzbauten oder gar in mykenischen Konstruktionen haben mögen (s. S. 299). Ein ägyptischer Einfluß ist auch bei der Einrichtung ganzer Kultanlagen wie z. B. der Löwenterrasse von Delos mit ihrem Heiligen See oder der Reihe sitzender Götterfiguren in Milet unverkennbar. Dasselbe gilt für die griechische Plastik in jener Zeit: Die großen *kouroi* (s. S. 270) dienten wohl vor allem als »kultisches Mobiliar« – eine Funktion, die ebenso aus den großen ägyptischen Heiligtümern bekannt ist wie die Idee, lebens- oder sogar überlebensgroße Steinfiguren herzustellen. Einige frühe *kouroi* stimmen sogar mit den Proportionsregeln überein, wie sie ägyptische Künstler aufgestellt hatten, doch ist die Mehrzahl dieser Plastiken eher eine vergrößerte Version der früheren griechischen Kleinfiguren; im Lauf der Zeit schufen sich die Griechen auch eigene Proportionsregeln. Obwohl keine Details übernommen sind, folgen die Statuen in der Klarheit der Linien, der Stellung der

Figuren (ein Fuß vor dem anderen, die Fäuste geballt), im Stil der Haare und manchen Einzelheiten des Gesichts der archaisierenden ägyptischen Plastik jener Zeit. In allen drei genannten Einflußbereichen fällt dabei dasselbe Phänomen auf, nämlich eine ägyptisierende Gesamtkonzeption, aber kaum Übernahme von Details – eine Tatsache, die manche Archäologen dazu geführt hat, die Bedeutung Ägyptens zu unterschätzen oder ganz zu leugnen. Doch ist der Grund für dieses Phänomen zweifellos in der Art der Übertragung zu suchen: Tempel, kultische Gesamtanlagen und monumentale Plastiken können nicht selbst übertragen worden sein, sondern müssen am Ort betrachtet und dann, Monate oder Jahre später, als »Idee« nach Griechenland gekommen sein; in vielen Fällen werden sich die Bildhauer sogar nicht auf eigene Anschauung, sondern nur auf Beschreibungen von Reisenden gestützt haben.

Münzgeld

In enger Verbindung mit dem internationalen Austausch von Waren (Handel) und Menschen (Söldnerwesen) steht ein neues Mittel des Austausches, das Münzgeld. Das griechische Münzgeld zeichnete sich von Anfang an durch eine Reihe bestimmter Charakteristika aus, die einen so großen Einfluß auf das Geld des Abendlands bis in unsere Zeit hinein haben, daß man sie oft (zu Unrecht) für unabdingbare Merkmale von Geld überhaupt gehalten hat: Edelmetall, zumeist Silber, wurde in gleichschwere Stücke und – nach einem mehr oder weniger weit entwickelten System – in Bruchteile dieser Stücke unterteilt (»Münzfuß«). Diese Stücke wurden durch die Aufprägung des offiziellen Stadtemblems auf der Vorderseite gekennzeichnet; die Rückseite trug zunächst nur den Abdruck des Prägehammers oder ein Schlagzeichen, später entwickelte sich hieraus ein zweites Bild. Die doppelseitige Prägung ist nun der wichtigste Schritt auf dem Weg zum Münzgeld, da sie sowohl eine offizielle Garantie für ein dem Standard entsprechendes Gewicht und für die Reinheit des verwendeten Metalls bot als auch einen Schutz vor dem Beschneiden oder Abfeilen der Ränder oder der Rückseite gewährte. Diese relativ große Sicherheit machte Münzgeld zu der am meisten verkehrsfähigen Form von Geld überhaupt; der tatsächliche Wert des verwendeten Metalls reichte aus, so daß keine weitere institutionelle Deckung nötig war. Münzgeld ermöglicht eine ganze Reihe von wirtschaftlichen Transaktionen: Es dient als Tauschmittler, als Wertmaßstab und zur Hortung und Abrechnung, ist also für eine Wirtschaftsform grundlegend, die man gewöhnlich als »Geldwirtschaft« im Gegensatz zur »Tauschwirtschaft« bezeichnet – eine Unterscheidung, bei der man natürlich keine genauen Grenzen (zwischen einer vormonetären und monetären Ökonomie) ziehen kann. So hatten die Griechen bereits verschiedene Einheiten für verschiedene Arten von Transaktionen, von denen die üblichsten ›Stück Vieh‹, ›Dreifüße‹ und ›Eisenstäbe‹ waren. Die Wertmessung in Stück Vieh, speziell Ochsen, war besonders bei der Übertragung von Eigentum und bei Heiratsverhandlungen in Gebrauch (zur Kombination s. S. 50f.), Dreifüße zeigten den Status, die *timē*, ihres Besitzers anderen Männern oder den Göttern gegenüber, und Eisenstäbe hatten eine Funktion, die der des Münzgelds recht nahe kam; diese Form von Geld ging auf eine Zeit zurück, in der Eisen selten war und daher neben seinem Nutzen auch einen Seltenheitswert hatte. In Sparta blieben Eisenstäbe (s. S. 219) bis in die historische Zeit hinein die einzige erlaubte Form von Geld; in Athen und anderen Orten wurden die einzelnen Unterteilungen des Währungssystems auch nach der Einführung des Münzgelds noch nach Eisenstäben gezählt: Eine *drachmē* (»Handvoll«) bestand aus vier *oboloi* (»Stäben«). Die Geschichte der Rhodopis (s. S. 284) zeigt zumal, daß sie ihren Reichtum noch dann in Form von Eisenstäben im Heiligtum weihen konnte, als sie bereits Silbergeld für ihre Dienste nahm. Weihungen von Eisenstäben hat man übrigens in Perachora und im Heraion (Heraheiligtum) von Argos ausgegraben. Somit bedeutete die Einführung des Münzgelds keine plötzliche Abkehr von älteren Formen des Geldes, und ebensowenig ist eine »Geldwirtschaft« die notwendige rasche Folge dieses Übergangs. Der Wert auch der kleinsten herstellbaren Edelmetallmünze war noch viel zu hoch für alltägliche Geschäfte (s. S. 296), es gab also noch lange kein »Kleingeld«. Erst die Einführung von Scheidemünzen aus unedlem Metall machte eine Geldwirtschaft möglich, in der fast alle Transaktionen mit Hilfe von Münzgeld durchgeführt werden konnten.

»Die Lyder sind – unseres Wissens – die ersten auf der Welt gewesen, die Gold- und Silbermünzen geprägt und gebraucht haben.« (Herodot 1, 94, 1) Lydische Münzen bestanden tatsächlich aus *ēlektron,* einer Mischung aus den beiden Edelmetallen, die man aus den anatolischen Flüssen wusch. Der Beginn der lydischen Münzprägung läßt sich auf folgende Weise datieren: Nach 600 v. Chr. waren bei der Gründung des Artemistempels in Ephesos Wertgegenstände niedergelegt worden; darunter befanden sich auch ungeprägte Edelmetallklümpchen von standardisierter Größe, solche mit Prägungen auf der einen und Ritzungen auf der anderen Seite und auch eigentliche Münzen, die auf beiden Seiten mit einem Löwensymbol geprägt waren. Eine solche Mischung von Geldformen kann, so müssen wir annehmen, nur in der Generation niedergelegt worden sein, die die Erfindung des Münzgelds erlebte. Damit ist der Beginn des lydischen Münzgelds ins letzte Viertel des siebten vorchristlichen Jahrhunderts zu datieren – eine Erkenntnis, die man erst 1951 gewonnen hat, und die zu einer neuen Sicht der Entstehung des griechischen Münzgelds geführt hat. Da die griechischen Münzen bereits bei ihrem ersten Auftreten fertig ausgebildet sind, also nicht wie bei den lydischen gewisse Vorformen bestehen, können sie keine ursprünglich griechische Erfindung sein, vielmehr muß es sich um eine Übernahme der Idee von den Lydern handeln. Den Anfang damit soll nach der griechischen Tradition Aigina gemacht haben (nach neueren Erkenntnissen um 570 v. Chr.), bald folgten auch Athen, Korinth und im weiteren Verlauf des sechsten Jahrhunderts die meisten anderen *poleis*.

So ist die Einführung des Münzgelds ein bemerkenswertes Beispiel für die staatliche Einrichtung eines ökonomischen Hilfsmittels – ein Beispiel, aus dem sich wichtige Fragen nach dem Zweck dieser Einrichtung und ihrem Einsatz in der Frühzeit ergeben. Herodot setzt seinen eben zitierten Satz (1, 94, 1) damit fort, daß die Lyder die ersten Kaufleute *(kapēloi)* gewesen seien – ein Wort, das normalerweise abwertend, im Sinne von »Kleinhändler« gebraucht wird; doch sind die frühen Münzwerte viel zu groß, als daß sie im Kleinhandel hätten eingesetzt werden können (s. S. 293). Im Groß- und Fernhandel jedoch muß das Münzgeld eine wichtige Rolle gespielt haben, wie ja seine frühe Einführung in der Handelsstadt Aigina zeigt. Gegen diese Hypothese wird allerdings manchmal der Einwand erhoben, man fände zwar einzelne aiginetische Münzen an weit verstreuten Orten in der ganzen östlichen Mittelmeerwelt, doch (außer auf den benachbarten ägäischen Inseln) nirgends eine größere Stückzahl in einem Hort, also könne es mit der hohen Bedeutung des Münzgelds für den Handel nicht sehr weit her sein. Dasselbe läßt sich auch sonst beobachten, und nur Münzen aus den makedonischen und thrakischen Regionen finden sich in größerer Zahl auch fern vom ursprünglichen Münzgebiet (was dann erst im fünften Jahrhundert im großen Stil für die Münzen Athens gilt). Aus diesem Phänomen haben nun manche Forscher den Schluß gezogen, daß in der Frühzeit das Münzgeld nicht für den Fernhandel eingesetzt wurde – ein Schluß, der aber nicht zwingend ist: Jede Form von Geld ist in ihrer Heimat besonders geachtet, also besonders viel wert, da sie eben nur dort so bekannt ist, daß sie ohne weitere Einschränkungen und Zweifel allseits akzeptiert wird. Dementsprechend gibt es die Tendenz, fremdes Geld nicht zu horten, sondern eben wieder in Umlauf zu setzen, bis es schließlich in seine Herkunftsgegend zurückgelangt ist und dort z. T. gehortet wird. Die Ausnahme Nordgriechenlands läßt sich dabei mit der Primitivität der dortigen Wirtschaft erklären, in der Münzgeld kaum eine Rolle spielte; der Silberbergbau in Makedonien und Thrakien diente vielmehr dem Export, und Schlagzeichen oder Prägungen auf den Silberstückchen vereinfachten die Abwicklung der Ausfuhr. Mit dieser Erklärung wird auch verständlich, warum so viele und selbst sehr kleine Städte in Nordgriechenland überhaupt Münzen prägten. – Im Gegensatz zu vielen heutigen Forschern halte ich es also für eine wichtige Funktion des frühen Münzgelds, den Fernhandel zu vereinfachen: Zwar bot es für den fremden Empfänger kaum Vorteile gegenüber simplen Edelmetallklumpen, für den Kaufmann aber wurde die Abrechnung so erheblich vereinfacht.

Tatsächlich wird das Münzgeld ursprünglich weniger als Tauschmittel fungiert haben, sondern vielmehr eine Rechnungseinheit gewesen sein, wie sie im Interesse der münzprägenden *polis* gelegen haben muß. Im sechsten Jahrhundert v. Chr. war nämlich die Verwaltung immer komplizierter geworden, es gab z. B. Auszahlungen für öffentliche Arbeiten, an Beamte, Soldaten und Arbeiter, es gab Einkommen aus Strafgeldern, Bußen, Steuern, Staatspachten und aus anderen Quellen. All solche Maßnahmen wurden nun durch eine offizielle Rechnungseinheit vereinfacht, die der Staat durch sein aufgeprägtes Symbol garantierte – eben die Münze. Das besondere Interesse der Lyder, auf die die Idee des Münzgelds ja zurückgeht, wird sich dabei folgendermaßen erklären: Der lydische König mußte regelmäßig gleich hohe Beträge an eine große Gruppe von Männern auszahlen, um bestimmte Leistungen abzugelten. Daß sich das Münzgeld in Griechenland so rasch durchsetzte, deutet darauf hin, daß es sich bei diesen Männern auch um griechische Söldner gehandelt hat. Die lydische Münze, von der man die meisten Beispiele gefunden hat, ist etwa zwölf Schafe wert, also vielleicht der Lohn für ein halbes oder ein ganzes Jahr.

Damit soll die Darstellung der Hypothesen über den Grund für die Erfindung des Münzgelds abgeschlossen sein; mit Sicherheit läßt sich jedenfalls sagen, daß seine Übernahme in weiten Teilen der antiken Welt die Bewegung von Gütern und Dienstleistungen auf dem internationalen Markt des sechsten Jahrhunderts v. Chr. erheblich vereinfachte. Selbst dort nämlich, wo die Funktion der Münzen noch nicht verstanden wurde, war Silber als Tauschmittel eingeführt und akzeptiert. Die Tauschfunktion von wertvollem Metall war immerhin so bekannt, daß sich Herakleitos (Heraklit) in einer philosophischen Analogie auf sie beziehen konnte, in der er die Charakteristika des Feuers als der eigentlichen Grundlage der Welt beschreibt: »Wechselweiser Umsatz des Alls gegen das Feuer und des Feuers gegen das All, so wie der Waren gegen Gold und des Goldes gegen Waren ...« (22 B 90 DK)

Sklaven

Bis zur Mitte des sechsten vorchristlichen Jahrhunderts hatte sich in der Mittelmeerwelt eine komplexe internationale Marktwirtschaft entwickelt, in der eine weitgefächerte Anzahl von Gütern und Dienstleistungen ausgetauscht wurde. Im Unterschied zur früheren Zeit war nun der Handel mit Massengütern mindestens genauso wichtig wie der mit Luxusgegenständen. Auch wenn wir natürlich keine genauen Zahlen kennen, wissen wir, daß es einen regelmäßigen und profitablen Handel vom Schwarzmeergebiet in den westlichen Mittelmeerraum gab, wohin vor allem Rohstoffe (wie Metall und Holz), Lebensmittel (insbesondere Getreide, daneben Vorratsgüter wie Trocken- oder Salzfische) und Sklaven, aber auch handwerkliche Produkte (wie Keramik und Metallarbeiten) geliefert wurden. Es war durchaus nicht schwierig, über See zu reisen, und so zogen Männer mit anerkannten Fertigkeiten, wie z. B. Handwerker, Ärzte und Dichter, frei von Ort zu Ort. Die Wirtschaft der

Mittelmeerwelt war damals wahrscheinlich so eng geeint und so weit fortgeschritten wie noch nie zuvor und erst wieder lange Zeit danach (im Hellenismus). Daß also das Vordringen der Perser in der Zeit von 546 bis 480 v. Chr. abgesehen von den politischen auch wirtschaftliche Folgen haben mußte, leuchtet ein: Die Zerstörung des internationalen Handelssystems durch die Perser führte zu einem ernsten, in mancher Hinsicht irreparablen Nachteil für die Griechen.

Ein wichtiger Wandel in der griechischen Wirtschaft vollzog sich während der archaischen Zeit. Wie fast alle Kulturen der Mittelmeerwelt und des Nahen Ostens war auch Griechenland seit jeher eine Gesellschaft gewesen, in der es Sklaven gab. Doch erst seit dem sechsten Jahrhundert v. Chr. scheint die Sklaverei auch eine wirtschaftliche Bedeutung erlangt zu haben. Die deutlichsten Angaben für dieses Phänomen (aber nicht für seine Datierung) stammen von einem Historiker aus dem vierten Jahrhundert v. Chr., von Theopompos von Chios:

Als erste Griechen nach den Thessalern und den Spartanern setzten die Chier Sklaven ein, die sie aber nicht auf dieselbe Weise erwarben wie jene. Die Spartaner und die Thessaler schufen sich nämlich, wie sich zeigen wird, ihre Sklavenschicht aus den Griechen, die früher das (jeweilige) Land bewohnt hatten, das nun sie besaßen, die Spartaner aus den Achaiern, die Thessaler aus den *Perrhaiboi* und den Magnesiern; und die ersteren nannten die so Versklavten *heilotes* (Heloten), die letzteren *penestai*. Die Chier hingegen erwarben sich nichtgriechische (»barbarische«) Sklaven, für die sie Geld zahlten.

(Theopompos FGrHist 115 F 122a = Athenaios 6 p. 265b–c)

Theopompos hat zweifellos recht, wenn er für die früheste Zeit den Einsatz von Sklaven im agrarischen Bereich annimmt, von Menschen also, die durch Eroberung ihres Landes zu Sklaven geworden waren. Sklaven dieser Art hatten verschiedene Rechte und ein gewisses nationales Selbstbewußtsein, auf das die Abstufungen »zwischen Sklaven und Freien« zurückgingen (so ein antiker Begriff); Abstufungen, die man oft besser als Unterdrückung bezeichnen sollte und nicht als Sklaverei im formalen Sinne. Erst die Einführung von Kaufsklaverei *(chattel slavery)* schaffte ein eigentlich wirtschaftliches Phänomen, das den Gesetzen von Angebot und Nachfrage entsprach; erst dadurch erhielten die Sklaven bei Kauf und Verkauf auf dem Markt einen jeweils festliegenden Wert, wurden somit als Investition gemäß ihrer Produktivkraft behandelt und galten nicht mehr als Teil des gesellschaftlichen Systems. Daß Chios die erste Stadt mit einer Form von Sklaverei dieser neuen Art war, müssen wir Theopompos glauben. Immerhin hatte Chios 494 v. Chr. die größte Flotte Ioniens (s. S. 321), und Thukydides (8, 40, 2) bemerkt, daß Chios am Ende des fünften Jahrhunderts die meisten Sklaven nach Sparta hatte; außerdem will es der Zufall, daß der einzige uns namentlich bekannte Sklavenhändler aus Chios stammte: Panionios, der auf den Märkten von Sardeis und Ephesos mit Eunuchen handelte und mitsamt seiner Familie 481 v. Chr. der grausamen Rache eines seiner Opfer verfiel (Herodot 8, 105–06). Herodot, der solche Praktiken verabscheute, betont dabei, daß dieses »schändlichste Gewerbe« des Panionios speziell im östlichen Mittelmeerraum Absatzmärkte fand.

Das sechste vorchristliche Jahrhundert war die erste Periode, in der die Handelswege der griechischen Welt ausreichend gut organisiert waren und in der die Griechen die finanziellen Mittel sowie die militärische Macht hatten, sich Sklaven in großer Zahl zu verschaffen. Späten Belegen zufolge waren die nördlichen Regionen, also Thrakien, Illyrien und Skythien, die Hauptquellen für Sklaven; dabei scheinen Sammlung und Angebot von Sklaven gewöhnlich in den Händen lokaler Machthaber gelegen zu haben. Wahrscheinlich war schon damals die Zahl der Sklaven in den wohlhabenden Städten wie Korinth, Aigina und Milet (noch nicht aber Athen) mindestens ebenso groß wie in der klassischen Zeit; zwei Zahlenangaben sind überliefert, die sich wohl auf die archaische Periode beziehen: Aristoteles (Frg. 472 Rose) sagt, daß Aigina 470000 Sklaven besaß, eine andere, anonyme Quelle schreibt Korinth 460000 Sklaven zu. Doch sind diese beiden, bei Athenaios (6 p. 272 b–d) überlieferten Angaben sicher ebenso unglaubwürdig wie die anderen dort zitierten Zahlen, im Fall von Aigina sogar rein räumlich unmöglich. Das Problem, das sich daraus ergibt, ist nicht lösbar; aus Schätzungen für die klassische Zeit können wir aber vorsichtig Rückschlüsse auf die archaische Periode ziehen, wonach die Anzahl von Sklaven in bestimmten weit entwickelten *poleis* der Bürgerzahl mindestens gleichgekommen sein muß.

Tempel und öffentliche Bauten

Der Wohlstand der archaischen Gesellschaft zeigte sich auch darin, daß für öffentliche Arbeiten genug technisches Können, Arbeitskraft und Reichtum zur Verfügung standen. Das sechste Jahrhundert v. Chr. war die große Zeit des Tempelbaus. Es ist nicht möglich, eine vollständige Liste zusammenzustellen, doch kommt man auf mindestens achtzig bezeugte archaische Tempel. Natürlich setzt eine solche Aktivität eine religiöse Motivation voraus, doch gibt es keine Anzeichen dafür, daß das sechste Jahrhundert viel »religiöser« war als die vorhergehende oder die spätere Zeit; daß auf einmal so viele Tempel gebaut wurden, hat vielmehr vor allem »weltliche« Gründe.

Die Baubewegung ist durch die Faktoren ›Experiment‹ und ›Wettbewerb‹ bestimmt. Der erste Steintempel Griechenlands, der Artemistempel von Korkyra, war um 580 v. Chr. gebaut worden; bis zur Jahrhundertwende gab es bereits Tempelkonstruktionen von bemerkenswerter Größe: Der Apollontempel von Korinth, vollendet etwa 540 v. Chr., war aus stuckiertem Kalkstein gebaut, sein Stylobat (Standfläche, auf der die Säulen ruhen) maß etwa 21,5 auf 54 m, seine Säulenschäfte, über 6 m hoch, waren jeder aus einem einzigen Steinblock gearbeitet. Der Apollontempel in Syrakus war etwa genauso groß (22 auf 55 m); der früheste Tempel von Poseidonia (Paestum) in Unteritalien, der erste Heratempel dort (heute »Basilica« genannt), war sogar noch größer (25 auf 54 m). Der erste wirklich riesige Tempel war der der Artemis von Ephesos aus der Mitte des sechsten Jahrhunderts; mit Dimensionen von etwa 55 auf 115 m hatte er die Grenzen der griechischen Bautechnik erreicht. Vom Ende des Jahrhunderts stammt der Apollontempel (»Tempel G«) von Selinous (Selinunt) auf Sizilien, mit 50 auf 110 m einer der größten griechischen Tempel, dessen etwa 15 m hohe Säulen Holzbalken trugen, die eine lichte Hallenweite von fast 12 m überspannten. In dieser späteren Zeit also gibt es Anzeichen dafür, daß sich geradezu größenwahnsinnige Bauherren dabei übernahmen, ihre Möglichkeiten zur Schau zu stellen, so daß solche Projekte gar nicht mehr vollendet werden konnten. Der Tempel des Olympischen Zeus in Akragas (Agrigent), mit 53 auf 110 m noch etwas größer als der des Apollon in Selinous, wurde erst nach hundert Jahren fertiggestellt, der Zeustempel in Athen (41 auf 108 m), mit dessen Bau die Peisistratiden begonnen hatten, blieb nach deren Vertreibung unvollendet liegen und wurde erst sechshundert Jahre später unter dem römischen Kaiser Hadrian zu Ende gebaut, und der (vierte) Heratempel auf Samos (52 auf 109 m), der auf den Tyrannen Polykrates zurückging (»Polykratischer Dipteros«), wurde nie vollendet. Der Transport der Bausteine verursachte einen Großteil der Kosten für den Bau, daher verwendete man gewöhnlich Steine aus der nächsten Umgebung. Die Tempel im griechischen Westen sind alle aus lokalem Stein errichtet, in Griechenland selbst war der erste mit Marmor verkleidete Tempel der des Apollon von Delphi; der erste Bau ganz aus Marmor das kleine Schatzhaus, das sich die Athener dort um 490 v. Chr. errichteten.

Verschiedene Faktoren waren dabei von Bedeutung. Erstmals standen der Reichtum und die technischen Möglichkeiten und Kenntnisse für so große Bauvorhaben zur Verfügung, und erst der Kontakt mit Ägypten scheint die Griechen auf die Idee gebracht zu haben, überhaupt monumentale Bauten zu errichten (wie es sie eben in Ägypten schon gab). Daß der Staat für solche Vorhaben zahlte, ging auf die Tyrannen zurück, die damit den Wettbewerb zwischen einzelnen Aristokraten auf einen zwischen *poleis* ausdehnten, ja den Lebensstil der Aristokratie auf die jeweiligen Staaten übertrugen; nichttyrannische Regierungen folgten diesem Beispiel. Darüber hinaus führte die neue Bedeutung der internationalen Feste und Heiligtümer zu einem Zustrom von Geld und Weihegaben aus den griechischen Städten und den orientalischen Königreichen nach Orten wie Delphi, Olympia, Delos, Dodona und Didyma.

Der Fall Athen ist besonders interessant, weil dort die Tempel aus der archaischen Zeit beim Einfall der Perser zerstört worden waren und ihr Bauschmuck im Schutt begraben wurde; bei Ausgrabungen eben dieses »Perserschutts« kam die am besten erhaltene und vielleicht bedeutendste Reihe antiker Plastik überhaupt ans Licht; viele Skulpturen weisen sogar noch Spuren der einstmaligen farbigen Bemalung auf.

Der erste große Tempel in Athen war der für Athena Polias auf der Akropolis, der um 560 v. Chr. vollendet worden war. Peisistratos, damals noch nicht Tyrann, war wohl zumindest teilweise für den Bau verantwortlich, denn auf ihn soll die Neuregelung des Panathenaiischen Festes im Jahr 566/65 v. Chr. zurückgehen. Seine Heimkehr aus dem Exil um 558 v. Chr. war das Thema einer Geschichte, die der aufgeklärt denkende Herodot für unglaublich hielt, die aber wenigstens Peisistratos' Beziehung zur Göttin Athene belegt: Er zog mit einem schönen, großen Mädchen in die Stadt ein, das als leibhaftige Athene verkleidet war (Herodot 1, 60, 3–5). Es ist kaum möglich, die Bautätigkeit in Peisistratos' letzter Herrschaftszeit (546–528 v. Chr.) von der seiner Söhne zu unterscheiden. Auf den Vater geht sicherlich die kultische Reinigung der Insel Delos zurück, wo alle Gräber aus dem Sichtkreis des Heiligtums entfernt wurden; ebenso ist die Tätigkeit athenischer Handwerker beim Bau des dortigen Apollontempels wohl eine Folge von Peisistratos' Einfluß. In Attika entstanden ebenfalls eine Reihe kleinerer Tempel sowie öffentliche Bauten auf der *agora* von Athen. In Eleusis zeugt die Errichtung einer neuen Mysterienhalle von demselben Interesse wie die Neuregelung des Panathenaiischen Festes: Beides sind Versuche, Attika das Prestige eines internationalen religiösen Zentrums zu verschaffen. Peisistratos' Söhne veranlaßten den Bau großer Wasserleitungen, die im Brunnenhaus *Enneakrounos* (»neun Quellen«) endeten. Wahrscheinlich geht auch der Baubeginn des großen Zeustempels auf sie zurück. Und nur vierzig Jahre nach der Fertigstellung des Tempels der Athena Polias auf der Akropolis bauten die Peisistratiden diesen Tempel um und vergrößerten ihn – so rasch hatte sich in jener Zeit der Standard dafür gewandelt, was einer großen Stadt angemessen sei.

Das Orakel von Delphi

Solche Bauten waren also mehr noch ein Ausdruck von tyrannischer Prachtentfaltung und von bürgerlichem Selbstbewußtsein als von religiösem Denken, doch gingen auch die religiösen Zentren nicht leer aus. Delphi war durch den Erfolg der Kolonisation des Westens wohlhabend und einflußreich geworden; im ausgehenden siebten Jahrhundert v. Chr. war das Heiligtum bereits so bedeutend, daß man ihm keine Parteilichkeit mehr gestatten konnte. So griffen um 591 v. Chr. in einem (schlecht bezeugten) Krieg, der als »Erster Heiliger Krieg« bezeichnet wird, drei vom Orakel benachteiligte Gruppen, die Thessaler, die Athener (unter der Führung des Alkmeoniden Megakles) und die Sikyonier (unter dem Tyrannen Kleisthenes) Delphi an und »befreiten« das Heiligtum, das sie einem religiösen Bund, den *amphiktyones* (»Herumwohner«) unterstellten.

Natürlich bevorzugte das Orakel alle die, die große Weihegaben brachten, so daß es schon bald die Tyrannen und damit auch deren Gefolgsleute, die Hopliten (s. Kap. 9) unterstützte. Als die Tyrannis abgeschafft wurde, konnte Delphi leicht den letzteren Aspekt betonen und sogar den Namen der Tyrannenfamilie der Kypseliden von deren Schatzhaus entfernen lassen (s. S. 192). In diese Zeit fallen wohl auch die berühmten Regeln von Delphi: »Nichts im Übermaß« und »Erkenne dich selbst« (s. S. 35). Schließlich wurde die Zustimmung Delphis für jede Frage entscheidend, von einer geplanten Kolonisation über eine vorgesehene Eroberung bis zu einem politischen Reformvorhaben.

Delphi ist von modernen Historikern oft als Quelle des rationalen Rates oder aber der politischen Befangenheit gesehen worden – beide Auffassungen mißverstehen die Funktion eines Orakels. Die Priester von Delphi formten die Aussagen der Pythia in Verse um, einer Priesterin, der man (wie in vielen primitiven Gesellschaften üblich) die Gabe der Prophetie zuschrieb; sie verkündete, so glaubte man, den Willen der Götter. Herakleitos, der seine eigene Redeweise an der der Orakeltradition ausrichtete, sagte: »Die Sibylle (Pythia), die mit rasendem Munde Ungelacktes und Ungeschminktes und Ungesalbtes redet, reicht mit ihrer Stimme durch hundert Jahre. Denn der Gott treibt sie.« (22 B 92 DK) Von den Antworten des Orakels erwartete man, daß sie schwierig zu verstehen oder zumindest uneindeutig waren: »Der Herr, dem das Orakel in Delphi gehört, sagt nichts und birgt nichts, sondern er gibt Zeichen.« (Herakleitos 22 B 93 DK) Manchmal geschah es, daß der Fragende von der Antwort irregeleitet wurde; das galt dann als ein Zeichen für *seine* mangelnde Weisheit, nicht für die des Orakels. Rational betrachtet erfüllte das Orakel die Aufgabe, für menschliche Vorhaben den Segen des Gottes zu gewähren – das war unentbehrlich in einer Welt, in der Glaube für jede Handlung entscheidend war. Dabei konnte es seitens des Gottes keine Fehler geben, nur menschliche Mißverständnisse; doch selbst im letzteren Fall vergaß der Gott seine Schützlinge nicht völlig: Als Kroisos, der König von Lydien, das Orakel erhielt, »er werde, wenn er gegen die Perser ziehe, ein großes Reich zerstören« (Herodot 1, 53, 3), fand er – zu spät – heraus, daß dieses Reich sein eigenes war. Apollon aber vergaß die vielen Gold- und Silbergaben nicht, die Kroisos so großzügig im Heiligtum geweiht hatte, sondern schuf einen Mythos, demzufolge der Gott selbst den Scheiterhaufen gelöscht habe, auf dem Kroisos bei lebendigem Leibe verbrannt werden sollte; Kroisos sei dann sogar der hochgeschätzte Berater seines früheren Feindes Kyros geworden.

Kurz nach der Mitte des sechsten Jahrhunderts v. Chr. war der Apollontempel von Delphi durch ein Feuer zerstört worden, und nun kamen aus ganz Griechenland Beiträge für den Neubau. Diesen übernahmen schließlich die Alkmeoniden, die aus Athen verbannt waren, und sie führten ihn sogar prächtiger aus als vertraglich vereinbart war: Sie bauten die Vorderseite aus parischem Marmor und nicht bloß aus delphischem Stein. Dieses Wohlwollen beeinflußte anscheinend – so nahm man allgemein an – den Rat des Orakels an die Spartaner, die Peisistratiden (also die Gegner der Alkmeoniden) aus Athen zu vertreiben; ja man sprach sogar von einer direkten Bestechung der Pythia (Herodot 5, 62–63).

Diese Geschichte zeigt, wie gerade der Erfolg Delphis zu seinem Niedergang führte; Delphis Beistand wurde mit der Zeit allzu wichtig und brachte manche in Versuchung, Taten zu begehen, die die menschlichen Unterhändler des Gottes in Verruf bringen konnten. Um 490 v. Chr. bestach der spartanische König Kleomenes (s. Kap. 15) die Priesterin, daß sie seinen Mitkönig Demaratos für illegitim erkläre. Dies geschah und Demaratos wurde tatsächlich abgesetzt. Als die Sache ans Licht kam, wurde die Priesterin ihres Amtes enthoben und ein weiterer Priester verbannt, Kleomenes floh aus Sparta und erlitt ein grausames Schicksal, das auf sein Sakrileg zurückgeführt wurde (Herodot 6, 61–84) – den Demaratos aber holte niemand zurück: Der Gott hatte gesprochen.

Die Einsätze waren zu hoch geworden, Vorsicht war geboten. Delphi hatte Kroisos' Macht, Persien zu schlagen, falsch eingeschätzt; danach riet das Orakel ständig zur Unterwerfung unter die Perser – und das in einer Zeit, in der die Griechen Ermutigung zum Widerstand bitter nötig hatten. Vielleicht war es dieser fortwährende Verrat der griechischen Interessen, der die Politiker jener Zeit »rationaler« machte und ihnen eine Manipulation des Orakels für die eigenen politischen Zwecke nicht mehr verwerflich erscheinen ließ. Am Ende der archaischen Zeit hatte Delphi einen Großteil seines politischen Einflusses verspielt; seine religiöse Bedeutung für den einzelnen Menschen blieb freilich ungebrochen. Auch war Delphi weiterhin das Lager für den Beuteanteil, dessen Versprechen die göttliche Einwilligung zu einem militärischen Erfolg garantierte. Delphi wurde, wie Jacob Burckhardt* gesagt hat, »das große monumentale Museum des Hasses von Griechen gegen Griechen, mit höchster künstlerischer Verewigung des gegenseitig angetanen Herzeleids«.

---

* *Griechische Kulturgeschichte.* I (dtv 6075) München 1977, S. 285.

14. Die Perser in Ionien

Das griechische Ionien

Die Griechen in Ionien bekamen bald zu spüren, wie gefährlich ihre geographische Lage am Rande eines Kontinents war. Die Kimmerer, die an der Nordküste des Schwarzen Meeres von der Krim bis zum Kaukasus gesiedelt hatten, wurden kurz vor 700 v. Chr. von den vordringenden Skythen gezwungen, über den Kaukasus nach Anatolien fortzuziehen; nur ein kleines kimmerisches Königreich konnte sich noch auf der Krim halten. Die wandernden Gruppen wurden vom Heer des Landes Urartu angegriffen und auch aufgehalten, doch schon 675 v. Chr. gelang den Kimmerern die Eroberung des Königreichs Phrygien unter dem König Midas (von dem die griechische Sage behauptete, das alles zu Gold wurde, was er berührte). Von der Mitte des siebten Jahrhunderts an berichten Aufzeichnungen der Assyrer von ständigen Übergriffen der Kimmerer, und auch das 678 begründete Königreich Lydien unter Gyges war von ihnen ständig bedroht; 652 fiel Gyges in einer Schlacht, die lydische Hauptstadt Sardeis wurde erobert. Hinter Lydien aber lagen die ionischen Städte an der Westküste Kleinasiens, die die Gefahr durch die Lyder schon zu spüren bekommen hatten, als Gyges' Leute die Reiter von Kolophon durch Verrat gefangengesetzt und getötet hatten, und die nun mit den wandernden nomadischen Gruppen der Kimmerer konfrontiert waren. Magnesia am Maiandros (Mäander), eine der mächtigsten ionischen Städte, wurde vollständig zerstört, ihre Rivalin Ephesos blieb hingegen verschont. (Aus der Zeit dieser Kämpfe stammt übrigens der erste uns bekannte Kriegslyriker, Kallinos.) Da kam plötzlich göttliche Rettung für Ionien: Die Artemis von Ephesos schickte eine Pest, die die Kimmerer bei ihrem eiligen Rückzug nach Kilikien mit sich nahmen; von ihnen drohte künftig keine Gefahr mehr.

Doch von anderer Seite wurden die ionischen Städte weiterhin bedroht: Das wiederbegründete Königreich Lydien wurde besonders unter Alyattes (617–560 v. Chr.) aktiv und hielt unter anderem elf Jahre lang das Umland Milets besetzt, bis es 610 v. Chr. dem milesischen Tyrannen gelang, das Problem auf dem Verhandlungswege zu lösen. Der König von Lydien gewährte dabei so milde Bedingungen, daß man annehmen muß, er wollte das mächtige Milet den anderen ionischen Städten entfremden. Diese nämlich wurden anders behandelt: Kolophon und Smyrna wurden erobert und zerstört.

Hybris stürzte Magnesia, Kolophon, Smyrna ins Unglück.
Zweifellos stürzt sie auch uns, Kyrnos, ins Elend hinab.
(Theognis 1103–04)

Bald hatten die Lyder die von den Assyrern entwickelte Belagerungstechnik gegen ummauerte Städte perfektioniert, und Kroisos (560–546 v. Chr.) gelang es ohne große Schwierigkeiten, Ephesos und in der Folge auch die anderen Küstenstädte zu erobern. Trotz der anfänglichen Brutalität der lydischen Eroberer hatten sich die Griechen schließlich mit ihren neuen Herren abgefunden, deren Könige sich sogar dem griechischen Denken und Fühlen anpaßten: So soll Gyges in Delphi Weihgeschenke hinterlassen haben, von Alyattes ist dies sogar sicher bezeugt, und Kroisos' Gaben dort und in anderen griechischen Heiligtümern waren die prächtigsten Weihungen, die die griechische Welt je gesehen hatte (s. S. 302f.). Die amerikanischen Ausgrabungen in Sardeis haben große Mengen griechischer Keramik ans Licht gebracht. Man darf annehmen, daß die Beziehungen zwischen den Lydern und den ionischen Griechen durch Söldnerdienste und vor allem durch den Handel zu einer gegenseitigen Beeinflussung führten, die tiefer ging als etwa die Folgen der Verbindung mit Ägypten (s. Kap. 13).

Die »ionische Aufklärung«

Ionien war zwar die Heimat des Epos, sonst aber scheint die kulturelle Entwicklung dort eher langsam verlaufen zu sein: Der ionische Keramikstil geht ebenso auf Entwicklungen im eigentlichen Griechenland zurück wie das Alphabet und die Hoplitentaktik. Auch die verschiedenen Formen der lyrischen und elegischen Dichtung sind in Griechenland und auf den ägäischen Inseln besser repräsentiert als in Ionien. Politische Entwicklungen treten dort ebenfalls erst später auf, was allerdings daran liegen kann, daß es in Ionien genügend Land gab, und daher keine Probleme aus Landmangel entstehen konnten. Doch gegen Ende des siebten Jahrhunderts v. Chr. war Ionien durch Handel und Kolonisation im Schwarzmeergebiet und in Ägypten vorherrschend, hatte aber auch Interesse am Westen (z. B. Phokaia, s. S. 138). Die luxuriöse Lebensweise der ionischen Griechen war sprichwörtlich geworden. Dieses Bild einer zunächst kulturell zurückgebliebenen, schließlich aber wohlhabenden Gruppe von Bauern- und Händlergemeinden kann nun aber nicht erklären, warum es gerade dort zu dem gekommen ist, was man mit einigem Recht »ionische Aufklärung« genannt hat.

Strenggenommen ist dieser Begriff irreführend. Das Zentrum der neuen intellektuellen Entwicklung war nämlich Milet, eine in vieler Hinsicht für Ionien untypische Stadt. Während des sechsten Jahrhunderts v. Chr. erlebte Milet außer einer wirtschaftlichen Blüte die wohl schwersten inneren Konflikte, die die archaische Periode überhaupt kannte: Nach der Vertreibung der Tyrannen kämpften zwei Parteien um die Macht, die Gruppe der »Handarbeiter« *(cheiromachā)* und die der »Reichen« *(ploutis)*, die man auch »die ewigen Seefahrer« *(aeinautai)* nannte – ein Hinweis auf die Quelle ihres Reichtums (Plutarch, 32. Griechische Frage, Moralia p. 298 c–d). Zwischen diesen beiden wirtschaftlich definierten Gruppen kam es anscheinend zu einem offenen Konflikt in der Stadt; nach einigen Grausamkeiten auf beiden Seiten wurde ein Schiedsgericht aus Paros berufen, das die Macht in die Hände der Landbesitzer legte (Herodot 5, 28). Inwiefern ein solcher politischer Hintergrund für die gleichzeitig stattfindende intellektuelle Entwicklung von Bedeutung gewesen sein kann, ist nicht sicher zu sagen.

Das zentrale Phänomen dieser Entwicklung war die Entstehung von abstraktem, rationalem Denken, von Philosophie und naturwissenschaftlicher Theorie, und zwar in einer Form, die heute noch bestimmend ist. Dieses Phänomen ist mit dem Namen von drei milesischen Bürgern verknüpft, Thales, Anaximandros und Anaximenes, die alle während der ersten siebzig Jahre des sechsten Jahrhunderts wirkten. Die Datierung ist durch folgende Tatsache sicher belegt: Thales hatte die ganze griechische Welt im Jahr 585 v. Chr. in Erstaunen versetzt, als er eine Sonnenfinsternis exakt vorausgesagt hatte. Die beiden anderen Denker wiederum fußen auf Thales' Ideen, werden also etwas später als er gewirkt haben.

Thales wurde zu den Sieben Weisen gerechnet; die Geschichten über ihn sind für eine mündliche Tradition typisch, in der praktische Begabung und politische Einsicht die Attribute der

Weisheit sind: Thales soll eine politische Einigung vorgeschlagen (Herodot 1, 170), für König Kroisos den Fluß Halys umgeleitet (1, 75) und natürlich auch Ägypten besucht haben. Er galt als der Begründer der griechischen Astronomie und Geometrie sowie als Urheber der ersten allgemeinen Theorie über die Natur der Welt, als deren eigentlichen Grundstoff er das Wasser ansah. Die Welt schwimme, so meinte Thales, auf dem Wasser, und aus diesem Element bestehe auch die ganze Natur. Zugrunde zu liegen scheint dieser Idee die Beobachtung, daß Wasser lebensnotwendig und beweglich ist; Thales sah alles, was sich bewegte, als lebendig an; und da all dies aus Wasser geschaffen war, war »alles voller Götter« (11 A 22 DK). Der Großteil von Thales' Denken ist für uns unsicher, doch soviel ist wohl deutlich, daß er versuchte, eine systematische Analyse der Natur und der physischen Welt mit einem einzigen Erklärungsprinzip durchzuführen. Die Abstraktion, die Thales' Zielsetzung, nämlich der theoretischen Einfachheit seines Systems, zugrunde liegt, macht sein Denken tatsächlich zu einer *philosophischen wissenschaftlichen Theorie*. Eine solche Einschätzung seiner Leistung wird außerdem von zwei kleineren Feststellungen gestützt: Thales benötigte kein anthropomorphisches Erklärungsmodell, und er rief – wenn auch ohne großen Erfolg – dazu auf, die äußere Welt zu beobachten.

Wir wissen zu wenig über Thales, als daß wir sagen könnten, inwieweit sein System, an den eigenen Begriffen gemessen, überhaupt als adäquate wissenschaftliche Theorie gelten kann; zumindest nämlich scheint bei ihm keine Erklärung dafür vorzuliegen, auf welche Weise Wasser in die anderen Formen der Materie übergeht oder auch, warum manche Formen wachsen und sich bewegen können, andere aber nicht, wo doch nur Wasser der Bewegung fähig ist. Solche Probleme in Thales' Theorie erkannte bereits Anaximandros (Anaximander), den wir bereits (Kap. 2) als Autor des ältesten bekannten griechischen Buches in Prosa (eines Buches – oder mehrerer Bücher – über die Natur, über Geographie und Astronomie) sowie als Urheber der frühesten griechischen Welt- und Himmelskarte genannt haben. Anaximandros also vermied in seinem System die offenen Fragen des Thales, indem er den Begriff des »Unbegrenzten« *(apeiron)* einführte. Aus dem Unbegrenzten sondern sich, so meinte er, die Gegensätze aus (heiß/kalt, naß/trocken) und bilden dann ein »geordnetes System« (*kosmos*, eigentlich »Ordnung«, dann auch »Weltordnung« und daher »Welt«).

Darin also scheint der Versuch zu liegen, Thales' ungelöste Fragen zu beantworten, nämlich das Problem, wie die verschiedenen Formen der Materie aus einem einzigen Grundstoff entstehen könnten. Anaximandros erreichte in seinem System eine höhere Abstraktionsstufe als Thales, indem er die Eigenschaften physischer Dinge isoliert (heiß, kalt, unbegrenzt) und nicht von einem bekannten Objekt spricht. Dementsprechend beruft er sich auf das Prinzip der Symmetrie und nicht mehr auf die Eigenschaften der Materie, um zu erklären, warum die Welt an ihrem Platz bleibt: Für ihn gibt es keinen Grund, warum die Welt sich auf- oder abwärts bewegen sollte. Doch auch hier sind uns wieder wichtige Aspekte unklar. So wissen wir nicht, ob Anaximandros das *apeiron* als räumlich unbegrenzt, also im Sinne von »unendlich«, oder aber als innerlich unbeschränkt, also im Sinne von »undifferenziert« auffaßte. Jedenfalls ist es ewig und in ewiger Bewegung, weshalb es – wie schon das Wasser des Thales – als »göttlich« beschrieben ist. Andererseits sind die *kosmoi* nicht ewig, da sie die Folge eines physischen Wandels auf Grund des Streites der Gegensätze sind. In einem der wenigen im Wortlaut erhaltenen Fragmente aus Anaximandros' Werk heißt es, Werden und Vergehen geschähen »nach der Notwendigkeit, denn sie zahlen einander gerechte Strafe und Buße für ihre Ungerechtigkeit nach der Anordnung der Zeit« (12 B 1 DK). Anaximandros verwendet dabei die Sprache des Systems der Schiedsgerichtsbarkeit.

Anaximenes setzte dieselbe intellektuelle Tradition fort. Sein wichtigster Beitrag war es, die Luft (und nicht das Wasser) als letztlichen Urgrund der Welt anzunehmen, die Luft nämlich, die sich durch Verdichtung in Wind, Wolken, Wasser, Erde und Stein, durch Verdünnung in Feuer verwandeln kann. Er scheint im Sinne des Thales nach einer physischen Substanz gesucht zu haben, die nun praktisch die Funktion des Wandels erfüllen konnte, wie ihn Anaximandros theoretisch bereits analysiert hatte.

Der gesellschaftliche und intellektuelle Ursprung dieser Art des Denkens ist in der Forschung umstritten gewesen. Manche haben die Entwicklung des abstrakten, rationalen Denkens und den Versuch, Gesetze der Natur zu isolieren, durch einen Verweis auf die politischen Institutionen jener Zeit zu erklären versucht, auf die also die rationalen Prinzipien der Politik, die freie Diskussion und die Entwicklung des Rechtsbegriffes zurückgehen. Eine solche Hypothese läßt sich zumal mit einigen der von den Milesiern verwendeten Analogien stützen (z. B. Anaximandros' Fragment 12 B 1 DK, s. o.), doch sind gerade in Ionien all diese politischen Entwicklungen weniger ausgeprägt als sonst in der griechischen Welt. Warum also fand dann die Aufklärung gerade in Ionien statt? Andere Forscher haben auf nichtgriechische Einflüsse hingewiesen, wie sie sich etwa in der Vorstellung vom Wasser als Urstoff der Welt zeigten, einer Idee also, die sich im babylonischen Denken und im alttestamentlichen Schöpfungsbericht (Genesis 1, 2) findet, nach Ionien aber wohl aus Ägypten gelangt sein muß. Doch obwohl auf solche Einflüsse zweifellos die Ausgangspunkte für das ionische Denken zurückgehen, läßt sich mit dieser Hypothese das eigentliche Charakteristikum der ionischen Aufklärung, ihre Suche nach einem rationalen System, nicht erklären. – Wieder andere Forscher haben den Unterschied zwischen dem milesischen Denken und der Religion für sehr gering gehalten. Sie bemerken, daß die meisten uns erhaltenen Zeugnisse des ionischen Denkens aus Zitaten bei Aristoteles und der philosophischen Überlieferung stammen, bei Autoren also, die ihr eigenes Denken bei den früheren Philosophen nachzuweisen suchten und daher ein verzerrtes Bild geben. Entsprechend betont diese Forschungsrichtung die angenommene Göttlichkeit des jeweiligen Urgrunds und damit aller Teile der physischen Welt. Doch ist ein solcher abstrakter Pantheismus, den dieses moderne Verständnis der philosophischen Aussagen voraussetzt, grundverschieden von der Vielzahl der einzelnen göttlichen Mächte, die im Mittelpunkt der griechischen *und* der orientalischen Religion stehen. Außerdem ist das Wort »göttlich« wahrscheinlich ohnehin nicht im religiösen, sondern in einem metaphorischen Sinne verwendet, soll also bestimmte Eigenschaften des jeweiligen Urgrunds ausdrücken: Ewigkeit, Unendlichkeit, Allgegenwart und Lebensbegründung. – Schließlich ist von manchen Forschern auf die Verschiedenheit der ionischen »Wissenschaft« von der europäischen Tradition der neuzeitlichen (Natur-)Wissenschaft seit dem 17. Jahrhundert hingewiesen worden: Die Ionier führten keine Experimente durch und ließen die Theorie meist mehr gelten als die tatsächliche Beobachtung. Diese Hypothese ist nicht ganz richtig, denn eine Beobachtung der physischen Eigenschaften der Dinge war ja gerade der Ausgangspunkt für die jeweiligen ionischen Theorien. Es ist sicher wichtiger, die beiden wesentlichen Charakteristika der milesischen Schule festzuhalten: *Interesse an der Kohärenz der Theorie* und

Entwicklung neuer Theorien auf der Grundlage einer kritischen Auseinandersetzung mit dem Werk der Vorgänger. Mit diesen beiden Ansätzen war die Grundlage für das gelegt, was wir als den Geist der freien Forschung kennen.

Die Frage nach den Ursprüngen des abendländischen rationalen Denkens führt zu Antworten, in denen sich oft die Vorurteile des modernen Forschers und seine Reaktion auf seine Umgebung spiegeln. So ist es z. B. kein Zufall, daß die heute vorherrschende Interpretation den Ursprung der Wissenschaft überhaupt in der Religion sieht, hilft dies doch, die beiden großen Kulturen der modernen Welt wenigstens in der fernen Vergangenheit zu vereinen. Für den Historiker ist es jedoch am ehesten angebracht, darauf hinzuweisen, daß es nie eine in sich befriedigende Antwort geben wird, weil wir mit zwei konträren Phänomenen konfrontiert sind: mit den so komplexen Kräften, die die damalige griechische Kultur prägten, und mit dem menschlichen Phänomen des freien Willens, dessen Macht sich in der Geschichte des Geistes noch deutlicher auswirkte als in jedem anderen Bereich. Konfuzius, Buddha, Zarathustra, Jesaja, Parmenides – Karl Jaspers* hat das erste vorchristliche Jahrtausend als »Achsenzeit« bezeichnet: Die »Achse der Weltgeschichte scheint ... rund um 500 vor Christus zu liegen, in dem zwischen 800 und 200 stattfindenden geistigen Prozeß. Dort liegt der tiefste Einschnitt der Geschichte. ... Es entstand der Mensch, mit dem wir bis heute leben.«

Persische Geschichte

Im Jahr 609 v. Chr. hatten die Babylonier und die Meder das Assyrerreich unter sich aufgeteilt; und 559 war Kyros auf den Thron des Vasallenkönigreichs Persis an der Grenze zu Medien gekommen. Zehn Jahre später verzeichnete die babylonische Priesterchronik zum Jahr 550/49 v. Chr.:

[Sechstes Jahr (des Nabonid): ... König Ištumegu (= Astyages)] bot [seine Truppen auf] und zog gegen Kuraš (= Kyros), König von Anšan (= Persien), [ihn] zu be[siegen]. Gegen Ištumegu empörte sich sein Heer und lieferte ihn gefangen dem Kuraš aus. Kuraš (zog) nach Agam-

---

* *Vom Ursprung und Ziel der Geschichte.* München 1949, Kap. 1, Zitate S. 19; vgl. seine *Einführung in die Philosophie.* München 1971, S. 75–84.

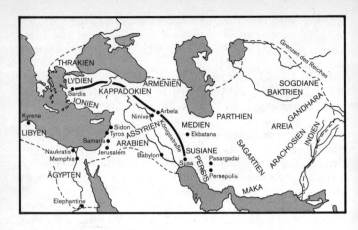

Abb. 22: Das Perserreich

tanu, der Königsstadt. Silber, Gold, Hab (und) Gut [...] von Agamtanu erbeuteten sie, und er brachte (es) nach Anšan. ... [...]
 (Nabonid-Chronik, col. 2, 1–4: Greßmann, AOT I², S. 366)

Medien war gefallen. Kroisos von Lydien versuchte, sich gegen die neue Bedrohung zu wehren oder gar sein Königreich über den Halys hinaus ins medische Gebiet zu vergrößern (s. S. 302). 547 v. Chr. traf er auf Kyros in einer unentschiedenen Schlacht und kehrte ins Winterlager nach Sardeis zurück, wo er seine (sicherlich griechischen und karischen) Söldner entließ und die Verbündeten dazu aufrief, sich für einen neuen Feldzug im Frühjahr in Sardeis zu versammeln. Kyros aber wartete nicht; noch vor dem Winter zog er nach Sardeis, schlug Kroisos in einer Schlacht und stürmte die Stadt. Die babylonische Priesterchronik notierte:

Neuntes Jahr (des Nabonid): ... Im (Monat) Nisan bot Kuraš (= Kyros), der König von Parsu (= Persien), seine Truppen auf, unterhalb von Arba'il (= Arbêla) ging (?) er über den Tigris. Im (Monat) Ajar zog er nach [Lydien ...], tötete seinen König, seine Habe nahm er weg. Seine eigene Garnison legte er hinein. Nachher blieb seine Garnison und der König darinnen.
 (Nabonid-Chronik, col. 2, 15–18: Greßmann, AOT I², S. 367)

Kyros hatte die griechischen Küstenstädte aufgefordert, von Kroisos abzufallen, was diese freilich nicht konnten. Nach einem kurzen lydischen Aufstand wendete er sich nun gegen sie. Milet wurde wiederum von den übrigen Städten getrennt und erhielt ebenso milde Bedingungen wie zuvor. Die Phokaier hingegen mußten mit ansehen, wie ihre neue, vom König von Tartessos finanzierte Stadtmauer keinen Schutz gegen eine persische Belagerungsrampe bot; sie flohen nach Westen, zunächst nach Alalia (auf Korsika), schließlich nach Hyele (Elea) in Süditalien (s. S. 139f.). Die anderen Ionier berieten, ob man diesem Beispiel folgen und vielleicht ganz Korsika erobern sollte oder nicht. Schließlich zogen nur die Leute von Teos fort, sie siedelten später in Abdera in Nordgriechenland; die anderen Ionier unterwarfen sich den Persern.

539 v. Chr. war Babylon »an der Reihe«. Die dortigen Priester führten Kyros' Eroberung auf die Ungläubigkeit des regierenden Königs von Babylon, Nabonid, zurück und drückten ihre Begeisterung für den Eroberer mit folgenden Worten in ihrer Chronik aus:

[Siebzehntes Jahr (des Nabonid): ...] ... Am 3. Araḫsamna zog Kuraš in Babylon ein. [... Zweige] wurden vor ihm ausgebreitet. Friede wurde der Stadt gewährt. Kuraš verkündete ganz Babylon Frieden ... [...]
(Nabonid-Chronik, col. 3, 18–19: Greßmann, AOT I², S. 368)

Kyros starb 530 v. Chr. beim Kampf gegen ein nomadisches Steppenvolk, die Massageten, an der Nordostgrenze seines Reiches. Sein Sohn Kambyses (530–522 v. Chr.) eroberte 525 Ägypten in einer schweren Schlacht gegen griechische Söldner. Fast ein Jahrhundert später besuchte Herodot das Schlachtfeld und sah noch die unbestatteten Gebeine der Gefallenen (Herodot 3, 12, 1). Binnen einer Generation war die politische Geographie des Alten Orients grundlegend verändert worden: Die Griechen waren nun ein aufsässiges Volk am Rande des größten Reiches, das die Welt je gesehen hatte.

Man hat oft versucht, den Persern eine eigenständige Kultur zuzuschreiben, da sie doch die älteste und reinste Sprache des westlichen Zweigs der indoeuropäischen Sprachen hatten und eine arische Sprache als Zeichen einer arischen Kultur galt. Doch scheint es eher so, daß die Perser als primitives, fast nomadisches Volk in die Welt der Hochkulturen einbrachen und dort (wie etwa später die Wikinger) jeweils die Kulturmerkmale für sich übernahmen, die sie vorfanden. So folgen beispielsweise die großen Reichsbauten in Pasargadai, Susa und Persepolis assyrischen und babylonischen Traditionen; und auch Kunst,

Reichskult und -legenden gehen auf Vorbilder in früheren Kulturen zurück. Ein (S. 189 schon behandeltes) Beispiel dafür ist die Legende von der Geburt und Jugend des Kyros, die letztlich eine Variante der Legende des Sargon von Akkad ist – eine Legende, die sich bei vielen Völkern findet, die mit der mesopotamischen Welt in Kontakt standen. Bei den Persern nun wurde daraus sogar die offizielle Version des Ursprungs ihrer Dynastie, die auch in die Krönungszeremonie mit aufgenommen wurde: Der künftige Perserkönig mußte dabei in der alten Hauptstadt Pasargadai die Kleidung anlegen, die Kyros vor seiner Königwerdung getragen hatte, und mußte ein symbolisches Hirtenmahl zu sich nehmen (Plutarch, Artaxerxes 3, 2). Damit lebte er die Jugend des Kyros, eines ausgestoßenen Findlings im Volke, nochmals durch.

Persische Religion

Das Hauptkennzeichen der persischen Kultur war ihre monotheistische Religion. Es mag freilich Anzeichen für einen anfänglichen Polytheismus geben, in dem *Mithras* eine wichtige Rolle spielte; dieser Gott und das ihm heilige Tier, der Hund, sind z. B. die Protagonisten in der rationalisierten Kyroslegende, derzufolge der künftige König von einem Schafhirten namens *Mithra-dates* und seiner Frau *Spako* (medisch für »Hündin«, Herodot 1, 110, 1) aufgezogen wurde. Ganz ähnlich betont ja die Romuluslegende die Rolle des Schutzgottes Mars mit seinem heiligen Tier, dem Wolf. Doch könnten diese Anzeichen für einen Polytheismus in Persien auch nur den Einfluß spiegeln, den zu verschiedenen Zeiten die medische Religion auf die persische gehabt haben muß. Es ist ohnehin nicht leicht, die persische von der medischen Kultur zu unterscheiden, schon weil den griechischen Quellen an dieser Unterscheidung nicht gelegen war. Die Frage, ob es einen älteren persischen Polytheismus gegeben hat, läßt sich aber auch auf einem anderen Weg nicht lösen, da die Datierung des Urhebers der entwickelten monotheistischen Religion Persiens, Zarathustra, unsicher ist; er kann vor oder auch nach den ältesten bekannten Zeugnissen für die entwickelte persische Religion gewirkt haben. Diese Zeugnisse sind die in religiöser Sprache abgefaßten Reichsinschriften des Königs Dareios. In ihnen zeigt sich ein undogmatischer Monotheismus, in dem Ahuramazda der erste Gott der Perser ist, der den König gegen die Macht der Lüge schützt. Es ist der Dualismus im Kampf zwischen dem Guten (Wahrheit) und dem Schlechten (Lüge) auf Erden, der auch in Zarathustras Denken an zentraler Stelle steht und der letztlich auch auf die christliche Vorstellung vom Kampf zwischen Gott und Satan einen Einfluß hatte. Die Griechen beeindruckte an dieser Religion die Betonung des ethisch richtigen Verhaltens und das Fehlen von Tempeln und komplizierten Ritualen (Herodot 1, 131–40). Die persische Religion ist eine der großen nomadischen monotheistischen Religionen, die die Weltgeschichte so tief geprägt haben.

Eine Folge des Fehlens einer eigenen Kultur war es, daß die Perser bestehende Systeme so wenig wie möglich stören wollten. Sie übernahmen in jeder eroberten Gegend die Verwaltungspraxis und ließen sie in der Sprache und von Leuten aus der Gegend regieren. In Ägypten war der Perserkönig der »Diener des Amun-Re« und trug alle Titel der Pharaonen; in Babylon verehrte er den dortigen Gott Marduk und proklamierte:

Ich (bin) Kyros, der König des (Welt-)Alls, der große König, der mächtige König, der König von Babylon, der König des Landes Sumer und Akkad, der König der vier (Welt-)Ufer, der Sohn des Kambyses, des großen Königs, des Königs von Anšan, Nachkomme des Šišpiš (= Teispes), des großen Königs, des Königs von Anšan, ewiger Same des Königtums, dessen Regierung Bêl (= Marduk) und Nabû liebten und dessen Königtum sie zur Erfreuung ihrer Herzen wünschten.

(Kyros-Zylinder 20–22:
Weißbach, Keilinschriften, S. 5; Greßmann AOT I², S. 369)

In Persien war Dareios König »durch die Gnade Ahuramazdas«:

Ein großer Gott (ist) Ahuramazda, welcher die Erde schuf, jenen Himmel schuf, welcher den Menschen schuf, welcher die Annehmlichkeiten schuf für den Menschen, welcher den Dareios zum König machte, zum einzigen König über viele, zum einzigen Gesetzgeber über viele.
Ich (bin) Dareios, der große König, König der Könige, König der Länder aller Stämme, König dieser großen weiten Erde auch fernhin, des Hystaspes Sohn, der Achaimenide, ein Perser, Sohn eines Persers, ein Arier, von arischem Samen.
Und der König Dareios spricht: Durch die Gnade Ahuramazdas gehorchten mir diese Länder, welche ich einnahm, ...

(Große Inschrift von Nakš-i-Rustam, § 1–3:
Weisbach, Achämenideninschriften, S. 79)

Das ist die traditionelle Sprache des orientalischen Despotismus mit seiner zentral gelenkten Palastkultur; der König beansprucht, daß seine Macht vom Gott stamme und verlangt als dessen Vertreter absoluten Gehorsam.

Minderheiten im Perserreich

Eine Minderheit hatte einen besonderen Vorteil von der persischen Expansion: Für die Juden bedeutete die Eroberung Babylons durch die Perser das Ende ihrer Gefangenschaft, in der sie dort seit 586 v. Chr. gelebt hatten. Esra überliefert das Edikt des Kyros, das auf Aramäisch, in der Sprache des Westteils des Perserreiches, geschrieben ist:

So spricht der König Kyros von Persien: Der Herr, der Gott des Himmels, hat mir alle Reiche der Erde verliehen. Er selbst hat mir aufgetragen, ihm in Jerusalem in Juda ein Haus zu bauen. Jeder unter euch, der zu seinem Volk gehört – sein Gott sei mit ihm –, der soll nach Jerusalem in Juda hinaufziehen und das Haus des Herrn, des Gottes Israels, aufbauen; denn er ist der Gott, der in Jerusalem wohnt.
(Esra 1, 2–3, vgl. 2. Chronik 36, 23)

Die Juden kehrten unter Zerubbabel nach Jerusalem zurück und errichteten einen Tempelstaat unter Nehemia und Esra. Der Vorrang der Priesterschaft im Judentum und die Schaffung des Alten Testaments als Geschichte des jüdischen Volkes in seiner Beziehung zu Gott sind ein Produkt der persischen Wiedereinsetzung der Juden nach Jerusalem. So wurde für dieses Volk der Perserkönig Kyros »der Gesalbte des Herren« (Deutero-Jesaja 45, 1 u. ö.).

Auch die Griechen wurden so behandelt. Auch sie hatten einen Gott, der verehrt werden mußte. Eine Inschrift aus dem zweiten Jahrhundert nach Chr., die man an der Straße von Magnesia am Maiandros (Mäander) nach Tralleis gefunden hat, überliefert einen Brief des Dareios an seinen Satrapen in griechischer Übersetzung:

Der König der Könige, Dareios, Sohn des Hystaspes, spricht zu Gadatas, seinem Knecht: Ich erfahre, daß Du meinen Anweisungen nicht in allen Stücken Folge leistest. Dafür zwar, daß Du für die Kultivierung meines Landes sorgst, indem Du die jenseits des Euphrat (wachsenden) Früchte in Asiens unteren (Landes-)Teilen anpflanzen läßt, lobe ich Deinen Vorsatz, und dafür wird Dir großer Dank in des Königs Haus sicher sein. Dafür jedoch, daß Du meine Einstellung gegenüber den Göttern zunichte machst, werde ich Dir, wenn Du Dich nicht änderst, eine Probe meines durch Unrecht geweckten Zornes geben. Denn von den Gärtnern, die dem Apollon geweiht (»heilig«) sind, triebst Du Abgaben ein, und Land, das ungeweiht (»profan«) ist, zu bestellen machtest Du (ihnen) zur Aufgabe in Unkenntnis der von meinen Vorfahren dem Gott entgegengebrachten Gesinnung, welcher den Persern verkündete [die vol]le Wahrheit und ... (Meiggs-Lewis 12)

Das Interesse der Perser an der Landwirtschaft ist wohlbekannt; das Wort *paradeisos* kam in die griechische Sprache aus dem Persischen, wo es einen großen kultivierten Park bezeichnete. Mit seinen Heiligtümern in Didyma, Delos und Delphi war Apollon der Gott, dem die wichtigsten Institutionen in Griechenland geweiht waren, auch wenn seine Macht nicht der eines Marduk oder Jahwe gleichkam. Es mag sein, daß die geschilderte tolerante Haltung der Perser auch Delphi zur Überzeugung brachte, Apollon werde mit einer persischen Eroberung Griechenlands eher gewinnen als verlieren (s. S. 303), doch gab es keine direkte Verbindung der Apollonpriester mit der politischen Elite einer jeden griechischen Stadt, so daß Delphis Appell nur eine beschränkte Wirkung haben konnte. Wie anderswo setzten die Perser auch in den griechischen Städten dort beheimatete Einzelherrscher ein oder unterstützten sie. Die Griechen bezeichneten solche Herrscher auch als Tyrannen; da sich die griechische Tyrannis mehr und mehr überlebt hatte, konnte nunmehr der orientalische Despotismus mit diesem Wort benannt werden. Trotz seiner »aufgeklärten« Form entsprach der persische Imperialismus nicht der Situation in Ionien.

Am Ende von Kambyses' Regierungszeit trat ein angeblicher Sohn des Kyros auf und beanspruchte den Thron für sich, doch Dareios ergriff mit Hilfe persischer Adliger die Macht, mußte sich aber bald vielerorts mit Aufständen auseinandersetzen:

Da wurde das Volk feindlich (»bösen Herzens«) und die Lüge wurde groß im Lande, sowohl in Persien als auch in Medien und in den übrigen Ländern. ...
Es spricht der König Dareios: Dies (ist's), was ich tat nach dem Willen Ahuramazdas in einem und demselben Jahre, nachdem ich König geworden war. Neunzehn Schlachten lieferte ich. Nach dem Willen Ahuramazdas schlug ich sie (meine Widersacher) und nahm neun Könige gefangen.

(Inschrift von Behistun, col. 1 § 10 und col. 4 § 52:
Weißbach, Keilinschriften, S. 15 und 57–59)

Dareios ließ seinen Aufstieg zur Macht in einer großen dreisprachigen Inschrift an einer Felswand bei Behistun 70 m über der Karawanenstraße von Bagdad nach Teheran aufzeichnen, wo sie nur der Gott lesen und keine Menschenhand zerstören konnte. Es ist sogar wahrscheinlich, daß Dareios in diesem Zusammenhang eine Schrift zur Aufzeichnung des Persischen erfinden ließ, die nur für Reichsinschriften verwendet wurde und wahrscheinlich nur von Ahuramazda gelesen werden konnte.

Bis 520 v. Chr. hatte Dareios das Perserreich wiedervereint, nunmehr machte er sich an eine umfangreiche Neuorganisation der Verwaltung, die fast einem neuen imperialen System gleichkam. Die Grenzen der verschiedenen Satrapien oder Provinzen wurden neu bestimmt, erstmals wurde ein regelmäßiger Tribut erhoben. (Herodot 3, 89–117 gibt eine bemerkenswert genaue Liste, die ohne Zweifel auf offiziellen persischen Quellen fußt.) Die Perser begannen jetzt auch, die ägäischen Inseln anzugreifen, und stürzten durch Verrat und Invasion die Tyrannis des Polykrates auf Samos, der sich nach dem Fall von Sardeis eine bedeutende Seemacht geschaffen hatte. Danach (um 514 v. Chr.) stieß Dareios nach Europa vor, marschierte durch Thrakien und rief seine ionischen Vasallen dazu auf, ihn mit ihren Flotten bei einem Angriff auf Skythien zu unterstützen. Nach Herodot (4, 83–144) war dieser Feldzug kein Erfolg, und nur die übertriebene Loyalität der ionischen Flotte, die eine Brücke über die Donau bewachte, ermöglichte dem König den Rückzug.

Ionier im Perserreich

Es ist wahr, daß das Perserreich in mancher Hinsicht den ionischen Griechen neue Möglichkeiten eröffnete. Überlandtransporte und -handel waren durch die Einigung Asiens von der persischen Wüste bis ans Mittelmeer und wohl auch durch den Bau der Königsstraße von Susa nach Sardeis (s. Abb. 22) erheblich vereinfacht worden, auch wenn diese Straße primär dem Botendienst des Reiches diente. Doch verlief der ionische Handel größtenteils ohnehin zur See, so daß dieser Vorteil der persischen Eroberung recht wenig Bedeutung hatte. Manche griechische Spezialisten hingegen profitierten von der neuen politischen Einheit, sie fanden ihren Weg nach Susa. Ein Beispiel dafür ist der Hofarzt Demokedes von Kroton, dessen Lebensgeschichte (Herodot 3, 129–38) auf die Chancen und Risiken für solche Männer ein Schlaglicht wirft. In Kroton geboren war Demokedes als öffentlich bestellter Arzt von Aigina für ein Talent jährlich angestellt worden; im Folgejahr erhöhte Athen diese Summe um mehr als die Hälfte, und wieder ein Jahr später holte ihn Polykrates für zwei Talente nach Samos. Als kriegsgefangener Sklave kam er von dort nach Susa, wo er zum Leibarzt des Dareios aufstieg. Dieser wiederum sandte ihn als Spion auf einem phoinikischen Schiff nach Griechenland und Unteritalien, wo es ihm mit lokaler Hilfe gelang, seinen Bewachern zu entkommen und in seine Heimatstadt Kroton zu fliehen. Dort stellte er seinen Reichtum dadurch unter Beweis, daß er die Tochter des berühmten Olympiasiegers und Feldherrn Milon (s. S. 257) heiratete.

Auch andere Ionier waren in persischen Diensten beschäftigt: Bei der Errichtung der Reichsbauten in Pasargadai, Susa und Persepolis wurden sie als Experten für Steinbearbeitung eingesetzt. Ionische Handwerkskunst zeigt sich aber z. B. auch in Details wie dem Faltenwurf persischer Plastiken; und Entwurfsskizzen, Graffiti und Steinmetzzeichen mit griechischen Buchstaben belegen die Tätigkeit von Ioniern in Persien. Eine dreisprachige Bauinschrift des Dareios zeigt, wie international die Gruppe der Handwerker beim Bau der Residenz in Susa war:

Die Steinmetzen, die den Stein schnitten, sind Ionier und Sarder.
Die Goldschmiede, die das Gold bearbeiteten, sind Meder und Ägypter.
Die Leute, die die Backsteine machten, das sind Babylonier.
Und die (Bau-)Leute, die die Burgmauer beaufsichtigten, das sind Meder und Ägypter.

(Dareios' Gründungsurkunde von Susa § 4c:
Herzfeld, Altpers. Inschriften, S. 17)

Die Täfelchen vom Schatzhaus in Persepolis *(treasury tablets)* verzeichnen die Bedingungen, unter denen diese Handwerker arbeiteten; in zwei Fällen sind Griechen genannt. Die Handwerker bekamen ihren Lebensunterhalt oder statt dessen Silber, nicht aber einen eigentlichen Lohn; man kann also annehmen, daß es sich nicht um freiwilligen Dienst, sondern um Zwangsarbeit gehandelt hat.

Insgesamt waren die Möglichkeiten, die das Perserreich den ionischen Städten bot, von nur geringer Bedeutung. Sie nützten den Ioniern weniger als sie ihnen schadeten: Der einstmalige Bedarf an ionischen Söldnern in Kleinasien bestand nach der Reichseinigung nicht mehr, und auch der Handel war wohl unterbrochen worden, als die Perser zunächst nach Ägypten und dann nach Thrakien und ins Schwarzmeergebiet vordrangen. Zwar hatten die Ionier nicht an den großen nationalen Erhebungen bei Dareios' Thronbesteigung teilgenommen, doch als im Jahr 499 v. Chr. die Perser gegen Naxos vorgingen, lehnten sich die Ionier, vom milesischen Tyrannen Aristagoras dazu angestachelt, gegen ihre Herren auf und stürzten die von den Persern eingesetzten oder unterstützten Tyrannen.

Der ionische Aufstand

Den Verlauf dieses »ionischen Aufstands« beschreibt Herodot ausführlich im fünften und sechsten Buch seines Geschichtswerkes; dabei neigt er dazu, den Widerstand der Ionier zu untertreiben, den er für von vornherein aussichtslos hielt – eine Folge der Tatsache, daß Herodot die mündliche Tradition einer Niederlage wiedergibt (also kein bewußtes Vorurteil des großen Historikers). Die Erzählungen von einem Sieg werden ja bei der Weitergabe im Lauf der Zeit ständig besser gestaltet und geordnet; die sie tradierende Gesellschaft gibt dabei der Geschichte einen kohärenten Sinn. Anders bei einer Niederlage: Wo sie nicht einfach vergessen wird, ist sie Anlaß zum Tadel, zur Rechtfertigung, letztlich sogar zu einem Umstoßen der Werte einer Gesellschaft. Die Ionier etwa gestanden sich schließlich ein, von Natur aus »schwach« zu sein, und schämten sich nunmehr, überhaupt Ionier zu sein (Herodot 1, 143, 3). Diese Betonung ihres mangelnden militärischen Geistes und ihrer luxuriösen Lebensweise war ein von ihnen selbst geschaffener Mythos, der ihre Niederlage im nachhinein erklären sollte. Vergrößert wurden die Probleme, eine Niederlage darzustellen, noch durch den griechischen Glauben an die Bedeutung des Sieges im *agōn* (Wettkampf). Der Verlierer verliert nicht nur den Wettkampf, sondern darüber hinaus jede Selbstachtung und jeden Anspruch darauf, von anderen respektiert zu werden: »Gassen durchhuschten gebückt sie, suchten auszuweichen den Feinden, von ihrem Unglück gequält.« (Pindar, 8. Pythische Ode, 86–87; s. S. 259)

Tatsächlich aber war der ionische Aufstand bemerkenswert erfolgreich. Die meisten Küstenstädte vom Hellespont bis zum Süden Kleinasiens schlossen sich ebenso an wie die griechischen Städte auf Zypern und in Karien. Aus Griechenland selbst kam Hilfe aus Athen und Eretria – »der Beginn des Übels für Griechen und Barbaren« (Herodot 5, 97, 3) –, und es gelang, die persische Stadt Sardeis bei einem Kommandounternehmen in Schutt und Asche zu legen. Doch einmal mobilisiert waren die Perser zu Lande unbesiegbar. Mit phoinikischer Hilfe eroberten sie Zypern zurück: Man hat bei der Ausgrabung des Belagerungswalles um Paphos auf Zypern zahlreiche Pfeilspitzen gefunden, dazu einige archaische Skulpturen, die offenbar von lokalen Gedenkstätten außerhalb der Stadt genommen waren. Karien zu unterwerfen war etwas schwieriger, die Perser mußten die phoinikische Flotte herbeirufen, da die See der einzige Bereich war, auf dem die Perser nicht überlegen waren (und wo die Ionier deshalb auf einen Erfolg hoffen konnten). Im fünften Jahr des Aufstands, 494 v. Chr., sammelten die Ionier ihre gemeinsame Streitmacht zur Verteidigung Milets auf einer der Stadt vorgelagerten Insel, Lade: mehr als 70 000 Mann auf 353 Trieren, von denen die größten Kontingente aus Milet selbst (80 Schiffe), aus Chios (100) und Samos (60) kamen. Die Phoiniker hatten schätzungsweise 600 Schiffe; Persien siegte, Milet fiel, die Einwohner wurden getötet oder in die Sklaverei verkauft, und auch beim späteren Wiederaufbau wurde die Hafengegend Milets nicht mehr wiederhergestellt. *Milētou Halōsis,* die Eroberung Milets, war der Titel einer berühmten (nicht erhaltenen) Tragödie des Atheners Phrynichos, die 493/92 v. Chr. aufgeführt wurde; der Autor wurde dafür bestraft, daß er die Athener an jene Katastrophe erinnert hatte.

Das weitere persische Vorgehen war dann einfach. Sowohl Perser als auch Griechen hatten aus dem Verlauf des Aufstands gelernt. Die Perser verließen sich nun nicht mehr auf Tyrannen zur Beherrschung der griechischen Städte, sondern richteten »Demokratien« ein – so jedenfalls heißt es bei Herodot (6, 43, 3), der aber vielleicht übertreibt – und hatten die Probleme erkannt, die ihnen eine freie griechische Welt am Rande ihres Reiches bereiten konnte. Die Griechen hatten erlebt, wie die Einigung Ioniens auf einen gemeinsamen Oberbefehl durch den religiösen Bund mit seinem Heiligtum am Panionion zumindest anfangs erfolgreich gewesen war und wie die Ionier gemeinsame Operationen mehrerer Städte organisiert und durchgeführt hatten; die Griechen hatten aber auch gesehen, wie die Ionier nach Aristagoras' Verschwinden nicht mehr fähig gewesen waren, das Problem der gemeinsamen Führung effektiv zu lösen. Solche Lektionen blieben auch in Hellas nicht ohne Erfolg bei den Griechen, die sich zunehmend der Gefahr bewußt wurden, in der sie selbst schwebten.

Ionisches Denken im Westen

Eine langfristige Konsequenz des persischen Druckes seit Kyros' Eroberung von Lydien 546 v. Chr. war die verstärkte Auswanderung von ionischen Gemeinden und Einzelpersonen in den griechischen Westen. Die zweite Stufe der »ionischen Aufklärung« ist mit dieser Bewegung verbunden. Herakleitos (Heraklit) blieb in Ephesos, aber Xenophanes von Kolophon und Pythagoras von Samos zogen fort, und es fällt auf, daß der erste westgriechische Philosoph, Parmenides, aus der phokaiischen Stadt Hyele (Elea) stammte. Die weitere Entwicklung des ionischen Denkens ist durch seine Divergenz gekennzeichnet. Xenophanes setzte die rationalistische Tradition fort, und Herakleitos beschäftigte sich in seiner absichtlich dunklen Ausdrucksweise weiterhin mit dem Problem des physischen Wandels, den er besonders in bezug auf die Eigenschaften des Feuers und auf die Gegensätzlichkeit (als Grundlage des Wandels) betrachtete – alles traditionelle Fragestellungen (s. S. 308 ff.). Er griff die Methoden anderer Denker an und tadelte deren Unfähigkeit, eine tiefere Einsicht in die Wirklichkeit zu erlangen: »Vielwisserei lehrt nicht Verstand haben. Sonst hätte sie's Hesiod gelehrt und Pythagoras, ferner auch Xenophanes und Hekataios.« (Herakleitos 22 B 40 DK)

Pythagoras war der Gründer einer mystischen Sekte in Kroton, die sich auch politisch betätigte und in der spätarchaischen Periode eine Reihe unteritalienischer Städte beherrschte, bis ihre Anhänger um 450 v. Chr. in den Untergrund gehen mußten. Diese Sekte war besonders an den mathematischen Proportionen interessiert, die der musikalischen Harmonie zugrunde liegen; sie praktizierte Askese und rituelles Schweigen, hatte eine komplexe Hierarchie von Initiationen und kannte verschiedene Tabus bei den Mahlzeiten (s. S. 56), von denen viele der Befreiung der Seele vom Körper dienen und sie für den notwendigen

Kreislauf der Wiedergeburten reinigen sollten. Einige der pythagoreischen Ideen haben die schamanistische Kultur der Skythen in Südrußland beeinflußt.

Parmenides ist der erste griechische Philosoph, dessen Denken uns gut dokumentiert ist: Aus seinem in Hexametern abgefaßten Gedicht über die zwei Wege, den der Wahrheit und den des Scheinens, ist eine ganze Reihe von Zitaten erhalten. Im »Weg der Wahrheit« stellt er den Glauben an die sinnliche Wahrnehmung und die Wirklichkeit der so wahrgenommenen wirklichen Welt in Frage, im »Weg des Scheinens« postuliert er eine neue Kosmologie, von der er sagt, sie habe den Vorteil der Kohärenz, sei aber nicht mehr als eine Hypothese. Seine Spekulationen sprechen viele fundamentale Fragen zum Problem des Wissens an und weisen in ihrer Form auf die spätere Tradition des Skeptizismus ebenso voraus wie auf den transzendentalen Idealismus Platons.

Xenophanes schließlich faßt die Erfahrungen, die Ionien im sechsten Jahrhundert gemacht hat, zusammen. Im Rückblick vom relativ ruhigen Westen aus, in der vertrauten Umgebung des *symposion,* stellt er die alte Frage Homers, aber mit einem entscheidenden Zusatz:

Beim Feuer ziemt solch Gespräch zu Winterszeit,
wenn man auf weichem Lager gesättigt daliegt
und süßen Wein trinkt und Kichern dazu knuspert:
›Wer und von wem bist du unter den Männern?
Wieviel Jahre zählst du, mein Bester?
Wie alt warst du, als der Meder ankam?‹

(Xenophanes 21 B 22 DK = 18 D)

Das war das Ereignis, das die Welt verändert hatte.

15. Die Verteidigung Griechenlands: Sparta und Athen

Sparta

Das sechste vorchristliche Jahrhundert war das Zeitalter des Hoplitenstaats. Zahlreiche *poleis* hatten eine Tyrannis erlebt und sie mit einer Verfassung überwunden, in der die Hoplitenklasse dominierte. Im Zentrum dieses Prozesses stand Sparta mit seiner Armee der »Gleichen« (s. Kap. 10) und seinem Stolz auf seine Verfassung, die *eunomia*, gute Ordnung. Aristoteles (Politik 3 p. 1285 b) hat das spartanische Königtum als »erbliches Feldherrnamt auf Lebenszeit« beschrieben – sicher zu Recht: Die Macht der Könige wuchs mit ihren Erfolgen im Krieg, und die Allianz von Königen und Hopliten schuf einen aggressiven, auf Expansion gerichteten Staat.

Messenien war 600 v. Chr. bereits unterworfen, und Sparta versuchte nunmehr, sein Gebiet in Richtung Norden nach Arkadien zu erweitern. Unter den Königen Leon und Agesikles (um 580–560 v. Chr.) befragte man das Orakel in Delphi und erhielt folgende Antwort:

Ganz Arkadien dir? Zuviel. Das geb ich dir nimmer.
Zahlreich sind, von Eicheln genährt, in Arkadien die Männer,
diese verwehrn es dir schon. Ich selbst aber hab keine Mißgunst,
will dir Tegea gewähren, mit stampfendem Fuß dort zu tanzen
und seine fruchtbare Flur sorgsam mit der Leine zu messen.

(Herodot 1, 66, 2)

Die Spartaner zogen aus mit den Ketten, in die sie die Leute von Tegea legen wollten, doch sie unterlagen denen und wurden selbst versklavt, »sie trugen die Fesseln, die sie selber mitgebracht hatten, und maßen mit der Leine die Flur der Tegeaten, wenn sie die Felder bestellten« (Herodot 1, 66, 4). Herodot sah diese Fesseln noch im Tempel von Tegea hängen.

Dorier oder Achaier?

Unter den beiden nächsten Königen, Anaxandrides und Ariston (um 560–520 v. Chr.), verfolgte Sparta eine andere Politik. Wiederum auf Delphis Rat hin gelang es Sparta, die Gebeine eines mythischen Helden, des Agamemnonsohnes Orestes, aus Tegea zu entführen und sie in Sparta öffentlich zu bestatten, woraufhin die Spartaner im Krieg gegen Tegea endlich erfolgreich waren (Herodot 1, 67–68). Diese Geschichte schildert mehr als eine bloße *evocatio* (eine Zeremonie, bei der die Schutzgötter des Feindes aus dessen Gebiet »herausgerufen« werden). So wie Kleisthenes von Sikyon den argivischen Heros Adrastos in Mißkredit zu bringen versucht hatte (s. S. 195f.), war auch das Vorgehen der Spartaner der bewußte Ausdruck einer Art Außenpolitik: Sie erhoben nämlich damit den Anspruch auf die Führerrolle auf der Peloponnes, die einst der Achaier Agamemnon innegehabt hatte, sie ordneten also ihr (bisher propagiertes) »Doriertum« der neuen Forderung nach Führung der »Achaier« unter. Im Zusammenhang damit sagte der Dichter Stesichoros (216 [39] P = 14b D) sogar, Agamemnon sei nicht der König von Mykene, sondern der von Sparta gewesen. Stesichoros' Werk spiegelt auch sonst deutlich das Interesse Spartas an der vordorischen Welt des Menelaos und der Helena mit ihren beiden göttlichen Brüdern Kastor und Polydeukes (Pollux), den Schutzherren Spartas. Als eine Generation später der spartanische König Kleomenes von der Priesterin zum Verlassen des Athene-Tempels auf der Akropolis von Athen aufgefordert wurde, da Dorier ihn nicht betreten dürften, antwortete der König: »Frau, ich bin kein Dorier, sondern ein Achaier.« (Herodot 5, 72, 3)

Dieser neue Anspruch scheint das Abrücken Spartas von seinen alten Prinzipien der Eroberung und Versklavung sowie den Übergang zu einem neuen Prinzip der Außenpolitik zu kennzeichnen: dem des Bündnissystems. Ein Bruchstück aus einem Bündnisvertrag mit Tegea liegt möglicherweise in der literarischen Überlieferung vor: Nach Aristoteles (Frg. 592 Rose) stand eine alte Inschrift am Ufer des Alphaios, auf der sich die Tegeaten verpflichteten, die Messenier aus dem Land zu vertreiben und sie »nicht gut zu machen« (Plutarch, 5. Griechische Frage, Moralia p. 292b). Aristoteles sah den letzten Ausdruck als Euphemismus für »töten« an, doch ist es wahrscheinlicher, daß damit »Ausschluß von den politischen Rechten« gemeint ist.

Der Mythos vom Achaiertum Spartas war freilich nur *ein* Aspekt der neuen Politik; Sparta erwarb sich in jener Zeit auch einen Ruf als Tyrannenvertreiber: Die *eunomia*, auf die die Hopliten so stolz waren, wurde also exportiert. Die Listen gestürzter Tyrannen bei Plutarch (Über die Schlechtigkeit Herodots, Moralia p. 859 c–d) und auf einem Papyrus der Zeit um 150 v. Chr. (Papyrus Ryland 18 = FGrHist 150 F 1) ignorieren zwar die Chronologie und sind als Quellen kaum von Wert, da sie offenbar nur die allgemeine Tradition mit Namen ausfüllen, doch ist soviel sicher, daß während des sechsten vorchristlichen Jahrhunderts die Tyrannis von der ganzen Peloponnes verschwand. Anschließend finden wir eine Gruppe von Staaten, die sich offenbar zur Verteidigung ihrer Hoplitenverfassungen verbündet hatten. Als einzige größere *polis* hielt sich Argos von dieser Allianz fern; ihre traditionelle Feindschaft mit Sparta führte immer wieder zu Kämpfen um die Ostküste der Peloponnes. Um die Mitte des sechsten Jahrhunderts gewann Sparta die Insel Kythera im Süden hinzu und drang nordwärts durch das Grenzgebiet der Kynouria ins Gebiet von Thyrea. Um die dortige Ebene kam es 546 v. Chr. zum Kampf, für den beide Seiten dreihundert Mann auswählten. Diese »Schlacht der Helden« überlebten lediglich zwei Argiver und ein Spartaner. Da die Argiver aber das Schlachtfeld den Spartanern überlassen hatten, beanspruchten nun beide Seiten den Sieg; erst in der folgenden Schlacht siegte Sparta eindeutig.

Damit galt Sparta als der stärkste Staat Griechenlands, der diplomatische Geschenke (darunter die berühmten Silberkessel, s. S. 218) mit den Königen im Orient austauschte, und an den sich die alten, jetzt von den Persern bedrohten Mächte des Mittelmeerraumes mit der Bitte um griechische Soldaten wandten: Sparta unterhielt Beziehungen zu Kroisos von Lydien, zu Amasis von Ägypten und zu den Skythen (deren Gesandte dem König Kleomenes beibrachten, ungemischten Wein zu trinken; s. S. 260 f.). Dem Kroisos kam Sparta nicht zu Hilfe, doch immerhin besaß es den »Mut«, ein Schiff an Kyros zu senden, um ihn aufzufordern, die griechischen Städte in Frieden zu lassen (Herodot 1, 152–53). Kurz nach 525 v. Chr. war Sparta sogar bereit, gemeinsam mit Korinth eine größere Gruppe von Soldaten und Schiffen nach Samos zu schicken, die dort den Tyrannen Polykrates stürzen sollten. Für dieses Unternehmen führt Herodot (3, 47) verschiedene Begründungen an, es scheint jedenfalls im Zusammenhang mit Spartas tyrannenfeindlicher Politik und mit der Tatsache zu stehen, daß Polykrates wenig vorher, zur Zeit von Kambyses' Vorgehen gegen Ägypten, auf die Seite der Perser übergelaufen war. Das Unternehmen gegen Samos scheiterte, doch scheint Lygdamis von Naxos in dieser

Zeit gestürzt worden zu sein. Solche Abenteuer Spartas beruhten auf der Überschätzung der eigenen Machtmittel im Verhältnis zu denen der großen Könige des Ostens – eine Illusion, die durch die Behandlung Spartas als einen gleichrangigen Partner von seiten der Königreiche gefördert wurde.

Kleomenes

Doch zeigten sich gerade jetzt die Grenzen von Spartas Macht und die Spannungen innerhalb der spartanischen Gesellschaft immer deutlicher, besonders in der Regierungszeit des bedeutendsten spartanischen Königs, Kleomenes (um 520 bis 490 v. Chr.). Die mündliche Tradition in Sparta spielte seine Bedeutung zwar herunter, bezeichnete ihn als »etwas verrückt« (Herodot 5, 42, 1) und behauptete, er habe »nicht sehr lange« (5, 48) regiert – wir wissen aber von mindestens 28 Regierungsjahren! Man versuchte, ihn lieber ganz zu vergessen, da er zu sehr gegen das Prinzip der Gleichheit verstoßen hatte, ja nahe an eine persönliche Tyrannis gelangt war und sogar mit dem Versuch geendet hatte, einen Helotenaufstand hervorzurufen. Der Beginn seiner Herrschaft war gekennzeichnet durch die Auseinandersetzung um die rechtmäßige Nachfolge mit seinem Halbbruder Dorieus (»der Dorier«, vielleicht Symbol für die Opposition gegen die »achaiische Politik«), der schließlich eine größere Gruppe von Spartanern und anderen Griechen zur Gründung einer neuen Stadt an die nordafrikanische Küste zwischen Kyrene und Karthago führte. Diese Expedition fand viel öffentliches Interesse in Griechenland, war aber von Delphi nicht sanktioniert. Sie scheiterte, die Siedler zogen nach Süditalien und Sizilien, wo sie von rivalisierenden phoinikischen Kolonisten vernichtet wurden – es gab keinen Platz mehr für Neugründungen.

In verschiedenen Episoden zeigt sich die Entwicklung von Kleomenes' Macht in Sparta. Als erstes ist hier der Sturz der Tyrannis der Peisistratiden in Athen im Jahr 510 v. Chr. zu nennen. Herodots Version der Ereignisse (5, 62–65) geht auf die alkmeonidische Familientradition zurück, derzufolge die Alkmeoniden durch ihre Großzügigkeit (sprich: Bestechung) Delphi dafür gewannen, die Spartaner zu einem Angriff auf ihren früheren Bündnispartner Athen zu überreden. Diese Geschichte spielt ganz offenbar die Bedeutung der anderen aristokratischen Familien beim Sturz der Tyrannis herunter (s. S. 333) und gibt auch das Eingreifen Spartas nicht adäquat wieder. Tatsächlich wird der Verlauf der Ereignisse etwa so richtig dargestellt sein: Seit dem Krieg, an dem der Dichter Alkaios (s. S. 198) teilgenommen hatte, besaßen die Athener überseeische Besitzungen im Bosporosgebiet, bei Sigeion in der Troas und später auch auf der Thrakischen Chersones. Die Peisistratiden als Herren Athens hatten durch diese Besitzungen Beziehungen zu den vordringenden Persern, die sie sich durch Heiratsverbindungen noch enger verpflichteten: Der Peisistratide Hippias gab seine Tochter dem Sohn des (von den Persern unterstützten) Tyrannen von Lampsakos zur Frau (Thukydides 6, 59, 3); ferner war die Familie seit alters mit Spartas Feind Argos befreundet. Dies allein könnte man für den Anlaß des spartanischen Vorgehens gegen die Peisistratiden halten, doch im Grunde taten die Spartaner mit dem Versuch, in Athen einzugreifen, nur einen weiteren Schritt auf dem Weg, der ihnen bereits die Führerrolle auf der Peloponnes verschafft hatte. Sparta wollte also sein Bündnissystem über den Isthmos hinaus ausdehnen, und zwar mit Hilfe eines bisher bewährten Mittels, dem des Tyrannensturzes und der Einführung der *eunomia*. Ein Flottenunternehmen gegen Athen scheiterte, Kleomenes rückte daraufhin mit einem großen Landheer in Attika ein. Die Peisistratiden aber waren in Athen auf eine lange Belagerung gefaßt, nur ihre Söhne gerieten bei einem Fluchtversuch außerhalb Athens in spartanische Gefangenschaft, aus der sie erst entlassen wurden, als die Peisistratiden sich ergaben und nach Sigeion abzogen. Damit war der Weg zur Einrichtung einer neuen Verfassung, eben der *eunomia*, in Athen frei (Herodot 5, 63–65). Die Neuordnung aber, die Kleisthenes dann veranlaßte (s. S. 333f.), war alles andere als eine *eunomia*, so daß Kleomenes ein zweites Mal eine Invasion nach Attika unternehmen mußte; diesmal ging er zu Lande vor, befehligte aber nur ein kleines Heer, vielleicht eine private Truppe, und blieb erfolglos. Danach sammelte er die Truppen der Peloponnesier und Boiotier, offenbar ohne diesen Verbündeten das Ziel der Unternehmung zu nennen (die peloponnesische Armee war eben immer noch Spartas Armee). Erst kurz vor der Schlacht, die bei Eleusis gegen Athen geschlagen werden sollte, zogen sich die Korinther zurück, da sie nicht gegen ihre Freunde, die Athener, zu kämpfen bereit waren, und auch der andere König von Sparta, Kleomenes' Kollege Demaratos, sprach sich gegen eine Fortsetzung des Unternehmens aus. Das hatte nun zwei Folgen: Einmal wurde bestimmt, daß künftig nur einer der beiden Könige auf einen Feldzug ziehen dürfe, um eine Uneinigkeit der Heerführung auszuschalten. Zum anderen schien man eingesehen zu haben, daß die Bündnispartner vor dem Einsatz ihrer Truppen gefragt werden mußten; Kleomenes berief nämlich tatsächlich als nächstes einen Kongreß der Bündner ein, bei dem er ihnen den exilierten athenischen Tyrannen Hippias vorstellte und dessen Wiedereinsetzung vorschlug. Wiederum widersetzten sich die Korinther einer Intervention, und auch die anderen Staaten lehnten eine solche Umkehrung der traditionellen anti-tyrannischen Politik ab. Hier zeigt sich übrigens erstmals eine Form von Bündnisorganisation, »die Spartaner und ihre Bundesgenossen« bezeichnet man daher als »Peloponnesischen Bund«. Insgesamt zeigt die Geschichte der spartanischen Interventionen in Athen, wie Kleomenes die spartanische Politik beherrschte, aber seine Grenze im anderen König fand. Sie zeigt zweitens, daß Sparta mit einer Erweiterung des Bündnissystems über die Peloponnes hinaus scheiterte. Drittens war durch die politischen Auseinandersetzungen in Athen erstmals deutlich geworden, daß die *eunomia* kein überall erstrebtes Ideal (mehr) war.

Kleomenes wurde dann von Aristagoras aufgefordert, am ionischen Aufstand teilzunehmen (s. Kap. 14), doch Sparta folgte – im Gegensatz zu Athen – dem Appell nicht. Das nächste Opfer der Politik des Königs war Argos, gegen das er zwischen 499 und 494 v. Chr. einen Feldzug unternahm. Diese Datierung ist durch den einzigartigen Fall eines für zwei verschiedene Städte gleichlautenden Orakels aus Delphi gesichert, das eine uneindeutige Aussage über die Chancen im Krieg Spartas gegen Argos mit einer zwar nicht gefragten, aber dafür klaren Voraussage des Schicksals von Milet verband (Herodot 6, 77 und 118). Kleomenes blieb tatsächlich der Sieger der entscheidenden Schlacht von Sepeia (498 v. Chr.), es gelang ihm sogar, eine große Zahl Argiver in einem heiligen Hain einzuschließen, in den sie sich geflüchtet hatten. Unter dem Vorwand, er habe Lösegeld für sie erhalten, lockte er einzelne Männer ins Freie und tötete sie dort; als die anderen sahen, was geschah, ließ er sie alle in dem Gehölz verbrennen. 6000 Mann kamen dabei ums Leben. In Argos ergriff eine neue Regierung die Macht: die »Sklaven«, also wohl die den spartanischen Heloten entsprechenden

Unfreien, *gymnētes* genannt (»Nackte«, s. S. 195). Sie wurden erst einige Jahre später von den Söhnen der bei Sepeia gefallenen Hopliten vertrieben (Herodot 6, 76–83). Den Argivern zufolge hatte Kleomenes auf seinem Feldzug gegen Argos eine Reihe widergöttlicher Taten vollbracht; seine persönlichen Feinde in Sparta stellten ihn vor ein Gericht, freilich aus einem ganz anderen Grund: Er habe Argos nicht erobert – eine Episode, die deutlich zeigt, wie wenig sich Kleomenes um die Konventionen der Kriegführung kümmerte und wie eigenmächtig er handelte. Gerade sein Erfolg und seine völlige Beherrschung der Hopliten schuf ihm zu Hause Feinde, da er die Versammlung der Hopliten von den Ephoren und dem aristokratischen Rat abgespalten hatte; die Opposition sammelte sich nun um den anderen König, Demaratos. Doch auch allgemein hatte Kleomenes' Feldzug eine wichtige Folge: Das perserfreundliche Argos war für eine Generation von der historischen Bildfläche verschwunden, die Peloponnes wurde somit zu einem Bollwerk im griechischen Widerstand gegen die Perser.

Kleomenes stand nun auf der Höhe seiner Macht. 491 v. Chr. kamen die Gesandten des Perserkönigs Dareios nach Griechenland und forderten die traditionellen Zeichen der Unterwerfung, Erde und Wasser. Im perserfeindlichen Athen, das schon den ionischen Aufstand unterstützt hatte, warf man die Boten »in den Felsspalt« – die übliche Form der Exekution von Verbrechern. Sparta reagierte überraschenderweise genauso heftig: Man warf die Gesandten in einen Brunnen, wo es »genug Erde und Wasser« gäbe; später litten die Spartaner unter der Schuld, die sie sich mit diesem Verbrechen an sakrosankten Männern aufgeladen hatten (Herodot 7, 133–34). Die anderen *poleis* auf dem Festland und die meisten Inseln, darunter Aigina, unterwarfen sich den Persern. Athen, das mit Aigina traditionell verfeindet war und nun befürchtete, die Insel werde zur persischen Basis gegen Athen, beklagte sich bei Sparta als dem Oberhaupt des Peloponnesischen Bundes, dem Aigina angehörte. Kleomenes versuchte daraufhin, die verantwortlichen Männer in Aigina gefangenzunehmen, doch sein Kollege Demaratos opponierte. Kleomenes gewann nun einen Verwandten des Demaratos, Leotychidas, für sich, der die Illegitimität der Abstammung des Demaratos »bezeugte«, und bestach das delphische Orakel, daß es diese Angabe bestätige. Demaratos wurde abgesetzt und ging nach Persien, Leotychidas wurde neuer König; die zehn reichsten Aigineten gab man den Athenern als Geiseln. Doch wurde

Kleomenes' Intrige bald ruchbar, der König floh aus Sparta nach Thessalien und weiter nach Arkadien, von wo aus er einen Angriff auf Sparta vorbereitete. Davon erschreckt holten ihn die Spartaner zurück und setzten ihn wieder ein; Kleomenes aber wurde, in Sparta angekommen, von seinen Verwandten gefangengesetzt, mit der Begründung, er sei wahnsinnig. Kleomenes gab sich selbst den Tod, indem er sich mit einem Messer zerstückelte. Es folgte ein Krieg zwischen Athen und Aigina, da sich Athen weigerte, die Geiseln zurückzugeben (Herodot 6, 48–75).

Diese merkwürdige Geschichte von Kleomenes' Fall und Ende ist nicht ohne Probleme. Schon von der Chronologie her ist es unglaubwürdig, daß all dies binnen eines einzigen Jahres geschah (das behauptet Herodot), nämlich im Jahre 490 v. Chr., kurz vor dem Angriff der Perser auf Athen. Der Schluß der Geschichte sieht zumal verdächtig nach einer verheimlichten Ermordung aus, doch ist es vielleicht falsch, allzu skeptisch zu sein. Kleomenes' Charakter schwankte offenbar zwischen religiösem Glauben und frevelnder Mißachtung aller konventionellen Normen, was seine Zeitgenossen als Symptom des Wahnsinns deuteten. – Doch nicht nur in der Person des Kleomenes liegen die Probleme, die sich aus der Geschichte ergeben, sondern auch im spartanischen System, in dem die Gefahr eines Konflikts zwischen den Forderungen eines erfolgreichen Feldherrn-Königs an der Spitze seiner Truppen und der für die Schaffung dieser Truppen unabdingbaren gesellschaftlichen Konformität bereits angelegt war. Dieser Konflikt war deutlich, seit die Macht der Ephoren der der Könige gleichkam; der erste *ephoros,* dessen Taten überliefert sind, war Chilon (556 v. Chr.), auf den vielleicht die Politik mit den Gebeinen des Orestes (s. S. 324f.) zurückging, und der als einer der Sieben Weisen galt. Doch erst unter Kleomenes brach dieser Konflikt auf. Nach dessen Tod stand Sparta ohne einen starken König da; Leotychidas hatte ohnehin einen schweren Stand, und Kleomenes' Nachfolger und Halbbruder Leonidas kam ihm nicht gleich. Mit seinen letzten Taten hatte Kleomenes das Prestige zerstört, das seine Vorgänger und er selbst für das Königtum gewonnen hatten. Doch immerhin hatte über alle persönlichen Motive hinaus sein Wirken der Welt Spartas antipersische Haltung vor Augen geführt.

Athen

Unter den Peisistratiden war Athen ein deutlich aristokratischer Staat geblieben; selbst nach der Errichtung der Tyrannis dieses *genos* hatten auch die anderen aristokratischen Familien noch erhebliche Macht. So waren die Philaiden enorm reich (Kimons Gespann siegte dreimal hintereinander im Wagenrennen bei den Olympischen Spielen – das traditionelle Zeichen der Besitzenden) und auch außerhalb Athens durchaus mächtig: Den Halbbruder des Kimon, Miltiades (d. Ä.), machte der Stamm der Dolonkoi auf der Thrakischen Chersones zu seinem Herrscher; Miltiades richtete dort eine Art Familiendynastie ein, bei der nach seinem Tode Kimons Söhne Stesagoras und Miltiades (der spätere Sieger von Marathon) die Nachfolge antraten. Letzterer regierte mit peisistratidischer Unterstützung und heiratete eine thrakische Prinzessin; sein Sohn Kimon begründete später das athenische Weltreich. Zur entfernten Verwandtschaft zählte übrigens auch der Historiker Thukydides, der noch im späten fünften Jahrhundert v. Chr. ererbte Güter in Thrakien besaß.

Das Oberhaupt der Alkmeoniden war am Aufstieg des Peisistratos nicht unbeteiligt, erst seine Nachkommen zogen es vor, zu behaupten, sie seien während der ganzen Zeit der peisistratidischen Tyrannis im Exil gewesen (Herodot 6, 123, 1) – eine Behauptung, die von der offiziellen Liste der Jahresbeamten von Athen widerlegt wird. Diese Liste der *archontes* ist inschriftlich erhalten:

[On]eto[rides]
[H]ippia[s]
[K]leisthen[es]
[M]iltiades
[Ka]lliades
[Peisi]strat[os]   (Meiggs-Lewis 6)

Miltiades war 524/23 v. Chr. *archōn* in Athen, wie wir aus anderen Quellen wissen; damit können wir die anderen Angaben datieren und den politischen Hintergrund rekonstruieren. Peisistratos starb 528/27; [On]eto[rides] war vermutlich der *archōn*, der noch vor Peisistratos' Tod bestimmt worden war. Der neue Tyrann Hippias war 526 *archōn*, in den beiden folgenden Jahren hatten die Oberhäupter der Alkmeoniden (Kleisthenes) bzw. der Philaiden (Miltiades) das Amt inne. [Ka]lliades ist ein so häufiger Name, daß wir ihn nicht identifizieren können; der letztgenannte Name gehört wahrscheinlich dem Sohn des neuen Tyrannen. Offenbar also verfolgte Hippias sogleich nach seiner Ergreifung der Tyrannenmacht eine Politik des Ausgleichs mit den anderen aristokratischen Familien.

Dann änderte sich die Atmosphäre. Kimon, der Sieger in Olympia, wurde ermordet, sein Sohn Miltiades ging in die Chersones, Kleisthenes und die Alkmeoniden ins Exil. 514 v. Chr. wurden zwei Mitglieder der Familie der Gephyraioi, Harmodios und Aristogeiton, wegen eines Anschlags auf die Tyrannis getötet (s. S. 271). Auch die Alkmeoniden und andere aristokratische Familien versuchten, die Tyrannis zu stürzen; sie setzten ihre Hoffnung auf ein Fort bei Leipshydrion auf dem Parnaß:

Weh, Leipshydrion, treulos und Verräter!
Welche Männer hast du getötet: Helden
in der Schlacht und von edler Geburt.
Damals erwiesen sie sich ihrer Ahnen wert.
(Carmina convivalia 907 [24] P = 24 D)

Dieses attische Trinklied (*skolion*, s. S. 261) zeigt die aristokratische Natur des Kampfes gegen die Tyrannis.

Die Peisistratiden wurden schließlich 510 v. Chr. mit spartanischer Hilfe gestürzt. Die *eunomia*, die nun die Tyrannenherrschaft ablösen sollte, führte anfangs zu Parteibildungen innerhalb der Aristokratie (und nur dort), doch als 508 Isagoras gegen den Willen des Alkmeoniden Kleisthenes zum *archōn* gewählt wurde, nahm dieser »das Volk in seine Partei auf« (*ton dēmon pros-hetairizetai*, im letzten Wortteil steckt die alte aristokratische Bezeichnung für den Standesgenossen: *hetairos*), wie Herodot (5, 66, 2) berichtet. Kleisthenes beantragte wichtige Reformen, vertrieb Isagoras und schaffte es, in den folgenden Jahren die Interventionsversuche der Spartaner und ihrer Bundesgenossen abzuwehren.

Kleisthenes' Reformen

Damit hatte Kleisthenes zweifellos das Volk für sich gewonnen, die Art seiner Reformen ist allerdings nicht leicht zu rekonstruieren. Zunächst handelte es sich bei ihnen wohl um eine umfangreiche Neuordnung der Stammesstruktur von Athen, um eine Reform also, die nicht sofort ganz durchzusetzen war und deren beabsichtigter Zweck und tatsächliche Folgen im dunkeln liegen. Anstelle der vier ionischen Stämme *(phylai)* richtete er zehn neue Stämme ein, deren Namen und Kulte Delphi autorisierte. Jede dieser neuen *phylai* bestand aus drei Gruppen von Gemeinden *(dēmoi)*, einer in der »Stadt«, einer im »Binnenland« und einer an der »Küste«; man nannte diese Gruppen daher *trittyes* (»Dreiergruppen«). Zur *trittys* »Stadt« gehörten der Peiraieus (Piräus) und die ganze Zentralebene zwischen den Bergen Aigaleos und Hymettos. Geht man von der wahrscheinlichen Annahme aus, daß dieses System bis in die klassische Zeit (für die wir bessere Quellenbelege haben) unverändert blieb, so wurden unter Kleisthenes 139 *dēmoi* von der Verfassung anerkannt. Jede dieser Gemeinden schickte eine bestimmte Zahl von Ratsherren in den zentralen Rat *(boulē)*, größere Gemeinden mehr, kleinere weniger. Die Verteilung der *dēmoi* auf die *phylai* ist bekannt, die kleinste Anzahl von Gemeinden in einem Stamm war sechs, die größte einundzwanzig. Daraus geht hervor, daß die *dēmoi* im Umland von Athen (also die von Küste und Binnenland) auf bereits bestehende Dörfer zurückgingen, während die in der Stadt möglicherweise künstliche Einteilungen waren. Die zehn Stämme waren wohl etwa gleich groß, da sie die Basis der Militärorganisation waren und wichtige politische Funktionen hatten.

Die Interpretation dieser Neuordnung ist umstritten. Im folgenden verstehe ich die *dēmoi* und die *phylai* als wichtigste Elemente und fasse die *trittyes* nur als eine Hilfskonstruktion zur Verteilung der Gemeinden auf die Stämme auf. Sicherlich oblag den Gemeinden nämlich die Lokalverwaltung; es gab dort lokale Gemeindeversammlungen und lokale Beamte, die *dēm-archoi*. Diese waren für die Ordnung in der Gemeinde und für die Durchführung der Beschlüsse der Zentralregierung verantwortlich, sie führten auch die offizielle Bürgerliste, in die die neuen Mitglieder im Alter von achtzehn Jahren aufgenommen wurden, und sie waren die erste Instanz bei Rechtsstreitigkeiten zwischen Bürgern. Die Gemeindezugehörigkeit war erblich, wodurch allmählich aus einer auf gemeinsamer Wohnung basierenden Gruppe von Bürgern eine auf gemeinsame Abstammung gegründete Gemeinschaft wurde. Der Name seines *dēmos* wurde zum Teil des Namens eines Atheners, z. B. »Megakles, Sohn des Hippokrates, aus (dem *dēmos*) Alopēkē«. Dieser Teil der kleisthenischen Reform sollte ganz offenbar eine demokratische

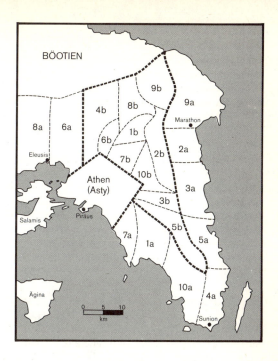

Abb. 23: Die Neuordnung Attikas durch Kleisthenes (Übersichtskarte)
Die Ziffern bezeichnen die zehn neuen Stämme (*phylai*), mit Buchstaben sind die *trittyes* markiert: a = Küste; b = Binnenland; *asty* = Stadt

Ordnung auf lokaler Ebene schaffen; seine wichtigste Auswirkung war aber vielmehr, wie ich glaube, die Abschaffung der alten aristokratischen Organisation nach der Zugehörigkeit zu einer *phratria* (s. S. 260): Die Macht, das Bürgerrecht zu verleihen oder zu verweigern, lag nun in der Hand des *dēmos* und nicht mehr bei der aristokratischen *phratria*.

Es ist zweifelhaft, ob es eine vollständige Bürgerliste bereits in der solonischen Verfassung gegeben hatte, da Solon ja nur eine Registrierung der drei oberen Eigentumsklassen zu politischen und militärischen Zwecken hätte brauchen können. Die erste sicher bezeugte Bürgerliste stammt aus der kurzen Zeit aristokratischer Herrschaft nach dem Ende der Tyrannis; durch sie soll eine große Zahl von Bürgern den zuvor erhobenen Anspruch auf das athenische Bürgerrecht verloren haben (Aristoteles, Athenaiōn politeia 13,5). Es mag sich allerdings weniger um eine Säuberung von Fremden und von Anhängern der Peisistratiden gehandelt haben als vielmehr um einen Ausschluß all derer, die nicht in einer *phratria* organisiert und daher nicht an ein aristokratisches *genos* gebunden waren. Gerade in dieser großen und – mit Recht – unzufriedenen Gruppe wird, so meine ich, Kleisthenes seine Anhänger gefunden haben. Nur etwa einen Monat nach der Wahl des *archōn*, bei der Kleisthenes' Kandidat durchgefallen war (vielleicht weil eben nur *phratria*-Mitglieder wählen durften), gewann er (wohl mit Hilfe jener benachteiligten Gruppe) eine überwältigende Mehrheit für seine eigene Person und trat die Herrschaft an. Zu dieser Interpretation paßt ein Gesetz (wohl aus nachkleisthenischer Zeit), dem zufolge »die *phratriai* gezwungen sind, sowohl die *orgeōnes* als auch die *homogalaktoi* (›die dieselbe Milch tranken‹) aufzunehmen, die wir *gennētai* nennen« (Philochoros FGrHist 328 F 35). Offenbar hatten sich also die *phratriai* bisher geweigert, außer den Mitgliedern eines aristokratischen *genos* (*homogalaktoi* oder *gennētai*) auch andere Leute aufzunehmen. Die *orgeōnes* waren demnach eine Gruppe, die zuvor außerhalb des *phratria*-Systems gestanden hatte. Während also Kleisthenes das Bürgerrecht durch die Abschaffung der Entscheidungsbefugnis der *phratriai* ausgeweitet hatte, sicherte das eben zitierte, spätere Gesetz allen Bürgern die Aufnahme gerade in diese alte Institution der *phratria* zu, die unter Kleisthenes zwar ihre politische und institutionelle Funktion verloren hatte, aber als gesellschaftliche und religiöse Gruppierung weiterhin Bestand hatte. Kleisthenes' Reform hatte mithin auf lokaler Ebene eine Befreiung des Volkes vom aristokratischen *phratria*-System bewirkt.

Die *trittys* war eine künstlich geschaffene Einheit – ob es Vorformen gab, ist unbekannt –, die aus einer Reihe von meist (aber nicht immer) benachbarten *dēmoi* bestand. Wenn Kleisthenes mit seiner Reform den Versuch unternahm, in bestehende Territorialverbindungen durch Grenzveränderung einzugreifen, dann geschah dies auf der Ebene der *trittys*. Es gibt markante Beispiele für *dēmoi*, die geographisch getrennt liegen, aber derselben *trittys* zugeordnet waren; so gehörten zur *trittys* »Binnenland« der zehnten *phylē* (10a auf Abb. 23) auch *dēmoi*, die etwa 25 km vom Hauptgelände entfernt jenseits des Pentelikon in der Ebene von Marathon gelegen waren. Andererseits gab es auch direkte Verbindungen zwischen den *trittyes* »Küste« und »Binnenland«, z. B. in der zweiten, dritten und fünften *phylē*, was einen territorialen Block ergeben mußte, wenn die *dēmoi* nicht sehr sorgfältig verteilt waren (s. Abb. 23). Ganz deutlich zeigt sich eine solche Blockbildung in der neunten *phylē*, bei der die *trittyes* »Binnenland« (9b) und »Küste« (9a) die ganze Ebene von Marathon umfassen, also das traditionelle Zentrum peisistratidischer Macht – vielleicht ein weiteres Zeichen dafür, daß der Alkmeonide Kleisthenes den Peisistratiden doch nicht so grundsätzlich ablehnend gegenüberstand wie man gemeinhin annimmt. Inwieweit die Verteilung der *trittyes* eine Folge der politischen Manipulation für oder gegen die Interessen bestimmter aristokratischer Gruppen war, ist eine in der Forschung viel diskutierte Frage, auf die man noch keine sichere Antwort geben kann.

Ebenso merkwürdig wie die Verteilung der *trittyes* ist ihre unterschiedliche Größe an Fläche und Bevölkerungszahl. Es wäre ja die am ehesten verständliche Funktion der *trittyes*, 139 verschieden große *dēmoi* auf zehn etwa gleiche *phylai* zu verteilen, doch belegt Aristoteles (Athenaiōn politeia 21,4), daß diese Verteilung durchs Los geschah. Wenn Aristoteles' Angabe stimmt, und die Auslosung tatsächlich auch uneingeschränkt durchgeführt wurde, hätten die Größen einzelner *phylai* bis zu 42 Prozent über oder 32 Prozent unter dem Durchschnitt liegen können – eine nicht glaubhafte Abweichung. Also muß die übliche Vermutung über den Zweck der *trittyes* nicht richtig sein, die unterschiedliche Größe dieser Einheiten könnte vielmehr darauf hindeuten, daß man gegebene geographische Gruppierungen berücksichtigte und über eine bloße Verteilung der *dēmoi* auf die *phylai* hinaus dachte. Doch ist auch hier keine Sicherheit zu gewinnen.

Die zehn neuen Stämme, die *phylai*, waren die Grundlage für die militärische Struktur des Staates, hatten darüber hinaus aber auch für Kleisthenes' Reform der Zentralregierung eine Bedeutung. Der von Solon geschaffene Rat der Vierhundert (s. S. 246) wurde in einen der Fünfhundert umgewandelt und erhielt eine effektivere Organisation. Die zehn *phylai* entsandten nun je fünfzig vom Los bestimmte Ratsherren, denen die Vorbereitung und Durchführung der Beschlüsse der Volksversammlung oblag. Zumindest für die spätere Zeit wissen wir sicher, daß diese fünfzig Ratsmitglieder jedes Stammes für ein Zehnteljahr amtierten und aus ihrer Mitte an jedem Tag einen neuen Vorsitzenden stellten. Der Rat erhielt ein festes Gebäude (s. Abb. 18), die nahegelegenen peisistratidischen Bauten wurden umgestaltet – ein Anzeichen für die neue Bedeutung des Rates, dessen Organisation freilich noch nicht im einzelnen festgelegt worden sein wird.

Kleisthenes schuf die Grundlage für das athenische Regierungssystem, das in dieser Form für die nächsten zweihundert Jahre bestehen bleiben sollte, und das in seiner Zeit dem Ideal der direkten Demokratie am nächsten kam, da es keine politische Repräsentanz kannte, sondern nur Gesamtversammlungen des Volkes als Entscheidungsträger. Damit gerade deren Ablauf wirksam gestaltet werden konnte, bedurfte es freilich einer Gruppe, die die Versammlungen vorbereitete, ihre Beschlüsse durchführte und – das wurde im Lauf der Zeit immer wichtiger – die Beamten beaufsichtigte: Kleisthenes' Rat der Fünfhundert, der auf den neu eingerichteten *phylai* beruhte, sollte deshalb ebenso demokratisch sein wie die Volksversammlung und war daher als ein durchs Los zusammengesetzter, also repräsentativer Querschnitt durch das Volk konzipiert. Die Ratsherren durften im übrigen nur zweimal im Leben im Amt sein, und jede Wahl, auch die des täglich wechselnden Vorsitzenden, geschah durchs Los. Damit war verhindert, daß sich Parteien oder politische Interessengruppen überhaupt bilden konnten; vielmehr entschied so in jedem Falle der Wille der Mehrheit. Auch wenn manche der genannten Details erst später ausgebildet wurden, zeigt der deutliche Unterschied zwischen der Zeit der aristokratischen und regionalen Parteiungen im frühen Athen und den demokratischen Entwicklungen der Folgezeit, wie erfolgreich Kleisthenes die Macht der aristokratischen *phratriai* gebrochen und damit die Grundlage für ein unbehindertes Wachstum der Demokratie geschaffen hatte.

Insgesamt fällt an Kleisthenes' Reformen auf, wie durchdacht sie sind: Ein ganzes System neuer politischer Institutionen sollte einen radikalen gesellschaftlichen Wandel bewirken. Zwar war diese Methode in mancher Hinsicht traditionell: Herodot (5, 67–68) nimmt an, daß Kleisthenes die Änderung der Stammesstruktur nach dem Vorbild seines gleichnamigen Großvaters mütterlicherseits, des Tyrannen von Sikyon, entwickelt hatte. Auch anderswo waren Reformen auf eine ähnliche Weise durchgeführt worden, z. B. in Kyrene durch Demonax (s. S. 155). Doch Kleisthenes' Vorgehen unterschied sich von dem seiner Vorgänger darin, daß in seinem System keine Institution der Zentralregierung von einer bestimmten Gruppe beherrscht werden konnte, und daß damit eine Demokratie auf lokaler Ebene verbunden war. Die Einführung einer solchen »dezimalen« Demokratie ist intellektuell kohärent und zeigt erstmals die systematische Anwendung der Vernunft zur Schaffung einer politischen Verfassung.

isonomia

Ob das Volk von Athen sich all der Konsequenzen von Kleisthenes' Reform bewußt war, ist zweifelhaft, es wird – modern gesprochen – einige Kommunikationsprobleme gegeben haben. In diesem Zusammenhang ist vielleicht das Aufkommen eines neuen politischen Begriffes von Bedeutung: Gerade in jener Zeit trat mit dem alten politischen Ideal der *eunomia* (guten Ordnung), wie es Hesiod, Solon und die Spartaner kannten, ein neues Ideal in Konkurrenz, die *isonomia* (gleiche Ordnung) – der zeitgenössische Begriff für das erst später verwendete, aggressivere Wort *dēmo-kratia* (Herrschaft des Volkes). Es drängt sich geradezu auf, die Schaffung des neuen Begriffes *isonomia* im Zusammenhang mit dem Streit zwischen der von den Spartanern unterstützten Aristokratie und dem damals neuerdings demokratischen Kleisthenes zu sehen, denn *isonomia* ist ganz offenbar in Analogie zu *eunomia* gebildet worden und sollte vermutlich der genaue Gegenbegriff dazu sein. Eine ähnliche Entwicklung zeigt sich in dem Begriff für »Gesetz«: Das alte solonische Wort *thesmos*, »Festsetzung« durch eine Autorität, wich dem neuen Begriff *nomos*, »Gesetz« im Sinne einer Ordnung, die sich die Gemeinschaft selbst auferlegt hat.

Die intellektuelle Kohärenz der Reform und die Formulierung des neuen politischen Ideals zeigen, daß Kleisthenes bewußt die Einrichtung einer Demokratie verfolgte, auch wenn er nicht alle Konsequenzen seines Vorgehens absehen konnte. Mir fällt es schwer, die Ansicht mancher Forscher nachzuvollziehen, die seine Reformen lediglich als eine Reihe politischer Manöver interpretieren, die dem eigenen Vorteil und dem der Alkmeoniden dienen sollten. Hätte Kleisthenes dies gewollt, wäre er ohne jeden Erfolg geblieben. Aus der Zeit nach der Reform hören wir nichts mehr von ihrem Urheber, wissen also nicht, ob er bald gestorben ist oder in Ungnade gefallen und verbannt worden ist; sein Name wurde immerhin im Zusammenhang mit einer Gesandtschaft genannt, die in der Krisensituation nach der Reform, als nämlich Sparta, Chalkis und Boiotien in Attika einmarschierten, nach Persien ging und dort dem Großkönig Erde und Wasser überreichen wollte. 490 v. Chr. jedenfalls waren die Alkmeoniden, Kleisthenes' *genos,* allgemein verachtet; daß nicht sie, sondern Harmodios und Aristogeiton die Tyrannis gestürzt hätten, war bereits zur offiziellen Version der Ereignisse geworden, denn noch vor 500 v. Chr. waren die Statuen der beiden Tyrannenmörder in öffentlichem Auftrag geschaffen worden. Und sogar Kleisthenes' *isonomia* wurde nunmehr in einem Trinklied *(skolion)* diesen beiden Männern zugesprochen:

Tragen will ich das Schwert im Myrtenzweige
wie Harmodios und Aristogeiton,
als von ihrer Hand starb der Tyrann
und sie den Bürgern Athens brachten ein gleiches Recht *(isonomia).*
(Carmina convivalia 893 [10] P = 10 D)

Im Gegensatz dazu kam es in der Zeit von 508 bis 480 v. Chr. zu einer Reihe von demokratischen Veränderungen im Geiste der kleisthenischen Reform: Seit 501/00 wurden die Ratsherren vereidigt – ein Zeichen für die hohe Bedeutung, die man nun der *boulē* zumaß. Spätere Versionen dieses Eides sind erhalten, sie zeigen, daß er die Ausübung der Funktionen des Rates betraf: Der Ratsherr gelobte, »Rat zu geben in Übereinstimmung mit den Gesetzen«, »als Ratsherr im Interesse der Athener zu handeln« und wahrscheinlich auch, seine Macht nicht durch Maßnahmen wie etwa eine willkürliche Gefangennahme zu mißbrauchen. Im selben Jahr wurde erstmals eine Gruppe von zehn Generälen *(stratēgoi)* gewählt, einer aus jeder *phylē*; ursprünglich sollten sie den aristokratischen *polemarchos* (s. S. 188) beraten, schon 480 v. Chr. waren sie freilich selbst zu den höchsten militärischen Befehlshabern der Stadt geworden. Dabei waren sie die einzigen wichtigeren Beamten, die gewählt und nicht durchs Los bestimmt wurden und die sich so oft zur Wahl stellen konnten, wie sie wollten.

Marathon und die Folgen

Dieser Weg zur Demokratie wurde vom ersten Angriff der Perser auf Griechenland im Jahre 490 v. Chr. unterbrochen, aber auch gefördert. Für Griechenland waren die Ereignisse der persischen Invasion tatsächlich weltbewegend, während für die Perser der englische Dichter Robert Graves (geb. 1895) mit seiner ironischen *Persian Version* vielleicht das Richtige gesehen hat:

Truthloving Persians do not dwell upon
the trivial skirmish fought near Marathon ...
                      (Robert Graves, The Persian Version)*

Die Schlacht von Marathon war für die Perser eine Episode bei ihrem ständigen Vorrücken gegen Griechenland, das Dareios nach der Niederwerfung des ionischen Aufstands (s. Kap. 14) 494 v. Chr. beschlossen hatte. Sein Neffe und Schwiegersohn Mardonios war 492 mit der Leitung der Unternehmungen im Westen Persiens beauftragt worden. Er richtete »Demokratien« in Ionien ein und erweiterte den persischen Machtbereich um die Nordküste der Ägäis bis nach Makedonien und Thasos. 491 folgte die Aufforderung an die griechischen *poleis,* Erde und Wasser zu übergeben, der alle Inseln und die meisten Festlandsstaaten Folge leisteten, Sparta und Athen ausgenommen. Die Perser ließen daraufhin spezielle Schiffe zum Pferdetransport bauen und sammelten eine große Flotte, die 490 unter Datis und Artaphernes an den ägäischen Inseln vorbei über Naxos und Delos nach Euboia fuhr. Diese Insel wurde eingenommen, Eretria als Strafe für seine Unterstützung des griechischen Angriffes auf Sardeis geplündert, und die Bewohner der Stadt wurden nach Osten ins Perserreich verschleppt, wo sie bei den Ölquellen nahe Susa angesiedelt wurden; noch zu Herodots Zeit sprachen sie mitten in Persien Griechisch (Herodot 6, 119, 4). Mit sich gebracht hatten die Perser den früheren Tyrannen von Athen, den fast achtzigjährigen Hippias; offenbar wollten sie ihn wieder einsetzen. Sie gingen dann auch in der Gegend an Land, in der Hippias einst die meisten Anhänger hatte, in der Ebene von Marathon, die auch für einen Einsatz der persischen Reiterei am besten geeignet war und nicht weit von der neu gewonnenen Basis Eretria entfernt lag.

---

* *Collected Poems.* London 1959, S. 224: Wahrheitsliebende Perser kümmert durchaus nicht das kleine Scharmützel bei Marathon.

Auf der Seite Athens lag die Gestaltung der Strategie bei Miltiades, der 493 v. Chr. vor den vorrückenden Persern aus Nordgriechenland geflohen und bei seiner Ankunft in Athen »wegen Tyrannis« angeklagt und verurteilt worden war. Nun aber hatten die Athener in ihm den einzigen Mann, der bereits über Erfahrungen mit der persischen Kriegführung verfügte, sie wählten ihn daher zu einem der zehn Generäle *(stratēgoi)*. Die Spartaner hatten ihre Hilfe zugesagt und wurden nun von dem athenischen Schnelläufer Pheidippides zum Eingreifen aufgefordert. (Nach Herodot 6, 106 legte er die 200 km von Marathon nach Sparta binnen zwei Tagen zurück; der moderne »Marathonlauf« beruht auf einer anderen, jüngeren Überlieferung.) Sparta erklärte aber, religiöse Skrupel verböten einen Aufbruch vor Vollmond. So blieb den Athenern für die Schlacht nur der Beistand einer einzigen *polis*, Plataiai, die alle ihre Hopliten schickte – eine Loyalität, die ihr Athen nie vergaß.

Viele Einzelheiten des Vorgehens der Perser sind unklar, doch es scheint, daß sie die Athener zu einer offenen Feldschlacht in der Ebene provozieren wollten. Sie ließen es nämlich geschehen, daß die Athener auf einem Hügel oberhalb der Straße nach Athen Stellung bezogen, von wo aus sie die Perser beim Vorrücken hätten angreifen können. Doch einige Zeit verging, ohne daß eine der beiden Seiten einen Angriff unternahm. Dafür gab es wohl taktische Gründe, außerdem waren sich laut Herodot (6, 109–10) die athenischen Generäle über den besten Plan uneinig, während die Perser möglicherweise auf athenische Verräter warteten. Daß Athen schließlich doch einen Angriff beschloß, läßt sich am besten mit der Hypothese erklären, daß die Perser ihre Reiterei und weitere Truppenteile zurückzuziehen begannen und einen Direktangriff auf Athen versuchen wollten. In einer (allerdings späten) Quelle heißt es nämlich, daß die auf der Seite der Perser zwangsweise eingesetzten Ionier den Athenern signalisiert hätten, daß »die Reiterei fort« sei (Suda, s. v. *chōris hippeis*). Um der an Zahl überlegenen persischen Streitmacht überhaupt entgegentreten zu können, verbreiterten die Athener ihre Linie, indem sie ihre Mitte schwächten; um dem persischen Pfeilhagel zu entgehen, griffen sie im Laufschritt an. Eine heftige Schlacht folgte, bei der die Perser die athenische Mitte zurückschlagen konnten, aber ihrerseits an den Flügeln unterlegen waren, so daß sie schließlich aufgeben und zu ihren Schiffen fliehen mußten. 6400 Perser waren gefallen, 192 Athener, darunter der oberste Feldherr, der *polemar-*

chos. Ein Teil der persischen Streitmacht fuhr zu Schiff nach Athen weiter, doch waren die athenischen Truppen bereits in Eilmärschen in die Stadt zurückgekehrt, sie verscheuchten dort die Perser, bevor diese noch an Land gehen konnten. Als die Spartaner schließlich nach Marathon kamen, konnten sie nur noch das Schlachtfeld besichtigen.

Marathon brachte eine neue Art von Helden hervor. Die Gefallenen wurden in einem Grabhügel bestattet, der – ursprünglich über 12 m hoch – noch heute in der Ebene steht, und an dem sich Spuren eines Heroenkultes gefunden haben. Wenn eine moderne Hypothese richtig ist, wurden die Toten von Marathon noch eine Generation später von Phidias auf dem Parthenonfries verewigt, auf dem nämlich genau 192 Reiter dargestellt sind. Jedenfalls waren die *marathōnomachai*, die Marathonkämpfer, auch nach dem Ende des Perserkriegs und der Schaffung des athenischen Weltreiches, achtzig Jahre nach der Schlacht, die Vorbilder schlechthin. Der große Tragödiendichter Aischylos ließ auf seinem Grabstein nur eine Leistung vermerken: Er hat bei Marathon gekämpft.

Die Folgen des Sieges für Athen selbst waren paradox: Die Demokratie gewann ein neues Selbstbewußtsein, den aristokratischen Anführern (denen man die Strategie verdankte) begegnete man künftig mit noch mehr Mißtrauen. Selbst der Held des Tages, Miltiades, war davon nicht ausgenommen: Als er von einer zunächst geheimgehaltenen Unternehmung gegen Paros, das aber von dem Plan doch gehört und sich erfolgreich verteidigt hatte, nach Athen zurückkehrte, wurde er wegen »Betrugs am Volk« gerichtlich belangt und schwer bestraft; er starb wenig später an einer Wunde. Die Zeit der »Freibeuter« war vorbei. Wichtiger noch nahmen die Athener den Verdacht, daß gewisse Personen in Marathon einen Verrat der Stadt an die Perser versucht hätten; ein erhobener Schild habe den Persern ein Winkzeichen gegeben. Natürlich waren die noch in der Stadt verbliebenen Mitglieder des *genos* der Peisistratiden sogleich verdächtig, ebenso die Alkmeoniden, deren ausführliche Verteidigung Herodot (6, 121–24) zustimmend referiert. Daß überhaupt ein solcher Verdacht gegen sie aufkommen konnte, zeigt, wie wenig beliebt die Alkmeoniden schon 490 v. Chr. waren.

ostrakismos

Die Unzufriedenheit mit der Aristokratie fand ihren Ausdruck in der Institution des Scherbengerichts, im *ostrakismos*. Jedes Jahr wurde das Volk bei der Hauptversammlung im sechsten der zehn Jahresteile befragt, ob es einen *ostrakismos* durchführen wolle. Wurde diese Frage bejaht – eine Debatte scheint es nicht gegeben zu haben –, fand später im Jahr das Scherbengericht statt. Dabei konnte jeder Bürger den Namen des Bürgers auf eine Scherbe *(ostrakon)* schreiben, von dem er am meisten wünschte, daß er die Stadt verlasse. Wer bei dieser geheimen Abstimmung am häufigsten genannt wurde (bzw. – so wurde es zu einem unbekannten Zeitpunkt bestimmt – mindestens 6000mal genannt wurde), mußte die Stadt für zehn Jahre verlassen, verlor aber weder sein Bürgerrecht noch sein Vermögen. Der erste *ostrakismos* wurde 487 v. Chr. durchgeführt; ob das Gesetz über seine Einrichtung auch in diesem Jahr beschlossen oder aber bereits unter Kleisthenes erlassen und nur zwanzig Jahre nicht genutzt worden war, war schon in der Antike umstritten. Die letztere Annahme ist nicht nur deshalb erheblich wahrscheinlicher, weil die erstere lediglich eine Rationalisierung zur Erklärung des sonst nur schwer verständlichen »Brachliegens« der Institution zu sein scheint; vielmehr ist die Komplexität der ganzen Prozedur typisch für Kleisthenes' Gesetze. Kleisthenes war gerade mit dem Problem von plötzlichen Minderheitsentscheidungen konfrontiert gewesen – ein Vorgang, der beim *ostrakismos* durch die Verteilung der Prozedur auf mehrere Monate ebenso ausgeschlossen war wie eine Manipulation der Abstimmung, die ja direkt durchgeführt wurde. Zu Kleisthenes' Wirken paßt auch, daß mit dem Scherbengericht sowohl politische Opponenten als auch potentielle Tyrannen an der Machtergreifung gehindert werden konnten; der *ostrakismos* muß also von einem Politiker eingeführt worden sein, der sich einer so breiten Unterstützung sicher sein konnte, daß er nicht befürchten mußte, bald selbst Opfer des Scherbengerichts zu sein. Kleisthenes also wird die Situation im Jahre 508 v. Chr. so eingeschätzt haben. Nach Marathon aber lagen die Dinge ganz anders: Der politischen Führung von 487 v. Chr. war wohl kaum an der Einrichtung eines Gesetzes gelegen, das ihr selbst schaden konnte. Es ist also sehr wahrscheinlich, daß in jenem Jahr das Volk erstmals einen bislang zwar vorgesehenen, aber noch nicht eingesetzten Mechanismus genutzt hat, um potentielle Verräter zu entfernen – das Volk, das nach dem Sieg von Marathon selbstbewußt genug geworden war, einen *ostrakismos* durchzuführen.

Ostraka vor allem aus der Zeit vor dem Persersturm 480 v. Chr. kommen bei Ausgrabungen auf der *agora,* der Akropolis und im Töpferviertel (Kerameikos) von Athen immer wieder ans Licht; unsere Zeugnisse für die Institution des Scherbengerichts werden also laufend zahlreicher. Bis 1967 waren 1658 *ostraka* bekannt (Meiggs-Lewis 21), da fand man bei Ausgrabungen im Kerameikos weitere 4463 solcher Scherben (deren endgültige Publikation noch aussteht). Weitere *ostraka* stammen aus recht verschiedenen Fundzusammenhängen, manche sind Einzelfunde, andere offenbar Teile des »Abfalls« von einem einzigen Verfahren.

Manchmal läßt sich zeigen, daß zwei *ostraka* Scherben desselben Gefäßes sind, was beweist, daß die jeweils Genannten Kandidaten im selben Jahr gewesen sein müssen. Sonst hingegen ist die historische Interpretation nicht leicht, da wir (selbst bei Teilen aus dem »Abfall«) keinen repräsentativen Querschnitt von *ostraka* haben. Wenn also in den uns erhaltenen Zeugnissen ein Name häufig genannt wird, so kann man daraus gerade nicht schließen, daß der betreffende mit Stimmenmehrheit aus Athen auf Zeit verbannt wurde, sondern muß vielmehr bedenken, daß ein einige Jahre hintereinander mißliebiger, aber nie tatsächlich verbannter Politiker insgesamt häufiger auf den Scherben genannt sein wird als ein auf Anhieb Verbannter. Das gilt insbesondere sicher für den Mann, dessen Name auf den bisher veröffentlichten *ostraka* am zweithäufigsten genannt ist, für Themistokles, der in den achtziger Jahren des fünften Jahrhunderts zweifellos ein häufig genannter Kandidat aus der Aristokratie gewesen war, aber erst Ende der siebziger Jahre tatsächlich in die Verbannung gehen mußte. Umgekehrt sind auf den *ostraka* oft Namen von Kandidaten genannt, die uns aus anderen Quellen gar nicht bekannt sind, darunter sogar offenbar prominente und wohl auch tatsächlich verbannte Politiker.

Auf der Akropolis von Athen hat man einen weiteren, für die Durchführung des Scherbengerichts aufschlußreichen Fund gemacht: In einem Brunnen waren 190 offenbar nicht gebrauchte *ostraka* deponiert worden; auf allen stand der Name des Themistokles. Nur vierzehn verschiedene Handschriften lassen sich unterscheiden, auch die Scherben sind bemerkenswert gleichartig. Das zeigt wohl, daß eine kleine Gruppe versuchte, das Ergebnis des Scherbengerichts in ihrem Sinne zu beeinflussen, indem sie gefälschte *ostraka* abgab oder durch des Lesens und Schreibens unkundige oder unentschiedene Bürger abgeben ließ. Ob der Fund auf einen einmaligen und tatsächlich nie durchgeführten Versuch schließen läßt oder aber umgekehrt nur den Überschuß von weit mehr tatsächlich abgegebenen falschen *ostraka* darstellt, läßt sich nicht entscheiden. Jedenfalls belegt er, daß eine gewisse Form derartiger politischer Unterstützung organisiert werden konnte.

Auf Grund der literarischen Zeugnisse und der *ostraka* selbst kann man nun die folgende Liste von Personen aufstellen, die durchs Scherbengericht verbannt wurden:

487 Hipparchos, Sohn des Charmos, *archōn* im Jahre 496/95, mit den Peisistratiden (wahrscheinlich durch Einheirat) verwandt. Er ist auf manchen Vasen als *Hipparchos kalos* genannt (s. S. 270) und war vermutlich das Haupt der in Athen verbliebenen Mitglieder des peisistratidischen *genos*. Vom Scherbengericht verbannt ging er nach Persien. – 11 *ostraka* sind erhalten.

486 Megakles, Sohn des Hippokrates, aus (dem *dēmos*; s. S. 334) Alopeke, Kleisthenes' Neffe und führender Alkmeonide. Auch er ist auf Vasen als *Megakles kalos* genannt. Ihm ist Pindars Siebte Pythische Ode für seinen Sieg im Wagenrennen 486 gewidmet. Nach Aristoteles (Athenaiōn politeia 22,4) wurden die ersten drei Jahreskandidaten als »Tyrannenfreunde« verbannt. – Zunächst waren 15 *ostraka* bekannt, 1967 fand man 2216 weitere, die wahrscheinlich im Jahre 486 v. Chr. zusammen deponiert worden waren.

485 Wahrscheinlich Kallias, Sohn des Kratias, aus Alopeke. Literarische Überlieferung fehlt, zunächst waren auch nur 3 *ostraka* bekannt, die nicht dem »Abfall« der Jahre 483 und 482 entstammten. Da fand man 1967 weitere 789 Scherben mit Kallias' Namen, die – wie bei Megakles – zusammen (aber von diesen getrennt) abgelegt worden waren. Über die Person des Kallias ist sonst nichts bekannt, doch bezeichnen ihn vier Scherben als »Perser«(-freund), auf einer ist er in medischer Kleidung gezeichnet. Offenbar gehörte er zur selben Gruppe wie seine beiden Vorgänger.

484 Xanthippos, Sohn des Arrhiphron, Schwager des Megakles (und Vater des Perikles); im Jahr 489 Ankläger des Miltia-

des, doch vielleicht eher durch seine Heiratsverbindung zu den Alkmeoniden »untragbar« geworden. – 17 *ostraka* sind erhalten.

483 Aristeides, Sohn des Lysimachos, aus Alopeke, *archōn* des Jahres 489/88, bekannt als »Aristeides der Gerechte«. Nach den Perserkriegen wurde er zu einem der wichtigsten Architekten des attischen Bündnissystems. Seine Verbannung 483 scheint im Zusammenhang damit zu stehen, daß er Themistokles bezüglich der Verwendung des neugefundenen Laureion-Silbers (s. S. 348f.) widersprach. – 93 *ostraka* sind erhalten.

In den folgenden Jahren war die Bedrohung durch die Perser allzu groß. Ein Scherbengericht wurde nicht mehr durchgeführt, die Verbannten wurden zurückberufen; Xanthippos und Aristeides wurden sogar gleich zu Generälen gemacht.

Die deutlichsten Motive für diese Verbannungen durch Scherbengericht waren das Mißtrauen gegen die aristokratischen *genē* der Peisistratiden und der Alkmeoniden sowie der Verdacht auf Verbindungen zu den Persern. Beide Motive gehörten zusammen, wie das Beispiel des Kallixenos, Sohn des Aristonymos, aus Xypete zeigt. Er ist nur aus 263 *ostraka* bekannt (der sechstgrößten Zahl der bisher gefundenen Scherben): Auf einem *ostrakon* wird er als »einer der Alkmeoniden« bezeichnet, auf einem anderen als »Kallixenos der [Verrä]ter« (eine so gut wie sichere Ergänzung). Es mag weitere Motive gegeben haben (z. B. unterschiedliche Politik der Anführer), doch weist die Tatsache, daß alle Verbannten während des Perserkriegs zurückgerufen wurden, und daß alljährlich ein *ostrakismos* durchgeführt wurde, auf ein weniger politisches Ziel der »Scherbenrichter«: Das Volk hatte vielmehr schlicht Gefallen daran, gegenüber der einst gefürchteten Aristokratie seine Macht auszuüben. Ein *ostrakon* drückt das in einem Zweizeiler aus (Abb. 24):

Xanth[ippos], Sohn des [Arhi]phron, – so sagt [dies] *ostrak[on]* – tut am meisten Unrecht von den verfluchten Führern.

(Meiggs-Lewis 21)

Eine ähnliche Einstellung zeigt sich auch in der Reform des Jahres 487 v. Chr., als zum ersten Mal seit der Tyrannis wieder bei der Auswahl der *archontes* das Los eine Rolle spielte (s. S. 246); seither nämlich ist kein prominenter Politiker mehr als *archōn* bekannt geworden. Da aber der aristokratische Rat auf

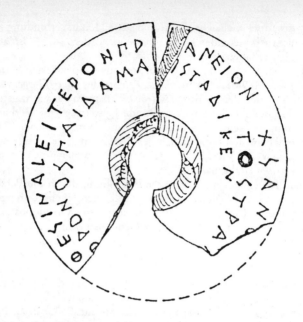

Abb. 24: Xanthippos-*ostrakon*

dem Areopagos sich aus ehemaligen *archontes* zusammensetzte, verlor allmählich auch der Rat sein Prestige. Eine Folge der Reform wird es demnach gewesen sein, daß das militärische Kommando aus der Hand des obersten *archōn polemarchos* in die der vom Volk gewählten *stratēgoi* (Generäle) überging.

Athens Flotte

Ein Mann hatte von der Entwicklung jener Jahre so viele Vorteile, daß manche Forscher seinen maßgeblichen Einfluß hinter den Vorgängen vermuten: Themistokles, Sohn des Neokles, hatte schon als *archōn* 493/92 mit der Errichtung von Hafenanlagen sein Interesse an einem Aufbau der athenischen Seemacht bewiesen (s. S. 279). 483 nun hatte man ein großes Silbervorkommen im Laureion gefunden. Gegen die Opposition konnte Themistokles durchsetzen, daß dieser Gewinn nicht an alle

Bürger verteilt, sondern für den Bau einer völlig neuen Flotte (»für einen Krieg gegen Aigina«) verwendet wurde. In den nächsten drei Jahren wurden 200 Trieren gebaut; Athen hatte damit die größte Flotte in ganz Griechenland – doppelt so viele Schiffe wie Chios zur Schlacht von Lade hatte entsenden können (s. S. 321), fünfmal so viele wie Korinth bei der Schlacht von Salamis und siebenmal so viele wie der angebliche Rivale Aigina besaßen. Das Flottenbauprogramm wurde unter der Aufsicht von hundert reichen Bürgern durchgeführt und war um so mehr eine staunenswerte Leistung, als das wichtigste Lieferland für Schiffsbauholz, Nordgriechenland, damals in persischer Hand war. Gerade zur Verteidigung gegen die Perser (und natürlich nicht gegen Aigina) sollte aber die Flotte eingesetzt werden; sie bot außerdem im Falle eines Mißerfolgs den Athenern die Möglichkeit, nach Westen auszuwandern. Immerhin benannte in etwa jener Zeit Themistokles zwei seiner Töchter *Italia* und *Sybaris*; Athen vertrat außerdem die Auffassung, alte Ansprüche auf eine weitere unteritalienische Stadt, nämlich *Siris*, zu haben (Herodot 8, 62, 2). Wären alle Trieren von Themistokles' Flotte gleichzeitig im Einsatz gewesen, so hätte man insgesamt 40 000 Ruderer gebraucht – weit mehr, als es in Athen an waffenfähigen Männern einschließlich der Hopliten überhaupt gab. Platz für eine eventuelle massenhafte Auswanderung war also auf den Schiffen tatsächlich vorhanden.

In dreißig Jahren war aus dem zurückgebliebenen Staat Athen, der noch von aristokratischen Familien regiert wurde, die am weitesten fortgeschrittene Demokratie in ganz Griechenland geworden, in der die Prinzipien der Loswahl von Beamten und der Herrschaft der Volksversammlung über die politische Führung bereits verwirklicht waren. Diese Entwicklung wurde nun noch dadurch verstärkt, daß mit der neu geschaffenen Flotte nicht mehr die Hoplitenklasse im Zentrum des militärischen Geschehens stand, sondern alle Bürger daran beteiligt waren.

16. Der große Perserkrieg

Die Quellen in Herodots Darstellung

Marathon mag das Vorrücken der Perser für einige Zeit aufgehalten haben, doch bedeutsamer dafür waren der Aufstand gegen die Perserherrschaft in Ägypten 486 v. Chr. und der Tod des Dareios im selben Jahr. Xerxes, sein Sohn, brauchte Zeit, um seine Herrschaft zu festigen. In einer dreisprachigen Inschrift in Persepolis sind die Länder aufgelistet, über die er herrschte, darunter sind auch »die Ionier« genannt, »die am Meer wohnen und die, die jenseits des Meeres wohnen«. Die Inschrift fährt fort:

So spricht Xerxes, der König: Als ich König wurde, waren unter diesen oben erwähnten Ländern solche, die aufrührerisch wurden. Darauf brachte mir Ahuramazda Hilfe, durch Ahuramazdas Willen unterwarf ich jene Länder und stellte die Ordnung in ihnen wieder her.
Und unter jenen Ländern waren solche, wo zuvor die *daiva* (falschen Götter) verehrt wurden; darauf machte ich durch Ahuramazdas Willen jene *daiva*-Ställe dem Erdboden gleich und erließ das Verbot: »Die *daiva* sollen nicht verehrt werden.« Wo zuvor die *daiva* verehrt wurden, da verehrte ich Ahuramazda mit Rtam (Arta), dem brazmanischen. Und auch anderes gab es, das mißbräuchlich getan wurde, das machte ich recht.

(Xerxes, *daiva*-Inschrift in Persepolis, § 4:
Herzfeld, Altpers. Inschriften, S. 34–35)

482 revoltierte Babylon, vielleicht als Protest gegen Xerxes' ungewöhnlich intolerante Religionspolitik.

Inzwischen hatten 484 v. Chr. die Vorbereitungen für eine Invasion in Griechenland begonnen, nach vier Jahren war man so weit. Auf dem Weg nach Griechenland war ein Kanal durch die Athos-Halbinsel gegraben worden (was drei Jahre gedauert hatte) und der Strymon überbrückt worden; riesige Vorräte wurden in Depots entlang der Küste eingelagert. Die spektakulärste Leistung war das schwimmende Brückenpaar über den Bosporos, das auf 360 und nochmals 314 Schiffen ruhte, die mit enorm langen und schweren Tauen verankert und miteinander verbunden waren; zwischen einzelnen Schiffen blieb ein Durchlaß für kleine Boote frei. Auf mehrere Lagen Balken wurde Erde geschüttet, so daß sich eine Art Straße ergab; seitliche

Sichtblenden sollten eine mögliche Panik der Tiere beim Übergang verhindern. Ein Sturm zerstörte aber das Brückenpaar (woraufhin Xerxes das Meer auspeitschen ließ – ein in der Antike berüchtigter Akt der Überhebung des Menschen), es wurde durch ein neues, von einem griechischen Ingenieur erdachtes ersetzt. 481 verbrachte Xerxes den Winter in Sardeis, 480 unternahm er seinen großen Feldzug gegen Griechenland.

Herodots Darstellung der persischen Invasion in den letzten drei Büchern (7–9) seines Werkes zählt zu den bedeutendsten Geschichtserzählungen der Weltliteratur. Aus griechischer Sicht war dieser Zug das wichtigste Geschehnis der eigenen Vergangenheit, galt es doch, die Freiheit der *polis* gegen den orientalischen Despotismus zu verteidigen. Die mündliche Tradition überlieferte eine Schilderung, wie sie für einen erfolgreich geführten Kampf typisch ist (s. S. 320): Sie glorifizierte die Protagonisten und betonte die gewaltige Überzahl der Feinde, die man abgewehrt hatte; sie bot mithin ein zusammenhängendes Bild der Ereignisse, in dem sich die Einheit der Griechen zeigen sollte. Denn obwohl die athenische, die spartanische und die korinthische Version der Geschehnisse sicher jeweils gewisse eigene Tendenzen hatten, scheinen sie sich nicht direkt widersprochen zu haben, so daß Herodot sie hätte harmonisieren müssen. Vielmehr geht die kohärente Darstellung Herodots auf die Kohärenz seiner mündlichen Quellenangaben zurück. Tatsächlich hatte man ja allen Grund, die großen Ereignisse nicht in Vergessenheit geraten zu lassen; die Teilnahme der einzelnen *poleis* wurde in den folgenden zwei Jahrhunderten zur Grundlage der zwischenstaatlichen griechischen Diplomatie. Eine verzerrte Darstellung war also kaum möglich. Die ständige Wiederholung des eigenen Anteils am Erfolg der Griechen konnte eine *polis* vielleicht bekannter machen, ein gefälschter Anspruch jedoch verbot sich schon wegen der (ja auch im internationalen Bereich üblichen; s. S. 300) Wettbewerbsethik in der griechischen Politik. Daher also waren die verschiedenen griechischen Überlieferungen der Ereignisse des Perserkriegs im wesentlichen übereinstimmend und zutreffend.

Aus diesem Material nun schuf Herodot eine Geschichte, wie sie auf Homerische Helden gepaßt hätte. Für den »neuen Trojanischen Krieg« übernahm er Erzähltechniken aus dem Epos und setzte außerdem die traditionellen Mittel der *logos*-Macher (s. Kap. 2) von Ionien besonders dafür ein, die Ereignisse auf der persischen Seite (über die die Griechen natürlich weniger gut Bescheid wußten) lebhaft und direkt zu schildern. So läßt Herodot zu Beginn des siebten Buches den jungen König Xerxes die Entscheidung zur Eroberung Griechenlands fassen; dabei treten zwei Berater auf, Mardonios, der auf einen Feldzug drängt, und Artabanos, der sich dagegen ausspricht: »Du siehst, wie der Gott mit seinem Wetterstrahl die großen Geschöpfe trifft und sie sich nicht überheben läßt, während ihn die kleinen nicht reizen; du siehst, wie er seine Geschosse immer in die größten Gebäude und in derartige Bäume schleudert. Denn der Gott pflegt alles zu stürzen, was sich überhebt.« (Herodot 7, 10 ε 1) Doch der Gott schickt Xerxes einen Traum, um ihn zu einem Feldzug zu verlocken, und als Artabanos in Xerxes' Bett schläft, bedroht auch ihn der Gott in einem Traum, falls er weiterhin von der Unternehmung abrate. Artabanos ist nun überzeugt. Auf dem eigentlichen Feldzug übernimmt seine Warnerrolle der exilierte Spartanerkönig Demaratos, der die griechischen Werte »Unabhängigkeit« und »Genügsamkeit« gegen die persische Kriecherei und Prachtentfaltung vertritt.

Auch ein anderes Werk arbeitet mit der Faszination des persischen Blickpunkts, nämlich die älteste erhaltene griechische Tragödie, Aischylos' *Persai* (Die Perser), die 472 v. Chr. (mit Perikles' finanzieller Unterstützung) aufgeführt wurde. Im Zentrum des Geschehens steht hier die Schlacht von Salamis, bei der Aischylos und ein Großteil seiner Zuschauer mitgekämpft hatten. Dargestellt ist aber die Ankunft der Nachricht von der Niederlage in Persien und ihre Auswirkungen am persischen Hof. Der griechische Sieg wird als Tragödie für Persien gesehen, das Stück versucht dabei, die persische Situation durch eine Übertragung in griechische Begriffe verständlich zu machen. Natürlich können solche Darstellungen, wie sie Herodot und Aischylos geben, die persische Seite nicht adäquat erfassen, denn sie verstehen die Motive und Handlungen der Perser im Rahmen der Hoplitenethik von »Übermaß« und dem dadurch hervorgerufenen »Neid der Götter«.

Auch die Analyse der persischen Logistik bei Herodot ist wohl nicht richtig. Zwar hatte er sonst einen gewissen Zugang zu schriftlichen Dokumenten und teilweise auch zur mündlichen Tradition der Perser, doch scheint er sie nicht bei der Darstellung des Perserzuges verwendet zu haben. Schriftliche persische Dokumente liegen z.B. der Liste der Provinzen und ihrer Besteuerung im dritten Buch (3, 89–96) zugrunde, auf ebensolche Quellen oder aber auf Auskünfte der griechischen

Spionage stützt sich Herodot bei der Beschreibung der persischen Armeekontingente (7, 89–99). Mündliche persische Tradition hingegen kennt er z. B. zur Geburt und Jugend des Kyros (1, 108–22; s. S. 189) und zum Aufstieg des Dareios (3, 70–87), wo seine Darstellung mit der in erhaltenen persischen Inschriften weitgehend übereinstimmt. Man hat die plausible Vermutung angestellt, daß ein Großteil dieser Informationen von Zopyros, dem Enkel eines der Generäle des Dareios, stammt, der in der Mitte des fünften Jahrhunderts v. Chr. zu den Athenern übergelaufen war. – Nun gibt es aber in Herodots Darstellung der persischen Invasion keine deutlichen Anzeichen für eine persische mündliche Tradition, und auch die verwendeten schriftlichen Dokumente beschränken sich offenbar auf allgemeine Angaben über die Gesamtgröße des persischen Landheeres, das für den speziellen Feldzug vielleicht gar nicht als Ganzes ausgerückt war; außerdem waren diese Zahlenangaben ohnehin nur auf einem etwas dubiosen Weg gewonnen worden (Herodot 7, 60). Genannt wird eine Gesamtzahl von 1 700 000 Mann, die sogar noch deutlich unter den zeitgenössischen griechischen Schätzungen liegt: Das Epigramm, das man auf dem Schlachtfeld bei den Thermopylen (s. S. 359) aufgestellt hat, spricht von einer fast doppelt so großen Anzahl:

Drei Millionen Feinde bekämpften an dieser Stelle
viermal tausend Mann von der Peloponnes.
                      (Simonides XXIIa [165a] W = 91 D)

Zur persischen Flotte macht Herodot jedoch genaue Angaben, die addiert eine Zahl von 1207 Trieren ergeben; auch hier wird man die Gesamtzahl der persischen Schiffe und nicht nur die für den Griechenlandfeldzug tatsächlich eingesetzten sehen müssen. Herodot, der dies leugnet, muß nämlich die unglaubliche Menge von 600 persischen Trieren schon vor Salamis Schiffbruch erleiden lassen, um die erste den Griechen tatsächlich einsehbare Stärke der Perser bei dieser Schlacht zu erklären. Moderne Schätzungen nehmen 200 000 Mann im Landheer und etwa 600 Schiffe an, doch auch diese Zahlen zeigen die gewaltige Überlegenheit der Perser über die Griechen. Die griechische Strategie mußte also 480 v. Chr. damit rechnen, daß man der persischen Übermacht zu Lande bei einer offenen Feldschlacht trotz der eigenen Überlegenheit in Bewaffnung und Taktik nicht gewachsen war, während zur See die Perser an Zahl und Übung zwar auch überlegen waren, man hier aber wenigstens eine kleine Hoffnung auf einen griechischen Sieg nähren konnte.

Die Einigung der Griechen

Die Verteidigung Griechenlands hing also davon ab, inwieweit man eine gemeinsame Strategie würde durchführen können. Die Probleme auf dem Weg zur notwendigen Einigung bagatellisiert Herodot, der die griechischen Verhandlungen um einen gemeinsamen Oberbefehl als lose Folge zeitloser Episoden darstellt. Ordnet man seine Angaben, so ergibt sich, daß die Griechen sich bei offenbar zwei Zusammenkünften auf das grundsätzliche Vorgehen einigten: Beim ersten Kongreß, 481 v. Chr., »versammelten sich alle, die die bessere Gesinnung Griechenland gegenüber hatten, berieten sich und tauschten Pfänder aus« (Herodot 7, 145, 1). Man beschloß, die gegenseitigen Fehden zu beenden (insbesondere die zwischen Athen und Aigina), Spione nach Asien und Gesandte zu den unabhängigen *poleis* Argos, Syrakus, Korkyra und zu den Städten auf Kreta zu schicken. Sparta sollte den Oberbefehl der griechischen Streitmacht zu Lande und zu Wasser haben – ein Zeichen dafür, daß der Peloponnesische Bund das eigentliche Fundament des griechischen Widerstandes war, und auch dafür, daß Athen den eigenen Führungsanspruch klug den gemeingriechischen Interessen unterzuordnen bereit war. Offenbar schon auf diesem Kongreß wurde auch in einem Eid beschworen, daß man all die Städte, die ohne Zwang zum Feind überliefen, zerstören und den zehnten Teil der Beute nach Delphi weihen werde (Herodot 7, 132, 2).

Der Versuch, die Basis dieses Bundes gegen die Perser um die vier genannten Mächte zu erweitern, schlug allerdings fehl. Argos erhob auf Delphis Rat angeblich unerfüllbare Bedingungen und schien sich sogar mit den Persern geeinigt zu haben (Herodot 7, 148–52). Auch Kreta trat, von Delphi gewarnt, nicht bei; Korkyra versprach sechzig Schiffe, die allerdings im entscheidenden Augenblick ausblieben (7, 168–69). In Syrakus sind die Verhältnisse interessanter:

Seit etwa 505 v. Chr. war die *polis* Gela von Tyrannen regiert worden, von Kleandros und seinem Bruder Hippokrates. Schon 491 erstreckte sich deren Reich über den Großteil Ostsiziliens, wo sich von den größeren Städten allein Syrakus unabhängig halten konnte. In diesem Jahr nun folgte auf Hippokrates dessen Reiteroberst Gelon, der sich sogleich durch eine doppelte Heiratsverbindung mit dem Tyrannen von Akragas (Agrigent), Theron, zusammenschloß. 485 griff Gelon in Syrakus in den bürgerkriegsähnlichen Streit zwischen den *gamoroi* (der alten Siedleraristokratie) und den *killyrioi* (der versklavten Vorbevölkerung; s. S. 147) ein. Er eroberte Syrakus und machte es zu seiner Hauptstadt, in die er die Bevölkerung aus anderen Städten umsiedelte; Gela überließ er seinem Bruder Hieron. Somit lag 481 praktisch das ganze griechische Sizilien in den Händen von drei Tyrannen: Gelon, Theron und Hieron. Als nun die griechischen Gesandten Gelon um eine Unterstützung gegen Persien baten, soll er ihnen seine riesige Armee angeboten haben, wenn er den Oberbefehl erhalte. Tatsächlich mußte er allerdings eher für die unvermeidliche Reaktion Karthagos auf die Einigung des griechischen Sizilien gerüstet sein. 480 fiel der karthagische König Hamilkar mit 300 000 Mann auf der Insel ein (Herodot 7, 165). Der Historiker Ephoros, der im vierten Jahrhundert v. Chr. schrieb, behauptet sogar (FGrHist 70 F 186), Karthager und Perser hätten den Zeitpunkt ihrer Unternehmungen miteinander abgesprochen, was gar nicht ganz unwahrscheinlich ist: Die Phoiniker werden beunruhigt gewesen sein, daß so viele (vor allem ionische) Griechen auf der Flucht vor den Persern ins westliche Mittelmeergebiet gezogen kamen, und werden vielleicht gehofft haben, man könnte die Griechen im Westen und im Osten gleichzeitig vernichtend schlagen. In derselben Zeit im Jahr, in der vor Salamis gekämpft wurde, besiegten Gelon und Theron im Westen bei Himera den Karthagerkönig Hamilkar, töteten ihn und nahmen die ganze Expeditionsstreitmacht in Gefangenschaft. Die Karthager fürchteten nun sogar eine griechische Invasion in Afrika und mußten auf Gelons Forderung nach 2000 Talenten Kriegsentschädigung eingehen. Möglicherweise war es dieses Geld, aus dem eine Serie von Siegesmünzen geprägt wurde, die zu den schönsten griechischen Münzen überhaupt zählen. Die großen Tempel von Akragas stehen noch heute, gebaut von den kriegsgefangenen Karthagern, von denen manche Bürger in Akragas fünfhundert als Sklaven besaßen. 474 v. Chr. besiegte Hieron schließlich noch die Etrusker in der Schlacht bei Kyme; der Westen war damit gesichert.

Gelon hatte als Rückversicherung einen hohen Geldbetrag in Delphi hinterlegt, der Xerxes überreicht werden sollte, wenn der Perserkönig siegte. Delphi erschien tatsächlich immer auf der Seite der Perser; das Orakel riet ständig von einem Widerstand der Griechen ab und oft zur Unterwerfung unter die Perser. Als Gesandte aus Athen kamen, empfahl ihnen die Pythia, noch bevor sie überhaupt die Frage der Athener gehört hatte, nach Westen zu fliehen, und ließ sich erst nach einiger Zeit zu einem nicht eindeutigen Orakel bewegen, dessen Ende lautete:

Dann gibt die Mauer aus Holz der Triton-Geborenen weitschauend
Zeus unbezwungen allein, dir und deinen Kindern zu Nutze.
Doch erwarte du nicht der Reiter Schar und das Fußvolk,
ruhig auf festem Boden! Entweiche dem drohenden Angriff,
wende den Rücken ihm zu! Einst wirst du ja dennoch sie treffen.
Salamis, göttliche Insel, die Kinder der Frauen vertilgst du,
Sei es zu Demeters Saat oder sei es zum Zeitpunkt der Ernte.
(Herodot 7, 141, 3–4)

Diese defätistische Prophezeiung interpretierte Themistokles dann so, daß mit der »Mauer aus Holz« die Flotte gemeint sei, und daß Salamis, da es als »göttliche« und nicht als schreckliche Insel bezeichnet sei, den Persern und nicht den Griechen Verderben bedeuten werde. Mit Mühe gelang es ihm, das athenische Volk von seiner Deutung zu überzeugen:

In der auf das Ergehen des Gottesspruches folgenden Versammlung faßten die Athener den formellen Beschluß, im Gehorsam gegenüber dem Gott dem Angriff des Barbaren auf Griechenland mit aller Macht auf den Schiffen zu begegnen, zusammen mit allen Griechen, die dazu bereit seien. (Herodot 7, 144, 3)

Dieser lapidare Satz liest sich tatsächlich wie ein zeitgenössischer Volksbeschluß.

Der zweite Kongreß der griechischen Verbündeten fand im Frühjahr des Jahres 480 v. Chr. am Isthmos von Korinth statt; es ging um die Strategie für die nahe Zukunft. Im Vertrauen auf die bedeutende thessalische Reiterei versuchte man zunächst, schon Thessalien durch eine Besetzung der Nordlinie des Olympos zu sichern und schickte dazu 10 000 Hopliten ins Tempetal. Doch ließ sich der dortige Paß zu leicht umgehen und war ohnehin nur für das feindliche Landheer ein Hindernis; außerdem war ein großer Teil der thessalischen Regierungsschicht seit langem pro-persisch eingestellt. Die Vertreter der griechischen Verbündeten zogen sich erneut auf den Isthmos zurück und beschlossen wahrscheinlich erst jetzt, die Perser sowohl zu Lande als auch zur See aufzuhalten, also an den Thermopylai *und* am Kap Artemision, oder – wenn dies nicht gelänge – am Isthmos *und* bei Salamis. Die Wahl dieser beiden Linien war unvermeidbar, sobald man sich auf eine Doppelstrategie dieser Art geeinigt hatte; sie zeigt aber auch die unterschiedlichen Interessen der *poleis* in Zentralgriechenland (besonders Athen) und derer auf der Peloponnes hinter dem Isthmos (besonders Sparta). Diese naturgegebene Teilung, auf die Herodot in seiner Darstellung immer wieder eingeht, bedrohte nicht selten die Gemeinsamkeit des griechischen Widerstands. Man kann tatsächlich fragen, ob es diese labile Einheit der Griechen war, oder ob es die Fehler der Feinde, der Zufall oder der Heldenmut und die Begabung der militärischen Führer waren, die den Griechen den Sieg ermöglichten – ich werde aber nicht versuchen, auf diese Fragen eine Antwort zu geben.

Die Strategie der Griechen

Aus der Sicht der modernen Strategie bot zweifellos die Linie Thermopylai – Artemision die besten Chancen für die Griechen. Der Paß bei den Thermopylai war schwer zu umgehen und ließ sich auch gegen eine Überzahl gut verteidigen; bei Artemision konnte die Flotte mit der befreundeten Insel Euboia im Rücken kämpfen, wo es sichere Häfen gab und ein guter Fluchtweg für die Schiffe zwischen der Insel und dem Festland offenstand, während die Feinde am Strand einer ungeschützten Meeresbucht landen mußten. Allerdings war das Meer dort nicht eng genug, so daß die Perser ihre Überzahl eher zur Geltung bringen konnten. Doch insgesamt bot diese Linie als einzige die Möglichkeit, daß das Landheer und die Flotte sozusagen Seite an Seite kämpfen konnten.

Ob schon die Griechen die Lage so analysierten, ja welche Strategie sie überhaupt zu Lande und zur See verfolgten, ist infolge von drei Faktoren nicht ganz klar. Erstens erzählt Herodot, unsere Hauptquelle, die Geschichte der Ereignisse an den Thermopylai getrennt von denen am Kap Artemision, so daß die genauen Beziehungen zwischen den beiden Schlachten im dunkeln bleiben. Anscheinend war geplant, die Thermopylai (nur) zu verteidigen, während man zur See eher offensiv vorgehen wollte. Die Griechen überfielen jedenfalls einige persische

Schiffe und nahmen schließlich das Schlachtangebot der Perser an. Viel wird man vom Vorgehen der Feinde abhängig gemacht haben: Würden sie vor allem das Landheer einsetzen, da ein persischer Sieg an den Thermopylai auch den Rückzug der griechischen Flotte nach sich ziehen müßte? Oder würden sie ihre Aktivität auf die See konzentrieren? Die Flotte war ja besonders exponiert, so daß ein späterer Einsatz gefährlich sein konnte (eine Gefahr, die sich wohl in den oft wiederholten Geschichten von Sturmschäden an den Schiffen spiegelt). Anscheinend entschieden sich die Perser dann zunächst für ein verstärktes Vorgehen zu Lande, und damit hatten sie Erfolg.

Der zweite Faktor, der für die Analyse der griechischen Strategie von Bedeutung ist, besteht in dem Problem der Zahlenangaben für die griechische Seite. Die Zahl der Schiffe läßt sich aus den Angaben für die Schlacht bei Artemision entnehmen, für die die gesamte griechische Flotte aufgeboten war: Die Griechen hatten 271 Trieren, von denen 53 offenbar zur Sicherung des Rückwegs eingesetzt waren (Herodot 8, 1). Darunter befanden sich alle 200 Schiffe Athens sowie etwa drei Viertel der peloponnesischen Flotte, in die Korinth und Megara, nicht aber Aigina alle ihre Trieren entsandt hatten. Für die Zahlen des griechischen Landheeres bei der Schlacht an den Thermopylai 480 v. Chr. sind die Zahlenangaben problematischer. Herodot nennt nur 300 Spartaner, 2120 Arkader und 400 Korinther; die für die im Gefallenenepigramm (s. S. 353) genannte Zahl von 4000 Mann noch fehlenden Soldaten waren möglicherweise spartanische Heloten. Hinzu kamen 1100 Boioter und 1000 Phoker. Vergleicht man diese Angaben mit der Größe des Landheeres der Verbündeten bei der Schlacht von Plataiai 479 v. Chr., so ergibt sich eine erstaunliche Diskrepanz: Ein Jahr nach den Thermopylai boten die Griechen die zehnfache Anzahl von Soldaten auf, nämlich 38 700 Mann, zumeist Peloponnesier. Der Unterschied läßt sich nicht dadurch erklären, daß bei den Thermopylai 8000 Athener und weitere, an Bord der Schiffe kämpfende Krieger nicht mitgezählt worden sind. Er zeigt vielmehr, wie wenig die peloponnesischen *poleis* offenbar bereit waren, ihre Truppen so weit im Norden einzusetzen; viele Soldaten waren offenbar am Isthmos geblieben und hatten diese Linie befestigt. Die Spartaner behaupteten, ihre 300 Mann bei den Thermopylai seien nur eine Vorhut gewesen, die übrige Truppe hätte nach dem Fest der Karneia nachkommen sollen. Tatsächlich war ein Grund für die Niederlage der Griechen an den Thermopylai ihr Mangel an Soldaten: Sie konnten daher den Bergpfad, der eine Umgehung des Passes ermöglichte, nur von einem kleinen Kontingent der Phoker bewachen lassen (was nicht ausreichte und tatsächlich schlachtentscheidend wurde). Wie läßt sich das geringe Aufgebot der Griechen an den Thermopylai erklären? Entweder galt die Isthmos-Linie als echte Alternative (dann wäre dem Kampf an den Thermopylai nur eine verzögernde Funktion zugekommen), oder aber die Einheit der Griechen war an den geographischen Gegebenheiten zerbrochen, als insbesondere die peloponnesischen Staaten die eigentlich vereinbarte Nordlinie (Thermopylai-Artemision) nicht mehr zu verteidigen bereit waren. Die Diskrepanz zwischen der geringen Größe des griechischen Landheeres und dem recht großen (und im Gegensatz zum Heer nicht auf den Peloponnesiern beruhenden) Flottenaufgebot macht die letztgenannte Erklärung wahrscheinlicher. Stimmt dies, so wurde allein durch den heroischen Tod der Leute um Leonidas die Einheit der Griechen gerettet: Hätte er aufgegeben, so hätte man die Schuld an der Niederlage sogleich bei den Peloponnesiern suchen können. Leonidas aber hatte auf die Nachricht von der Wendung des Schlachtverlaufs hin (ein Verräter hatte den Persern den Bergpfad gezeigt) alle Verbündeten entlassen und war selbst mit seinen 300 Spartanern sowie den Boiotern, die sich weigerten, ihn zu verlassen, auf dem Schlachtfeld zurückgeblieben, wo alle den Heldentod fanden:

Wanderer, kommst du nach Sparta, verkündige dorten, du habest uns hier liegen gesehen, wie das Gesetz es befahl.
(Simonides XXIIb [165b] W=92 D)

Leonidas' Haltung hat Griechenland gerettet: Die Spartaner hatten Wort gehalten.

Das »Themistokles-Dekret«

Der dritte Faktor, den wir bei der Analyse der griechischen Strategie berücksichtigen müssen, ist das sog. Themistokles-Dekret, eine Inschrift, die man 1959 in Troizen an der Ostküste der Peloponnes gegenüber Attika gefunden hat. Der Stein ist fast vollständig und relativ gut erhalten, so daß sich nur geringe Unsicherheiten bei der Lesung ergeben. Die Inschrift lautet:

[Götter!]
Der Rat und das Volk haben (folgendes) beschlossen; Themis[tokl]es, Sohn des Neokles, aus (dem *dēmos*) Phrearrhioi hat (es) beantragt: Die Stadt soll man der Göttin Athene, der [Beschützerin] Athens, u[nd allen ander]en Göttern anvertrauen, sie beschützen und [den Barba]ren zur Rettung des Landes abw[ehren]. Alle Athener und die in Athen ansässigen [Fremden sollen die Kinder und Frauen na]ch Troizen bringen [in die Obhut des X(?)], des *archēgetēs* des Landes. Die [Alten aber und die] Habe sollen sie nach Salamis bringen. [Die Schatzmeister aber und] die Priesterinnen sollen auf der Akropolis [bleiben und den Besitz der] Götter [bewachen]. Alle anderen Athe[ner aber und die Fre]mden im waffenfähigen Alter sollen die [bereitliegenden] zweihundert Schiffe besteigen und den Barbaren abwehren, für ihre eigene Freiheit und [für die der anderen Griechen], zusammen mit Lakedaimoniern, Korinthern, [Aigineten] und den anderen, die die [Gefahr] teilen wollen.
Die *stratēgoi* (Generäle) sollen [zweihundert] *trierarchoi* (Kapitäne, [einen für] jedes Schiff, [von] morgen ab ernennen aus der Zahl derer, die Land und ein Haus in Athen besitzen, die ehe[liche] Kinder haben [und nicht ält]er als fünfzig Jahre sind, und sie sollen ihnen die Schiffe durch das Los zuteilen. Und sie sollen zehn Soldaten für [jedes] Schiff ausheben aus denen, die über zwanzig und [unter] dreißig Jahren sind, und vier Bogenschützen. Und sie sollen die *hypēresiai* (Maate) für die Schiffe aus[losen] zur gleichen Zeit, wie sie auch die *[trierar]choi* erlosen. Und die *stratēgoi* sollen die [restlichen Abteilungen nach den] Schiffen durch Anschlag an den weißen Tafeln bekanntmachen, [und zwar die] Athener aus den Bürgerlisten der *dēmoi*, [die Frem]den aber aus den Verzeichnissen beim *[polemarchos]*. Sie sollen sie aber aufschreiben eingeteilt in zweihundert Abteilungen bis zu einer Zahl von hundert (Mann pro Abteilung), und über jede Abteilung den Namen der Triere und des *trierarchos* und der *hypēresia* setzen, damit sie wissen, auf welcher Triere sich jede Abteilung einzufinden hat. Wenn aber alle Abteilungen eingeteilt und den Schiffen durch das Los zugeteilt sind, sollen der Rat und die *stratēgoi* alle zweihundert Schiffe bemannen, nachdem sie ein Versöhnungsopfer dargebracht haben Zeus, dem alles Beherrschenden, und Athene, der Siegesgöttin (oder: und Athene und Nike) und Poseidon, dem Beschützer. Wenn die Schiffe aber bemannt sind, sollen die *stratēgoi* mit hundert von ihnen am euboiischen Artemision helfen und mit hundert von ihnen um Salamis und das übrige Attika vor Anker bleiben und das Land bewachen.
Damit aber alle Athener einhellig den Barbaren abwehren, sollen diejenigen, die für zehn Jahre verbannt waren, sich nach Salamis begeben und dort so lange bleiben, bis das Volk einen Beschluß über sie faßt. Diejenigen aber, die [Ehrverlust(?) ...] (Meiggs-Lewis 23)

Datierung und Zweck dieser Inschrift sind nicht ernsthaft umstritten: Sie wurde im ausgehenden vierten oder beginnenden dritten Jahrhundert v. Chr. auf dem Stein eingemeißelt, der dann in Troizen, dem Zufluchtsort der Athener, aufgestellt wurde. Sie sollte an die Einheit und die Tapferkeit erinnern, die die Griechen einst fremden Invasoren gegenüber bewiesen hatten. Den Anlaß für die Aufstellung bot wahrscheinlich eine politische Situation wie die im Jahre 323 v. Chr., als die Athener auf die Nachricht von Alexanders d. Gr. Tod hin einen Aufstand gegen die Makedonenherrschaft zu wagen beschlossen:

Die Redner machten sogleich den Wunsch der Masse zu ihrer eigenen Sache und schrieben einen Beschluß, das Volk solle sich der gemeinsamen Freiheit der Griechen annehmen und die Städte, in denen eine Besatzung liege, befreien. Man solle vierzig Tetreren (Vierdecker) und zweihundert Trieren ausrüsten; alle Athener unter vierzig Jahren sollten ins Feld ziehen; drei *phylai* sollten Attika beschützen, die sieben anderen sich für einen Feldzug außerhalb bereit halten. Man sollte Gesandte ausschicken, die von einer griechischen Stadt zur anderen gehen und dort erklären sollten, daß schon früher das Volk (von Athen) in dem Glauben, ganz Griechenland sei das gemeinsame Vaterland der Griechen, gegen die Barbaren gekämpft habe, die zu seiner Versklavung gekommen seien, und daß es auch jetzt dem Volk notwendig erscheine, Leben, Geld und Schiffe für die gemeinsame Rettung der Griechen zu riskieren. (Diodor 18, 10, 2–3)

Sprachlich erinnert dieser Beschluß an den des Themistokles-Dekrets, und wahrscheinlich haben die Troizener in der bei Diodor beschriebenen oder einer ähnlichen Situation die Inschrift als Zeichen dafür aufgestellt, daß sie die von Athen vorgeschlagene neue Allianz annahmen. Tatsächlich war der Beschluß des Themistokles schon zuvor in der Propaganda benutzt worden; der älteste Beleg dafür, Demosthenes' Rede *Über die Truggesandtschaft* (19 § 303), stammt aus dem Jahr 348 v. Chr. Damit stellt sich die Frage, ob die Inschrift eine Fälschung war, mit der man den Aufruf zur politischen Einheit unterstützen wollte, wie das – zumindest nach der Ansicht mancher Forscher – auch für andere »Dokumente« aus dem Perserkrieg gilt (z. B. für das ganz offensichtlich gefälschte »Miltiades-Dekret«, mit dem Aischines argumentierte).

Auf die Frage nach der Authentizität des Themistokles-Dekrets wird sich nie eine einhellige Antwort finden lassen. Der Inhalt der Inschrift soll sicher dem von Herodot (7, 144; s. S. 356) überlieferten Beschluß entsprechen, während ihre Sprache und Form aus dem vierten Jahrhundert stammen und über eine bloße Bearbeitung eines alten Dokuments hinausgehen. In seinem Aufbau ist das Themistokles-Dekret durchaus literarisch, so kohärent und so geordnet wie sonst keine der echten Inschriften aus jener frühen Zeit; es ist um eine Darstellung aller Aspekte des großen Ereignisses bemüht. Diese Beobachtungen deuten zumindest auf eine grundlegende Bearbeitung der Vorlage(n), gleich welcher Art diese war(en).

Andererseits werden nebensächliche Details erwähnt, wie sie kaum einem späteren Fälscher eingefallen sein können; darunter sind zwei besonders aussagekräftige. Erstens sollen der Inschrift zufolge die Schiffe »bis zu einer Zahl von hundert« gefüllt werden. Nach allem, was wir wissen, bestand die Besatzung einer Triere aber immer aus zweihundert Mann, und es gibt keinen Grund, warum ein Fälscher nicht auch diese Zahl hätte schreiben sollen. Wenn die athenischen Schiffe aber tatsächlich nur zur Hälfte besetzt werden sollten, so ist dies ein Hinweis auf einen ernstlichen Mangel an Menschen, wie er ja von Herodot (8, 1, 2) bezeugt ist (ihm zufolge soll Athen zwanzig Schiffe an Siedler aus Chalkis ausgeliehen haben) und wie er überhaupt wahrscheinlich ist: 480 v. Chr. wird die Gesamtzahl der erwachsenen Männer Athens näher an 20 000 als an 40 000 gewesen sein; die Zahl von 8000 Hopliten ist belegt (s. S. 358). Man ist also versucht, zumindest dieses Detail des Themistokles-Dekrets für echt zu halten; die Inschrift müßte demnach auf ein authentisches Dokument zurückgehen, das auch andere echte Details enthielt.

Zweitens widerspricht die Inschrift gerade in der beschlossenen Strategie (die athenische Flotte soll in zwei Teile geteilt werden, wobei Salamis und Artemision als von vornherein gleichwichtige Linien gelten) dem, was bei Herodot steht (alle Schiffe sollen in Artemision eingesetzt werden). Dieser Widerspruch läßt sich paradoxerweise am besten mit der Echtheit des inschriftlichen Themistokles-Dekrets erklären: Dort nämlich scheint der ursprüngliche Plan des griechischen Vorgehens aufgezeichnet zu sein, während bei Herodot der tatsächliche Verlauf der Aktion geschildert wird. Erst als nämlich klar wurde, daß die Perser kein zweites Mal in Marathon an Land gehen würden, konnte man *alle* griechischen Schiffe nach Artemision schicken. Dafür, daß ursprünglich etwas anderes, eben die Teilung der Flotte geplant war, spricht sogar eine Andeutung bei Herodot, der (8, 14) erwähnt, daß ein Geschwader von 53 athenischen Schiffen erst am letzten Tag der Schlacht bei Artemision eintraf. Offenbar hatten diese Trieren zunächst die Meerenge von Euboia gegen eine mögliche Umseglung durch die Perser bewacht. – Sieht man hingegen die Inschrift in diesem Punkt als Fälschung an, so ist der genannte Widerspruch schwieriger zu erklären: Ein Fälscher arbeitet gewöhnlich nicht gegen das, was er für das tatsächliche Geschehen hält; auf der Inschrift aber ist von einer Ereignisfolge und einer Strategie die Rede, wie sie sich in keiner der literarischen Quellen finden. Also hätte der Fälscher in diesem Punkt bestimmte Gründe für eine Abweichung von der »orthodoxen« Darstellung der athenischen Strategie haben müssen. Welche Gründe? Wollte er schlichtweg nur, daß auf der Inschrift beide großen Seeschlachten des Perserkrieges vorkommen? Ein solches Streben nach Vollständigkeit ist ein häufiger Fehler bei Fälschungen, noch dazu einer, den diese Inschrift auch sonst an den Tag legt. Oder wollte er eine bestimmte Strategie, die er für seine eigene Zeit befürwortete, sozusagen historisch untermauern? 323 v. Chr. wurde ja eine Strategie der geteilten Streitmächte vorgeschlagen und mit dem Kampf gegen die Perser (»Barbaren«) in Verbindung gebracht (s. S. 361), was aber durchaus schon zuvor in der zweiten Hälfte des vierten Jahrhunderts (also in der Zeit, in der das Themistokles-Dekret frühestens aufgezeichnet worden sein kann) möglich war.

Eine endgültige Entscheidung der Frage nach der Echtheit des Themistokles-Dekrets ist aber, wie schon gesagt, nicht zu erreichen; zumindest sichern die angesprochenen Probleme der griechischen Strategie im Perserkrieg der Inschrift auch weiterhin einen Platz in der wissenschaftlichen Diskussion.

Der griechische Sieg und seine Folgen

Die Griechen hatten in Zentralgriechenland, an der Linie Thermopylai-Artemision, keine völlige Niederlage erlitten; immerhin hatte die persische Flotte so viele Schiffe verloren, daß sie der griechischen an Zahl kaum noch oder gar nicht mehr überlegen war. Doch bedeutete der persische Sieg an den Thermopylai, daß Boiotien verloren war und daß Athen evakuiert werden mußte; das persische Heer zerstörte die Stadt. Diese Evakuierung Athens zeigt wieder, wie klug und überlegt Themistokles vorging: Statt die nicht am Kampf beteiligten Athener (Kinder, Frauen, Alte) hinter die Isthmos-Linie auf die relativ sichere Peloponnes zu bringen, zog er die weniger sicheren Zufluchtsorte Aigina, Troizen und Salamis vor, die aber einen wichtigen Vorteil hatten: Sie lagen außerhalb von Spartas Machtbereich. So konnte Athen seine wichtige und unabhängige Stimme bei den Beratungen über die griechische Strategie nicht verlieren. Und dadurch, daß Themistokles die Schiffe Athens, die ja über die Hälfte der griechischen Flotte ausmachten, in Salamis hielt, zwang er auch die anderen Seestreitkräfte der Griechen, dort zu kämpfen. Auf ihn scheint außerdem die Geheimbotschaft eines »Verräters« zurückzugehen, in der den Persern von einer (zweifellos erfolgreichen) Blockade ab- und zu einer offenen Seeschlacht in der engen Bucht von Salamis zugeraten wurde (was die persische Niederlage zur Folge hatte). Damit erscheint Themistokles als der Inbegriff des griechischen Volkshelden, als gerissener Schlaukopf, und so als die historische Version des »typischen Griechen« Odysseus.

Der griechische Sieg schloß die erste Phase der Perserkriege ab; die Griechen hatten mit ihrem Erfolg bei Salamis die Seeherrschaft gewonnen. Die eine Hälfte der persischen Armee zog unter Xerxes ins Reich zurück, die andere verbrachte den Winter unter Mardonios in Nordgriechenland. Während des Winters bemühten sich die Perser auf diplomatischem Wege, Athen von der Seite der Griechen zu trennen und den anderen *poleis* zu entfremden, doch ohne Erfolg. 479 v. Chr. zwang Themistokles die Peloponnesier zu einer Schlacht gegen die Perser nördlich der Isthmos-Linie, bei Plataiai. Auch in dieser Schlacht mit ihren hochkomplizierten Manövern zeigte sich, wie ungern die Spartaner sich tatsächlich einem Kampf stellten und wie wenig entschlossen der Generalstab unter dem spartanischen Feldherrn Pausanias war, dem Neffen des Kleomenes und Regenten für Leonidas' kleinen Sohn. Doch der Mut und die Disziplin der Hopliten aus Sparta, Tegea und Athen führten auch bei Plataiai zu einem griechischen Sieg in der größten Hoplitenschlacht, die die griechische Welt erlebt hatte: Auf griechischer Seite fielen 759 Soldaten, während allein 3000 Perser gefangengenommen wurden und eine noch größere Zahl unter dem Schutz der persischen Reiterei entfliehen konnte. An demselben Tag stürmten die griechischen Flottensoldaten den Strand bei Mykale (auf dem kleinasiatischen Festland gegenüber von Samos) und zerstörten die dort liegende Flotte der Perser – die Befreiung der Griechen hatte begonnen.

Die griechischen Verbündeten feierten ihren Sieg mit vielen

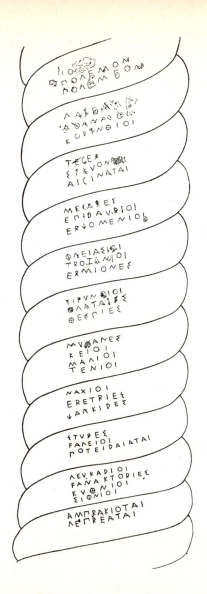

Abb. 25: Die Schlangensäule

Monumenten. Simonides von Keos, der Schöpfer der Siegesode, der nacheinander für die Tyrannen von Athen, die Aristokraten von Thessalien und für die Alkmeoniden gearbeitet hatte, fand nun im hohen Alter eine neue Rolle als Verfasser von Epigrammen auf die Gefallenen des Perserkriegs. Doch am meisten bewegt uns das Denkmal, das in Delphi aufgestellt wurde und acht Jahrhunderte später von Konstantin d. Gr. in die neue Hauptstadt Konstantinopel gebracht wurde, wo es heute noch im antiken Hippodrom steht, kaum mehr lesbar und nur selten beachtet zwischen der ganzen Pracht von Istanbul: Es ist die Bronzesäule aus drei ineinander verschlungenen Schlangen, die ursprünglich von einem goldenen Dreifuß gekrönt war. Ihre Inschrift lautet schlicht (Abb. 25):

DIESE HABEN IM KRIEG GEKÄMPFT:
Lakedaimonier, Athener, Korinther, Tegeaten, Sikyonier, Aigineten, Megarer, Epidaurier, Erchomenier, Phleiasier, Troizener, Hermioneer, Tirynthier, Plataier, Thespier, Mykener, Keer, Melier, Tenier, Naxier, Eretrier, Chalkider, Styrier, Eleer, Poteidaiaten, Leukadier, Anaktorier, Kynthier, Siphnier, Ambrakioten, Lepreaten.

(Meiggs-Lewis 27)

Mythos und Realität verbinden sich. Politisch hatte der Perserkrieg eine neue Art von Helden geschaffen, die die Vorfahren vor Troja sogar noch übertrafen. Vom Selbstbewußtsein der klassischen *polis,* in der der Mensch das Maß aller Dinge war, zur *hybris* war es nur noch ein kleiner Schritt, wie die Griechen selbst wußten. In diesem Sinne begann mit den Perserkriegen eine neue Epoche, eine alte ging zu Ende: Die griechische Kultur war aus dem fruchtbaren Austausch zwischen Osten und Westen entstanden – eine gegenseitige Verpflichtung, die jetzt vergessen war. Ein eiserner Vorhang war gefallen. Ost stand nun gegen West, Despotismus gegen Freiheit. Die Dichotomien des Perserkriegs kehren in der Weltgeschichte immer wieder, und sie werden immer wiederkehren, solange die Menschheit nicht aufhört, auf alten oder neuen Wegen ihre Seele zu quälen.

Anhang

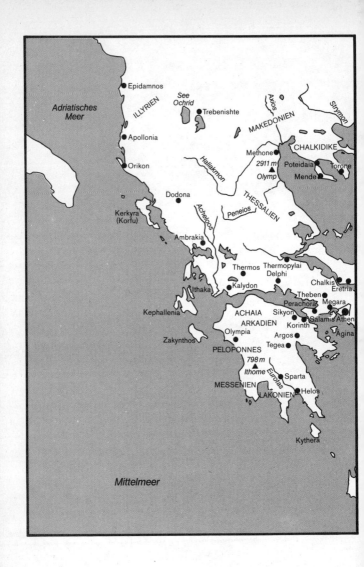

Abb. 26: Karte des archaischen Griechenland

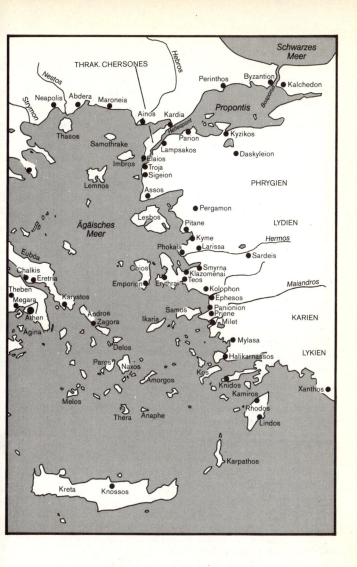

Zeittafel

Vor 500 v. Chr. sind die meisten griechischen Daten mehr oder weniger Näherungswerte, nur die mit einem Stern (*) versehenen können mit einiger Sicherheit angegeben werden, zumal sie meist auf chronologisch glaubwürdige Listen zurückgehen. Die Daten für den Orient beruhen hingegen auf gut bezeugten, genauen Angaben. Alle Daten verstehen sich v. Chr.

Palastkulturen

3000	Beginn der minoischen Kultur auf Kreta
2200–1450	Mittelminoische Palastkultur auf Kreta
2100	Wahrscheinliche Ankunft der mykenischen Griechen in Griechenland
1600–1200	Mykenische Palastkultur in Griechenland
1460–1200	Hethiterreich in Zentralanatolien
1400	Aufstieg Assyriens

Das Dunkle Zeitalter

1250–1150	Zusammenbruch der festen Fügungen im östlichen Mittelmeergebiet
1220	Zerstörung von Troja VII a
1200	Zerstörung der mykenischen Zentren in Griechenland
	Sturz des Hethiterreiches
	Abwehr der Seevölker in Ägypten
1150	Endgültige Zerstörung von Mykene
1000 ?	Dorische Einwanderung
1050–950	Ionische Wanderung; Kolonisierung der kleinasiatischen Küste
1050	Beginn der Eisenzeit in Griechenland
	Erneuerung der Kontakte nach Zypern
1050–900	Protogeometrische Keramik

Die geometrische Zeit

Ab 900	Expansion Assyriens gegen den Widerstand von Urartu und der Staaten in Syrien und Palästina
875–750	Geometrische Keramik
850–730	Athen das führende kulturelle Zentrum Griechenlands
885–750	Niedergang von Lefkandi, Gründung von Eretria
Vor 800	Gründung des Handelspostens in Al Mina
*776	Erste Olympische Spiele
775	Gründung des Handelspostens auf Pithekussai
753	Traditionelles Gründungsdatum Roms
750–700	Erfindung und Ausbreitung des griechischen Alphabets
744–612	Assyrerreich

734–680	Lelantinischer Krieg
730–710	Sparta erobert Messenien
*735	Gründung der ersten griechischen Kolonie auf Sizilien: Naxos
*734	Gründung von Korkyra und Syrakus
720	Sargon von Assyrien erobert Kilikien und Syrien
*728–700	Gründung von Katane, Leontinoi, Megara Hyblaia, Sybaris, Zankle, Taras (Tarent) und Kroton
Vor 700	Homer

Die orientalisierende Periode

725–700	Frühe protokorinthische Keramik
Vor 700	Hesiod
	Kimmerische Invasion aus Südrußland nach Kleinasien
	Zerstörung des phrygischen Königreiches des Midas
	Begründung der medischen Monarchie
700–650	Mittlere protokorinthische Keramik
	Einführung der Hoplitentaktik
696	Assyrer erobern Tarsos
687	Begründung des lydischen Königreiches durch Gyges (687–652)
*683/82	Beginn der athenischen Archontenliste
680–640	Archilochos von Paros
	Kallinos von Ephesos
669	Schlacht von Hysiai: Sparta von Argos besiegt
660	Gründung von Byzantion
655–585	Tyrannis in Korinth unter Kypselos und Periandros (625–585)
Vor 650	Chigi-Kanne
	Tyrannis des Orthagoras in Sikyon
640	Tyrannis des Theagenes in Megara
632	Versuch einer Tyrannis des Kylon in Athen
630	Gründung von Kyrene
Seit 670	Niedergang Assyriens
664	Begründung der saitischen Dynastie in Ägypten durch Psammetichos I. (664–610)
650	Aufstieg Mediens unter Phraates (650–625)
626	Unabhängigkeit Babylons unter Nabopolassar
612–609	Fall von Ninive; Assyrerreich zwischen Babylon und Ägypten aufgeteilt

Die archaische Zeit

630–550	Reife korinthische Keramik
621	Drakon Gesetzgeber in Athen
Ende des 7. Jh.	Tyrtaios und Alkman von Sparta, Mimnermos von Kolophon, Stesichoros von Himera
620–570	Tyrannis in Mytilene; Alkaios, Sappho und Pittakos
610	Tyrannis des Thrasyboulos in Milet
	Gründung von Naukratis

610–525	Attische schwarzfigurige Keramik
600	Tyrannis des Kleisthenes in Sikyon
	Gründung Massalias durch die Phokaier
597	Nebukadnezar von Babylon (605–562) erobert Jerusalem
	Exil der Juden (»Babylonische Gefangenschaft«)
595–586	Erster Heiliger Krieg um die Kontrolle über Delphi
*594/93	Solon *archōn* in Athen
*591	Unternehmung des Psammetichos II. von Ägypten gegen Nubien (Söldnerinschriften von Abu Simbel)
*28.5. 585	Sonnenfinsternis, von Thales von Milet vorausgesagt
*582–573	Einrichtung des internationalen Spiele-Zyklus:
	Pythische Spiele 582, Isthmische 581, Nemeische 573
580	Tempel der Artemis in Korkyra (der erste griechische Tempel aus Stein)
572	Freierwettbewerb des Kleisthenes von Sikyon
Um 570	Einführung der Münzprägung in Aigina
	Anakreon von Teos geboren
569–525	Amasis König von Ägypten
*566	Neuorganisation des Panathenaiischen Festes
561	Peisistratos' erste Tyrannis in Athen
560–550	Krieg zwischen Sparta und Tegea; Beginn des spartanischen Bündnissystems unter Anaxandrides und Ariston (560–520)
560–546	Kroisos König von Lydien
559–556	Tyrannis Miltiades' d. Ä. in der Thrakischen Chersones
559	Kyros wird Herrscher in Persien
556	Simonides geboren (gestorben 468)
550	Kyros erobert Medien
548	Brand des Apollontempels von Delphi
546	»Schlacht der Helden« zwischen Sparta und Argos
	Peisistratos' letzte Tyrannis in Athen (546–528)
	Kyros erobert Lydien
545	Das Jahr, »in dem der Meder ankam«
Spätes 6. Jh.	Theognis von Megara, Xenophanes, Pythagoras
539	Kyros erobert Babylon; die Juden kehren aus dem Exil zurück
530	Tod des Kyros; Aufstieg des Kambyses
Um 530	Beginn der attischen rotfigurigen Keramik; späte attische schwarzfigurige Keramik 530–450
528/27	Tod des Peisistratos; Herrschaft des Hippias in Athen
525	Tod des Amasis von Ägypten; persische Eroberung Ägyptens
525–520	Niedergang des samischen Tyrannen Polykrates
521	Dareios ergreift die Macht in Persien
520–490	Kleomenes König von Sparta
518	Pindar geboren (gestorben 438)
514	Harmodios und Aristogeiton ermorden den athenischen Tyrannen Hipparchos
512	Dareios erobert Thrakien
510	Vertreibung der Peisistratiden aus Athen
509	Traditionelles Datum der Vertreibung der Könige in Rom
*508/07	Isagoras *archōn* in Athen; Reformen des Kleisthenes
505	Beginn der Tyrannis in Gela
*501/00	Einrichtung der *stratēgos*-Ämter in Athen

Ende des 6. Jh.	Herakleitos (Heraklit) von Milet
499	Ionischer Aufstand gegen die Perser
498	Sardeis von den Aufständischen verbrannt
	Ältestes Gedicht Pindars (10. Pythische Ode)
	Schlacht von Sepeia zwischen Sparta und Argos
497	Niederwerfen des Aufstandes auf Zypern
494	Schlacht von Lade; Eroberung Milets
*493/92	Themistokles *archōn* in Athen
	Phrynichos wegen seines Dramas *Die Eroberung Milets* angeklagt
492	Rückkehr des Miltiades nach Athen, dort Anklage wegen Tyrannis
491	Tyrannis des Gelon in Gela
490	Tod des Kleomenes von Sparta
	Erster Perserzug; Schlacht von Marathon
Frühes 5. Jh.	Parmenides von Elea
*488	Sieg des Gelon im olympischen Wagenrennen
*487–483	Jährliche *ostrakismoi* in Athen
*487/86	Loswahl der *archontes* in Athen
486	Tod des Dareios; Thronbesteigung des Xerxes
485	Tyrannis des Gelon in Syrakus
*484	Erster Sieg des Aischylos
zw. 490 u. 480	Herodot geboren
483	Perser graben den Athos-Kanal
	Fund einer neuen Silbermine im Laureion
480	Persische Invasion in Griechenland, karthagische in Sizilien
	Schlachten von Artemision, Thermopylai, Salamis und Himera
479	Schlachten von Plataiai und Mykale
478	Athen gründet den Delisch-Attischen Seebund gegen Persien
474	Hieron siegt in der Schlacht von Kyme gegen die Etrusker
*472	Aischylos' *Perser* aufgeführt
461	Radikale Reformen des Ephialtes in Athen
	Krieg zwischen Athen und Sparta (Erster Peloponnesischer Krieg 461–446)
449	»Kalliasfriede« beendet der Tradition zufolge den Krieg mit Persien
	Umbildung des Seebundes in ein Athenisches Reich
438	Tod Pindars

Quellenübersicht

Die Veröffentlichungen der in diesem Buch besprochenen *archäologischen* Zeugnisse sind in den Literaturhinweisen erfaßt.

Im folgenden sollen zu den *schriftlichen* Quellen für die archaische Zeit (orientalische Texte, griechische Inschriften, antike Literatur) kurze Hinweise gegeben und die wichtigsten Übersetzungen genannt werden.

Die mit einem Stern (*) bezeichneten Ausgaben sind den Zitaten im Text zugrunde gelegt. Die Zitate wurden überprüft. Dabei sind Erläuterungen des Übersetzers (K. B.) in runde Klammern ( ) gesetzt; eckige Klammern [ ] umfassen im Original verlorene, aber von modernen Forschern ergänzte Textteile. Auslassungen sind durch ... gekennzeichnet.

Orientalische Texte

* *Die Bibel.* Einheitsübersetzung, Stuttgart 1980
H. Greßmann (Hg.), *Altorientalische Texte zum Alten Testament.* 2 Bde, Berlin, Leipzig 1926. Darin Übersetzungen der babylonisch-assyrischen Texte von
 *E. Ebeling (zitiert als AOT)
W. Beyerlin, *Religionsgeschichtliches Textbuch zum Alten Testament.* Grundrisse zum Alten Testament 1. (Das Alte Testament Deutsch, Ergänzungsreihe) Göttingen 1975
* F. H. Weißbach, *Die Keilinschriften der Achämeniden.* (Vorderasiatische Bibliothek 3) Leipzig 1911
* F. H. Weisbach (ders.), *Die Achämenideninschriften zweiter Art.* (Assyriologische Bibliothek 19) Leipzig 1890
* E. Herzfeld, *Altpersische Inschriften.* Berlin 1938

Griechische Inschriften

Die Zählung der Standardausgabe *Inscriptiones Graecae* (Berlin, seit 1873) wird nur dann genannt, wenn die Inschriften nicht in der folgenden hervorragenden Sammlung enthalten sind:
R. Meiggs, D. M. Lewis, *A selection of Greek historical inscriptions.* Oxford 1969, ²1988 (zitiert Meiggs – Lewis)

Antike Literatur

Gute deutsche Übersetzungen antiker Autoren sind vor allem in folgenden beiden Buchreihen veröffentlicht:
BAW = *Bibliothek der Alten Welt.* Artemis Verlag Zürich, Stuttgart bzw. München
Tusc. = *Tusculum-Bücherei.* Heimeran Verlag München bzw. (seit 1981) *Sammlung Tusculum,* Artemis Verlag Zürich, München

ARISTOTELES (384–322 v. Chr.) von der Chalkidike (Nordgriechenland), Philosoph und Naturwissenschaftler, Schüler Platons und Begründer der peripatetischen Schule. Die Werke, die er zu Lebzeiten veröffentlichte, sind bis auf Fragmente verloren, doch ist der größere Teil seiner »esoterischen« Werke, vermutlich Mitschriften seiner Vorträge in der Schule, erhalten und hat wie kein anderes Werk die abendländische Philosophie beeinflußt.

Die acht Bücher seiner *Politika* (Politik) sind der wichtigste Text zu den politischen und gesellschaftlichen Institutionen der Griechen. Von den 158 Verfassungsbeschreibungen, die Aristoteles und seine Schüler zusammengestellt haben, ist nur die von Athen erhalten (*Athenaiōn politeia*); sie wurde 1890 auf einem ägyptischen Papyrus entdeckt.

* Aristoteles, *Politik*. Übers. v. O. Gigon. (BAW) Zürich, Stuttgart ²1971; (dtv 2136) München ⁵1984

Aristoteles, *Der Staat der Athener (Athenaiōn politeia)*. Übers. v. P. Dams. (RUB 3010) Stuttgart 1970

Die Fragmente sind gezählt nach der Ausgabe

Aristotelis qui ferebantur librorum fragmenta. Coll. V. Rose. (Bibliotheca Teubneriana) Leipzig 1886; Nachdruck Stuttgart 1966. Eine deutsche Übersetzung gibt es nicht.

ATHENAIOS (um 200 n. Chr.) aus Naukratis in Ägypten stellte aus der älteren Literatur einen riesigen »Dialog« unter dem Titel *Deipnosophistai* (Gelehrte beim Mahle) zusammen, dem wir neben vielen Nachrichten über die Eß- und Trinkgewohnheiten der Griechen vor allem zahlreiche Zitate aus der griechischen Lyrik und anderen sonst verlorenen Werken entnehmen können. Eine deutsche Übersetzung gibt es nicht, nützlich ist aber die griechisch-englische Ausgabe

Athenaeus, *The Deipnosophists*. Hg. v. C. B. Gulick. (Loeb Classical Library) 7 Bde, London, Cambridge/Mass. 1927–1941

HERODOT (vor 480 – vor 420 v. Chr.) aus Halikarnassos in Kleinasien, »Vater der Geschichtsschreibung«, der erste und größte Historiker der Welt. Die zweite Hälfte dieses Buches ist im Grunde, wie schon das Quellenregister zeigt, nur ein Kommentar zu Herodots Meisterwerk.

* Herodot, *Geschichten und Geschichte*. Historien, übertr. v. W. Marg. 2 Bde, (BAW) Zürich, München 1973–1983; (dtv 2256/57) München 1991

HESIOD (um 700 v. Chr.) aus Boiotien, der erste Dichter, der seine eigene Individualität nennt, schrieb im epischen Versmaß die *Theogonie* und die *Erga kai hēmerai* (Werke und Tage). Näheres siehe Kapitel 6.

* Hesiod, *Sämtliche Gedichte*. Übers. v. W. Marg. (BAW) Zürich, Stuttgart 1970; (dtv 2245) München 1990

HOMER (wahrscheinlich um 700 v. Chr.), epischer Dichter der *Ilias* und der *Odyssee*, der »Bibel der Griechen«. Zur Frage nach Homers Dichterpersönlichkeit siehe Kapitel 2 und 3. Die beste Homerübersetzung:

* Homer, *Ilias*. Neue Übertragung von W. Schadewaldt. (Insel Taschenbuch 153) Frankfurt a. Main 1975
* Homer, *Die Odyssee*. Deutsch v. W. Schadewaldt. (Rowohlts Klassiker 29/30) Hamburg 1958 u. ö.

PAUSANIAS (um 150 n. Chr.), Autor eines sehr fachkundigen Führers durch Griechenland, der in Exkursen reiche Informationen über die frühe Geschichte und über alte Monumente enthält. Diese Exkurse sind leider in der sonst nützlichen deutschen Übersetzung zumeist fortgelassen:

Pausanias, *Beschreibung Griechenlands*. Übers. v. Ernst Meyer. (BAW) Zürich, Stuttgart ²1967; (dtv 6008/09) München 1972 u. ö.

PINDAR (518–438 v. Chr.) aus Boiotien, lyrischer Dichter. Siehe Kapitel 12.
Pindar, *Siegesgesänge und Fragmente*. Griech.-dt. hg. v. O. Werner. (Tusc.) München o. J. (1967)
Pindar, *Siegeslieder*. Deutsche Übertragungen zusammengestellt v. U. Hölscher. (Exempla Classica 52) Frankfurt a. Main, Hamburg 1962 (darin u. a. Übersetzungen von * W. Schadewaldt)
* *Griechische Lyrik*. Übers. v. D. Ebener (s. u. Fragmente der Lyriker), S. 192–257

PLUTARCH (um 50 – nach 120 n. Chr.) aus Boiotien, eklektischer Philosoph, Essayist und Biograph. Seine sog. *Moralia* enthalten viele antiquarische Informationen; seine für die archaische Zeit einschlägigen Biographien des *Lykourgos, Solon* und *Themistokles* bieten Spaß beim Lesen, aber kaum historisch Glaubwürdiges.
Eine vollständige deutsche Übersetzung der *Moralia* gibt es nicht, eine Auswahl bietet aber u. a.:
Plutarch, *Von der Ruhe des Gemütes und andere philosophische Schriften*. Übers. v. B. Snell. (BAW) Zürich 1948
Die Biographien sind hingegen vollständig übersetzt:
Plutarch, *Große Griechen und Römer*. Übers. v. K. Ziegler und W. Wuhrmann, 6 Bde. (BAW) Zürich, Stuttgart 1954–1965 (z. T. neuere 2. Aufl.); (dtv 2068–2073) München 1980–1981; die genannten Biographien in Bd. 1

STRABON (64 v. Chr. – nach 20 n. Chr.) aus Pontos in der Türkei. Seine erhaltene *Geographie* in 17 Büchern erfaßt die ganze damals bekannte Welt.
Strabos Erdbeschreibung. Übers. v. A. Forbiger, 4 Bde in 8 Bdch., (Langenscheidtsche Bibliothek griech. und röm. Klassiker 52–55), Berlin ²⁻³ o. J.

THUKYDIDES (vor 450 – um 400 v. Chr.) aus Athen, der Historiker des Peloponnesischen Krieges. Für die Frühzeit Griechenlands ist er vor allem als Kritiker des Herodot interessant.
Thukydides, *Geschichte des Peloponnesischen Krieges*. Übers. v. G. P. Landmann. (BAW) Zürich, München ²1976; (dtv 2258) München 1991

XENOPHON (um 428 – um 354 v. Chr.) aus Athen, Berufssoldat, Amateurhistoriker und -philosoph. Seine *Lakedaimoniōn politeia* (Verfassung Spartas) gibt ein hochgradig idealisiertes Bild der Gesellschaft, in der er fast dreißig Jahre als Exilant gelebt hat.
Xenophon's von Athen Werke. Übers. v. A. H. Christian, 10. Bdch.: *Lakedaimoniōn politeia* (Griechische Prosaiker in neuen Übersetzungen 69, hg. v. G. L. Tafel, C. N. Osiander, G. Schwab) Stuttgart 1830, S. 1253–97. Eine neuere deutsche Übersetzung gibt es nicht.

Aristoteles' *Politik,* Athenaios, Plutarchs *Moralia* und Strabon werden – wie üblich – nicht nur nach dem Buch, sondern auch mit der Seitenzahl (p.) der jeweils maßgeblichen Ausgabe zitiert.

FRAGMENTE literarischer Werke sind für die in diesem Buch behandelte Zeit besonders wichtig. Vieles Verlorene ist uns durch Zitate bei späteren antiken Autoren oder auch durch Papyri aus den griechisch-römischen Siedlungen in

Ägypten erhalten. Neben Aristoteles (s.o.) sind drei Quellenarten zu nennen, die uns vor allem durch Fragmente zugänglich sind: Historiker, Lyriker und Philosophen.

HISTORIKER: *Die Fragmente der griechischen Historiker* (FGrHist) hat Felix Jacoby gesammelt (14 Bde, Leiden 1923–1958) – das wichtigste moderne Werk zur griechischen Geschichte. Eine Übersetzung gibt es nicht. Zitiert werden die Nummer des jeweiligen Historikers und die Fragmentzahl.

LYRIKER: Da immer wieder neue Fragmente auf Papyrus ans Licht kommen, werden verschiedene Teile der frühgriechischen Lyrik öfters neu ediert; dabei folgt die Einteilung – zum Leidwesen des Historikers – metrischen und nicht praktischen Kriterien. Die Fragmente sind nach den Standardausgaben von LP, P und W zitiert, deren Fragmentzählung neben der von D angegeben ist. Dabei bedeuten

LP *Poetarum Lesbiorum Fragmenta.* Hg. v. E. Lobel u. D. L. Page. Oxford 1955 (angegeben sind die Randnummern und – in eckigen Klammern – die Fragmentnummern): SAPPHO, ALKAIOS

P *Poetae Melici Graeci.* Hg. v. D. L. Page. Oxford 1962 (dto.): ALKMAN, ANAKREON, CARMINA CONVIVALIA et POPULARIA

Dieselben Randnummern bietet auch die Studienausgabe für beide Bände:
Lyrica Graeca Selecta. Hg. v. D. L. Page. (Oxford Classical Texts) Oxford 1968
SIMONIDES' Epigramme sind zitiert nach:
Epigrammata Graeca. Hg. v. D. L. Page. (Oxford Classical Texts) Oxford 1975

W *Iambi et Elegi Graeci ante Alexandrum cantati.* Hg. v. M. L. West. 2 Bde, Oxford 1971–1972

Studienausgabe (mit derselben Fragmentzählung):
Delectus ex Iambis et Elegis Graecis. Hg. v. M. L. West. (Oxford Classical Texts) Oxford 1980: ARCHILOCHOS, THEOGNIS, KALLINOS, MIMNERMOS, SOLON, TYRTAIOS, z. T. auch XENOPHANES und ANAKREON

In jedem Falle sind auch die Fragmentzahlen der älteren Standardausgabe genannt:

D *Anthologia Lyrica Graeca.* Hg. v. E. Diehl, 2 Bde in 6 Faszikeln. (Bibliotheca Teubneriana) Leipzig ²1934–1942; 3 Faszikel ³1949–1952

Von den zahlreichen deutschen Übersetzungen sind die folgenden sehr zu empfehlen:

* *Griechische Lyrik in einem Band.* Übers. v. D. Ebener. (Bibliothek der Antike) Berlin, Weimar 1976, ²1980

* *Frühgriechische Lyriker.* Übers. v. Z. Franyó (und P. Gan). 4 Teile (Schriften und Quellen der Alten Welt 24/1–4) Berlin 1971–1976

PHILOSOPHEN: Die Standardausgabe (nach der auch zitiert wird) ist

DK * H. Diels und W. Kranz, *Die Fragmente der Vorsokratiker.* Griech.-dt., 3 Bde, Berlin ⁶1951–1952; Dublin, Zürich ¹⁴⁻¹⁶1972–1973 (Nachdruck): HERAKLEITOS, THALES, ANAXIMANDROS, ANAXIMENES, XENOPHANES, PYTHAGORAS, PARMENIDES

Literaturhinweise

Allgemeines

Im folgenden sollen nicht nur wichtige Untersuchungen zu den in diesem Buch behandelten Problemen besprochen werden, sondern es soll auch weiterführende Literatur genannt werden.

Abgekürzt werden dabei die Buchreihe *Wege der Forschung* (Wissenschaftliche Buchgesellschaft, Darmstadt) als WdF sowie folgende Zeitschriften:
ABSA   *Annual of the British School at Athens.* London
BCH   *Bulletin de Correspondance Hellénique.* Athen, Paris
Historia *Historia, Zeitschrift für Alte Geschichte.* Wiesbaden, Stuttgart
JHS   *Journal of Hellenic Studies.* Athen, London.

Zu Quellen und Sekundärliteratur führt zuverlässig das Werk von H. Bengtson, *Griechische Geschichte von den Anfängen bis in die römische Kaiserzeit.* (Handbuch der Altertumswissenschaft III 4) München ⁵1977. (In der Sonderausgabe München ⁵1979 fehlen diese Angaben.) Die gesellschaftlichen Institutionen der Griechen sind in dem guten Überblick von A. Andrewes behandelt: *The Greeks.* London 1967; als Taschenbuchausgabe *Greek Society.* Harmondsworth 1971.

Mit der archaischen Zeit beschäftigen sich drei neuere englische Bücher: Lilian H. Jeffery, *Archaic Greece. The City-States c. 700–500 B. C.* London, Tonbridge 1976 (University-Paperback 653, London 1978), bietet einen nach Regionen gegliederten Überblick; A. M. Snodgrass, *Archaic Greece. The Age of Experiment.* London, Melbourne, Toronto 1980, ist keine Gesamtdarstellung, sondern vielmehr ein anregendes Essay zu einigen interessanten Aspekten der Zeit, besonders zur Entstehung des Stadtstaates, auch wenn hierin die Zeugnisse aus Unteritalien und Sizilien vielleicht zu wenig Beachtung finden. (Nur) wegen seiner hervorragenden Illustrationen verdient das Buch von A. Johnston Erwähnung: *The Emergence of Greece.* Lausanne, Oxford 1976.

An dieser Stelle sollte ich (O.M.) meine Position in Bezug auf das Werk von Moses I. Finley definieren, der sich mit der archaischen Zeit besonders in seinen Büchern *Die antike Wirtschaft.* (dtv 4277) München 1977, und *Die frühe griechische Welt.* München 1982, beschäftigt; die letztgenannte Darstellung ist die aktualisierte Fassung des Beitrages zur Fischer Weltgeschichte: E. Cassin, J. Bottéro und J. Vercoutter (Hg.), *Die Altorientalischen Reiche.* Bd. II und III, Frankfurt a. Main 1966–1967 (FWG 3 Kap. 5 und 4, Kap. 7). In vielen Studien der letzten 25 Jahre hat Finley seinen Standpunkt nachdrücklich klargestellt; wie kein anderer hat er die Beschäftigung mit der griechischen Geschichte in der gegenwärtigen Generation beeinflußt. Mein vorliegendes Buch stellt nun eine bewußte Reaktion auf Finleys Ansichten dar. Mein Ziel ist es, der übermäßig skeptischen, »minimalistischen«, gleichsam »Thukydideischen« Sicht Finleys einen »Herodoteischen« Ansatz gegenüberzustellen. Insbesondere glaube ich, daß wir uns der Aufgabe stellen müssen, aus den archäologischen Zeugnissen historische Schlüsse zu ziehen, daß wir also nicht die Theorie gegenüber unserer Antwort auf diese Zeugnisse überhandnehmen lassen dürfen. Meiner Meinung nach kann die »primitivistische« Sicht der griechischen Wirtschaft, wie sie Finley im bewußten Anschluß an J. Hasebroek (s. u. zu Kap. 13) vertritt, angesichts der archäologischen Zeugnisse nicht aufrechterhalten werden; wir müssen vielmehr gerade im Fernhandel einen der wichtigsten Faktoren für die Entwicklung des frühen Griechenland sehen und erkennen, wie hoch die archaische Wirtschaft der Mittelmeerwelt entwickelt war.

Zu Kapitel 1

Eine sehr gute Darstellung der mykenischen Kultur gibt Emily Vermeule, *Greece in the Bronze Age*. Chicago, London 1964. Die Berichte von H. Schliemann sollte man am besten im Original lesen: *Ithaka, der Peloponnes und Troja* (1869). Darmstadt ⁶1989, und *Mykenae* (1878). Darmstadt ⁴1983 (beide Nachdrucke hg. v. Ernst Meyer). Zu Michael Ventris' Leistung siehe J. Chadwick, *Linear B. Die Entzifferung der Mykenischen Schriften*. Göttingen 1959. Vom selben Autor stammt eine Darstellung der Ergebnisse moderner Forschung: *Die mykenische Welt*. Stuttgart 1979. Jede Diskussion der Mythen aus der Heldenzeit muß ausgehen von M. P. Nilsson, *The Mycenaean Origins of Greek Mythology*. Berkeley, Los Angeles 1932 (Nachdruck mit neuem Vorwort ebda. 1972), der die mykenische Basis der Mythen nachgewiesen hat.

Zum Dunklen Zeitalter gibt es das nüchterne Handbuch von V. R. d'A. Desborough, *The Greek Dark Age*. London 1972; das anregendste Werk zum Thema stammt von A. M. Snodgrass, *The Dark Age of Greece*. Edinburgh 1971, in dem der Autor den Wandel nicht auf eine Invasion der Dorier zurückführt, sondern auf innere Faktoren.

Nützlich ist immer die dritte Ausgabe der *Cambridge Ancient History*; in Band II, Teil 2 (Cambrigde ³1975) finden sich u. a. ein guter Überblick über die ionische Wanderung von J. M. Cook (Kap. 38) sowie die Zusammenfassung der Entstehung der griechischen Dialekte von J. Chadwick (Kap. 39a). Zum letzteren Thema bietet Rüdiger Schmitt in seiner *Einführung in die griechischen Dialekte*. Darmstadt 1977, alles Wesentliche.

Die archäologischen *Denkmäler zum frühgriechischen Epos* werden in der von F. Matz † und H.-G. Buchholz herausgegebenen Reihe *Archaeologia Homerica*. Göttingen, seit 1967, erfaßt.

Zu Kapitel 2

Gegen Finleys Skepsis, wie sie z. B. aus seinem Aufsatz *Myth, Memory and History* in: M. I. Finley, *The Use and Abuse of History*. London 1975, spricht, weisen komparative Untersuchungen auf die hohe Bedeutung von mündlicher Tradition hin: Jan Vansina, *De la tradition orale. Essai de méthode historique*. Annales du Musée Royale de l'Afrique Centrale 1961 (engl. Übers. *Oral Tradition*. London, Henley, Boston 1965) und Ruth Finnegan, *Oral Poetry*. Cambridge 1977. Milman Parrys Studien zur Oral-Poetry-Forschung an Homer sind in seinem von Adam Parry herausgegebenen Buch *The Making of Homeric Verse*. Oxford 1971, zusammengestellt; wichtige Aufsätze auch anderer Forscher enthält der Sammelband *Homer. Tradition und Neuerung*. Hg. v. J. Latacz, (WdF 463) Darmstadt 1979. Lesenswert ist die *Legende von Homer, dem fahrenden Sänger*. Übers. v. W. Schadewaldt, (Lebendige Antike) Zürich, Stuttgart 1959. – Zu Hesiod s. u. (zu Kap. 6). Die beste allgemeine Darstellung der archaischen Literatur stammt von Hermann Fränkel; *Dichtung und Philosophie des frühen Griechentums*. München ³1969.

Zu Herodot vgl. A. Momigliano, *Die Stellung Herodots in der Geschichte der Historiographie* und die weiteren Aufsätze in dem von W. Marg herausgegebenen Sammelband *Herodot*. (WdF 26) Darmstadt ³1982; außerdem O. Murray,

Herodotus and Hellenistic Culture. Classical Quarterly 22 (1972) 200–13. Zu Exkursen bei Thukydides siehe H. D. Westlake, *Irrelevant Notes and Minor Excurses in Thucydides;* außerdem seine *Essays on the Greek Historians and Greek History.* Manchester, New York 1969, sowie allgemein wieder einen Sammelband: H. Herter (Hg.), *Thukydides.* (WdF 98) Darmstadt 1968.

Den Fragmenten der attischen Historiker hat sich der bedeutendste Althistoriker unseres Jahrhunderts, F. Jacoby gewidmet: In seinem Werk *Fragmente der griechischen Historiker.* Bd. III B, Leiden 1950 hat er sie gesammelt, im *Supplement* zu diesem Band (auf englisch) kommentiert (Leiden 1954), in seinen Beiträgen zur *Realenzyklopädie der klassischen Altertumswissenschaft* (gesammelt als F. Jacoby, *Griechische Historiker.* Stuttgart 1965) und in seinem Buch *Atthis.* Oxford 1949, untersucht.

Zu Aristoteles' *Athenaiōn politeia* (s. o. S. 376) gibt es eine nützliche Einführung von K. von Fritz und E. Kapp, *Aristotles' Constitution of Athens and Related Texts.* New York 1950, ²1961; vgl. auch H. Bloch, *Studies in the Historical Literature of the Fourth Century.* (Harvard Studies in Classical Philology, Suppl. 1) Cambridge/Mass. 1940. Umfassend informiert der große Kommentar von P. J. Rhodes, *A Commentary on the Aristotelian Athenaion Politeia.* Oxford 1981. Der zuverlässigste Führer zur antiken Literatur bleibt A. Lesky, *Geschichte der griechischen Literatur.* Bern, München ³1971.

Zu den Inschriften vgl. G. Klaffenbach, *Griechische Epigraphik.* Göttingen ²1966 und A. G. Woodhead, *The Study of Greek Inscriptions.* Cambridge ²1981.

Die beste Einführung in die Archäologie des archaischen Griechenland gibt J. Boardman, *Kolonien und Handel der Griechen.* München 1981; zu den Keramikstilen und zur -chronologie vgl. R. M. Cook, *Greek Painted Pottery.* London ²1972.

Zu Kapitel 3 und 4

Während die ältere Forschung zur Homerischen Gesellschaft besonderen Wert auf eventuelle mykenische Reste legte, geht man heute aus von M. I. Finley, *Die Welt des Odysseus.* (dtv 4328) München 1979. Schon bei der englischen Erstausgabe dieses Buches (1954) hatte Finley die von Homer beschriebene Gesellschaft mit der des zehnten bis neunten vorchristlichen Jahrhunderts gleichgesetzt – meiner Meinung nach mindestens hundert Jahre zu früh –, und er hält an dieser Datierung auch im *Rückblick* auf das Buch (als Anhang S. 149–68 der dtv-Ausgabe übersetzt) weiterhin fest. Vgl. auch H. Strasburger, *Der soziologische Aspekt der Homerischen Epen.* Gymnasium 60 (1953) 97–114. A. M. Snodgrass betont im 7. Kapitel seines Buches *The Dark Age of Greece* (s. o. zu Kap. 1) die aus Homers eigener Zeit stammenden Aspekte; in seinem Aufsatz *An Historical Homeric Society?* JHS 94 (1974) 114–25 will er nachweisen, daß die Homerische Gesellschaft insofern ganz unhistorisch ist, als sie keiner einzelnen Geschichtsperiode deutlich genug entspricht.

In dem hervorragenden Überblick über die Zeit von 900 bis 700 v. Chr. von J. N. Coldstream, *Geometric Greece.* London, Tonbridge 1977 (University Paperback 680, London 1979), ist besonders Kapitel 14 interessant, in dem das wiederauflebende Interesse an der heroischen Vergangenheit infolge des Einflusses Homers behandelt ist. Die Homerischen Bestattungen in Salamis auf Zypern sind beschrieben bei V. Karageorghis, *Salamis. Die zyprische Metropole des Altertums.* Bergisch Gladbach 1970 = ²1975. Die Ergebnisse der Ausgrabung in Emporion hat J. Boardman veröffentlicht: *Excavations in Chios 1952–1955: Greek Emporio.* (ABSA, Suppl. 6) London 1967.

Zu den besprochenen Begriffen vgl. É. Benveniste, *Le vocabulaire des institutions indo-européennes*. 2 Bde, Paris 1969; Bd. 1, S. 152 *(einatēr)*, S. 257–259 *(phratria)*, Bd. 2, S. 23–26 *(basileus)*.

Die Rolle der Gabe in primitiven Gesellschaften hat Marcel Mauss in einem Aufsatz von 1923/24 untersucht, der in deutscher Übersetzung vorliegt: *Die Gabe. Form und Funktion des Austausches in archaischen Gesellschaften*. In: M. Mauss, *Soziologie und Anthropologie*. Bd. 2, München 1975; (Ullstein Buch 3491) Berlin 1978. – Soziale und moralische Werte bei Homer werden in drei wichtigen Büchern diskutiert: E. R. Dodds, *Die Griechen und das Irrationale* (1951). Darmstadt 1970, Kap. 1; A. W. H. Adkins, *Merit and Responsibility*. Oxford 1960, Kap. 2–3; H. Lloyd-Jones, *The Justice of Zeus*. Berkeley, Los Angeles 1971, Kap. 1–3.

Die Belege für Streitwagen, Kavallerie und »berittene Infanterie« im frühen Griechenland behandelt P. A. L. Greenhalgh, *Early Greek Warfare*. Cambridge 1973; vgl. die allgemeinere Einführung von A. M. Snodgrass, *Wehr und Waffen im antiken Griechenland*. (Kulturgeschichte der antiken Welt 20) Mainz 1984 und die Artikel in der *Archaeologia Homerica* (s. o. zu Kap. 1), Bd. 1, Kap. E, Teil 1: *Schutzwaffen*. Hg. v. H.-G. Buchholz und J. Wiesner, Göttingen 1977 (Weiteres in Vorb.).

Zur Stellung des Handwerkers im frühen Griechenland vgl. A. Aymard, *Hiérarchie du travail et autarchie individuelle dans la Grèce archaique*. In seinen *Études d'histoire ancienne*. Paris 1967, und J.-P. Vernant, *Mythe et Pensée chez les Grecs*. Paris 1965, Teil 4. Zu Hesiods Gerechtigkeitsbegriff vgl. H. T. Wade-Gery, *Essays in Greek History*. Oxford 1958, S. 1–16. Die Bedeutung der Personifizierung hat T. B. L. Webster betont: *Personification as a Mode of Greek Thought*. Journal of the Warburg and Courtauld Institutes 17 (1956) 10–21.

Die Ergebnisse der Ausgrabungen in Altsmyrna haben J. M. Cook und seine Mitarbeiter im ABSA 53/54 (1958/59) veröffentlicht. Zur Urbanisierung und zum Bevölkerungswachstum siehe besonders Coldstream, *Geometric Greece* (s. o.) Kap. 12 und A. M. Snodgrass' Cambridger Antrittsvorlesung *Archaeology and the Rise of the Greek State*. Cambridge 1977, sowie das 1. Kapitel seines Buches *Archaic Greece* (s. o. Allgemeines).

Die griechische Religion der archaischen und klassischen Epoche ist das Thema eines meisterhaften Überblicks von W. Burkert, Stuttgart 1977 (Die Religionen der Menschheit 15).

Die Gesellschaft des Waigal-Tales hat Schuyler Jones untersucht: *Men of Influence in Nuristan*. London 1974.

Zu Kapitel 5

Zur Rolle des Handels im frühen Griechenland siehe die allgemeine Bemerkung oben und zu Kap. 13. Zu den Phoinikern vgl. die Darstellung von S. Moscati, *Die Phöniker*. (Kindlers Kulturgeschichte) Zürich 1966 und D. Harden, *The Phoenicians*. Harmondsworth ²1980. Handel und Kolonisation dieses Volkes untersuchen J. D. Muhly, *Homer and the Phoenicians*. Berytos 19 (1970) 19–64, und C. R. Whittaker, *The Western Phoenicians. Colonization and Assimilation*. Proceedings of the Cambridge Philological Society 200 (1974) 58–79. Die Ergebnisse der Ausgrabungen in Al Mina hat Leonard Woolley selbst beschrieben: *Ein vergessenes Königreich*. Wiesbaden 1954; vgl. auch Boardman, *Kolonien und Handel* (s. o. zu Kap. 2), Kap. 3. In Tell Sukas, einer phoinikischen Küstensiedlung etwa 130 km südlich von Al Mina, hat man griechische Keramik aus dem achten vorchristlichen Jahrhundert gefunden; weitere Funde belegen, daß dort Griechen vom frühen siebten Jahrhundert ständig siedelten: P. J. Riis, *Sukas*,

Bd. 1, Kopenhagen 1970; in diesem Buch findet sich als 7. Kapitel ein nützlicher Überblick über alle frühgriechischen Zeugnisse in der Levante.

Die grundlegende Einführung in die etruskische Geschichte gibt M. Pallotino, *Etruscologia*. Mailand ⁶1968; von der 5. Auflage 1963 liegt eine deutsche Übersetzung vor: *Die Etrusker*. (Fischer Bücherei 604) Frankfurt a. Main 1965. Vgl. die gute Darstellung von K.-W. Weeber, *Geschichte der Etrusker*. Stuttgart 1979. Pithekussai wird von Giorgio Buchner ausgegraben, der die Stätte seit seiner Kindheit kennt. Eine hilfreiche Übersicht über die Grabungsergebnisse bietet sein Kollege D. Ridgway im Aufsatz *The First Western Greeks*. In: C. und S. Hawkes (Hgg.), *Greeks, Celts and Romans*. London 1973. Vgl. auch D. und F. R. Ridgway (Hgg.), *Italy before the Romans*. London 1979. Die Ausgrabungen von Lefkandi sind vorläufig veröffentlicht von M. R. Popham, E. Touloupa und L. H. Sackett, *The hero of Lefkandi*. Antiquity 56 (1982) 169–174. Dem ersten Band der Grabungsergebnisse (*Lefkandi*. London 1980) sollen bald weitere folgen. Der Lelantinische Krieg ist das Thema eines wichtigen Aufsatzes von J. Boardman: *Early Euboean Pottery and History*. ABSA 52 (1957) 1–29, dem die Identifizierung euboiischer Keramik gelang; seine Hypothese, die durch Ausgrabungen in Lefkandi und Eretria glänzend bestätigt wurde, liegt meinen Schlußfolgerungen zugrunde. Mit den Auswirkungen dieses Krieges setzt sich W. G. Forrest in seinem Aufsatz *Colonisation and the Rise of Delphi*. Historia 6 (1957) 160–75 auseinander. Die Bestattungen in Eretria hat J. N. Coldstream in einen historischen Zusammenhang gestellt: *Hero-Cult in the Age of Homer*. JHS 96 (1976), 8–17. Peter S. Wells, *Culture contact and culture change*. (New Studies in Archaeology) Cambridge 1980, interpretiert die griechischen Funde aus Mitteleuropa.

Zu Kapitel 6

Dem Ursprung und der Bedeutung der Sitte, im Liegen zu speisen, geht J.-M. Dentzer nach: *Aux origines de l'iconographie du banquet couché*. Revue Archéologique (1971) 215–58. Semitische Lehnwörter im Griechischen diskutiert O. Szemerényi, *The Origins of the Greek Lexicon ›Ex Oriente Lux‹*. JHS 94 (1974) 144–57. Den Quellen der orientalisierenden Kunst gilt der exzellente Überblick von J. Boardman, *Kolonien und Handel* (s. o. zu Kap. 2) Kap. 3; vgl. auch seine brillante Charakteristik des geometrischen und orientalisierenden Kunst im 2. und 3. Kapitel seines Buches *Pre-Classical*. (Penguin Style and Civilisation) Harmondsworth 1967. Eine gute Zusammenstellung von Zeichnungen und Photographien des orientalischen Vergleichsmaterials bietet das ansonsten schwierige Buch von E. Akurgal, *Orient und Okzident. Die Geburt der griechischen Kunst*. Baden-Baden 1966.

Auch wenn die allgemeinen Theorien des großen Gelehrten James Frazer heute als überholt gelten, bleibt seine Darstellung des Adoniskultes in *The Golden Bough* grundlegend: J. G. Frazer, *Der goldene Zweig*. (Kurzausgabe) Leipzig 1928; (Ullstein Buch 3373/4) Berlin 1977, Kap. 29–33. Dem Adoniskult gilt auch die erste ausführliche strukturalistische Untersuchung eines griechischen Kultes überhaupt, die ein Schüler des französischen Anthropologen C. Lévi-Strauss vorgelegt hat: M. Detienne, *Les jardins d'Adonis. La mythologie des aromates en Grèce*. Paris 1972. Mir scheinen allerdings seine allgemeinen Schlüsse überzeugender als der Weg, auf dem er zu ihnen gelangt. Detienne vernachlässigt nämlich häufig die antiken Zeugnisse (wie Hymnen, Rituale, Kunst) sogar dann, wenn sie seine Theorie stützen könnten, und zieht statt dessen z. T. recht zweifelhafte strukturalistische Hypothesen vor. Einen Aphroditekult bei Sappho bestreitet – wie ich glaube, zu Unrecht – D. L. Page, *Sappho and Alcaeus*. Oxford 1955, S. 126–128.

Zu Hesiodproblemen hat E. Heitsch einen Sammelband herausgegeben: *Hesiod*. (WdF 44) Darmstadt 1966. Hesiods Beziehung zum orientalischen Denken untersucht M. L. West in den Einleitungen und Kommentaren zu seinen Ausgaben der *Theogonie* und der *Erga: Hesiod, Theogony*. Oxford 1966 und *Hesiod, Works and Days*. Oxford 1978 (S. 172–177 zu den Lebensaltern des Menschen); vgl. auch G. S. Kirk, *Griechische Mythen. Ihre Bedeutung und Funktion*. Berlin 1980. Wie sehr Hesiod in seinem Formelschatz Homer verpflichtet ist, hat G. P. Edwards nachgewiesen: *The Language of Hesiod in its Traditional Context*. (Publications of the Philological Society 22) Oxford 1971. Die im vorliegenden Kapitel zitierten Quellen sind in deutscher Übersetzung bequem zugänglich in Beyerlin, *Religionsgeschichtliches Textbuch*. (s. o. S. 375).

Die phoinikische Herkunft der griechischen Schrift behandelt G. R. Driver, *Semitic Writing*. Oxford ³1976, Teil 3; siehe jetzt die hervorragende Zusammenfassung von A. Heubeck, *Schrift*. Archaeologia Homerica X, Göttingen 1979. Nützlich ist der von G. Pfohl herausgegebene Sammelband *Das Alphabet. Entstehung und Entwicklung der griechischen Schrift*. (WdF 88) Darmstadt 1968; darin ist auch die Untersuchung der Hymettos-Inschriften durch C. Blegen wiederabgedruckt. Die kretische *poinikastas*-Inschrift haben Lilian H. Jeffery und Anna Morpurgo-Davies im Kadmos 9 (1970) 118–54 veröffentlicht. Grundlegend für alle Bereiche der frühgriechischen Epigraphik bleibt das Standardwerk von Lilian H. Jeffery, *The Local Scripts of Archaic Greece*. Oxford ²1990.

Die beste Untersuchung zur Verbreitung des Lesens und Schreibens stammt von F. D. Harvey, *Literacy in the Athenian Democracy*. Revue des Études Grecques 79 (1966) 585–635. Der 1963 (in Comparative Studies in Society and History) erstmals veröffentlichte Aufsatz von Jack Goody und Ian Watt ist zusammen mit weiteren Studien zum gleichen Problem in anderen Kulturen wieder abgedruckt in J. Goody (Hg.), *Literacy in Traditional Societies*. Cambridge 1968; vgl. auch dessen Buch *The Domestication of the Savage Mind*. Cambridge 1977. Ein anderes Mitglied der Schule von Toronto, E. A. Havelock, arbeitet mit dem Begriff »restricted literacy«, wofür es allerdings keinerlei Belege in der griechischen Welt gibt; seine Studien sind zusammengefaßt in *Schriftlichkeit*. Weinheim 1990.

Zu Kapitel 7

Die Mittelmeerwelt hat sich in den letzten Jahrzehnten infolge der industriellen Verschmutzung und des Tourismus so sehr gewandelt, daß ältere Werke für die Sozialgeographie besonders wertvoll sind. Die beste Einführung bietet eine Sammlung seit 1910 erschienener Aufsätze von J. Myres, *Geographical History in Greek Lands*. Oxford 1953 (bes. Kap. 5–8). Grundlegend sind die 4 Bände (in 8 Teilen) von A. Philippson und E. Kirsten, *Die griechischen Landschaften*. Frankfurt a. Main 1950–1959.

Zwei klassische Diskussionen der griechischen Kolonisation bleiben wichtig: A. Gwynn, *The Character of the Greek Colonization*. JHS 38 (1918) 88–123 (zur Bedeutung des Ackerbaus) und A. R. Burn, *The so-called ›Trade-leagues‹ in Early Greek History and the Lelantine War*. JHS 49 (1929) 14–37. Den besten Überblick bietet Boardman, *Kolonien und Handel* (s. o. zu Kap. 2), Kap. 5–6. Zu einzelnen Fragen vgl. die älteren Werke von A. J. Graham, *Colony and Mother City in Ancient Greece*. Manchester 1964, und T. J. Dunbabin, *The Western Greeks*. Oxford 1948. Delphis Rolle bei der Kolonisation hat W. G. Forrest untersucht (s. o. zu Kap. 5). Die ältesten Kolonien im Pontosgebiet bespricht R. Drews, *The Earliest Greek Settlements on the Black Sea.* JHS 96 (1976) 18–31. Dem Ausgräber von Thasos, J. Pouilloux, verdanken wir die Studie *Archiloque et Thasos. Histoire et poésie.* In: *Archiloque. Sept exposés.* (Entretiens sur l'antiquité classique, Fondation Hardt 10) Vandoeuvre, Genf 1964. Zu den Kolonien Phokaias vgl. J.-P. Morel, *L'expansion Phocéenne en occident.* BCH 99 (1975) 853–96; zu Korinth s. u. (zu Kap. 9).

Neue Zeugnisse zur Landverteilung und -nutzung in den westlichen Kolonien hat der Ausgräber von Megara Hyblaia beigebracht: G. Vallet, *La cité et son territoire dans les colonies grecques d'occident.* In: *La Città e il suo territorio.* (Atti del 7° Convegno di Studi sulla Magna Grecia) Neapel 1968. Vgl. auch die Artikel in Teil 2 und 3 des von M. I. Finley herausgegebenen Bandes *Problèmes de la terre en Grèce ancienne.* Paris, Den Haag 1973. Die Gründung von Kyrene behandeln A. J. Graham (in seinem oben genannten Buch und) in dem Aufsatz *The Authenticity of the ›Horkion tōn Oikistērōn‹ of Cyrene.* JHS 80 (1960) 94–111 und Lilian H. Jeffery, *The Pact of the First Settlers at Cyrene.* Historia 10 (1961) 139–47. Die Frühgeschichte dieser Stadt hat F. Chamoux beschrieben: *Cyrène sous la monarchie des Battiades.* (Bibl. des Écoles françaises d'Athènes et de Rome 177) Paris 1953. *Die griechische Welt im Zeitalter der Kolonisation* ist das Thema einer Darstellung von P. Faure, Stuttgart 1981.

Zu Kapitel 8

Die Entwicklung der Hoplitenbewaffnung hat A. M. Snodgrass in seinem Werk *Early Greek Armour and Weapons.* Edinburgh 1964, untersucht; von dieser Grundlage aus hat er sich in seinem Aufsatz *The Hoplite Reform and History.* JHS 85 (1965) 110–22 gegen eine Frühdatierung des Übergangs zur Hoplitentaktik und gegen eine hohe Bewertung der politischen Bedeutung dieses Wandels ausgesprochen. Mit seinen Argumenten setzen sich J. Salmon, *Political Hoplites?* JHS 97 (1977) 84–101 und P. A. Cartledge, *Hoplites and Heroes. Sparta's Contribution to the Technique of Ancient Warfare.* JHS 97 (1977) 11–27 auseinander.

Für die literarischen Belege zur neuen Taktik bleibt der Aufsatz von H. L. Lorimer, *The Hoplite Phalanx.* ABSA 42 (1947) 76–138 wertvoll, obwohl viele neue archäologische Funde (wie das Grab von Argos, Abb. 15) seither entdeckt worden sind. Zu Tyrtaios siehe besonders W. Jaeger, *Tyrtaios über die wahre aretē*, Sitzungsberichte der Preußischen Akademie der Wissenschaften, Phil.-hist. Klasse XXIII, Berlin 1932, (wieder in: W. Jaeger, *Scripta Minora.* Bd. 2, Rom 1960, S. 75–114) und Bruno Snell, *Die Entdeckung des Geistes.* Göttingen ⁴1975, Kap. 10: *Mahnung zur Tugend.* Ich darf nicht verschweigen, daß Tyrtaios' Fragment 12 W = 9 D, auf das ich einen Teil meiner Erklärung stütze, von manchen Forschern nicht für echt gehalten und der Zeit nach Tyrtaios zugewiesen wird; Gründe gegen die – u. a. von W. Jaeger verteidigte – Echtheit führt z. B. Fränkel, *Dichtung und Philosophie* (s. o. zu Kap. 2), S. 334–86 an. Homerische Vorstellungen von Patriotismus behandelt P. A. L. Greenhalgh, *Patriotism in the Homeric World.* Historia 21 (1972) 528–37. Tyrtaios' Abwandlung der Homerischen Konzepte bespricht B. Snell, *Tyrtaios und die Sprache des Epos.* (Hypomnemata 22) Göttingen 1969.

Zu Kapitel 9

Als Standardwerk zur griechischen Tyrannis gilt H. Berve, *Die Tyrannis bei den Griechen.* 2 Bde, München 1967. Die beste allgemeine Darstellung stammt von

A. Andrewes, *The Greek Tyrants*. London 1956, auf den die Einschätzung der Hopliten als Hauptfaktor zur Erklärung dieser Herrschaftsform zurückgeht; vgl. dazu die (zu Kap. 8) genannten Artikel von Snodgrass, Salmon und Cartledge. Wirtschaftliche Ursachen nahm P. N. Ure, *The Origins of Tyranny*. Cambridge 1922, an, doch ist sein Buch nicht zuletzt wegen der neuen Spätdatierung der Einführung des Münzgeldes in Griechenland (dazu s. zu Kap. 13) überholt. Die griechische Überlieferung über das Verschwinden der Monarchie diskutiert Ch. G. Starr, *The Decline of Early Greek Kingship*. Historia 10 (1961) 129–38. Weitere wichtige Aufsätze liegen gesammelt vor in: K. H. Kinzl (Hg.), *Die ältere Tyrannis bis zu den Perserkriegen*. (WdF 510) Darmstadt 1979.

Die Aussetzung des Königskindes. Kyros und Romulus ist das Thema eines Buches von G. Binder (Beiträge zur Klassischen Philologie 10) Meisenheim/Glan 1964; dazu vgl. die Rezension von O. Murray in: Classical Review 17 (1967) 329–32.

Zur Frühgeschichte Korinths siehe C. Roebuck, *Some Aspects of Urbanization in Corinth*. Hesperia 41 (1972) 96–127. Das »Kolonialreich« dieser Stadt behandelt Graham, *Colony*. (s. o. zu Kap. 7). Zum Ursprung des dorischen Tempels siehe R. M. Cook, *The Archetypal Doric Temple*. ABSA 65 (1970) 17–19 und G. Gruben, *Die Tempel der Griechen*. München ³1980, S. 33–44.

Den ethnischen Faktor bei der Entstehung der Tyrannis hat H. T. Wade-Gery in seinem Beitrag (Kap. 22) zur *Cambridge Ancient History*. Bd. III, Cambridge 1925, bes. S. 548–558 betont. Die Tyrannis in Mytilene bespricht D. L. Page, *Sappho and Alcaeus* (s. o. zu Kap. 6), Teil 2.

Zu Kapitel 10

Dem Mythos Spartas gilt die hervorragende Untersuchung von Elizabeth Rawson, *The Spartan Tradition in European Thought*. Oxford 1969; für die Realität gibt es keine so befriedigende Gesamtdarstellung, vielleicht mit der Ausnahme von P. Cartledge, *Sparta and Laconia*. London, Boston, Henley 1979.

Einzelne Aspekte behandeln u. a. die folgenden Bücher: W. G. Forrest, *A History of Sparta 950 – 192 B. C.* London ²1980 (geistvoll zur Politik); H. Michell, *Sparta*. Cambridge 1964 (zum gesellschaftlichen System); P. Oliva, *Sparta and her Social Problems*. Amsterdam, Prag 1971 (besonnen marxistisch); A. Toynbee, *Some Problems of Greek History*. Oxford 1969, Teil 3 (der große Historiker kehrt zu den Studien seiner Jugend zurück; eine Untersuchung voll interessanter Einsichten, doch unkritisch); L. F. Fitzhardinge, *The Spartans*. London 1980 (zum archäologischen Befund). Ein Sammelband zum Thema *Sparta*. Hg. v. K. Christ, ist als WdF 622, Darmstadt 1986 erschienen.

Eine skeptische Haltung vertreten Ch. G. Starr, *The Credibility of Early Spartan History*. Historia 14 (1965) 257–72 und Finley, *Use and Abuse*. (s. o. zu Kap. 2) Kap. 10: *Sparta*.

Die klassische Untersuchung zur *rhetra* stammt von Wade-Gery, *Essays* (s. o. zu Kap. 3–4), S. 37–85. Vergebens hat dagegen N. G. L. Hammond die antike Datierung zu halten versucht: *The Lycurgean Reform at Sparta*. JHS 70 (1950) 42–64. Zu den Hopliten siehe Cartledge (s. o. zu Kap. 8). Die Ausgrabungen im Heiligtum hat R. M. Dawkins veröffentlicht: *The Sanctuary of Artemis Orthia at Sparta*. (JHS Suppl. 5) London 1929; vgl. zuletzt A. J. Holladay, *Spartan Austerity*. Classical Quarterly 27 (1977) 111–26. Die neue und von mir übernommene Datierung des Alkman besprechen M. L. West, *Alcmanica I: The Date of Alcman*. Classical Quarterly 15 (1965) 188–94 und F. D. Harvey, *Oxyrhynchus Papyrus 2390 and Early Spartan History*. JHS 87 (1967) 62–73.

Die spartanische *agōgē* behandelt H. I. Marrou, *Geschichte der Erziehung im klassischen Altertum.* (dtv 4275) München 1977, S. 51–71. Zu den anthropologischen Aspekten gibt es von H. Jeanmaire einen brillanten Artikel zur *krypteia*: *La cryptie lacédémonienne.* Revue des Études Grecques 26 (1913) 121–50 und einen ehrgeizigen Versuch, griechische und afrikanische Initiationsriten miteinander zu vergleichen: *Couroi et Courètes.* Lille 1939 (Kap. 7 zu Sparta). Siehe auch W. den Boer, *Laconian Studies.* Amsterdam 1954, Teil 3. Die parallele Entwicklung bei den Zulu ist beschrieben von E. A. Ritter, *Shaka Zulu.* London 1955, und von K. F. Otterbein, *The Evolution of Zulu Warfare.* In: P. Bohannan (Hg.), *Law and Warfare.* (American Sourcebooks in Anthropology) New York 1967, S. 351–57. Zum Pseudoarchaismus vgl. C. Lévi-Strauss, *Strukturale Anthropologie.* Bd. 1, Frankfurt a. Main 1967; (stw 226) Frankfurt a. Main 1977, Kap. 6.

Zu Kapitel 11

Solons Gesetze hat E. Ruschenbusch gesammelt: *Solons Nomoi.* (Historia Einzelschr. 9) Wiesbaden 1966; zu ihrer Aufzeichnung vgl. A. Andrewes, *The Survival of Solon's Axones.* In: D. W. Bradeen und M. F. McGregor (Hgg.), *Phoros. Tribute to B. D. Merritt.* New York 1974, S. 21–28. Das vielzitierte Buch von C. Hignett, *A History of the Athenian Constitution.* Oxford 1952, ist durchaus keine Geschichte der athenischen Verfassung, sondern eine polemische Arbeit, deren Ziel der Nachweis ist, daß Hignetts Theorien glaubhafter sind als die antiken Zeugnisse.

Athen in geometrischer Zeit behandelt Coldstream, *Geometric Greece* (s. o. zu Kap. 3–4), Kap. 4. Mit Solons Begriff der Gerechtigkeit befaßt sich W. Jaeger in seinem Aufsatz *Solons Eunomia*, Sitzungsberichte der Preußischen Akademie der Wissenschaften, Phil.-hist. Klasse XI, Berlin 1926, (wieder in: W. Jaeger, *Scripta Minora.* Bd. 1, Rom 1960, S. 315–37); vgl. G. Vlastos, *Solonian Justice.* Classical Philology 41 (1946) 65–83.

Der Hintergrund der *seisachtheia* läßt sich am besten mit Hilfe der folgenden drei Artikel von M. I. Finley verstehen: *Homer and Mycenae. Property and Tenure.* Historia 6 (1957) 133–59; *Die Schuldknechtschaft.* In: H. G. Kippenberg (Hg.), *Seminar: Die Entstehung der antiken Klassengesellschaft.* (stw 130) Frankfurt a. Main 1977, S. 173–204; *The Alienability of Land in Ancient Greece.* In: Finley, *Use and Abuse* (s. o. zu Kap. 2), S. 153–60. Das im letztgenannten Artikel angesprochene Problem der »Veräußerlichkeit« des Landes halte ich in diesem Zusammenhang für nicht wichtig.

Fustels *La Cité antique* (1864) ist in einer neuen deutschen Ausgabe zugänglich: N. D. Fustel de Coulanges, *Der antike Staat.* (dtv 4487) München 1988; vgl. darin die Einleitung von K. Christ und A. Momigliano, *La città antica di Fustel de Coulanges.* Rivista Storica Italiana 82 (1970) 81–98. Nicht ganz befriedigend ist die Erklärung der »Krise in Athen« bei W. G. Forrest, *Wege zur hellenistischen Demokratie.* München 1966. Die Theorie der Kornschulden geht auf A. French zurück: *The Economic Background to Solon's Reforms.* Classical Quarterly 6 (1956) 11–25. Eine andere, von mir nicht diskutierte Auffassung vertritt N. G. L. Hammond, *Land Tenure in Athens and Solon's Seisachtheia.* JHS 81 (1961) 76–98. Die Bedeutung von Solons Besitzklassen hat Ch. G. Starr berechnet: *The Economic and Social Growth of Early Greece.* Oxford 1977, S. 152–156.

Solons politische Reformen behandeln Hignett und Forrest (s. o.) sowie

Andrewes, *Greek Tyrants* (s.o. zu Kap. 7), Kap. 7. Zur Inschrift von Chios vgl. Lilian H. Jeffery, *The Courts of Justice in Archaic Chios*. ABSA 51 (1956) 157–67.

Zu Kapitel 12

Keine Beschreibung der archaischen Kultur kann es mit der von Jacob Burckhardt aufnehmen: *Griechische Kulturgeschichte* (1898–1902). Buch IV, Kap. 3. (dtv 6078) München 1977. Die allgemeine Theorie der Kultur als Spiel, wie sie bei J. Huizinga, *Homo Ludens. Vom Ursprung der Kultur im Spiel.* (rde 21) Hamburg 1956 formuliert ist, trifft ganz offenbar auch auf die griechische Aristokratie der arachischen Zeit zu. Zum Sport vgl. z.B. I. Weiler, *Der Sport bei den Völkern der Alten Welt*. Darmstadt 1981; zu Pindar und zur Siegerode C. M. Bowra, *Pindar*. Oxford 1964 und Fränkel, *Dichtung und Philosophie* (s.o. zu Kap. 2), S. 483–576; zum Bei-Tische-Liegen Dentzer (s.o. zu Kap. 6). Historische, archäologische und philologische Aspekte diskutiert der Sammelband *Sympotica*. Hg. v. O. Murray. Oxford 1990. Symposion-Keramik behandelt J. Boardman in seinen Übersichten *Schwarzfigurige Vasen aus Athen* und *Rotfigurige Vasen aus Athen. Die Archaische Zeit.* (Kulturgeschichte der antiken Welt 1 bzw. 4) Mainz 1977 bzw. 1980. Zu Anakreon siehe Fränkel (s.o. zu Kap. 2), S. 332–346. Die Einstellung der Griechen zu Sexualität ist das Thema eines Bändchens von A. Lesky, *Vom Eros der Hellenen*. (Kleine Vandenhoeck-Reihe 1422) Göttingen 1976; die erste umfassende gelehrte Untersuchung dazu hat K. J. Dover vorgelegt: *Homosexualität in der griechischen Antike*. München 1983. Zur Plastik siehe J. Boardman, *Griechische Plastik. Die archaische Zeit.* (Kulturgeschichte der antiken Welt 5) Mainz 1980.

Zu Kapitel 13

Wie bereits (S. 379) gesagt, ist meiner Meinung nach die alte Kontroverse über die Rolle des Handels im frühen Griechenland, die mit J. Hasebroek, *Staat und Handel im alten Griechenland*. Tübingen 1928, beginnt, durch die archäologischen Entdeckungen und durch die veränderte Sicht der politischen Geschichte weitgehend überholt. Zusammengefaßt ist die Diskussion bei E. Will, *Trois quarts de siècle de recherches sur l'économie grecque antique*. Annales E.S.C. 9 (1954) 7–22 und bei M. I. Finley in den von ihm herausgegebenen Akten der 2e Conférence Internationale d'histoire économique. Bd. I: *Trade and Politics in the Ancient World*. Paris, Den Haag 1965, S. 11–35. Die Fakten stellt Starr, *Economic and Social Growth* (s.o. zu Kap. 11) zusammen, doch sollte man sie mit zwei – grundsätzlich verschiedenen – modernen Ansätzen in Beziehung bringen, nämlich mit J. Hicks, *A Theory of Economic History*. Oxford 1969, Kap. 3–4, und mit den anthropologischen Konzepten von K. Polanyi, *Ökonomie und Gesellschaft*. (stw 295) Frankfurt a. Main 1979; zu letzterem vgl. die Einführung von Sally C. Humphreys im genannten Taschenbuch S. 7–59.

Zur Stellung der Handwerker siehe neben Aymard und Vernant (s.o. zu Kap. 3–4) auch Alison Burford, *Künstler und Handwerker in Griechenland und Rom*. Mainz 1985. Mit Sostratos befassen sich F. D. Harvey, *Sostratos of Aegina*. La Parola del Passato 31 (1976) 206–14 und A. W. Johnston, *Trademarks on Greek Vases*. Greece and Rome 21 (1974) 138–52. *Handelsplätze in frühen Gesellschaften* ist das Thema des 11. Aufsatzes in Polanyi (s.o.). Zu Graviscae siehe den Bericht des Ausgräbers M. Torelli, *Il santuario di Gravisca*. La Parola del Passato 32 (1977) 398–458. Naukratis und die Griechen in Ägypten behandeln M. M.

Austin, *Greece and Egypt in the Archaic Age*. (Proceedings of the Cambridge Philological Society, Suppl. 2) Cambridge 1970 und Boardman, *Kolonien und Handel* (s.o. zu Kap. 2), Kap. 4. Zum ägyptischen Einfluß auf die griechische Kunst siehe auch Boardman, *Griechische Plastik* (s.o. zu Kap. 12), Kap. 4.

Die Semantik der Verwendung von Geld untersucht Polanyi (s.o.) im 13. Aufsatz. Die neue Datierung der Erfindung des Münzgelds hat E. S. G. Robinson begründet: *The Coins from the Ephesian Artemisium Reconsidered*. JHS 71 (1951) 156–67; vgl. auch die wichtigen Artikel von R. M. Cook, *Speculations on the Origins of Coinage*. Historia 7 (1958) 257–62, und C. M. Kraay, *Hoards, Small Change and the Origins of Coinage*. JHS 84 (1964) 76–91. Während Maria R.-Alföldi in ihrem Werk *Antike Numismatik*. 2 Bde. (Kulturgeschichte der antiken Welt 2–3) Mainz 1978, einen Gesamtüberblick über das Gebiet gibt, ist das grundlegende Handbuch zur frühgriechischen Numismatik C. M. Kraay, *Archaic and Classical Greek Coins*. London 1976.

Zu Ursprung und Charakter der griechischen Sklaverei der archaischen Zeit vgl. vorerst M. I. Finley, *Die Sklaverei in der Antike*. München 1981, Kap. 2; eine umfassende Untersuchung steht noch aus. Die von Athenaios gegebenen Zahlen behandelt W. L. Westermann, *Athenaeus and the Slaves of Athens*. In: M. I. Finley (Hg.), *Slavery in Classical Antiquity. Views and Controversies*. Cambridge 1960, S. 73–92. Öffentliche Arbeiten im 6. Jahrhundert v. Chr. stellt Ch. G. Starr, *Economic and Social Growth* (s.o. zu Kap. 11), S. 35–39 zusammen, die Baupolitik in Athen analysiert J. S. Boersma, *Athenian Building Policy from 561/0 to 405/4 B. C.* Groningen 1970, Kap. 2–3.

Eine gute Einführung zu den Orakelheiligtümern gibt H. W. Parke, *Greek Oracles*. London 1967; vgl. auch A. D. Nock, *Religious Attitudes of the Ancient Greeks*. In seinen *Essays on Religion and the Ancient World*. Bd. 2, Oxford 1972, S. 534–50. Zu Delphi siehe allgemein G. Roux, *Delphi. Orakel und Kultstätten*. München 1971, sowie C. R. Whittaker, *The Delphic Oracle. Belief and Behaviour in Ancient Greece – and Africa*. Harvard Theological Review 58 (1965) 21–47. Delphis politischen Einfluß behandelt W. G. Forrest in seinem oben (zu Kap. 5) genannten Aufsatz und in *The first Sacred War*. BCH 80 (1956) 33–52.

Zu Kapitel 14

Die Frühgeschichte Ioniens ist dargestellt bei J. M. Cook, *The Greeks in Ionia and the East*. London 1962, und bei G. L. Huxley, *The Early Ionians*. London 1966. Seit 1958 werden wichtige amerikanische Ausgrabungen in Sardeis durchgeführt, deren bemerkenswerte Ergebnisse am besten in den jährlichen Berichten des Grabungsleiters zugänglich sind: G. M. A. Hanfmann, *Letters from Sardis*. Cambridge/Mass. 1972. Nur der erste Band des endgültigen Grabungsberichts liegt bislang vor: G. M. A. Hanfmann und J. C. Waldbaum (Hgg.), *Archaeological Exploration of Sardis*. Bd. 1, Cambridge/Mass. 1975. Die Beziehungen zwischen Lydien und Ionien bespricht A. R. Burn in seinem Buch *The Lyric Age of Greece*. London 1960, Kap. 11 und 17.

Mit der frühgriechischen Philosophie beschäftigt sich eine umfangreiche Literatur. Gute Einführungen sind E. L. Hussey, *The Presocratics*. London 1972, und W. Röd, *Die Philosophie der Antike 1*. (Geschichte der Philosophie 1) München 1976. H. G. Gadamer hat einen Sammelband *Um die Begriffswelt der Vorsokratiker*. (WdF 9) Darmstadt 1968 herausgegeben.

Zu den Persern vgl. R. N. Frye, *Persien*. (Kindlers Kulturgeschichte) Zürich 1962 und sein Werk *The History of Ancient Iran*. (Handbuch der Altertumswissenschaft III 7) München 1984. Die in Persepolis gefundenen Inschriftentäfelchen (G. G. Cameron, *Persepolis Treasury Tablets*. Chicago 1948) bespricht R. T. Hallock, *The Evidence of the Persepolis Tablets*. (Cambridge History of Iran) Cambridge (in Vorb.). Eine grundsätzliche Diskussion der Beziehungen zwischen Persien und den unterworfenen Völkern verdanken wir J. L. Myres, *Persia, Greece and Israel*. Palestine Exploration Quarterly 85 (1953) 8–22; zum einzelnen vgl. A. R. Burn, *Persia and the Greeks*. London 1962. Literatur zur Kyroslegende wurde bereits zu Kap. 9 genannt. *Der Kyros-Zylinder mit dem Zusatzfragment* ist das Thema eines Aufsatzes von P.-R. Berger in: Zeitschrift für Assyriologie 64 (1975) 192–234. Den künstlerischen Einfluß der ionischen Handwerker auf die persische Monumentalkunst besprechen Gisela M. A. Richter, *Greeks in Persia*. American Journal of Archaeology 50 (1946) 15–30 und C. Nylander, *Ionians in Pasargadae. Studies in Old Persian Architecture*. Uppsala 1970.

Zu Kapitel 15

Zu Sparta s. o. (zu Kap. 10), bes. Forrest, *History*, Kap. 6–7; für die Außenpolitik ist ein Aufsatz von G. Dickins wichtig: *The Growth of Spartan Policy*. JHS 32 (1912) 21–42. Die Belege für den Sturz des Kleomenes behandelt W. P. Wallace, *Kleomenes, Marathon, the Helots and Arcadia*. JHS 74 (1954) 32–35.

Zur Demokratie unter Kleisthenes vgl. Wade-Gery, *The Laws of Kleisthenes*. In seinen *Essays* (s. o. zu Kap. 3–4), S. 135–54; Hignett (s. o. zu Kap. 11), Kap. 6–7 und Forrest, *Wege* (s. o. zu Kap. 11), Kap. 8–9. Eine gute Zusammenfassung bietet J. Martin, *Von Kleisthenes zu Ephialtes*, Chiron 4 (1974) 5–42. Zu geographischen Fragen vgl. J. S. Traill, *The Political Organization of Attika*. (Hesperia Suppl. 14) Princeton N. J. 1975 und P. Siewert, *Die Trittyen Attikas und die Heeresreform des Kleisthenes*. (Vestigia 33) München 1982. Unsere Karte Abb. 23 ist sehr vergröbert. Die Ideologie hinter den Reformen untersuchen G. Vlastos, *Isonomia*. American Journal of Philology 74 (1953) 337–66, und M. Ostwald, *Nomos and the Beginnings of the Athenian Democracy*. Oxford 1969, Teil 3.

Zur Schlacht von Marathon vgl. z. B. W. K. Pritchett, *Marathon*. (University of California Publications in Class. Archaeology 4) Berkeley, Los Angeles 1960. Die mögliche Beziehung zwischen Marathon und dem Parthenonfries hat J. Boardman beobachtet: *The Parthenon Frieze – another View*. In: U. Hoeckmann und A. Krug (Hgg.), *Festschrift für F. Brommer*. Mainz 1977, S. 39–49.

Zum Scherbengericht vgl. die hervorragende Übersicht von E. Vanderpool, *Ostracism at Athens*. Cincinnati 1970. Meiggs-Lewis (s. o. S. 375) erfassen Einzelheiten bis 1967 als Nr. 21 ihrer Sammlung; die umfangreichen Funde dieses Jahres sind zunächst nur in einer kurzen Notiz von G. Daux verzeichnet: *Chronique des fouilles en Grèce 1967*. BCH 92 (1968) 732–33.

Zu Kapitel 16

Eine sehr gute und ausführliche Darstellung der Perserkriege bietet Burn, *Persia and the Greeks* (s. o. zu Kap. 14). Herodots Zugang zu persischen Quellen bespricht J. Wells, *The Persian Friends of Herodotus*. In seinen *Studies in Herodotus*. Oxford 1923, S. 95–111. Zur Organisation der Griechen vgl. P. A. Brunt, *The Hellenic League against Persia*. Historia 2 (1953/54) 135–63. Die wichtigsten Inschriften sind in der Sammlung von Meiggs-Lewis (s. o. S. 375) als Nrr. 23–28 wiedergegeben. Zum »Themistokles-Dekret« finden sich die Argumente für bzw. gegen die Authentizität in folgenden zwei Artikeln: M. H. Jameson, *A Decree of Themistocles from Troizen*. Hesperia 29 (1960) 198–223 (Erstveröffentlichung mit ausführlichem Kommentar; für die Echtheit) und in C. Habicht, *Falsche Urkunden zur Geschichte Athens im Zeitalter der Perserkriege*. Hermes 89 (1961) 1–35 (stellt die Inschrift neben andere »Fälschungen« des 4. Jahrhunderts v. Chr.).

Zu Sizilien vgl. T. J. Dunbabin, *The Western Greeks*. Oxford 1948, und M. I. Finley, *Das antike Sizilien*. München 1979.

Abbildungsnachweise

Die Karten und Pläne sind Neuzeichnungen (NZ), die Karl-Friedrich Schäfer – soweit nicht anders angegeben nach Vorlagen des Übersetzers – anfertigte.

Abb. 1, S. 21: NZ nach R. Schmitt, *Einführung in die griechischen Dialekte*. Darmstadt 1977, S. 143 Abb. 3.
Abb. 2, S. 40: Aus Lilian H. Jeffery, *The Local Script of Archaic Greece*. Oxford 1961, pl. 59 nr. 1a.
Abb. 3, S. 59: NZ nach H. Drerup, *Griechische Baukunst in geometrischer Zeit*. (Archaeologia Homerica II. O) Göttingen 1969, S. O 11 Abb. 8. (Der Maßstab der Originalpublikation ist falsch.)
Abb. 4, S. 81: Nach A. Snodgrass, *Archaic Greece*. London, Melbourne, Toronto 1980, S. 22 Fig. 3.
Abb. 5, S. 88: NZ.
Abb. 6, S. 92: Aus M. R. Popham, L. H. Sackett (Hgg.), *Excavations at Lefkandi, Euboea, 1964–66 (preliminary report)*. London 1968, S. 26 Fig. 60 und S. 27 Fig. 65.
Abb. 7, S. 93: NZ nach einer Vorlage des Autors.
Abb. 8, S. 96: NZ.
Abb. 9, S. 106: Aus R. Müller u.a. (Hgg.), *Kulturgeschichte der Antike I: Griechenland*. Belin 1976, S. 61 Fig. 8.
Abb. 10, S. 121: Nach A. Heubeck, *Schrift*. (Archaeologia Homerica III. X) Göttingen 1979, S. X 109 Abb. 41. Der Neufund eines Scherbens ist bereits eingearbeitet.
Abb. 11, S. 131: NZ.
Abb. 12, S. 132: NZ.
Abb. 13, S. 145: NZ nach G.D.B. Jones in: M. I. Finley (Hg.), *Atlas der Klassischen Archäologie*. München 1979, S. 134.
Abb. 14, S. 156: Aus *Die alten Sprachen im Unterricht* 29/1 (1982) 16 (E. Berthold).
Abb. 15, S. 164: Aus St. Piggot, *Ancient Europe*. Edinburgh 1965, S. 191 Fig. 107; nicht in der dt. Ausg. desselben Werkes: *Vorgeschichte Europas*. (Kindlers Kulturgeschichte) München 1974.
Abb. 16, S. 167: Neuzeichnung von Marion Cox, Oxford.
Abb. 17, S. 234: NZ nach J. N. Coldstream, *Geometric Greece*. London, Tonbridge 1977, S. 134 Fig. 43.
Abb. 18, S. 247: NZ nach H. A. Thompson (Hg.), *The Athenian Agora. A Guide*. Athen ³1976, S. 65 Fig. 24.
Abb. 19, S. 262: Neuzeichnung von Marion Cox, Oxford.
Abb. 20, S. 287: Aus H. Roehl, *Imagines Inscriptionum Graecarum*. Berlin ²1884, S. 47 Abb. 1.
Abb. 21, S. 291: NZ.
Abb. 22, S. 312: NZ.
Abb. 23, S. 335: NZ nach V. Ehrenberg, *From Solon to Socrates*. London ²1973, S. 95 Fig. 4. Zu spät erschien P. Siewert, *Die Trittyen Attikas und die Heeresform des Kleisthenes*. (Vestigia 33) München 1982.
Abb. 24, S. 348: Nach *American Journal of Archaeology* 51 (1947) 257 Fig. 1 (A. E. Raubitschek).
Abb. 25, S. 366: Aus Roehl (wie Abb. 20), S. 28 Abb. 15.
Abb. 26, S. 368/69: NZ.

Quellenregister

I. Ausgrabungen und Funde

Abu Simbel: Kolossal-Statue Ramses' II.: 124, 287f. m. Abb. 20, 372
Akragas (Agrigento): Tempel: 299, 355
Al Mina: 91ff., 102, 233, 281, 370
Ampurias: 132, 139
Andros: s. Zagora
Argos: Kriegergrab: 163f. m. Abb. 15, 181
Athen: (s. auch Sachreg.)
– Agora: Archontenliste: 39, 332, 371; Boule-Gebäude: 247 m. Abb. 18
– Akropolis: Brunnen (Ostrakafund): 345; Parthenonfries: 343; Weihinschrift: 276
– Dipylon: Vasen des Dipylonmeisters: 106f. m. Abb. 9, 233, 262; Inschrift auf geometr. Vase: 121
– Enneakrounos: 301
– Tyrannenmörder-Statuen: 271, 340
– Zeus-Tempel: 299
Attika: Grabfunde: 80f. m. Abb. 4, 233f. m. Abb. 17
Behistun: s. Oriental. Texte
Berezan: Inschrift: 297f.
Chios: Gesetzesinschrift: 248 (s. auch Emporion)
Daphne (Tell Defenneh): 286
Delos: Inschrift: 276
Delphi: Tempel: 41, 299, 372
– Schatzhaus der Athener: 300
– Schlangensäule: 365f. m. Abb. 25 (s. auch Sachreg. u. »Orakel«)
Dreros: Inschrift: Abb. 2 (40), 122
Eleusis: Mysterienhalle: 301
Emporion/Chios (s. aber Ampurias): 58f. m. Abb. 3, 81
Ephesos: Artemistempel: 294, 299
Eretria/Euboia: 96f. m. Abb. 8, 101, 370
Graviscae: 278, 281
Hymettos: Inschriften: 124
Ischia: s. Pithekussai

Kalydon: Tempel: 193
Karkemisch: 286
Karthago: 90
Knossos: 13
Korçula (Schwarzkorkyra): 144
Korfu: s. Korkyra
Korinth: 185ff.
– Tempel: 299
– di(h)olkos über den Isthmos: 191
– Korinthische Keramik: s. Sachreg.
– Chigi-Kanne (Macmillan-Maler): 108, 163, 166ff. m. Abb. 16, 371
Korkyra: Tempel: 299, 372
Korkyra Melaina: s. Korçula
Koukounaries/Paros: 81f.
Kyrene: 151ff.
Lefkandi/Euboia (Leukanti): 96ff. m. Abb. 8, 370
– geometrische Keramik: 92f. m. Abb. 5 u. 6
Lyttos: Inschrift: 118, 124
Magnesia/Mäander: Inschrift: 316f.
Marathon: Grabhügel: 343
Massalia: 139
Megara: Inschrift: 187
Megara Hyblaia: 145, 371
Metapontion: 145f. m. Abb. 13
Mykene: 13
Nakš-i-Rustam: s. Oriental. Texte
Naukratis: 280ff.
Naxos/Sizilien: 148, 371
Paestum: s. Poseidonia
Paphos/Zypern: Belagerungswall: 321
Paros: s. Koukounaries
Perachora: Heraion: 41, 293
Persepolis: s. Oriental. Texte
Pithekussai: 93ff., 370
– Nestorbecher: 121 m. Abb. 10
Poseidonia (Paestum): 41
– Tempel: 299
– Tomba del Tuffatore: 262
Salamis/Zypern: »Fürstengräber«: 46
Samos: Heraion: 300
Selinous: Tempel: 299

393

Smyrna: Stadt: 41, 79f.
Sparta:
– Artemis-Orthia-Heiligtum: 168, 204, 209, 218
– Arkesilas-Schale: 156f. m. Abb. 14, 218
Spina/Poebene: 133, 281
Susa: s. Oriental. Texte
Syrakus: 134, 299, 371
Taras (Tarent): 137
Tarsos: euboiische Keramik: 92
Teos: Inschrift: 118
Thasos: Inschrift: 136
Thermos: Tempel: 193
Trebenishte: 190
Troja VII a: 13, 16, 22
Troizen: Themistoklesdekret: 359ff.
Veii: euboiische Keramik: 95
Vix/Seinetal: *kratēr*: 139, 218, 326
Zagora/Andros: 58, 81

II. Orientalische Texte: 375

Altes Testament
– Genesis
1, 2: 310
3, 1–24: 115f.
28, 10–22: 154
– Exodus
2, 1–10: 189
– 2. Chronik
36, 23: 316
– Esra
1, 2–3: 316
– Jesaja
17, 10: 110
45, 1 (Deuterojesaja): 316
– Ezechiel (Hesekiel)
8, 14: 111
27, 12–13: 89
27, 13: 93
27, 15: 89
27, 22–24: 89
– Daniel
2, 1–49: 116
– Amos
6, 4: 103
7, 14–16: 115
– Maleachi
3, 10: 154

Behistun (Bisutun) Inschrift
col. 1 § 10: 317
col. 4 § 52: 317
Enuma Elisch (babylon. Mythos): 111
Kumarbi-Mythos (hethit./hurrit.): 111ff.
Kyros-Zylinder
§ 20–22: 315
Mahabhárata (ind. Epos): 116
Nabonid-Chronik
col. 2, 1–4: 311f.
col. 2, 15–18: 312
col. 3, 18–19: 313
Nakš-i-Rustam Inschrift
§ 1–3: 315
Persepolis, treasury tablets: 319
Persepolis, daiva-Inschrift Xerxes': 350
Sanchuniaton (Phoiniker) s. Philon von Byblos (antike Literatur)
Sargon-Legende (akkad.): 189
Susa, Gründungsurkunde
§ 4c: 319
Zarathustras Traum: 116

III. Griechische Inschriften: 40ff., 375
(In Klammern sind jeweils die Fundorte angegeben)

Linear B: 14, 45, 56, 118

Meiggs-Lewis
– 1 (Pithekussai): 121 m. Abb. 10
– 2 (Dreros): Abb. 2 (40), 122
– 3 (Thasos): 136
– 5 (Kyrene) Z. 23–51: 151f.
– 6 (Athen Agora): 39, 332, 371
– 7 (Abu Simbel): 124, 287f. m. Abb. 20, 372
– 8 (Chios): 248
– 12 (Zw. Magnesia/Mäander und Tralleis): 316f.
– 21 (Athen): 344ff. m. Abb. 22 (348)
– 23 (Troizen): 359ff.
– 27 (Delphi, jetzt Istanbul): 365f. m. Abb. 25
– 30 (Teos) Z. 37: 118

IG (Inscriptiones Graecae)
- I² 77 = I³ 131 (Athen): 272
- I² 516 (Athen Akropolis): 276
- I² 919 (Athen Dipylon): 121
- VII 52 (Megara): 187
- IX 1², 152c (Kalydon): 193

Inscriptions de Délos
1 (Delos): 276

Maier, Mauerbauinschriften
57 (Korçula): 144

American Journal of Archaeology 38, 1934, 10–28 (Hymettos): 124
Kadmos 9, 1970, 118–154 (Lyttos): 118, 124
La Parola del Passato 31, 1976, 206–14 (Graviscae): 278
SEG 26, 845 (Berezan): 279f.
Vaseninschriften incl. Lieblingsinschriften (*ostraka* s. Meiggs-Lewis 21): 270, 276, 278, 346

IV. Münzen

(s. auch Sachreg. unter »Geld«, »Münzfuß«): 140, 142, 156, 190f., 239, 292ff., 355, 372

V. Papyri

- P. Colon. 7511 (Archilochos): 28
- P. Oxyrh. 1365 (FGrHist 150 F 2): 195
- P. Oxyrh. 2165 (Alkaios): 198f.
- P. Oxyrh. 2166 (Alkaios): 198
- P. Lit. Lond. inv. 131 (Aristoteles, Athenaiōn politeia: s. dort): 39
- P. Ryland 18 (FGrHist 150 F 1): 326

VI. Antike Literatur

Anonymi, Fragmente
- Carmina convivalia: 378
  893 [10] P = 10 D: 340
  907 [24] P = 24 D: 333
- Carmina popularia: 378
  869 [23] P = 30 D: 201
- Fragmentum adespotum: 378
  1009 [89] P = 16 D: 262
- Anthologia Palatina
  14, 73, 1–3: 100
  14, 73, 4–6: 102, 181
- Historiker: 378
  FGrHist 150 F 1: 326
  FGrHist 150 F 2: 195

Aischines
- Gegen Timarchos 140: 272

Aischylos: 343, 373
- Perser: 352, 373

Alkaios: 28, 196f., 260, 371, 378
  70 [D 12] LP = 43 D: 200
  70 [D 12] LP = 43 D, 7: 200
  74 [D 16] LP = 27 D: 200
  129 [G 1] LP = 24a D, 9–28: 198
  129 [G 1] LP = 24a D, 20: 200
  130 [G 2] LP = 24c D, 16–37: 199
  326 [Z 2] LP = 46a D, 1–8: 200
  332 [Z 8] LP = 39 D: 200
  348 [Z 24] LP = 87 D: 200
  350 [Z 27] LP = 50 D: 285
  357 [Z 34] LP = 54 D: 197, 260
  360 [Z 37] LP = 101 D: 179
  428 [Z 105] LP = 49a D: 198, 235

Alkman: 29, 117, 371, 378
  1 P, 50–57 = 1 D, 29–36: 218
  16 P = 13 D: 217
  19 P = 55 D: 261
  41 P = 100 D: 217
  64 P = 44 D: 236

Anakreon: 264f., 372, 378
  359 [14] P = 3 D: 269
  360 [15] P = 4 D: 269
  402 [57] P = 32 D: 264f.
  412 [67] P = 49 D: 265
  428 [83] P = 79 D: 265
  eleg. 2 W = 96 D: 264
  eleg. 2 W = 96 D, 3–4: 265

Anaximandros (12 DK): 30, 308f., 378
  B 1 DK: 309f.

Anaximenes (13 DK): 309, 378

Anthologia Palatina s. o. unter »Anonymi«

Archilochos: 28, 169f., 371, 378
   1 W = 1 D: 135
   2 W = 2 D: 135
   3 W = 3 D: 101, 169
   5 W = 6 D: 136
  19 W = 22 D: 175
  20 W = 19 D: 135
  21/22 W = 18 D: 135
  93a W = 51 D: 135
  102 W = 54 D: 135, 149
  114 W = 60 D: 136
  119 W = 72 D: 170
  196a W: 28
  228 W: 135
  293 W: 144f.

Aristophanes
– Acharner Z. 509–39: 32, 36
– Wolken Z. 1012–14: 270f.

Aristoteles: 203, 375f.
– Athenaiōn politeia: 39, 211, 232, 242
   2, 2: 240
   5: 237
   7, 3–4: 245
   7, 4: 245f.
   8, 1: 246
   8, 3: 231
   8, 4: 246
   9, 1: 239, 248
   13, 5: 335f.
   21, 4: 337
   22, 4: 346
   22, 5: 246
– Fragmente (nach Rose)
   92: 179
   472: 298
   536: 210
   586: 147
   592: 325
– Lakedaimoniōn politeia: 211
– Nikomachische Ethik
   2, 7 p. 1107a–b: 173f.
   2, 9 p. 1115a: 173f.
– Politika
   1, p. 1253a: 78
   2, p. 1269a–1272b: 223
   2, p. 1269b: 222
   2, p. 1270b: 215
   3, p. 1278a: 276
   3, p. 1285b: 200, 206, 324
   4, p. 1297b: 180
   5, p. 1305a: 181, 183
   5, p. 1306b: 236
   5, p. 1306b–1307a: 214
   5, p. 1310b: 177, 181
   5, p. 1311b: 196
   5, p. 1313a–b: 193
   5, p. 1315b: 195
   6, p. 1319a: 145

Athenaios, Deipnosophistai: 376
   4, p. 167d: 144f.
   6, p. 263d–e: 148
   6, p. 265b–c: 297
   6, p. 272b–d: 298
   11, p. 461–503: 263

Bakchylides: 258, 378

Carmina convivalia/popularia s. o. unter »Anonymi«

Cicero
– de re publica 2, 19, [34]: 186

Demosthenes
– 19 (Über die Truggesandtschaft) § 303: 361

Diodor: 40
   7, 12, 6: 214
   18, 10, 2–3: 361

Diogenes Laertios
   1, 74: 198

Dionysios von Halikarnassos
– Über Thukydides 5: 38

Ephoros (FGrHist 70): 40, 188, 195, 223
   F 115: 182
   F 186: 355

Euripides
– Medeia 250–51: 162

Fragmente s. o. unter »Anonymi«

Gaius
   in: Iustinians Digesten
   10, 1, 13: 250f.

Hekataios (FGrHist 1): 30, 32
   F 1a: 31

Hellanikos von Lesbos (FGrHist 4): 38

Herakleitos (Heraklit) (22 DK): 322, 373, 378
  B 40: 322
  B 90: 296
  B 92: 302
  B 93: 302

Herodot: 31ff., 373, 376
  1, 1: 31, 33
  1, 14: 192
  1, 18: 99
  1, 23–24: 193
  1, 53, 3: 302
  1, 60, 3–5: 300f.
  1, 65–66: 202
  1, 65, 5: 215, 221
  1, 66, 2: 324
  1, 66, 4: 324
  1, 67–68: 325
  1, 70: 218
  1, 75: 308
  1, 94, 1: 293f.
  1, 107–130: 189
  1, 108–122: 353
  1, 110, 1: 314
  1, 131–140: 315
  1, 143, 3: 320
  1, 152–163: 326
  1, 163: 138
  1, 170: 308
  1, 171, 4: 164
  2, 35, 2: 37
  2, 53: 82f., 111
  2, 135, 4: 284, 293
  2, 143: 33
  2, 152: 286
  2, 154: 286
  2, 167, 2: 186, 276
  2, 178–179: 282
  3, 12, 1: 313
  3, 47: 326
  3, 48–53: 193
  3, 70–87: 353
  3, 89–117: 318
  3, 89–96: 352
  3, 120, 3: 184
  3, 121: 264
  3, 129–138: 319
  4, 24: 137
  4, 31: 33

  4, 83–144: 318
  4, 144: 134
  4, 150–158: 150
  4, 150, 4: 150
  4, 152, 2–3: 277f.
  4, 153: 150, 153
  4, 155, 2: 154
  4, 158, 2–3: 151
  4, 159–167: 155
  4, 161, 3: 155
  4, 186: 147
  5–6: 320ff.
  5, 28: 307
  5, 42: 144
  5, 42, 1: 327
  5, 48: 327
  5, 58: 118
  5, 62–63: 303
  5, 62–65: 327
  5, 63–65: 328
  5, 66, 2: 333
  5, 67–68: 195, 338
  5, 72, 3: 325
  5, 79–90: 279
  5, 92: 187, 193
  5, 92, β 2: 190
  5, 92, δ 2: 192
  5, 92, ζ 1: 188
  5, 94–95: 198
  5, 97, 3: 321
  5, 99: 99
  6, 27: 125, 256
  6, 43, 3: 321
  6, 48–75: 331
  6, 49–50: 279
  6, 56–60: 205
  6, 61–84: 303
  6, 76–83: 330
  6, 77: 329
  6, 84: 260
  6, 85–93: 279
  6, 103, 2–3: 257
  6, 106: 342
  6, 109–110: 342
  6, 118: 329
  6, 119, 4: 341
  6, 121–124: 343
  6, 123, 1: 332
  6, 126–131: 266ff.
  6, 126–127: 182
  6, 127, 3: 182
  6, 128, 1: 266

6, 129, 1: 266
6, 129, 2–4: 266f.
7–9: 351ff.
7, 10, ε 1: 352
7, 60: 353
7, 89–99: 353
7, 132, 2: 354
7, 133–134: 330
7, 141, 3–4: 356
7, 144: 279, 361
7, 144, 3: 356
7, 145, 1: 354
7, 148–152: 354
7, 155: 147
7, 165: 355
7, 168–169: 354
8, 1: 358
8, 1, 2: 362
8, 14: 362
8, 47: 255
8, 62, 2: 349
8, 105–106: 298
9, 28: 209
9, 53, 2: 215

Hesiod: 26, 45ff., 371, 376
– Erga (kai hēmerai): 26
25: 276
37: 49
38–39: 76
47–105: 71
53–105: 115
106–201: 77, 116
202–212: 77
225–247: 236
240–247: 77
256–264: 77
341: 49
345: 50
376–380: 51, 141
383–617: 54f.
618–694: 86
654–657: 101
695–699: 51
722–723: 61
– Theogonie: 26, 111ff.
22–35: 115
116–133: 117
535–564: 84
565–603: 71
570–592: 115
590–612: 51

733–745: 117
901–902: 78, 236
1016: 94

Hippias von Elis (FGrHist 6): 38
F 6: 175

Homer: 25f., 45ff., 290, 371, 376
– Ilias: 25
1, 70: 84
1, 237–239: 74
1, 599–600: 71
2, 1–401: 72
2, 50–52: 72
2, 205–206: 74
2, 216–219: 72f.
2, 272–273: 72
2, 362–363: 68
2, 542–544: 169
2, 570: 185
2, 661–670: 50
3, 50: 171
4, 343–346: 65
6, 119–236: 62f.
6, 168–170: 117
6, 178: 117
6, 208–209: 66f.
6, 215: 63
6, 286–311: 83
9, 63: 68
9, 98–99: 74
9, 149–157: 76
9, 394–396: 50
9, 632–636: 76
9, 632–633: 50
11, 636–637: 122
11, 670–762: 64
11, 807–808: 73
11, 807: 74
12, 237–243: 84
12, 243: 172
12, 310–321: 66
13, 128–133: 170
13, 339–344: 169
13, 669: 65
15, 494–499: 172
15, 498: 49
16, 215–217: 170
16, 262: 171
16, 386–388: 74
16, 387: 74
17, 248–251: 65
18, 105–106: 72

18, 252: 72
18, 410–415: 71
18, 497–508: 75
18, 541–549: 55
18, 541–572: 54
21, 42: 62
22, 405–515: 172
22, 484–501: 51
23, 566–613: 75
24, 500: 172
– Odyssee: 25
1, 180–184: 87
1, 318: 62
1, 397–398: 54
2, 1–259: 73
2, 139–140: 60
3, 71–74: 64
3, 490: 62
4, 1–19: 51
4, 81–95: 61
6–7: 58
6, 9–10: 143
6, 262–267: 79
7, 112–131: 55
7, 150: 73
8, 62–64: 70
8, 159–164: 86, 254f.
8, 266–367: 71
8, 390–391: 48
8, 523: 172
8, 581–586: 50
9, 112–115: 79
11, 185–187: 60
11, 488–491: 53
13, 13–15: 62
13, 31–34: 55
14, 64: 49
14, 83–88: 64f.
14, 84: 74
14, 100–162: 56
14, 199–359: 65, 286
14, 199–210: 49
14, 239: 73
14, 245–251: 281
15, 82–85: 62
15, 113–119: 62
15, 272–278: 50
15, 352–484: 54
17, 264–271: 61
17, 287–289: 65
17, 382–385: 70
18, 274–280: 51

18, 357–364: 53
19, 272–273: 62
19, 282–286: 62
19, 296: 62
24, 283–286: 62
24, 433–435: 50

Homerischer Hymnos
7 (Apollon), 6–8: 94f.

Iustin
43, 3–4: 139

Josephus
Gegen Apion 1, [6] 28: 119

Kallimachos
Apollon-Hymnos, 85–86: 147

Kallinos: 28, 169, 305, 371, 378
1 W = 1 D, 5–9: 172
1 W = 1 D, 14–19: 172
1 W = 1 D, 20–21: 169

Livius
1, 4–7: 189

Longinos, Peri Hypsous 13, 3: 33

Lukian, Über die syrische Göttin
6: 110

Mimnermos: 28, 169, 371

Nikolaos von Damaskos (FGrHist 90)
F 57–60: 188
F 75, 4–6: 188

Parmenides (28 DK): 323, 373

Pausanias: 40, 376f.
2, 24, 7: 182
6, 9, 6: 256

Pherekydes von Syros
(7 DK): 117

Philon von Byblos
(Beyerlin, RT, S. 282–284): 112

Philochoros (FGrHist 328)
F 35: 336

Phrynichos, Milētou Halōsis: 321, 373

Pindar: 29, 257ff., 372f., 377
– 5. Nemeische Ode, 2–5: 278f.

- 7. Olympische Ode, 1–11: 258, 268
- 8. Olympische Ode, 20: 279
- 12. Olympische Ode, 20: 103
- 13. Olympische Ode, 30: 192
- 5. Pythische Ode: 256
- 7. Pythische Ode: 346
  13–21: 273
- 8. Pythische Ode, 81–97: 259
  86–87: 320
- 10. Pythische Ode: 373

Platon
- Nomoi (Gesetze): 203, 223
  1, p. 633 b c: 226
  6, p. 776 c–d: 148
- Phaidros p. 276 b: 110
- Politeia (Staat): 203, 252
- Symposion p. 182 b: 53

Plinius d. Ä., Naturalis historia
  35, 151–153: 193
  35, 152: 186

Plutarch: 40, 377
- Biographien:
  Agis 11, 4–5: 206
  Artaxerxes 3, 2: 314
  Lykourgos: 220
   1: 227
   6: 210 f.
   9: 219
   15: 223
   18: 226
   28: 226
  Solon: 232, 242
   19, 4: 231
   21, 3–4: 249
   25, 1: 231
- Moralia
  5. griech. Frage, p. 292 b: 325
  11. griech. Frage, p. 293 a–b: 142
  32. griech. Frage, p. 298 c–d: 307
  Das delphische Orakel 13, p. 400 e: 192
  Erōtikos, p. 760 e–761 b: 99
  Über die Schlechtigkeit Herodots, p. 859 c–d: 325 f.

Polybios
  12, 6b, 8: 222 f.

Pythagoras (14 DK): 56, 290, 322 f., 372, 378

Sappho: 28, 197, 260, 371, 378
  140 LP = 107 D: 111

Semonides: 378
  7 W = 7 D, 83–93: 268

Simonides: 29, 179, 285, 365, 372, 378
  XXIIa [165a] W = 91 D: 353
  XXIIb [165b] W = 92 D: 359

Solon (s. auch Sachreg.): 29, Kap. 11, 290, 378
  1–3 W = 2 D: 235
  4 W = 3 D: 236
  4 W = 3 D, 1–10: 237
  4 W = 3 D, 10: 264
  4 W = 3 D, 26–29: 237
  5 W = 5 D, 1–6: 244
  13 W = 1 D: 235, 238
  13 W = 1 D, 43–85: 178 f.
  13 W = 1 D, 71–73: 178 f.
  34 W, 7–9 = 23 D, 19–21: 183, 238, 240
  36 W = 24 D, 1–17: 238
  36 W = 24 D, 6: 243
  36 W = 24 D, 7–9: 240
  36 W = 24 D, 9–10: 243
  36 W = 24 D, 18–20: 228
  36 W = 24 D, 26–27: 238
  37 W = 25 D, 9–10: 238, 250

Stesichoros: 371, 378
  216 [39] P = 14b D: 325

Strabon: 40, 377
  8, 3, p. 358: 182
  8, 6, p. 378: 186
  8, 6, p. 380: 142
  10, 10, p. 448: 100 f.
  10, 12, p. 448: 101
  13, 1, p. 599–600: 198

Suda (Suidas) s. v. chōris hippeis: 342

Thales (11 DK): 30, 290, 307 f., 372, 378
  A 22: 308

Theognis (ihm zugeschriebene Lyrik): 29, 179, 263, 372, 378
  183–190: 274 f.
  523–526: 274
  864: 103

1103–1104: 306
1231–1389: 269f.

Theopompos (FGrHist 115)
F 122a: 297

Thukydides: 36, 37ff., 332, 377
1: 17
1, 1–21: 37
1, 5, 1: 64
1, 12: 19
1, 13: 185, 187, 194
1, 13, 1: 178
1, 15, 3: 98f.
1, 18: 212
1, 18, 1: 202
1, 20, 3: 215
1, 21–22: 32
5, 71, 1: 160
6, 1–6: 142
6, 3, 1: 143
6, 54–59: 271
6, 59, 3: 328
8, 40, 2: 298

Tyrtaios: 28, 169, 235f., 263, 371, 378
4 W = 3b D: 211, 236

5 W = 4 D: 208
6/7 W = 5 D: 209
10 W = 6/7 D, 21–27: 162
10 W = 6/7 D, 1–2: 173
11 W = 8 D, 7–14: 170
11 W = 8 D, 9–10: 216
11 W = 8 D, 31–34: 170
12 W = 9 D, 13–20: 171
12 W = 9 D, 15: 171
12 W = 9 D, 23–24: 173
12 W = 9 D, 27–34: 173
19 W, 7–9 = 1 D, 50–52: 206, 215
19 W, 15 = 1 D, 58: 169

Xenophanes (21 DK): 29, 323, 372, 378
B 1 DK = 1 W = 1 D: 265f.
B 2 DK = 2 W = 2 D, 13–22: 259
B 22 DK = 18 D: 323

Xenophon
– Lakedaimoniōn politeia: 219f., 377
8, 4: 215
12, 3–4: 220
15, 6–7: 215

Personen- und Sachregister

Aufgenommen sind die im Buch behandelten antiken Namen und Sachen, nicht aber die antiken Autoren (dazu s. o. Quellenregister, Antike Literatur). Die *kursiv* gesetzten griechischen Wörter sind jeweils in Singular und (nach dem Komma) Plural angegeben, soweit sinnvoll. Bis auf eingebürgerte deutsche Namen (Ägypten) sind – wie im ganzen Buch – die antiken Namen möglichst getreu transskribiert (Aigina).

Abu Simbel 124, 287 f. m. Abb. 20, 372
Achaia, Achaier 324 ff.
Adonis 109 ff.
Adrastos 196
aeinautēs, aeinautai 307
agelē, agelai 220
agōgē, agōgai 220 ff.
agōn, agōnes 254 ff., 320
agora, agorai s. Versammlung
Ägypten (s. auch Amasis, Apries, Necho, Psammetichos und Quellenreg. Ausgrabungen unter Abu Simbel, Daphne, Naukratis) 16, 88, 94, 169, 290 ff. m. Abb. 21, 300, 307 f., 313, 350, 370 ff.
Agrigent s. Akragas
aidōs 67
Aigina 157, 176, 191, 233, 250, 277, 294, 319, 349, 354, 358, 364, 372
aisymnētēs, aisymnētai 200
Akragas 299, 355
Al Mina 91 ff., 233, 281, 370
Alalia, Seeschlacht 540 v. Chr. 139
Alkmeoniden 303, 327 f., 332 ff., 343
alloglōssos, alloglōssoi 286 ff.
Alphabet s. Schrift
Altes Testament s. Quellenreg. Oriental. Texte
Ältestenrat s. Rat
Alyattes von Lydien 305
Amasis (Pharao) 282, 289, 326
amphiktyōn, amphiktyones 301
Ampurias 132, 139
andreion, andreia (Mahlgemeinschaft) 221, 260
andrōn, andrōnes 261
Andros s. Zagora
aoidos, aoidoi 24 ff., 36, 255
apeiron 308
apella, apellai 205, 210

Aphrodite 110
apoikia, apoikiai 136
Apollon (s. auch Delphi, Didyma) 143, 317
Apries (Pharao) 289
Archäologie (s. auch Quellenreg.) 44
archaische Zeit (Def.) 253, 371
archēgetēs, archēgetai 142 f., 151, 210, 360
archelaos, archelaoi 196
archōn, archontes 215, 230, 245 f., 251, 332 ff., 348, 371 ff.
Areopag 234, 246
aretē, aretai 67, 171, 254
Argos (s. auch Quellenreg. Ausgrabungen) 195, 223, 329, 354, 371 ff.
Aristeides 347
Aristogeiton 271, 333, 340, 372
Aristokratie (s. auch Geburtsadel, Geldadel) 34, Kap. 3, 87, 101, 153, 179, 196 ff., 221, Kap. 11, Kap. 12, 274 ff. und passim
Arkadien 324 ff.
Arkesilaos 156 f. m. Abb. 14, 256
Arkesilas-Schale s. Quellenreg. Ausgrabungen unter Sparta
Artemis s. Ephesos und Quellenreg. Ausgrabungen unter Sparta
Artemision, Kap; Seeschlacht 480 v. Chr. 357 ff., 373
Arzt (s. auch *dēmiourgos*) 70, 319
-assos (vorgriech. Endung) 20
Assyrer 88, 92, 164, 286, 305 f., 311, 370 f.
Astarte 109 f.
Astyages 311
Athen (s. auch Quellenreg. Ausgrabungen) 175, Kap. 11, 300 f., 328 f., 332 ff., 354 ff., 357 ff., 370 ff.
Athos-Kanal 350, 373

Attika s. Quellenreg. Ausgrabungen
Ausgrabungen s. Quellenreg.
Aussetzung des Königskindes 189 ff., 314
autochthōn 233
axōn, axones 231

Babylon, Babylonier (s. auch Quellenreg. Oriental. Texte unter Enuma Elisch, Nabonid) 111, 311, 313, 350, 371 f.
Bakchiaden 186
basileus, basilēes 48 f., 53, 57, 74 ff., 151, 205, 211, 242, 248, 260
Bauern s. Landwirtschaft
Behistun s. Quellenreg. Oriental. Texte
Beiwort s. *epitheton*
Belagerungstechnik 306
Berezan 279
berittene Infanterie 46, 66, 101
Bestattung 22 f., 46, 97 f., Abb. 9 (106), 200, 249
Bevölkerungswachstum 80 f. m. Abb. 4, 140, 150, 235, 277
Bewaffnung s. Waffen
Bibel s. Quellenreg. Oriental. Texte unter Altes Testament
Blutfehde, Blutgeld 50, 75 f., 249
Boghazkoi (Boğazkale) 111 f.
Bosporos-Brücke 350
boulē, boulai (s. auch Rat) 71
boulē demosiē 248
boustrophēdon 231
Brautgeschenke (s. aber Mitgift) 50, 53, 63, 85
Bronze 22, 47, 160
Bronzeguß: Wachsausschmelzverfahren 105
Bündnis 325, 329, 372 f.
Bündnis aller Griechen gegen die Perser 354, 356
Bürgerliste 334 f., 360
Byzantion 131, 134, 371

Chalkedon s. Kalchedon
Chalkidike 131
Chalkis 26, 41, 94, 96, 99
Charondas 229
cheiromacha 307
Chigi-Kanne s. Quellenreg. Ausgrabungen unter Korinth
Chios (s. auch Emporion) 99, 248, 297 f., 321, 349
Chorlyrik 29
Cumae s. Kyme

Damaratos 186
Daphne/Ägypten 286
Dareios I. (s. auch Quellenreg. Oriental. Texte unter Nakš-i-Rustam, Persepolis, Susa) 314 ff., 317 ff., 341, 350, 372 f.
dark age s. Dunkles Zeitalter
Debatte s. Versammlung
Delos 276, 300
Delphi, Orakel 34, 84, 100, 143, 150, 155, 157, 190, 192, 205, 289, 300, 301 ff., 329 f., 354 ff., Abb. 25 (365), 372
Delphi s. Heiliger Krieg, Pythische Spiele; Quellenreg. Ausgrabungen
Demaratos (s. aber Damaratos) 303, 328 f., 352
dēmarchos, dēmarchoi 248, 334
Demeter 110
dēmiourgos, dēmiourgoi (s. auch Handwerk) 70 f.
Demokedes 319
dēmo-kratia 339
Demokratie 126, Kap. 11
Demonax 155, 338
dēmos 60, Kap. 4, 171, 180 ff., bes. 182, 333
dēmos, dēmoi (Kleisthenes) 334 ff., 360
dēmosios (Adj.) 248
Dialekte 20 ff. m. Abb. 1
Dichter, gesellschaftl. Position 24
Didyma 286, 289, 300
di(h)olkos 185 f., 191
dikai apo symbolōn 280
dikaspolos, dikaspoloi 74
dikē (Recht), *dikai* (Entscheidungen) 74 ff., 236
Dionysios (Tyrann) 177
Diplomatie (s. auch Bündnis) 100, 326, 351
Diskontinuität 23
Dodona 84, 300
Dorier 18 ff., 23, 45, 195 f., 206, 215, 223, 233, 324 ff., 370
drachmē, drachmai 293
Drakon 122, 229, 241, 371

Dunkles Zeitalter *(dark age)* 17ff., 370
Dynastie s. Königtum
dysnomia 236

Ehe (s. auch Brautgeschenke, Mitgift) 50ff., 223, 266ff., 293
Eid 75, 151, 340
einatēr 51
eirēnē 78, 221, 236
Eisen 22, 47, 87, 92ff., 162, 219, 293, 370
Elba 94
Elea s. Hyele
ēlektron 293
Eleusis 301
Elfenbein 93, 105, 185, 233
emporion, emporia (s. auch Handel) 92, 136, 280ff.
Emporion s. Quellenreg. Ausgrabungen unter Ampurias, Chios
enōmotia, enōmotiai 215
Enuma Elisch s. Quellenreg. Oriental. Texte
ep' isā kai homoiā 151, 158
Ephesos (s. auch Quellenreg. Ausgrabungen) 305
ephoros, ephoroi 206, 215f., 331
epimortos (Adj.) 240
epinikion, epinikia 258
epische Sprache 24f.
epitheton, epitheta 25
Epos 24ff.
erastēs, erastai 269ff.
Erbadel s. Geburtsadel
Erbrecht 49ff., 141, 153, 249
Erga s. Quellenreg. Antike Lit. unter Hesiod
Eretria (s. auch Quellenreg. Ausgrabungen unter Eretria, Lefkandi) 94, 96, 99, 142, 341, 370
Ernährung (s. auch Landwirtschaft, Getreide) 55f., 221, 322
erōmenos, erōmenoi 269ff.
erōs, erōtes 272
Erythrai 99
Erziehung (s. auch *agōgē*) 221f.
Esra 115
Ethik 66f., 78, 85, 170ff.
Etrusker 94f., 133, 193, 281, 355, 373
Euboia (s. auch Quellenreg. Ausgrabungen unter Eretria, Lefkandi) Kap. 5, Abb. 8 (96)
eunomia 28, 78, 202f., 211, 235ff., 324ff., 333, 339f.
eupatrides, eupatridai 234, 245
euphrosynē 264
evocatio (lat.) 325
Exil 76

Fälschung 152, 361ff.
Familie (s. auch Frauen, Kind) 49ff., 250
Fernhandel s. Handel
Flotte 180, 279, 298, 321, 328, 341, 348ff.
Forschung
– Beazley, John (1885–1970) 43
– Burckhardt, Jacob (1818–1897) 254, 258, 304
– Cook, John M. (* 1910) 80
– Dodds, Eric R. (1893–1979) 67
– Evans, Arthur (1851–1941) 13
– Finley, Moses I. (* 1912) 379f.
– Freud, Sigmund (1856–1939) 15
– Fustel de Coulanges, Numa Denis (1830–1889) 239, 242f.
– Gombrich, Ernst H. (* 1909) 104
– Goody, Jack [= John Rankine] (* 1919) 126ff.
– Jaspers, Karl (1883–1969) 311
– Kirk, Geoffrey S. (* 1921) 114
– Lévi-Strauss, Claude (* 1908) 15, 225ff.
– Malinowski, Bronislaw (1884 bis 1942) 15
– Mauss, Marcel (1872–1950) 63
– McLuhan, Herbert Marshall (1911–1980) 126
– Parry, Milman (1902–1935) 25
– Schliemann, Heinrich (1822–1890) 13
– Ventris, Michael (1922–1956) 14
– Watt, Ian (* 1917) 126ff.
– Weber, Max (1864–1920) 127
– Wilamowitz-Moellendorff, Ulrich von (1848–1931) 120
– Woolley, Leonard (1880–1960) 91
Frauen 51ff., 71, 110f., 115, 146ff., 197, 217, 222f., 268, 281

gaia 238
gāmoros, gāmoroi 146f., 355

Gastfreundschaft 60, 61 ff.
Geburtsadel 49, 179, 234
Gela 354 f., 372 f.
Gelage (s. auch *skolion*, Verdienstfeste) 59 ff., 68, 85
– zu Tische liegen 103, 260
Geld (s. auch Quellenreg. Münzen) 219, 239, 292 ff.
Geldadel 179
Gelon 355, 373
Genealogien 17
Generationenrechnung 17, 83, 143 f., 187, 212
gennētēs, gennētai 336
genos, genē (s. auch Aristokratie, Familie) 49 f.
geometrische Kunst 105 f. m. Abb. 9, 233, 370
geras, gerea 65, 67, 73, 244
gerousia 205, 210
Gesetze 122, 127, 200, 213, 228 ff.
Getreide 54, 283
Gewichte s. Maße und Gewichte, Münzfuß
Gleichheit (s. auch *ep'isā, homoioi*) 174, 183, 221 f., 228
Götter s. Religion
Göttergenealogie s. Sukzessionsmythen
Grab s. Bestattung
graphē, graphai 249
Graviscae 278, 281
Gyges 286, 305, 371
gymnasion, gymnasia 259, 266
gymnētēs 195, 329
gymnopaidiai 209

Hamilkar 355
Handel Kap. 5, 120, 123, 133, 136 ff., 154, 185, 190 ff., 240, Kap. 13, 318, 320
Handwerk 70 f., 85, 87, 89, 104, 186, Kap. 13
Harmodios 271, 333, 340, 372
Haus (s. auch *megaron*) 46, 57 ff.
hedna (Pl.) s. Brautgeschenke
Heiliger Krieg, erster 235, 301, 372
Heiligtum s. Orakel, Religion, Tempel
Heimat s. Patriotismus
hektēmoros, hektēmoroi 240 ff.
he(i)lotēs, Heloten 195, 207, 297

Heraion von Perachora 41, 293
Heraion von Samos 300
Herakleia/Pontos 148
Herakliden 18
Herodot s. Quellenreg. Antike Lit.
Hesiod s. Quellenreg. Antike Lit.
hetaireia, hetaireiai (Club) 200, 260
hetairikon, hetairika (Partei) 188
hetairos, hetairoi (Ranggenosse) 60, 63 ff., 197, 333
Hethiter 16, 88, 111, 370
Hieron 355, 373
Himera, Schlacht 480 v. Chr. 355, 373
Hipparchos 264, 271, 346, 372
hippeus, hippeis 245
Hippias (Tyrann) 328, 332, 341, 372
historiē, historiai 31
historische Parallelen s. Parallelen
Hochzeit s. Ehe
Holz 88
Homer s. Quellenreg. Antike Lit.
homēros, homēroi 26
homogalaktos, homogalaktoi 336
homoios, homoioi (s. auch Gleichheit) 210
Homosexualität 53, 221, 268 ff.
hoplitēs, hoplitai (Hoplit) Kap. 8, 214 ff., 224, 302, 371
hoplon, hopla 165 f.
hōra, hōrai 78, 236
horos, horoi 238 ff.
Huhn 103
Hurriter (s. auch Quellenreg. Oriental. Texte unter Kumarbi) 111
hybris 69, 306, 365
Hyele 139, 322
hypēresia, hypēresiai 360
Hysiai, Schlacht 669/8 v. Chr. 182, 209, 216, 371
-idai, iden 18, 68

Ilias s. Quellenreg. Antike Lit. unter Homer
Indien 116
Inschriften s. Quellenreg.
Institutionen s. Verfassung
Ionier 19, 20, 285
ionische Aufklärung 306 ff., 322 f., 373
Ionischer Aufstand 320 ff., 329
Ionische Wanderung 19, 23, 45, 233, 370
isonomia 339 f.

405

Ischia s. Pithekussai
Isthmische Spiele 255, 372
Isthmos (s. auch *diholkos*, Korinth) 185f., 357ff.

Jahresbeamte (s. auch *archōn*) 71, 332
Jugend s. Erziehung, Kind
Juden (s. auch Quellenreg. Oriental. Texte unter Altes Testament) 199, 285, 316, 372

Kadmos 89, 118
Kalchedon 131, 134
Kallias 346
Kallixenos 347
kalos (Adj.) (s. auch Lieblingsinschriften) 270, 346
kalos kagathos (Adj.) 269
Kalydon 193
Kambyses 289, 313, 372
kapēlos, kapēloi 294
Karer 285, 288, 321
Karthago 89, 355, 373
Keramik s. Quellenreg. Ausgrabungen
Keramikstile (s. auch geometrisch, orientalisierend, protogeometrisch, protokorinthisch, rotfigurig, schwarzfigurig, submykenisch) 42ff.
killyrios, killyrioi 147, 355
Kimmerer 305, 371
Kimon 257, 332f.
Kind, Kindheit (s. auch Erziehung) 125, 220ff.
Kleingeld s. Scheidemünzen
Kleisthenes von Athen 234, 251, 267, 328, 332f., 333ff. m. Abb. 23, 372
Kleisthenes von Sikyon 176, 195f., 266, 338, 372
Kleomenes 260f., 303, 327ff., 372f.
klēros, klēroi 49, 144f., 209, 221
Knechtschaft (s. auch Schuldknechtschaft) 147f.
Knossos 13
Kolaios 150, 278, 281
Kolonie 94, Kap. 7, 190, 235, 289, 302, 371
Königtum 48f., 71, 143, 154, 175, 176f., 187, 189ff., 205, 332, 372
Korçula s. Korkyra Melaina
Korfu s. Korkyra
Korinth (s. auch protokorinthisch, Quellenreg. Ausgrabungen) 20, 94, 99, 140, 175, 179, 185ff., 250, 277, 299, 358, 371
Korkyra (s. auch Quellenreg. Ausgrabungen) 141, 193f., 299, 354, 371f.
– Seeschlacht gegen Korinth 664 v. Chr. 187, 194
Korkyra Melaina (Korçula) 144
Kosmogonie 117
kosmos, kosmoi 308
kottabos 261
kouros, kouroi 270, 276, 291
Kranz 256
kratēr, kratēres 139, 260
Kreta (s. auch Quellenreg. Ausgrabungen unter Dreros, Knossos, Lyttos) 86, 223, 354, 370
Krieg (s. auch Belagerung, Söldner, Waffen) 65f., 72, 101, 134ff., Kap. 8, 207ff., 215
Kroisos 35, 302f., 306, 308, 312, 326, 372
krypteia 226
Kultanlagen (s. aber Tempel) 291
Kumarbi s. Quellenreg. Oriental. Texte
Kylon 175, 229, 257, 371
Kyme 93, 135
– Schlacht bei Kyme 474 v. Chr. 355, 373
Kynoskephalai, Schlacht 197 v. Chr. 159
kypselē, kypselai 187
Kypselos 175, 177, 181, 187ff., 195, 302, 371
kyrbis, kyrbeis 231
Kyrene (s. auch Quellenreg. Ausgrabungen) 132, 147, 149ff., 218, 338, 371
Kyros d. Gr. (s. auch Quellenreg. Oriental. Texte) 189, 303, 311ff., 315ff., 326, 353, 372

Lade, Seeschlacht 494 v. Chr. 321, 349, 373
Lakedaimonios, Lakedaimonioi (s. auch Sparta) 207
Landbesitz (s. auch *horos, klēros*) 239, 275
Landwirtschaft 54ff., 140ff., 146, 241, 250
Laureion 347f., 373

Lefkandi (s. auch Quellenreg. Ausgrabungen) 96 ff. m. Abb. 8, 370
Leibeigenschaft s. Heloten, Knechtschaft, Sklaverei
Lelantinische Ebene 96 ff. m. Abb. 8
Lelantinischer Krieg 98 ff., 133, 184, 371
Leonidas 359
Lesbos s. Mytilene
Leuktra, Schlacht 371 v. Chr. 216
Lieblingsinschriften (s. auch *kalos*) 270, 346
Linear B 14, 45, 56, 118
lochos, lochoi 215
logos, logoi 32, 351
Lohnarbeit 53
Lokalgeschichte 38 f., 232
Los bei Ämtervergabe u. a. 246, 249, 337 f., 347, 373
Loswurf (Orakel) 84
Luxusgüter (s. auch Elfenbein) 87
Lyder (s. auch Gyges, Kroisos) 95, 293, 295, 305, 371 f.
Lygdamis 184
Lykourgos Kap. 10, 229, 290
Lyrik (s. auch moderne Lyrik) 27 ff., 168 ff., 230, 263

Macmillan–Maler s. Quellenreg. Ausgrabungen unter Korinth
Magnesia/Mäander 305, 316 f.
Mahabhárata s. Quellenreg. Oriental. Texte
Mantineia, Schlacht 418 v. Chr. 160
mantis, manteis 84
Marathon (s. auch Quellenreg. Ausgrabungen) 337
– Schlacht 490 v. Chr. 341 ff., 373
– Marathonlauf 342
Mardonios 341
Mariandynoi 148
Marseilles s. Massalia
Massalia 41, 132, 139, 372
Maße und Gewichte (s. auch Münzfuß) 182, 250
materielle Kultur 15, 22
Mauer 80, 144
Meder, Medien 311, 371 f.
medimnos, medimnoi 245
Megakles 273, 346
Megara 99, 103, 175, 358
Megara Hyblaia 145, 371

megaron, megara 57 ff. m. Abb. 3, 97 f.
Memphis 288
Messenien 99, 207, 216 ff., 371
Messina s. Zankle
Metall (s. auch Bronze, Eisen, Silber) 87, 105, 159
Metapontion (s. auch Quellenreg. Ausgrabungen) 142, 145 f. m. Abb. 13
métayage (frz.: Halbpacht) 209
Milet 99, 132, 176, 277, 306 f., 313, 321, 371, 373
Militär s. Krieg
Milon von Kroton 257, 319
Miltiades d. Ä. 332, 372
Miltiades d. J. 332 f., 342, 373
minoische Kultur 13 f., 370
Mitgift (s. aber Brautgeschenke) 50, 53, 85
moderne Forschung s. Forschung
moderne Lyrik
– Graves, Robert (* 1895) 341
– Owen, Wilfred (1893–1918) 173
Monarchie s. Königtum
moralisierende Geschichte 35
mortē, mortai 240
mündliche Dichtung 24
mündliche Tradition 33 f., 142, 320, 351, 353
Münzfuß (s. auch Quellenreg. Münzen) 192, 292
Mykale 364, 373
Mykene 13, 325, 370
mykenische Kultur 14 ff., 56 f., 370
Mythen 15 ff., 18 ff., 70, 77, 83, 111 ff., 114 ff., 195 f., 325
– orient. Mythen s. Quellenreg. Oriental. Texte
Mytilene 176, 196 ff., 371

Nabonid (s. auch Quellenreg. Oriental. Texte) 313
Nakš-i-Rustam s. Quellenreg. Oriental. Texte
naukraros, naukraroi 231
Naukratis 280 ff., 371
Naxos/Sizilien 130, 143, 148, 371
Nebukadnezar 199, 285, 372
Necho II. (Pharao) 286
Nemeische Spiele 255, 372

Nestorbecher s. Quellenreg. Inschriften unter Meiggs-Lewis 1
nomos, nomoi 339
nomothetēs, nomothetai 229
-nthos (vorgriech. Endung) 20, 185

oba, obai 206f., 210, 215
obolos, oboloi 293
Odyssee s. Quellenreg. Antike Lit. unter Homer
oikos, oikoi 49, 58, 151
Oliven 55, 250, 257
Olympia s. Quellenreg. Ausgrabungen
Olympische Siegerliste 38, 122, 208, 219, 370
Olympische Spiele 255, 300, 370, 372
Opfer 84
Orakel (s. auch Delos, Delphi, Didyma, Dodona) 84, 100, 286, 302ff.
oral history s. mündliche Tradition
orgeōnes 336
Orestes 325, 331
orientalisierende Kunst 90, 107, 371
Orphiker 117
Orsippos 187, 257
Orthagoras 176, 181, 195, 371
oryxos 157
ostrakismos, ostrakismoi 124, 273, 344ff., 373
ostrakon, ostraka 344, Abb. 24 (348)
ouk aeikes 172

Paestum s. Quellenreg. Ausgrabungen unter Poseidonia
palaistra, palaistrai 256, 266
Palastkultur 17, 370
Panaitios 177
Panathenaiische Spiele 255, 372
pankration, pankratia 256
Papyri s. Quellenreg.
paradeisos, paradeisoi 317
Parallelen, historische (in chronolog. Ordnung)
– Alexander d. Gr. 130, 284, 361
– Hellenismus 297
– Römisches Reich 23
– frühes China (Li Tai-Bo) 263, 265
– Wandalen 16
– Ostgoten 16
– Karl d. Gr. 181

– Wikinger 98, 313
– Normannen 16
– mittelalterliches Europa 253
– neuzeitliche Naturwissenschaft 310f.
– England: *enclosure* 243f.
– Amerika: Unabhängigkeitskrieg 157
– Code Napoléon (1804) 232
– Tschaka Zulu 224f.
– Waigal-Tal/Nuristan 85
– heutige Welt passim
Parnassos 20
Paros 81f.
partheniai 141, 208
Parthenon s. Quellenreg. Ausgrabungen unter Athen
Patriarchat s. Familie
Patriotismus 84, 171f.
Peisistratiden 299f., 301, 327, 372
Peisistratos 175, 177, 184, 251, 300f., 372
peithō 236
pelatēs, pelatai 240ff.
penestes, penestai 297
pentakosioimedimnos, -oi 245
pentathlon, pentathla 256
pentēkontoros, pentēkontoroi 64, 90, 138, 150, 154
Perachora 293
Periandros 175, 184, 191ff., 198, 371
Perikles 52, 352
perioikos, perioikoi 155, 207ff., 218
Perrhaiboi 297

Persepolis s. Quellenreg. Oriental. Texte
Perser, Persien (s. auch Dareios, Kyros, Xerxes, Zarathustra) 176, 254, 297, 303, Kap. 14 m. Abb. 22 (312), 328, 340, 341ff., Kap. 16, 372f.
Personifikation 78
Pferde (s. auch Wagenrennen) 56, 98, 101, 256, 341
Pflug 54f.
phalanx Kap. 8, bes. 160ff., 166ff., 183, 371
Phalaris 177
Pheidon von Argos 177, 181ff., 233
Philaiden 332ff.
phoinikeion, phoinikeia 118
Phoiniker (Phönizier) (s. auch Quellenreg. Oriental. Texte unter San-

chuniaton) 46, 87 ff. m. Abb. 5, 112, 118, 133, 175, 355
phoinix 87
Phokaia, Phokaier 132, 138 f., 277, 307, 313, 372
phratr(i)a, phratriai 68, 260, 335 ff.
Phryger 305, 371
phylē, phylai 18, 68, 155, 196, 210, 246 ff., 334, 337 ff.
Piraterie 63 ff., 86, 95
Pithekussai 93 ff., 121 m. Abb. 10, 281, 370
Pittakos 198 ff., 371
Plastik s. *kouros*
Plataiai 342
– Schlacht 479 v. Chr. 155, 209, 215, 364, 373
ploutis 307
poinikastas 118, 124
poinikazēn 118
polemarchos, polemarchoi 188, 195, 340, 348, 360
polis, poleis (s. auch Stadt) 78 ff., 81 f., 100, 152, 171, 175 f., 351 und passim
politeia, politeiai 210, 219
Polykrates 176, 184, 264, 300, 318, 326, 372
Pontos (s. auch Berezan) 131 f. m. Abb. 12, 279, 307
promatheia 236
Prometheus 116
Prosa 24, 29 ff., 212
protogeometrisch 23, 370
protokorinthisch 43, 107 ff., 371
proxenos, proxenoi 100, 205
Psammetichos I. (Pharao) 282, 285, 371
Psammetichos II. (Pharao) 287, 372
pythios, pythioi 205, 213
Pythische Spiele 255, 372

Rat 71, 205
– der Vierhundert 246
– der Fünfhundert 334, 337 f.
Raub 63 ff.
Recht (s. auch *dikē*, Erbrecht, Gesetze, Schiedsgericht) 74 ff., 85, 228 ff., 248 f., 309
Reggio s. Rhegion
Religion 82 ff., 109 ff., 147, 249, 310
– persische Religion 314 ff., 350
Rhegion (Reggio) 137

rhetra 210 ff.
Ritual 83, 109 ff.
Romulus 189, 314, 370
rotfigurig (att. Keramikstil) 43, 372
Rüstung s. Waffen

saitische Dynastie 285 ff., 371
Salamis (griech. Insel) 235, 356 ff., 364
– Seeschlacht 480 v. Chr. 255, 352, 355, 364, 373
Salamis/Zypern 46
Samos (s. auch Kolaios) 99, 176, 218, 283, 300
Sanchuniaton 112
Sänger des Epos s. *aoidos*
Sardeis 217, 312, 321, 373
Sargon von Akkad 189
Sargon II. von Assyrien 92, 371
Schatzhaus 192, 300, 302
Scheidemünzen 293 f.
Scherbengericht s. *ostrakismos*
Schiedsgerichtsbarkeit 74 ff., 85, 228, 250, 309, 334
– internationale 155, 192, 198
Schiffbau s. Flotte, Seefahrt
Schlacht der Helden 546 v. Chr. 326, 372
Schreiber 118 f., 124
Schrift (s. aber Linear B) 14 ff., 24, 27, 117 ff., 204, 213, 228, 318, 352, 370
Schuldenerlaß s. *seisachtheia*
Schuldknechtschaft 239 f.
Schule 125
Schwarzes Meer s. Pontos
schwarzfigurig (att. Keramikstil) 43, 109, 278, 372
Seefahrt (s. auch Flotte) 64, 86 f., 90
Seeraub s. Piraterie
Seevölker 16, 371
seisachtheia 238 ff.
Sepeia, Schlacht 498 v. Chr. 329, 373
Sexualität (s. auch Homosexualität) 110 f., 263, 267 ff.
Sieben Weise 193, 200, 307, 331
Sigeion 192, 198, 235, 328
Sikeler 135, 138
Sikyon 176, 194 ff.
Silber 93, 284, 292, 326, 347 f.
Silphion 155 f.
silphomachos 157
Sizilien (s. Orte im Quellenreg. Ausgrabungen) 130, 354 ff., 371 ff.

409

skēptron, skēptra 72, 74, 101, 228
Sklaverei (s. aber Heloten, Knechtschaft, Schuldknechtschaft) 53f., 59, 93, 137, 161, 239, 284, 288f., 296ff.
skolion, skolia (s. auch Quellenreg. Antike Lit. unter Anonymi) 261, 263ff., 333, 340
Skythen 138, 260f., 305, 323, 326
Smyrna 79f.
Söldner 184, 285ff., 320
Solon (s. auch Quellenreg. Antike Lit.) Kap. 11, 335, 337, 339, 372
Sophilos 276
Sostratos 278
Sparta 99, 130, 137, 141, 168, 176, 195, Kap. 10, 245, 283, 293, 297, 324ff., 339, 357ff., 371ff.
Spina/Poebene 133, 281
Sport (s. auch *gymnasion*, Olympische Spiele, *palaistra*) 254ff.
stadion, stadia 256
Stadt(staat) 57f., 78ff., 145f. und passim
statēr, statēres 199
stratēgia 206
stratēgos, stratēgoi 340, 342, 348, 360, 372
Streitwagen 46, 66
submykenischer Keramikstil 17
Sühnegeld s. Blutfehde
Sukzessionsmythen 111, 113f.
Susa (s. auch Quellenreg. Oriental. Texte) 319, 341
symposion, symposia (s. auch Gelage) 103, 260ff. m. Abb. 19, 323
Syrakus (s. auch Quellenreg. Ausgrabungen) 41, 130, 354ff., 371, 373
syssition, syssitia 215, 221, 260

tamias, tamiai 246
Tanz 266
Taras (Tarent) (s. auch Quellenreg. Ausgrabungen) 130, 137, 141, 208, 218, 371
Tarsos 92
Tartessos 89, 138, 150
Technik (s. auch Handwerk) 71
Tegea 324f., 372
telebolos, teleboloi 101
temenos, temenē 65

Tempel 83, 147, 192f., 283, 290f., 299ff.
Textilien 54, 93, 105, 108
Thasos 135f.
Theagenes 175, 183f.
Theben 41
themis (Satzung), *themistes* (Rechtsbräuche) 73, 74ff., 79, 236
Themistokles 279, 345, 348ff., 356, 359ff., 366f., 373
Theogonie s. Quellenreg. Antike Lit. unter Hesiod
thēs, thētes (s. auch Lohnarbeit) 53, 70, 245
thesmos, thesmoi 339
Thera 149
Thermopylai 357ff.
– Schlacht 480 v. Chr. 358f., 363, 373
Theron 355
Thersites 72
Thessalien 99, 297, 356
thiasos, thiasoi 197, 260
Thrasyboulos 176, 184, 191, 371
Tierdarstellungen 107
timē, timai 60, 77, 293
Todesstrafe (s. auch Blutfehde) 153, 229
Tomba del Tuffatore, Paestum 262
Traumdeutung 84
triēkas, triēkades 215
trierarchos, trierarchoi 360
triērēs, triēreis 90
Trinklied s. *skolion*
trittys, trittyes 334, 336f.
Troja (s. auch Quellenreg. Ausgrabungen) 15, 16, 22, 370
Trojanischer Krieg 65, 99, 351, 365
Troizen 364
tropaion, tropaia 161
tychē, tychai 236
Tyrannis 154, Kap. 9, 229, 300, 302, 325ff., 354f., 371f.
tyrannos, tyrannoi 175
Tyros 89

Urartu 305, 370

Vasen s. Keramikstile
Verdienstfest 60, 63, 85
Verfassung (s. auch *rhetra*) 47, 71ff., 177f., 202f., 204ff., 214ff., 219, 244ff., 333ff.

410

Vergleich s. Parallelen
Versammlung 71 ff., 205, 337 ff.
Verträge (s. auch Bündnis) 280
Viehraub 63 f.
Viehzucht 56
Vix/Seinetal 139, 218, 326
Volk s. *dēmos*
Volkslieder s. Quellenreg. Antike Lit. unter Anonymi
Volksversammlung s. Versammlung
Vorgeschichte 15

Waffen 46 f., 66, 87, 101, 159 ff., 162 ff. m. Abb. 15
wanax, wanakes 48 f.
Wagenrennen (s. auch Streitwagen) 256 f., 332, 373
Wedgwood, Josiah (1730–1795) 42
Wein 55
Weise s. Sieben Weise
Weisheitsliteratur 115
Weltentstehung s. Kosmogonie
Wertesystem s. Ethik
Wettbewerb(s-Ethik) 26, 60, 62, 87, 254 ff., 300, 326, 351
Wettspiele (s. auch Sport, Olympische Spiele) 29, 255 f., 372

Wirtschaft (s. auch Handel) 178 ff., 219, Kap. 13

X 122
Xanthippos 264, 346 m. Abb. 24
xeneion, xenaia (Gastgeschenke) 61 ff.
xenia (s. auch Gastfreundschaft) 60
xenos, xenoi (Fremder, Gast) 61
Xerxes (s. auch Quellenreg. Oriental. Texte unter Persepolis, Susa) 350, 373
xynon esthlon/kakon 171

Zagora/Andros 58, 81
Zaleukos 122, 229
Zankle (= Messina) 137, 371
Zarathustra (s. auch Quellenreg. Oriental. Texte) 116, 314
Zerstörungshorizont 14
zeugitēs, zeugitai 245
Zopyros 353
Zoroaster s. Zarathustra
Zugtiere 54 f.
Zypern (s. auch Quellenreg. Ausgrabungen unter Paphos, Salamis) 17, 20, 86, 119 f., 321, 370, 373

dtv-Geschichte der Antike
Herausgegeben von Oswyn Murray

Oswyn Murray:
Das frühe Griechenland
dtv 4400

John K. Davies:
Das klassische Griechenland und die Demokratie
dtv 4401

Frank K. Walbank:
Die hellenistische Welt
dtv 4402

Robert M. Ogilvie:
Das frühe Rom und die Etrusker
dtv 4403

Michael Crawford:
Die römische Republik
dtv 4404

Colin Wells:
Das Römische Reich
dtv 4405

Komplett auch als Kassette erhältlich: Geschichte der Antike dtv 5928

Bibliothek der Antike

Herausgegeben von Manfred Fuhrmann

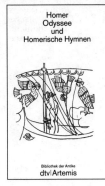

Die erste umfassende Taschenbuch-Ausgabe der antiken Literatur, Geschichtsschreibung und Philosophie in fünf Kassetten mit insgesamt 33 Bänden. Jede Kassette enthält den Grundbestand der wichtigsten, epochemachenden Werke einer Gattung. Alle Bände sind auch einzeln erhältlich. Einführungen, Erläuterungen und Register bieten jeweils in knapper Form den aktuellen Kenntnisstand der Wissenschaft.
Die ersten drei Kassetten:

Epos der Antike
Kassette mit 5 Bänden
dtv 59011

Homer: Ilias
dtv 2241

Homer: Odyssee und
Homerische Hymnen
dtv 2242

Vergil: Aeneis
dtv 2243

Ovid: Metamorphosen
dtv 2244

Hesiod/Vergil/Ovid:
Werke und Tage
Vom Landbau
Liebeskunst
dtv 2245

Erzählkunst der Antike
Kassette 5 Bänden
dtv 59012

Longos/
Achilleus Tatios:
Daphnis und Chloe
Leukippe und
Kleitophon
dtv 2246

Heliodor: Die Abenteuer
der schönen Chariklea
dtv 2247

Lukian:
Der Lügenfreund und
andere Erzählungen
dtv 2248

Petron: Satyrikon
dtv 2249

Apuleius:
Der goldene Esel
dtv 2250

Drama der Antike
Kassette mit 5 Bänden
dtv 59013

Aischylos: Tragödien
dtv 2251

Sophokles: Tragödien
dtv 2252

Euripides: Tragödien
dtv 2253

Aristophanes:
Komödien
dtv 2254

Plautus/Terenz:
Die römische Komödie
dtv 2255

Geschichte der Philosophie

Wolfgang Bauer:
China und die
Hoffnung auf Glück
Paradiese, Utopien,
Idealvorstellungen in
der Geistesgeschichte
Chinas
dtv 4547

Christopher Robert
Hallpike:
Die Grundlagen
primitiven Denkens
dtv 4534

Willy Hochkeppel:
War Epikur ein
Epikureer?
Aktuelle Weisheits-
lehren der Antike
dtv 10360

Erich Jantsch:
Die Selbstorganisation
des Universums
Vom Urknall zum
menschlichen Geist
dtv 4397

Klassiker des philo-
sophischen Denkens
Herausgegeben von
Norbert Hoerster
2 Bände
dtv 4386/4387

Klassische Texte der
Staatsphilosophie
Herausgegeben von
Norbert Hoerster
dtv 4455

Panajotis Kondylis:
Die Aufklärung im
Rahmen des neuzeit-
lichen Rationalismus
dtv/Klett-Cotta 4450

Ernst R. Sandvoss:
Geschichte der
Philosophie
Band 1: Indien, China,
Griechenland, Rom
dtv 4440
Band 2: Mittelalter,
Neuzeit, Gegenwart
dtv 4441

Texte zur Ethik
Herausgegeben von
Dieter Birnbacher und
Norbert Hoerster
dtv 4456

Der Traum vom
besten Staat
Texte aus Utopien
von Platon bis Morris
Herausgegeben von
Helmut Swoboda
dtv 2955

Rolf Wiggershaus:
Die Frankfurter Schule
Geschichte. Theore-
tische Entwicklung.
Politische Bedeutung
dtv 4484

Das Programm im Überblick

Das literarische Programm
Romane, Erzählungen, Anthologien

dtv großdruck
Literatur, Unterhaltung und Sachbücher in großer Schrift zum bequemeren Lesen

Unterhaltung
Heiteres, Satiren, Witze, Stilblüten, Cartoons, Denkspiele

dtv zweisprachig
Klassische und moderne fremdsprachige Literatur mit deutscher Übersetzung im Paralleldruck

dtv klassik
Klassische Literatur, Philosophie, Wissenschaft

dtv sachbuch
Geschichte, Zeitgeschichte, Gesellschaft, Politik, Wirtschaft, Religion, Theologie, Kunst, Musik, Natur und Umwelt

dtv wissenschaft
Geschichte, Zeitgeschichte, Philosophie, Literatur, Musik, Naturwissenschaften, Augenzeugenberichte, Dokumente

dialog und praxis
Psychologie, Therapie, Lebenshilfe

Nachschlagewerke
Lexika, Wörterbücher, Atlanten, Handbücher, Ratgeber

dtv MERIAN reiseführer

dtv Reise Textbuch

Beck-Rechtsliteratur im dtv
Gesetzestexte, Rechtsberater, Studienbücher, Wirtschaftsberater

dtv junior
Kinder- und Jugendbücher

Wir machen Ihnen ein Angebot:

Jedes Jahr im Herbst versenden wir an viele Leserinnen und Leser regelmäßig und kostenlos **das aktuelle dtv-Gesamtverzeichnis.**
Wenn auch Sie an diesem Service interessiert sind, schicken Sie einfach eine Postkarte mit Ihrer genauen Anschrift und mit dem Stichwort »dtv-Gesamtverzeichnis regelmäßig« an den dtv, Postfach 40 04 22, 8000 München 40.